经济学名著译丛

The Theory of International Economic Policy:
The Balance of Payments (Vol 1)

国际经济政策理论

（第一卷）

国际收支

〔英〕詹姆斯·爱德华·米德 著

李翀 译

The Theory of International Economic Policy:
The Balance of Payments (Vol 1)

J. E. Meade
THE THEORY OF INTERNATIONAL ECONOMIC POLICY:
The Balance of Payments (Vol 1)
© Royal Institute of International Affairs, 1951

This translation *The Theory of International Economic Policy: The Balance of Payments*, (*Riia Series, Vol 1*) is published by arrangement with Chatham House, the Royal Institute of International Affairs. The translation is the sole responsibility of The Comnercial Press, Ltd. and is not an official translation by Chatham House.

译 者 序

一

《国际收支》是英国著名经济学家、1977年诺贝尔经济学奖获得者詹姆斯·爱德华·米德(James Edward Meade)的代表作，也是国际经济学的经典著作。

米德生于1907年，分别在牛津大学和剑桥大学获得学士学位和硕士学位。从1931年起，他曾先后担任牛津大学经济学讲师、日内瓦国际联盟经济小组委员、伦敦经济学院商学教授、剑桥大学政治经济学教授。他还担任过英国皇家经济学会主席、英国学术院院士，获得英国女王授予的巴斯勋位。米德在他的学术生涯里大约发表了30多部重要著作和60多篇重要文章，在西方经济学界享有很高的声誉。

《国际收支》于1951年初版，以后多次重印。它是米德最重要的著作《国际经济政策理论》的第一卷，此外还有第二卷《贸易与福利》和一册《数学附录》。这套著作的出版，被誉为"国际经济学中的一个里程碑"[①]。

[①] 参看谢林(T.C.Schelling)发表于1956年9月《美国经济评论》的《国际收支》的书评。

米德在这部著作中，从理论上全面、系统地分析了国际收支的各种调节机制，建立起国际收支的理论体系。随着时间的推移，米德的国际收支学说日益显示出其理论上的重要价值。《国际收支》出版的时候，正是布雷顿森林体系建立不久并运行良好的时期，但米德根据理论分析明确指出了可调整钉住汇率制度难以解决外汇投机的问题。20年以后，即20世纪70年代初期，事实证明外汇投机是布雷顿森林体系最难以应对的问题，该体系在外汇投机风潮的冲击下走向解体。在布雷顿森林体系解体以后，各国政府和经济学家都在试图寻找一种新的国际货币制度，米德的国际收支理论又在这方面给予人们许多启示。英国著名国际经济学家约翰逊（H.G.Johnson）在1951年评论米德的《国际收支》时，曾批评米德过分依赖于繁琐的和机械的"分类学"方法，而不是具体地研究国际经济政策[1]。但他在1974年的一次国际学术会议上表示已改变对《国际收支》的看法，他高度评价米德的研究成果，并承认从米德的经典著作中得到了启发。

在《国际收支》出版以后，不少国际经济学家不断地研究米德在《国际收支》中提出的问题。美国经济学家蒙代尔（R.A. Mondell，1999年诺贝尔经济学奖获得者）所提出的用财政政策和货币政策实现内外均衡的方法，即用财政政策去稳定国内经济，用货币政策去稳定国际收支的"分配法则"，就是米德提出来的用经济政策的配合去实现内外平衡学说的发展。50年后的今天，重读

---

[1] 参看约翰逊发表于1951年12月《经济学杂志》的《国际收支》的书评。

这部国际经济学的经典著作,我们仍然可以从中获得许多知识和启发。

二

米德的《国际收支》的主要内容,是分析和比较各种调节机制和经济政策对实现政府的政策目标的作用。

米德认为,政府的政策目标是"内部平衡"(即充分就业和价格水平稳定)和"外部平衡"(即国际收支平衡);实现政策目标的主要政策手段有财政政策(改变国内支出)、货币政策(调整利率)、价格调整(改变货币工资率或汇率)、金融控制(外汇管制、多重汇率、财政控制)和商业控制(数量限制、关税配额、国家对对外贸易的垄断)。政府在运用经济政策去实现它的政策目标时,经常会发生矛盾。例如,实现充分就业的经济政策往往导致国际收支的恶化;恢复国际收支平衡的政策又往往引起失业人数的增加。因此,政府应该根据各种经济政策的作用和特点,协调使用各种经济政策,以期同时实现内部平衡和外部平衡。

《国际收支》的分析具有下述特点:

第一,采用了比较静态的分析方法。米德在分析中首先假定各个国家暂时处于内部平衡和外部平衡;接着引入各种干扰因素,观察这些国家受到干扰后怎样重新恢复内部平衡和外部平衡;然后把原来的均衡状态和新的均衡状态加以比较,以发现这些干扰因素的作用。正如米德在《国际收支》序言中明确指出的,"本书的研究不是经济学中的动态分析,而是比较静态分析"。

第二，把一般均衡分析方法运用于国际经济政策问题。米德认为，国内经济的平衡和国际收支的平衡是相互依存的。他不是从国与国之间的经济关系来研究国际收支，而是把一个国家的内部经济关系和国与国之间的经济关系结合起来研究国际收支。他所分析的不仅仅是一个国家如何实现外部平衡，而且各个国家如何同时实现内部平衡和外部平衡。米德在这个方面所作的分析是他在国际经济学研究领域的贡献之一。

第三，扩展了凯恩斯的宏观经济分析。英国著名经济学家凯恩斯（J. M. Keynes）在他的《就业、利息和货币通论》中分析了消费、投资、储蓄、货币需求、货币供给等经济总量的关系，提出了他的有效需求理论和货币理论。米德则把凯恩斯的宏观经济分析扩展到国际经济研究领域。他分析了一个国家的国内经济的变化如何影响这个国家的进出口和资本流动，同时进出口和资本流动又怎样影响这个国家的国内经济。正如米德在接受诺贝尔奖的演讲时所指出的那样："《国际收支》主要以这种宏观经济模型为基础。我想要说明的是一些这样的凯恩斯式的国民经济之间的国际相互影响。"

第四，把凯恩斯的分析和传统经济学的分析相结合。虽然米德以凯恩斯的收入分析为基础，但他同时也采用了新古典学派的价格分析方法。米德重视价格机制对国际收支的调节作用，并发挥了英国新古典学派经济学家马歇尔（A.Marshall）的弹性分析法。他阐述了当某个国家货币工资率的下降导致成本和价格的下降，或汇率的下降导致出口商品以外国通货表示的价格下降以后，外国对这种商品的需求弹性以及本国对这种商品的供给弹性对这个国家的进出口和资本流动产生何种影响。

三

米德的《国际收支》共分六篇 31 章。第一、二篇可以看做构成全书的第一部分，第三、四、五篇可以看做构成全书的第二部分，第六篇可以看做构成全书的第三部分。

第一部分是全书的出发点，它阐述了国际收支的基本概念并分析了在假设的中性经济中各种干扰因素对国际收支的影响。

第一篇"定义"包括 3 章，它是全书的基础和概念上的准备。第 1 章阐述国际收支平衡表的结构和项目，说明了贸易差额、转移差额、国际收支差额等概念的定义。第 2 章分析各国国际收支平衡表的联系，解释了编制国际收支平衡表的有关规则。第 3 章探讨国际收支平衡表有关项目和国内经济的关系，特别是说明国民收入、国内支出和贸易差额的关系。

第二篇"中性经济"包括 4 章，它主要分析导致国民收入和国际收支变化的因素以及这些因素发生作用的机制。第 4 章是第二篇分析的准备，它假定政府支出、政府税收、利率、汇率、工资率、贸易壁垒六个因素不变并把这种经济称为中性经济，然后指出存在国内支出、生产力、需求转移、资本转移四种自发干扰因素，以探讨在中性经济里自发干扰因素发生作用的机制。第 5 章讨论在中性经济里第一种自发干扰因素——国内支出变化的收入效应，即国内支出的变化对国民收入的影响以及国民收入的变化对贸易收支的影响。第 6 章讨论在中性经济里第一种自发干扰因素——国内支出变化的价格效应，即国内支出的变化对价格水平的影响以及价格水平的变化对贸易收支的影响。第 7 章讨论在中性经济里除了国内支出以外的其他三种自发干扰因素即生产力、需求转移、资本转移对国际收支的影响。

《国际收支》的第二部分放宽了第一部分关于中性经济的六个假定条件，探讨了政府的间接控制和直接控制对国际收支的影响。

第三篇"金融政策"包括 3 章，它主要放宽中性经济的前三个假定，即政府支出、政府税收、利率不变的假定，以考察政府的财政政策和货币政策对内部经济和外部经济的影响。第 8 章首先分析了政府的财政政策和货币政策如何对国内支出和资本转移产生影响，并进而对国际收支产生影响。第 9 章探讨了如何利用政府的财政政策和货币政策去实现内部平衡，即既没有失业也没有通货膨胀的平衡；以及外部平衡，即国际收支的平衡。第 10 章则指出了试图实现内部平衡和外部平衡的政府的财政政策和货币政策经常发生冲突，即试图实现内部平衡的财政政策和货币政策会加剧外部的不平衡，试图实现外部平衡的财政政策和货币政策会加剧内部的不平衡。

第四篇"价格调整"包括 9 章。它主要放宽了中性经济的后三个假定，即工资率、汇率、贸易壁垒不变的假定，以考察工资率、汇率、贸易壁垒的变化对内部经济和外部经济的影响。第 11 章分析工资率的变化对贸易收支的影响，接着在这个基础上探讨了改变货币工资率的价格调整政策的作用，并进一步提出如何借助于政府的财政和货币政策与价格调整政策来实现内部平衡和外部平衡。第 12 章分析汇率的变化对贸易收支的影响，并考虑了汇率的变化与政府的财政和货币政策如何共同发挥作用以实现内部平衡和外部平衡。第 13 章讨论如何运用工资韧性的方法来实现内部平衡和外部平衡，即在使用财政和货币政策实现外部平衡而造成国内失业时，在工资存在韧性的条件下，工资率将下降以刺激劳动需求的增加，从而有助于达到内部的平衡。第 14 章分析了金本位的规则以及金本位在这些规则下如何对国际收支发挥调节作用。第 15 章则把金本位制度和可变汇率制度进行比较，指出这两种机制在实现内部平衡和外部平衡中发挥的作用是相似的。第 16 章在肯定货币工资率和汇率的变化可以调节内部和外部的失衡的前提下，分析了要使这两种机制有效地发挥作用所必须满足的条件，如实际工资率呈韧性；赤字国和盈余国共同调整价格；具有足够的外汇储备；对贸易的限制较少，不存在固定的债务等。第 17 章讨论外汇投机对国际收支的影响以及政府稳定汇率的方法，指出了可调整的钉住汇率制度与金本位制度相比更易于发生外汇投机。第 18 章分析进出口商品的供给弹性和需求弹性的价格效应，即进出口商品的价格变化在不同的供求弹性条件下对汇率并进而对国际收支的影响，还分析了如何利用这种价格效应与财政和货币政策的收入效应相结合来实现内部平衡和外部平衡。第 19 章对一个国家地区之间的收支的调节与国家之间收支的调节进行比较，指出了两者的差异。

第五篇"直接控制"包括 5 章。如果说第三、四篇所讨论的各项政策属于间接控制，那么本篇所讨论的就是直接控制的手段。第 20 章分析第一种直接控制手段，即金融控制对国际收支的影响。金融控制包括外汇管制、多重汇率、财政控制等。第 21 章分析第二种直接控制手段，即商业控制对国际收支的影响。商业控制包括配额控制、关税控制、国家对贸易的垄断等。第 22 章讨论采用直接控制的方法对资本流动进行控制可能发生的情况及其利弊。第 23 章阐述国际收支赤字国和盈余国对进口商品征税或对出口商品补贴对贸易收支产生的影响。第 24 章对直接控制的方法和价格调整的方法进行比较，分析了它们对经济往来的两个国家的社会福利的影响。

《国际收支》的第三部分是前两部分的拓展，它讨论了在多个国家的世界里各种对国际收支调节手段的作用，该部分只包括第六篇一篇。

第六篇"世界支付网络"共有 7 章，它主要是前五篇的延伸。前五篇阐述了在存在两个国家的世界里各种政策和手段对调节国际收支的作用，本篇则进一步分析在存在多个国家的世界里各种政策和手段对调节国际收支的影响。第 25 章是本篇的概念准备，它分析了多个国家之间国际收支关系，说明了在存在多边关系的条件下，与双边的情形不同，一个国家对另一个国家的国际收支逆差可以由对第三个国家的国际收支顺差来弥补。第 26 章是第三篇的扩展，它分析了在存在多边关系条件下，国内支出的变化对国民收入和国内支出的影响。第 27 章是第四篇的扩展，它分析了在存在多边关系的条件下汇率的变化对国际收支的影响。第 28 章是第五篇的扩展，它分析了在存在多边关系的条件下，实行直接控制将会导致的差别待遇问题，并阐述了差别待遇的各种形式以及实行差别待遇的目的。第 29 章是第 28 章的继续，它在第 28 章提出差别待遇问题的基础上讨论了如何利用各种直接控制的手段实现差别待遇的目的。第 30 章又是第 29 章的继续，它进一步探讨了在什么条件下可以用差别待遇的方法来调节国际收支。第 31 章则对第 30 章提出的差别待遇手段的可行性进行分析，指出了在某些特定的条件下，良好的差别待遇手段有助于调节国际收支的失衡，但是使用别的经济手段来调节国际收支的失衡要优于造成差别待遇的直接控制手段。

《国际收支》全书逻辑严谨，前后呼应，所探讨的问题一步一步展开，对国际收支和调节国际收支的政策作了全面深入的分析。虽然这部著作出版于20世纪50年代，但由于它从理论的高度系统地探讨了国际收支问题，至今还具有指导意义。

本书的翻译以忠实原著为原则，基本上保持了原著的措辞与风格。原著作者对一些较难理解的问题反复解释，都一律按原著译出。在这部40多万字的译著中，难免存在错漏，诚恳希望读者批评指正。

李 翀

2000年6月于北师大励耘园

目　录

序言 ………………………………………………………………… 1

第一篇　定义

1　一国国际收支平衡表的含义 …………………………………… 11
2　国际收支平衡表定义的国际一致性 …………………………… 30
3　国民收入、国内支出和贸易差额 ……………………………… 44

第二篇　中性经济

4　自发干扰因素与中性经济 ……………………………………… 61
5　国内支出自发变动的收入效应 ………………………………… 72
6　国内支出自发变动的价格效应 ………………………………… 89
7　其他自发变动的效应 …………………………………………… 111

第三篇　金融政策

8　财政政策与货币政策以及内部平衡与外部平衡的含义 ……… 133
9　实现内部与外部平衡的金融政策 ……………………………… 143
10　内部与外部平衡之间的冲突 …………………………………… 150
第二篇和第三篇的附注　国际贸易乘数的一些例子 …………… 163

第四篇 价格调整

11 作为政策手段的价格调整 199
12 通过可变汇率实现外部平衡 213
13 通过工资韧性实现的内部平衡 224
14 金本位 232
15 金本位与可变汇率的作用比较 248
16 有效价格调整所必需的条件 261
17 投机的作用 282
18 对外贸易与国内贸易的产品 299
19 区际调整与国际调整的比较 324

第五篇 直接控制

20 直接控制的类型：金融控制 339
21 直接控制的类型：商业控制 355
22 对资本流动的控制 374
23 对进出口的控制 392
24 直接控制、价格调整和经济福利 416

第六篇 世界支付网络

25 多个国家间的支付 429
26 多边收入效应 444
27 多边价格调整 460
28 差别待遇的含义与目的 488

29 差别待遇的方式 …………………………………… 498
30 差别待遇和无差别待遇控制的运用 ………………… 519
31 差别待遇和经济福利:结论 …………………………… 545

英汉对照表 ……………………………………………… 553

图表目录

表1 一个国家的国际收支账目 ········· 13
表2 贸易差额与转移差额 ··········· 16
表3 自发交易与融通性交易 ·········· 23
表4 国际收支平衡表 ············· 24
表5 封闭经济的国民收入与国民支出 ····· 50
表6 开放经济的国民收入与国民支出 ····· 51
表7 A、B两国的国民收入、国内支出和对外贸易 ········· 52
表8 相对价格变动对A、B两国间的贸易差额的影响 ········ 95
表9 A国国内支出的自发减少和B国国内支出等额的自发增加所产生的冲击影响 ··········· 120
表10 膨胀性和紧缩性金融政策各种准则的冲突 ······· 153
表11 价格调整政策准则的冲突 ········ 203
表12 金融政策准则和价格调整政策准则的协调 ······ 205
表13 在A国向B国的贷款出现自发增加的条件下金本位和可变汇率的作用 ·········· 250
表14 国际债务的使用对国际收支的影响 ···· 276
表15 B国汇率下降对贸易条件的影响 ····· 307
表16 进口定量限制的实行 ·········· 362

表 17	有形和无形贸易的国内和国际收支网络	431
表 18	国际自发支付网络	435
表 19	国际收支失衡的双边和多边的解决办法	440
表 20	多国世界里国内支出的变动对国民收入和国际收支的影响	450
表 21	国内支出调整以后的国民收入、贸易差额和国际收支	458
表 22	汇率变化对贸易网络的一般影响	464
表 23	汇率变化的影响	473
表 24	汇率变化的影响	477
表 25	无差别的进口限制	526
表 26	有差别的进口限制	532

序　言

本书是我准备写的探讨经济政策理论系列图书的第一卷。它从国际的角度研究在各个国家之间维持货币收支平衡，同时又在每一个国家内部保持充分就业这样一些密切相关的问题。

在这卷书之后，第二卷书将讨论下述问题：对外贸易控制、国际劳动迁移控制、国际资本流动控制以及其他国际间购买力转移的控制等。但是，我并不是从这些控制对就业水平和国际收支有什么影响（这是本卷的主要内容）的观点，而是从这些控制对世界经济资源的有效利用、对这些资源的总供给以及对世界总收入在各国国民之间的分配有什么影响的观点出发，来讨论这些问题。

第二卷打算作为"国际经济政策理论"的第二部分。本卷的读者将会清楚地看到，撰写第二卷只有在完成对不同经济政策的国内效应的分析之后才能进行。因此，我还要再撰写"国内经济政策理论"以完成整个研究。它将从国内的角度，讨论旨在保持充分就业、保证资源在经济上最有效的利用、实现社会所期望的收入与财富分配，以及最适量地生产各类经济资源的经济政策。"国际经济政策理论"的第二卷现正在积极准备中。但"国内经济政策理论"的任何一卷，却还基本上处于初步构想的阶段。

我对经济学的兴趣，一直在于研究纯粹经济分析对经济政策的形成究竟能有什么贡献。这卷书就是试图在一个有限的领域内来完成这个任务。然而，并不是说它在纯粹经济分析的基本原理上作出了创造性的重大贡献。另一方面，也不是说它是对我们当前遇到的问题的一项现实的研究。本书所做的，既不是工具的创造者，也不是工具的利用者，而是工具的安排者的工作。这就是说，我试图把经济分析的现代技术接受过来，并按这样的形式进行移植：使它们在以后能够最有效地被应用于特定问题（如美元短缺、欧洲内部支付计划、英镑贬值等）中去。这些问题，都可能以国际收支问题的形式表现出来。

然而，我必须坦率地指出，有一种经济分析的现代技术与本卷所研究的问题密切相关，但我在本书中并未加以使用。我所指的就是从一个均衡位置变动到另一个均衡位置的动态过程的分析。本卷所采用的方法是：首先假设有某些国家的经济至少处于局部或暂时的国内和国际的均衡状态；其次把某些干扰因素（通常是政府的政策行动）引入到这种均衡状态中；然后考察当这些干扰因素充分发挥了直接的和间接的影响之后，这些国家的经济所达到的新的局部或暂时均衡状态，最后把新均衡位置和原均衡位置加以比较。换言之，本卷的研究不是经济学中的动态分析，而是比较静态分析。

正如我在本卷第二篇第5章中所论及的，也许有这样的事例：动态的变化过程本身对最后到达的静态均衡位置产生重大的影响。对于这样的事例，比较静态分析的方法是不够的。尽管这样，我仍满足于这种方法。因为我过去所受的是旧式静态工具的训练，而且我还觉得带有差分方程和微分方程的新式动态工具太复杂，难以用来解决国际问题。或者以后当我自己的技巧有所改进，而动态工具的制造者也多少超越了初级阶段的时候,我可能再来研究这个问题并获得更多的成效。

不管对不对,我都相信纯粹经济分析的结论对国际经济政策的形成具有重要的贡献。我把这个问题留给本书的读者自己去作出判断。但我在此声明:尽管我主张进行这样的研究,也认识到这样的研究是不够完善的,除非用适当的、带有描述和数量特征的现实研究加以补充。不可否认,本卷所讨论的核心问题的最终答案,正是依赖于这样的现实问题。国内和国际均衡的最后协调究竟应该通过价格调整(例如汇兑贬值),还是通过直接控制(例如进口限制)来实现?本书的主要论点也许是:如果在国际贸易中,需求对于相对价格的变动较为敏感,以致如果一个国家的产品价格相对于另一个国家下降,前者的产品会取代后者的产品,那么显然会选择价格调整的方法。但是,如果在国际贸易中需求不敏感,那么就只有依赖于直接控制的方法了。

这是一个现实经济问题。在这方面,人们已经做了大胆而又富于启发性的开拓工作①。但是至少由于下述三个原因,这项工作至今还未见成效:第一,正如近期的研究②所表明的那样,计算的统计基础是很不确定的。第二,如果有时间让生产者和消费者去适应新的价格关系,国际需求对价格变化的敏感程度,可能远远大于在价

---

① 例如,张(T. C. Chang)的《进口需求的国际比较》《两次大战之间的英国进口需求》《世界出口需求的统计注释》;欣肖(R. Hinshaw)的《美国繁荣与英国的国际收支问题》;丁伯根(J. Tinbergen)的《替代弹性的度量》。

② 例如,奥克特(G.H. Orcutt)的《国际贸易中价格弹性的度量》;科利特(W. Corlett)与摩根(D. J. Morgant)的《国际贸易中价格的影响:方法的研究》。

格变化后的短暂时间内所表现出来的那样。但就目前已经完成的研究来说，还没有考虑到这种长期调整怎样逐渐发挥作用。第三，要想解答政策问题，我们需要知道在不存在贸易控制的情况下，需求对价格变化反应的敏感程度。但已有的关于国际需求对价格变化的敏感程度的研究，都只限于与某个时期联系在一起，而在这个时期里，对国际贸易的人为障碍或多或少降低了这种敏感程度。因此，这样的假定依然存在：如果有充足的时间进行调整，并且对贸易渠道的变化不存在硬性的和严重的人为障碍，那么国际需求对价格变化将会较为敏感。关于这个实际的核心问题，还有许多研究工作要去做。

在撰写本书的过程中，我从其他经济学家那里得益良多。我担心我的想法常常是吸收了某种见解但却忘记了这种见解的出处。因此，我感到很难适当地表达我的谢意。希望我的同行们，如看到我的书中含有他们的见解而又未加注明的，请给予谅解。我从凯恩斯爵士的见解中得到的教益，显然是要着重强调的。当然，我的分析，许多源自于有关国际贸易理论的权威著作，如 G.V. 哈伯勒（G.V.Haberler）的《国际贸易理论》（*The Theory of International Trade*），J. 瓦伊纳（J.Viner）的《国际贸易理论研究》（*Studies in the Theory of International Trade*），R.F. 哈罗德（R.F. Harrod）的《国际经济学》（*International Economics*）以及 R. 俄林（R.Ohlin）的《区域贸易与国际贸易》（*Interregional and International Tade*），我也从最近有关国际贸易一般理论的著作中得益不浅，如在 J.L. 摩萨克（J. L. Mosak）的《国际贸易的一般均衡理论》（*General Equilibrium Theory in International Trade*）中所包含的希克斯（J.R.Hicks）式的分析在国际贸易中的应用,W.F. 斯托珀(W.F.Stolpor)与 P.A. 萨缪尔森(P.A.Samuelson)的文章"保护与实际工资"(Protection and Real Wages),斯西托维茨基(T.Scitovszky)的文章"关税理论的再探讨"(A Reconsideration of the Theory of Tariffs),A.P. 勒纳(A.P.Lerner)的"进口税与出口税之间的对称"(The Symmetry between Import and Export)等论文。我还得益于下述许多著作:在国际贸易乘数和内外均衡冲突的问题上,我得益于 F. 马奇卢(F.Machlup)的《国际贸易与国民收入乘数》(*Trade and National Income Multiplier*),梅茨勒(Metzler)的两篇论文"转移问题的再探讨"(The Transfer Problem Reconsidered)和"国际贸易中小于充分就业的均衡"(Underemployment Equilibrium in International Trade),R. 纳克斯(R. Nurkse)的"失业均衡"(Domestic and International Equilibrium),载于1948年出版的《新经济学》(*The New Economics*),为哈里斯(S.E.Harris)所编;在外汇贬值的问题上,得益于 J. 罗宾逊(J. Robinson)的"外汇"(The Foreign Exchanges)(载于她的《就业理论论文集》(*Essays in the Theory of Employment*)),A.J. 布朗(A.J.Brown)的"贸易差额与外汇稳定"(Trade Balance and Exchange Stability),J.J. 波拉克(J. J. Polak)的"外汇贬值与国际稳定"(Exchange Depreciation and International Stability),A.O. 赫希曼(A. O. Hirschman)的"贬值与贸易平衡"(Depreciation and the Trade Balance);在贸易控制的问题上,得益于 H. 霍伊泽尔(H.Heuser)的《国际贸易的控制》(*Control of International Trade*);在歧视的问题上,得益于 R. 弗里斯奇(R.Frisch)的"论预测多边国际收支的必要性"(On the Need for forecasting a Multilateral Balance of Payments），G.D.A.麦克道格尔（G. D. A. MacDougall）的《关于差别待遇的评论》(Notes on Discrimination)。

对本书结构的安排，我采用的方法是在撰写之前，先就大部分问题拟定简单的数学模型。对于本卷许多观点的严格论证，并未在正文中列出。因此，我觉得有必要再撰写一本数学附录另行出版，以列出我的数学模型。W.J.鲍莫尔（W.J.Baumol）博士曾校阅了这个附录，并在某些我力不能及的问题上给予我极为宝贵的帮助。但是，任何一位数学家都不会认为鲍莫尔博士要对我最终完成的这部著作的粗陋之处负责。我还希望借此机会感谢《经济学》杂志的编辑允许我在数学附录中使用我发表在该刊 1949 年 11 月号的论文"国际收支政策的几何表示法"（A Geometrical Representation of Balance of Payment Policy）。L.C.罗宾斯（L.C. Robbins）教授在本卷第一篇中曾给予我很大帮助。他的评论使我完全改正了我对国际收支逆差的定义方式，尽管我不知是否完全符合了他的意思。我还想感谢 M.A.鲁兹基（M.A.Rudzki）先生和 J.塞拉芬（J.Serafin）先生为我编写了本书的索引。

我特别感谢皇家国际事务研究所 R.G.霍特雷（R. G. Hawtrey）教授，他不厌其烦地评论了本书的初稿。他的许多建议使我能够改正初稿的某些严重的缺点。然而我仍担心就其主要论点来说，我未能对他的评论给予满意的答复。这是因为他十分强调用比较静态分析而不是动态分析的方法研究这些问题是不够的；而出于我在前面已经说明的缘故，我不得不局限于主要采用静态分析方法。

我是为皇家国际事务研究所进行这项研究的。该所得到洛克菲勒基金（Rockefeller Foundation）的慷慨资助，使我能够把过去两年的空闲时间全部用于这项研究。我相信，皇家国际事务研究所用我这样一本偏重理论的著作来补充他们令人钦佩的研究丛书，是对它政策上的一个创新。在原则上，我强烈地感觉到实务的和理论的论著是需要的。我唯有希望我的这部著作会被认为有足够的价值，得以体现研究所的原意。

米德

伦敦政治经济学院

1950年4月

第一篇

定义

1 一国国际收支平衡表的含义

当一个国家从输往世界其他国家的出口商品等交易中所得到的总收入，超过对购自世界其他国家的进口商品等交易的总支出时，我们说这个国家的国际收支出现"顺差"或"盈余"。相反，如果它的总收入小于它的总支出，我们说这个国家的国际收支出现"逆差"或"赤字"。如果它在与其他国家的交易账目上总收入等于总支出，我们可以说这个国家的国际收支处于均衡。当一个国家的国际收支发生盈余或赤字时，我们把它简称为"盈余"国家或"赤字"国家。当一个国家既不发生盈余，也不发生赤字时，我们说它处于"外部平衡"状态。

国际经济政策的基本问题之一，是找到有效的方法以使一个国际收支为大量盈余或严重赤字的国家能够恢复它的外部平衡。但是，正如本卷的论述所要证明的，这个问题与如何在国际收支失衡、国内维持高度而又稳定的经济活动水平——或更为通俗地称为"充分就业"——的问题密切相关。本书将相应地讨论：(1)各种消除国际收支失衡的方法对不同的"赤字"和"盈余"国的经济活动水平所产生的影响；(2)为实现或维持充分就业所采取的国内措施对它们的国际收支所产生的影响。

但是国际收支这个名词是个含混不清的名词，它常被人们不严格地使用。它究竟包括些什么，没有精确的定义。因而，在这个问题上造成许多模糊认识。如果不充分讨论这个名词各种可能的含义，本书的研究将无法进行。

当然，从某种意义来说，国际收支绝不会失衡。犹如其他账目一样，如果在一个国家的账目上包括所有收入和所有支出，例如，在一个国家的收入中不仅包括出口商品的价值，也包括为了获得购买力以支付用正常商业出口所未能偿付的部分进口，如出口黄金或其他货币储备的价值，该国的总收入必定等于总支出。请参看表1的例子。这个账目的左边列举了某个国家的居民在某个时期内以各种方式取得的对外国物品与劳务的购买力。这些对外购买力的收入或来自该国向外国出售商品，或来自向外国出售劳务（如海运或金融服务），或来自外国政府或私人的馈赠，或来自从外国人处得到的借款或外国人偿还以前给予他们的贷款，或来自向外国人出售的部分货币储备或其他资产。这个账目的右边则表示在相同的时期内该国对外购买力总额怎样使用：是用来进口外国物品，购买外国人的劳务，还是向外国人赠送礼品，向外国人贷款，偿还以前从外国人借入的资本，或者取得更多的外国货币储备或其他资产。因为账户的支付一方列举的所有使用都来自一定时期内所取得的外国购买力的总额，收入一方列举的所有来源都是该国在同一时期内取得的外国购买力，所以收支双方必然平衡。它们仅仅是以不同的方式列举相同的东西。

在开始讨论一个国家国际收支盈余或赤字的含义之前，稍微详细地讨论一下表1的内容是有所裨益的。

表1的第1项和第5项分别表示一个国家在该时期内从出口商

品中得到的收入和为进口商品付给的支出。这两项就是通常所说的"有形"贸易。

表1 一个国家的国际收支账目

收入	百万美元	支出	百万美元
(1)贸易项目			
1. 有形出口（即商品出口）	650	5. 有形进口（即商品进口）	900
2. 无形出口（即劳务出口）	160	6. 无形进口（即劳务进口）	90
(2)转移项目			
3. 无偿收入（即来自外国人的馈赠、赔款等）	110	7. 无偿支出（即向外国人的馈赠、赔款等）	30
4. 资本收入（即向外国人借债，或外国人偿还资本，或向外国人出售资产）	180	8. 资本支出（即向外国人贷款，或偿还外国人资本，或向外国人购买资产）	80
总收入	1 100	总支出	1 100

第2项列举该国在该时期内向外国人出售现期劳务所得到的收入。如果该国居民过去曾经把资本借给外国人，或在外国拥有土地或其他能带来收入的财产，那么他们在这个时期内将可从这些国外投资中得到利息、红利或租金。这是外国人对他们从该国居民的资本中得到的现期服务的支出，即对因使用该国居民的土地或其他资产而得到的服务的支出。由于该国向外国人出售（或出口）它所拥有的这部分资本的服务，外国人对这些服务的支出便成为第2项的

一部分。

第2项也包括该国居民在该时期内因向外国人出售他的现期服务而取得的其他"无形"收入。下面是有关这些服务的例子：该国居民从外国旅游者那里得到的外币收入，旅游者在逗留期间购买该国的物品和劳务，而这些物品和劳务并没有出现在该国的"有形"出口里；该国银行和其他金融机构因向外国人提供银行及类似服务而从外国人处取得的收入（不包括诸如前述的利息）；还有该国轮船公司为外国商人运输物品而从外国人处得到的收入。

第6项包括该国居民因类似的服务而付给外国人的支出，如该国居民因使用外国人拥有的资本所支付的利息，该国居民到国外旅游期间因消费外国物品和劳务而付给的支出，以及该国居民因得到外国人提供的金融或海运服务而付给的支出。

在第1、2、5、6项中，我们已列举了现期物品和劳务贸易所发生的所有收入和支出。我们还需要列举一个国家的居民对另一个国家的居民付给的这样的支出：在支出的同时并不发生相反方向的物品与劳务的流动。我们把这种支出称为转移（transfers）。转移可以划分为两大类：第一类包括馈赠、赔偿、赔款等，我们称做"无偿转移"（unrequitted transfers），即一个国家某些人或团体对另一个国家另一些人或团体付给的现在和未来都无需偿还的支出；第二类是"资本转移"（capital transfers），即以贷款或购买资本资产的方式付给的支出，这种支出不能以立即可以进口物品或劳务的方式获得现期收入，但将来可以得到预期的收益。

让我们先分析"无偿转移"。一个国家的居民可能获得外国居民的馈赠。例如，从某个国家迁出的移民，在外国定居以后，会把他们的部分收入寄给居住在原来国家的父母以维持他们的生活；或者某国政府获得外国政府的赔款或其他赔偿。所有这类收入都归入第3项。而该国居民付给其他国家居民所有这样的无偿支出，都归入第7项。

现在，我们剩下的是表示资本资金流入该国（第4项）和流出该国（第8项）的项目。这样的资本转移可以采取多种不同的形式。某国居民在资本账目（第4项）得到资金，从而获得对外国物品与劳务的购买力的事例如下：

（1）该国的政府、公司或居民也许向外国的政府、公司或居民借入款项。这种借款可以采取多种形式：既可以是该国政府直接向别国政府借款，也可以是由借款人在贷出国的资本市场上发行新证券，或者是借款人向贷出国的银行借款。这种债务可以是长期的，也可以是短期的。借款的利息和本金可用借款国的通货偿还，也可用贷款国的通货偿还，还可用某个第三国的通货或有价物偿还。

（2）该国的政府、公司或居民也许从外国得到收入，它是外国借款人偿还以前从该国取得的贷款的款项。

（3）某个外国的政府、公司或居民也许从该国的政府、公司或居民那里获得资本资产。获得资产的方式是多种多样的。外国的某些机构或个人可以从该国的某些机构或个人处获得土地、机器、现有证券、银行存款或者黄金。这些资产从实物上说既可以在该国境内，也可以在外国（或某个第三国）境内，但原为该国某个机构或个人所拥有。这样卖出的资产不是这个资产出售国出口的商品，不应该表示为商品出口（第1项），而必须包括在第4项内。当然，这是一个范围很广的项目。这里只能列出少数几种典型事例。某个外国的居民也许把钱投资在该国的土地上，或投资在该国资本市场的现有证券上。该国的中央银行也许把它在某个外国所拥有的存款出售给这个外国的中央银行。外国的某个公司也许买下该国的一座厂房，或买进在该国建造这一座厂房所需要的原料和劳力，以便在这个国家开设它的子公司。该国的商人也许把他在某个外国所拥有的商品存货卖给这个外国的买主。

表2　贸易差额与转移差额

（百万美元）

1. 有形贸易差额 （表1中的第1项和第5项）	650-900=-250
2. 无形贸易差额 （表1中的第2项和第6项）	160-90=+70
3. 贸易差额	810-990=-180
4. 无偿转移差额 （表1中的第3项和第7项）	110-30=+80
5. 资本转移差额（或对外负投资净额） （表1中的第4项和第8项）	180-80=+100
6. 转移差额	290-110=+180
7. 贸易差额和转移差额	1 100-1 100=0

注：+号表示收入剩余
　　-号表示收入不足

尽管我们目前还不能确定一个国家国际收支失衡的含义，但我们现在可以辨别"收支差额"这个名词的确切意思。这一点马上

1 一国国际收支平衡表的含义

就可以得到证明。我们可以用假设的国家的情况来说明这个问题。将该国的对外账目重新整理成表 2 的形式。该国进口了价值为 9 亿美元的物品，仅出口价值为 6.5 亿美元的物品。它的有形贸易差额出现了 2.5 亿美元的赤字（表 2 第 1 项）。但这绝不可以用来衡量该国的国际收支失衡。它的进口入超有一部分由第 2 项 0.7 亿美元的净收入来弥补。这 0.7 亿美元是诸如资本的利息收入、手续费收入或佣金收入等因向外国人提供服务而得到的超额收入。因此，这个国家物品和劳务的贸易赤字只有 1.8 亿美元（表 2 第 3 项）。我们把这个差额叫做"贸易差额"。

正如在第 3 章所表明的，这个贸易差额是最重要的概念之一。但它仍不能衡量一个国家国际收支的失衡。要说明一个国家处于国际均衡，并不需要它的有形和无形贸易差额既不是赤字也不是盈余。例如，一个国家的政府也许从另一个国家的政府每年取得一笔赔偿支出。在这种情形下，除非前一个国家对后一个国家的有形和无形贸易进口额超过出口额，否则支付赔款的国家的政府就难以转移这项支出。在表 2 的第 4 项中，我们所说的这个国家在无偿转移账目上从外国得到 0.8 亿美元的净收入，部分抵消了该国 1.8 亿美元的有形和无形贸易赤字的一部分。

即使是这样，剩下来的 1 亿美元赤字仍不一定就意味该国的国际收支失衡。例如，这个国家也许是一个不发达国家，资本极其缺乏，因而在资本增长中所获得的利益远高于其他较为发达的国家。在这种情况下，其他国家的资本资金可能会自然地流入这个国家，从而为该国在资本增长期间所需要的超额进口提供了资金。正如表 2 第 5 项所表示的，如果流入该国的净资本数量（表 1 中第 4 项和第8项)抵消了它所剩下的贸易赤字,该国的净赤字就会完全消失。因为我们只列举该国所有国外购买力的净收入,然后抵补使用这部分购买力所作出的所有净支出,所以贸易及转移差额最终必定为零。

表2中所列举的各类"收支差额"都有它们的用处。正如我们在第3章中将看到的,贸易差额(表2第3项)这个概念,在研究国外变化对一国国内经济的影响时,或在研究一国国内经济变化对该国国外地位的影响时,具有重要意义。况且,表2第3、4、5项之间的关系所表明的简单道理,即一国的贸易差额和无偿转移差额势必正好被资本转移差额所抵消这个道理,也极为重要。如果一个国家购买的物品多于它出售的物品(表2中的1.8亿美元),这个差额又只能以外国馈赠的方式抵消一部分(表2中0.8亿美元)的话,那么剩下的差额(1亿美元)一定表示在该时期中该国对世界其他国家的资本状况的恶化程度。当需要让人们注意到资本转移差额意味着一个国家的对外资本状况恶化到什么程度这样一个事实时,资本转移差额(表2中的第5项)通常也称为该国"对外负投资净额"。

显然,我们仍没有发现一国国际收支"赤字"或"盈余"这两个词的含义。正如我们刚才所看到的,如果我们将国际收支账目中所有项目都计算在内,那么账目必然平衡,不可能有"赤字"或"盈余"。因此,我们必须从其他线索来探讨这两个词的含义。

让我们这样来进行分析:如果由于这样或那样的原因,某国增加对外币的需求,以用于增加了的对外支出,将会出现怎样的结果? 假定这个国家原来处于完全的国际均衡状态,然而由于这样或那样的原因,该国的进口商决定每年用10亿美元而不是用以前的9亿美元(即表1中的第5项)来购买外币,以进口更多的外国商品。

现在,进口商计划的变化,导致许多事情发生。该国当局可能立即采取措施(例如,用外汇管制或进口限制)来阻止进口商多花这部分钱进口商品,或劝阻进口商不要增加进口的支出(例如,用收缩性的财政政策,包括提高那些打算购买进口商品的人的应缴税率)。或者,进口商对外币的需求的增加造成以本国货币表示的外币价格的上涨,从而使进口商事实上得不到新增的对外购买力,尽管他们以国内货币表示的需求已经增加了。

然而,让我们暂且假定没有发生这些事情,进口商增加对外币的需求以支付增加的进口商品数量,并未受到政府直接限制。同时,以本国货币表示的外币价格也并未上涨。

要使这一切成为可能,必须有人能按现行汇率向进口商提供这部分额外的外币。在有限的范围和时间内,私人外汇买卖商多少会自动地提供这部分额外的外币。这些商人可能拥有本国货币(譬如说美元)和外国货币(譬如说英镑)的储备。他们可以提出一个他们愿意交易的价格(譬如说4美元兑1英镑),来经营他们的业务。当他们根据外币市场条件的变化修改自己的计划时,他们会偶尔改变一下这个价格。在这个例子里,决定每年支出10亿美元而不是9亿美元来购买外币的美国进口商,暂时可以从外汇商人那里一年多买入2 500万英镑,而这些商人在交易中一年多买入1亿美元。外汇商实际上是用英镑购买美元,以便以本国货币即美元持有他们的资本。这在该国的国际收支中代表一项资本收入。这样,在表1第4项将有1亿美元的增加额,以抵消第5项1亿美元的增加额。但外汇商的资本从英镑到美元的移动是无计划的。它事实上是作为该国进口商对外国支付手段需求增加的一种附带的和没有预料到的结果而发生的。在外汇商重新调整计划之后,资本移动将会停止。

当一个国家的货币当局按照一个固定的以本国货币表示的价格直接从事外国支付手段(例如,黄金、外国纸币或存款)的买卖时,与上述相同类型的金融交易就有一个更为重要和更为持久的来源。在这样的例子里,决定每年进口10亿美元而不是9亿美元物品的美国进口商,可以按照4美元兑1英镑的不变价格,从中央货币当局那里购买额外的2 500万英镑纸币或英镑存款(或者能够交换英镑纸币或英镑存款的黄金)。如果中央货币当局掌握有大量的外币储备,并决定维持固定的汇率,那么这种资金移动(与外汇商人的资金移动不同)可以大规模地长期地继续下去。随着外币或黄金储备的流失,中央货币当局会像上面例子中的外汇商人那样,发现它所持有的资产中,外币或黄金越来越少,而本国货币则越来越多。如果黄金的出口用表1中的第1项来表示,或所持有的外币的流失用表1中的第4项来表示,那么表1仍然是平衡的。但这种资金移动的发生,仍然只是该国进口商对国外支付手段的需求增加所带来的一种附带的和没有预料到的结果。

只要赤字国的中央货币当局掌握必要数量的对外购买力储备(即外汇或黄金储备),这种类型的金融交易就能够继续下去。有一种政府间的交易则会使这种金融交易或多或少无限期延续下去。这就是:一个国家的政府或货币当局可以借钱给另一个国家的政府、货币当局或其他居民,其原因是预料到后者国际收支所有项目的对外支出超过了从国外得到的收入,但又希望不使用汇率变动、进口限制或其他弥补缺口的方法来消除这个赤字。

我们将把这种支付称做融通性支出(accommodatiny payments),以与我们称做"自发"的所有其他支出相区别。"融通性"支出可以来自个人(如同前面所说的私人外汇商的差额的自动变动),也可以来自公共当局(如同中央银行的黄金流失,或盈余国政府提供的特别援助)。它可以是自动的,即未经计划和没有预料到的(如同私人外汇商的差额变化或中央银行黄金储备的流失),也可以是经过斟酌的,即计划好的和事先预料到的(如同政府的特别援助)。这种支出不同于自发支出的特点是:它的发生仅仅是因为国际收支的其他项目留下了这样一个缺口,需要去弥补。另一方面,自发支出不同于融通性支出的特点是它的发生与国际收支其他项目的大小无关。

有一些例子有助于阐明这种差别。自发收入的范围包括所有正常的商业性出口,诸如移民汇款或赔款等目的不在于使国际收支平衡的赠予以及所有因为把资本投资在某个国家比投资在另一个国家更为有利可图而由私人企业推动的正常资本流动。例如,因本国证券收益高于外国而导致的在外国出售证券,然后用于购买本国证券的做法;或者因外国公司认为买下本国工厂作为它的附属机构是扩大业务的有利可图的办法而导致的购买行为,都是自发资本收入的明确例子。

融通性收入的一些明确例子是:为了按现行汇率向进口商提供外币以购买外国物品,中央银行失去了它的黄金持有量,或者出售它持有的外币;或者该国政府以贷款的方式(如1946年的英美贷款)

或以赠予的方式（如按欧洲复兴计划给予的大部分援助），从外国政府得到资金，其目的显然就是获取外币来弥补国际收支中的其他收入和支出间存在的缺口；或者该国政府以强迫方式取得本国公民拥有的国外资产，并出售这些资产以取得弥补国际收支缺口的资金①。

在下列表3和表4中，我们试图重新安排表1和表2中的数字，以便能区分自发交易和融通性交易。为解释方便起见，可以简略地比较一下表1和表3的收入项目。在8.1亿美元的有形和无形出口（表1第1和第2项）中，我们假定有7.9亿美元是正常的商业性出口（表3第1a项）；有0.2亿美元是融通性交易（表3第2a项），它的目的是取得外国资金以弥补国际收支缺口（如货币当局出口黄金）。在1.1亿美元的馈赠收入（表1第3项）中，我们假定有0.1亿美元是自发馈赠（表3第1b项），如移民汇回本国的汇款；有1亿美元是融通性馈赠（表3第2b项），如按照欧洲复兴计划给予的援助。1.8亿美元的对外负投资（表1第4项）中，我们假定0.4亿美元是自发的（表3第1c项），如外国公司在本国建立子公司；有1.4亿美元是融通性的（表3第2c项），如中央银行出售它持有的国外存款。

---

① 当然，也有些介于两者之间的例子。例如，某国政府向国外借钱以增加国内资本，其原因部分是它认为用外国资金来增加本国资本对整个国家来说在商业上是有利的，部分是它知道国家正遭受国际收支缺口的威胁，借款有助于弥补这个缺口。然而从理论上看，融通性收入和自发收入的差别还是相当明显的。在这个例子中，如果在未来易于筹措弥补国际收支缺口的资金，该国将会借多少款？超过这个数额的借款，就是融通性资本收入。

1 一国国际收支平衡表的含义

表3 自发交易与融通性交易

收入	百万美元	支出	百万美元
1. 自发收入		3. 自发支出	
（a）自发出口（有形和无形）	790	（a）自发进口（有形和无形）	990
（b）来自外国人的自发无偿收入	10	（b）对外国人的自发无偿支出	20
（c）来自外国人的自发资本收入	40	（c）对外国人的自发资本支出	50
2. 融通性收入		4. 融通性支出	
（a）融通性出口（有形和无形）	20	（a）融通性进口（有形和无形）	0
（b）来自外国人的融通性无偿收入	100	（b）对外国人的融通性无偿支出	10
（c）来自外国人的融通性资本收入	140	（c）对外国人的融通性资本支出	30
总和	1100	总和	1100

现在我们可以来确定一个国家国际收支实际盈余或赤字的含义。为了这个目的，我们再把表3中的数字重新排列成表4的形式。我们所说的这个国家，在自发贸易差额中有2亿美元的赤字，在自发转移账户上又有0.2亿美元的赤字。因此，它有2.2亿美元的自发贸易和自发转移赤字。这是真正的国际收支赤字。以后当我们谈到国际收支的实际盈余或赤字时，我们要记住是这种自发贸易和自发转移的差额，正是这个差额，必须由我们称做融通性的资金来弥补。

表 4　国际收支平衡表　　　　　　（百万美元）

1. 自发贸易差额（表3第1a项和第3a项）	790－990＝－200
2. 自发转移差额（表3第1b项、第1c项和第3b项、第3c项）	10＋40－20－50＝－20
3. 国际收支差额	840－1 060＝－220
4. 国外融通差额（表3第2项和第4项）	20＋100＋140－10－30＝＋220
5. 自发与融通性交易差额	1 100－1 100＝0

但是，所出现的融通性资金的实际净差额，只是衡量国际收支失衡的一个过于狭义的标准。到现在为止，我们只是根据下述假定讨论国际收支状况：当局没有采取特别措施来抑制对外币的超额需求，而且还准备按现行汇率提供要满足全部需求所需要的融通性外币余额。当然，政府也许不得不采取其他措施。

因此，一个国家的国际收支也许没有表4所列的那种实际的赤字和盈余，但这只是因为当局对贸易和转移采取了最严格的控制和限制而避免了这样的赤字。实行可以阻止资本自然出口的严格的外汇管制，或可以阻止物品自然流入的严格的进口限制，当局可以避免任何货币储备的流失，或避免其他对外融通的需要。但是这个国家确实发生了实际的国际收支的困难。如果硬说不存在国际收支失衡，未免太过于勉强。

同样，一个国家也可以专门制定某些内部政策，来避免它的自发贸易和自发转移的实际赤字。下面我们将会看到，有关这方面最重要的例子：一国当局收缩国内的国民收入和支出，以减少进口要求，不惜以国内大量失业为代价来避免向国外融通资金。在这个例子里,如果说这个国家的自发贸易和自发转移并未出现实际赤字,因而没有国际收支困难,也是极为勉强的。

但我们还要说明这样的事实:对外币的超额需求可以既不用按现行汇率提供融通性资金的方法来满足,也不需政府采取限制进口或其他为限制对外币需求而制定的政策来加以控制。当局可以听任这种超额需求继续存在,它自然会造成以本国货币表示的外币价格上涨。这种机制也能有效地阻止国际收支任何实际赤字的出现。发生超额外币需求的国家的外汇价值将下跌。这种下跌会产生多方面的影响,下面第四篇将详细加以讨论。在外汇价值下跌已实际发生的期间里,进口商品和出口商品价格所发生的变化,将会使国内外商人感到泄气,并破坏了他们的计划。他们将要不断地改变计划,直到他们乐于按照新的稳定汇率并在新的水平上继续贸易,而达到新的均衡为止。但就我们目前的目的来说,我们仅仅需要认识到:即使是在调整过程存在失衡的状态下,市场上每个时刻都会出现一个使外币需求刚好等于外币供给的本国货币与外国货币的市场交换率。国际收支没有实际的赤字或盈余。

由此看来,一国通货交换价值的变动本身就是该国国际收支失衡的表现。例如,外汇价值下跌表示该国对外币的需求超过了外币的供给。如果当局允许汇率下跌,表示存在实际的赤字,需要融通资金加以弥补。

所以,我们可以把"实际的"国际收支赤字的含义确定为:在任何时期内所使用的实际融通资金(参看表4第4项)。把"潜在的"国际收支赤字的含义确定为:在任何时期内,在没有采取外汇管制、进口限制或其他专门用于限制对外币需求的政府措施的情况下，为避免汇率的下跌而必须提供的融通资金。当然，正是这种"潜在的"赤字（或相应的"潜在的"盈余）准确地衡量了国际收支的失衡。

然而，重要的是认识到这种失衡可以是暂时的，也可以是长期的。当然是后者会造成很严重的问题。例如，一个国家的国际收支，也许由于某个特殊而又不会继续出现的项目而暂时保持对外平衡，但它的远期前景却可能极为不同。譬如，一个农业国可能基本上长期处于国际收支赤字的状态。但正好在这一年里，由于它主要用于出口的农作物大丰收，而与它竞争的农作物出口国却严重歉收，它这一年的国际收支并未出现赤字（如表4第3项所示）。

在我们考虑任何自发资本转移的数额（表3第1c项和3c项）时，暂时移动和持续移动的区别尤其重要。譬如，某国是一个不发达国家，在相当长的时间里成为其他国家有利可图的投资场所，外国长期资本资金年复一年流入该国。这种情况与该国得到短期资金的情况显然不同。如果资金在某个国家所能赚到的利率下降，而在另一个国家则没有下降，短期资金可能从前一个国家流入后一个国家。但即使这两个国家短期资金利率这种新的关系有可能长期存在，短期资金的流动也不可能按照目前的速度继续下去。因为短期资金的主要部分由这个国家流到那个国家以后，流动就可能消失，或至少迟缓下来。这是一种自发但是短期的资本移动。当资金因人们对某国即将发生政治革命或通货贬值感到恐慌（可能是极短期的）而流动时，甚至连来自某个特定国家"热币"（hot money）的投机性资金流动，在我们的术语中也是一种自发的而非融通性的交易。如果是为了找到抵销国际收支其他项目的盈余或赤字的资金，这种资金流动不会发生。相反,这种资金流动还会引起国际收支的紧张局面。但它不仅仅是一种暂时的流动,它可能很快转过头来,迅速朝相反方向流动。对于一个有自发贸易赤字(表4第1项),并由自一发资本转移(包括在表4第2项中)来弥补的国家来说,它的状况,在这项资本收入是一项可靠的持续收入的条件下,和在这项资本收入是暂时性收入而它甚至会突然改变方向的条件下,将大不相同。在本书一些必须记住这种区别的章节里,我们将区分国际收支中的暂时因素和持续因素,并会论及一个国家国际收支暂时的或持续的赤字或盈余的大小。

在我们的术语里,对国际收支失衡最基本的衡量,也许是这个国家自发贸易和转移的潜在和持续收支的盈余或赤字。为简便起见,我们通常简单地把它看做一个国家国际收支的盈余或赤字。

现在还有一个关于定义的基本概念问题。当我们谈到一个国家的国际收支时,我们把这个国家人格化了,以致常常造成思想上的混乱。一个国家并不需要进口;需要进口的是私人贸易商或政府的进口机构。国家不会强制实行进口限制;强制实行进口限制的是一个国家的政府。为了有效地分析国际收支问题,在分析的每个步骤中都要记住,究竟是什么样的人或机构对我们所讨论的行为负有责任。主要的区别将是以私人贸易商的行为为一方,以政府当局的行为为另一方的区别。例如,某些议论得出这样的结论:"于是国家受到进口的刺激"。这句话并没有表明究竟是私人贸易商希望进口更多的物品(例如,由于外国产品变得便宜),还是进口国的政府愿意放松对进口的限制(例如,由于它的外币储备增加)。这显然是极不相同的两种情况。

在后面，我们将尽可能避免在一个国家与其他国家的经济关系中把国家人格化。当我们需要讨论属于某个国家并且与其他国家的居民有着经济关系的个人或机构时，我们将把他们叫做该国的"居民"。当我们讨论作为某个国家居民且生产着物品和劳务的个人和机构时，不管这些物品和劳务是用于出口还是用于国内消费；是资本品还是用于目前消费的物品或劳务；是出售给私人还是出售给政府或公共当局，我们都把他们叫做该国的"生产者"。当我们讨论正在某个国家里购买物品和劳务以用于最终消费的该国居民时，不管他们购买的物品和劳务是国产的还是进口的；是资本品还是用于目前消费的物品和劳务；是私人购买还是厂商或公共当局购买，我们都把他们叫做该国的"购买者"[①]。当我们要专门讨论那些购买进口商品而不是本国产品的购买者或他们的代理人时，或者当我们专门讨论那些在外国而不是在国内市场出售他们的产品的生产者或他们的代理人时，我们有时也会把他们叫做"进口商"和"出口商"。最后，当我们要讨论那些决定一个国家政府的经济政策的机构时，我们把它们叫做该国的"当局"。因此，"当局"一词将包括：(1)"银行体系"，指的是那些决定着该国的货币供给量的机构；(2)"财政当局"，指的是有权筹措和支出公共资金的中央和地方当局；(3)"商业当局"，指的是有权决定诸如进口限制等商业事务的政府部门；(4)"外汇管制"，指的是负责制定和实施对本国居民向其他国家居民支出的政府控制的当局。

---

① 换言之，购买者是指那些导致该国"国内支出"的人和机构。"国内支出"的含义参看后面第3章。

如果绝不把任何一个国家人格化的话，这样做未免过于迂腐。例如，如果始终坚持说"A国居民与其他国家居民间的收支差额"，而不说"A国的收支差额"，会令人难以接受。但是，如果上述术语经常用来表示本书中"A国"一词所指的各种不同的人和机构，可望避免许多思想上的混乱。

2 国际收支平衡表定义的国际一致性

在第 1 章中，我们探讨了一个国家国际收支平衡表的各种含义。但国际收支必然涉及一个以上的国家。任何一个国家的国际收支平衡表都是这个国家与世界上其他国家之间交易的说明。因此，我们下一个任务是确保所有国家对构成它们的国际收支平衡表的各个项目都赋予一致的定义。

我们要注意的第一点，是每一项国际交易都有两个方面：它对一国居民来说是一项支出（如对进口商品的支出或对外提供贷款的支出），对另一国居民来说则一定同时是一项收入（如出口商品的收入或从国外借款的收入）。在第 1 章表 1 和表 2 中，该国国际收支账上的每一笔支出，必然是其他国家国际收支账上的一笔收入；而该国国际收支账上每一笔收入也必然是其他国家国际收支账上的一笔支出。

但是，还有一个问题需要详细探讨。已知 A 国居民的一笔支出必然是 B 国居民的一笔收入，但能否说 B 国居民的收入必然（或应该）是 A 国居民支出的相应项目呢？例如，A 国的一项自发商品进口，不仅一定是 B 国居民的收入，而且还一定是 B 国的一项自发商品出口吗？在本书后面的章节中，我们将会看到，如果每一笔国际交易在支出国和收入国的国际收支账上都记录在同一种类的交易

2 国际收支平衡表定义的国际一致性

中,那么最方便不过了。但这种情形总是可能的吗?

关于这个问题,我们有两种分类方法可以考虑:第一是表1和表2采用的分类,交易按照商品贸易的收支、劳务贸易的收支、无偿转移的收支以及资本转移的收支划分为四大类;第二是表3和表4采用的分类,支出和收入都按自发交易和融通交易的区别划分为两大类。就第一种分类即把收支划分为商品、劳务、无偿转移和资本转移而言,只要稍为留心一些,一笔交易能够也确实应该总是记入支出国和收入国的相应项目中,但就第二种分类而言,一笔交易对收入国(或支出国)来说可能是真正的自发交易,而对对方国家来说却可能是融通性交易。

让我们先考虑后一种关于自发交易和融通交易的区分。黄金进出口交易是一个很恰当的例子。假定黄金从A国流向B国。现在,如果这批黄金是A国中央银行正常货币储备的一部分,而且流到B国后也成为B国中央银行正常货币储备的一部分;同时,如果这批黄金的流动仅仅因为在国际收支平衡表所有其他项目上,A国居民对B国居民的超额支出正好等于这批黄金的价值,那么A国中央银行因出售黄金所得到的收入是一种融通性收入,B国中央银行因购进黄金而付给的支出是一种融通性支出。

但是,如果黄金是被B国进口来做牙医的原材料,而且A国是把它作为金矿正常年产品的一部分(它为A国生产者提供了一种可供出口的工业制品)来出口的,这项交易又是什么性质?显然,在这种情况下,黄金的出售对A国来说是一种自发收入,对B国来说是一种自发支出。在这个例子里,黄金并不是为了找到"融通"双方国家国际收支平衡表其他项目的赤字或盈余的资金而流动的。

但不幸的是，由于国际收支统计的任何图表都是完整的，我们没有理由期望这两类交易彼此一致。黄金出口国每年出口的黄金，事实上可能大部分被黄金进口国输入以增加货币储备。对于 A 国，黄金出口是一种自发出口，但对于 B 国，黄金进口则是一种融通性支出。就自发贸易和自发转移来说，B 国有盈余，A 国并无赤字。

还可以举出另外一个例子来说明这种背离的情形。假定 A 国当局动员该国居民把持有的外国证券在 B 国的资本市场上出售给 B 国居民，以筹集必要的资金来弥补本国在自发贸易和自发转移账目上的赤字。这样出售证券，对 A 国来说，显然属于融通性的对外负投资。但在 B 国资本市场上的私人证券购买者所以购买证券，则是因为证券价格下跌到购买证券成为一种正常的有利可图的投资。他们购买证券对于 B 国是一项自发对外投资。B 国任何人都不会觉得本国有了盈余，尽管 A 国的自发贸易和自发转移账目确实存在着赤字。

没有什么巧妙的办法来消除这种背离。如果某国在自发贸易和自发转移账目上发生盈余（或赤字），而其他国家在相同账目上并没有发生赤字（或盈余），那么全世界自发收入总和将超过（或少于）全世界的自发支出总和。在这种情况下，世界上某个国家的当局会觉得他们好像面临国际收支盈余（或赤字），而其他国家的当局并没觉得他们有相应的赤字（或盈余）。这是我们在分析中必须承认的真正的事实。这并不是不可能的。但是，事实上它在数量上不可能有国际收支基本失衡那样重要。当一个国家的盈余与另一个国家的赤字相等时，国际收支基本失衡恶化了。因此，除非我们专门提到它，否则我们在后面的分析中将略去这种情形。除了我们的论述需要特别注意两者背离的可能性以外，我们将假定一个国家的融通

2 国际收支平衡表定义的国际一致性

性支出与另一个国家的融通性收入相等。

然而,当我们回到表1和表2所采用的交易分类原则,即把交易分为商品贸易交易、劳务交易、无偿转移交易、资本转移交易时,就不会有任何背离。如果我们仔细地确定每笔交易的含义,并且使它保持前后一致,那么A国对进口某种商品的支出一定是B国出口某种商品的收入,如此等等。每笔交易显然都有两个方面:一方面是支出,另一方面是收入。如果按照同样的方式确切地确定收支双方的含义,那么一笔交易在收入一方和支出一方的账目上一定归入同一个项目。

然而,要想实现这种国际一致性,需要小心行事。我们可以从下述方面用两个例子来解释所发生的这类问题:为进行国际收支平衡表的统计,应该怎样选择不同的记录方法。

首先,应该怎样确定进出口商品的价值?这里,在产生背离的许多可能的原因中,最明显的一个例子是进口商品究竟应该怎样记录的问题:是应该包括把物品运出出口国所花费的保险费和运费(即CIF),还是应该仅包括把物品运到出口国港口装到船上时的价值(FOB)?

就任何一个国家国际收支平衡表的内部一致性来说,只要适当调整国际收支的其他项目,上述两种记录方法中的任何一种都是可行的。可参看从表1中第1、2、5、6各项得来的下列数字:

(百万美元)

商品出口	650	商品进口	900
劳务出口	160	劳务进口	90
有形和无形贸易差额	180		—
总和	990	总和	990

让我们假定在本表中 6.5 亿美元的出口商品和 9 亿美元的进口商品都是按 FOB 记录的。如果现在我们按 CIF 记录进口商品,这些数字会有什么不同?让我们假定这项价值 9 亿美元的商品运到进口国所花费的保险费和运费共 0.8 亿美元,其中 0.2 亿美元是对外国船运商、保险商等的支出,0.6 亿美元是对进口国船运商、保险商等的支出。于是,按 CIF 计算的进口商品价值的数字如下:

(百万美元)

商品出口	650	商品进口(900+80)	980
劳务出口(160+60)	220	劳务进口(90−20)	70
有形和无形贸易差额	<u>180</u>		—
总和	<u>1 050</u>	总和	<u>1 050</u>

进口商品价值现在比以前增加了 0.8 亿美元,其中 0.2 亿美元是对外国船运商等的支出。这 0.2 亿美元以前一定包括在 0.9 亿美元的外国劳务进口价值之内,以计算把商品运到进口国所需要的外国船运等服务。现在,这 0.2 亿美元已包括在为进口而支付给外国人的总购买价格中,因而必须把它从外国劳务进口项下减去。这样劳务进口减少到 0.7 亿美元。在进口新增加的价值中,剩下的 0.6 亿美元是为了把商品运到本国而对国内船运商等的支出。由于为进口商品而支付给外国人的购买价格现在包括了把商品运到进口国口岸的总成本,所以应该认为国内船运商等把价值 0.6 亿美元的海运及类似的服务出售给提供进口商品的外国供给商,以帮助我们把这些商品运到进口国的口岸。因此,劳务出口要增加 0.6 亿美元,即增加到 2.2 亿美元。

我们从表中可以看到,上述变化对有形和无形贸易差额并无影响。它仅仅在这个差额之内改变了有形项目和无形项目之间的关系。但是，如果我们需要保持各个国家国际收支各个组成部分的国际一致性（所谓保持国际一致性，是指所有进口国的有形进口的总和应当等于所有出口国的有形出口的总和，同时全世界无形进口的总和应当等于全世界无形出口的总和），那么从定义和记录上怎样确定各个项目的价值，绝不是无关紧要的。所有进口商品和出口商品都应该或者按照 CIF 计算价值，或者按照 FOB 计算价值。按照前一种方法，商品从 A 国到 B 国的流动将记录为 A 国的出口和 B 国的进口，其价值包括把商品运到 B 国所必需的船运费和保险费；但 B 国居民为帮助把这些商品运到 B 国所提供的任何船运服务将记录为 B 国对 A 国的无形劳务出口。按照后一种方法，商品从 A 国到 B 国的流动将记录为 A 国的出口和 B 国的进口，其价值不包括把商品从 A 国运到 B 国所花费的成本，但 A 国居民为帮助把商品运到 B 国所提供的任何船运等服务，将记录为 A 国对 B 国的无形劳务出口。

由于实际上所有国家都按 FOB 记录出口，大多数国家也按 FOB 记录进口，如果我们为了在本书的讨论中做到国际一致性，按 FOB 计算所有有形出口和进口的价值，将更为符合现实。

第二个类似的问题产生于应该按照哪个时刻来确定商品贸易的价值。假定 A 国向 B 国出口商品，应该按照什么时间记下 A 国的出口和 B 国的进口？是按照支付货款的时间，还是按照这笔交易债务发生的时间，或是按照商品由 A 国实际移到 B 国的时间？在最后一种情况下，应该是商品离开 A 国的时间还是商品到达 B 国的时间？对于这个问题，除非在统计上多少较普遍地采用一致的基础，否则不可能把一个国家的进口和世界其余国家的净出口加以比较。除非我们采用某种定义作为唯一的基础，否则就不可能在一个国家的进口和世界其余国家的净出口是同一回事的假定下进行我们的分析。如果 A 国的出口是按照商品离开它的口岸时的价值计算，而 B 国的进口是按照所支付的进口款项计算的，这时如果 B 国进口商从 A 国出口国得到了附加的信贷，那么 B 国所记录的来自 A 国的进口额将小于 A 国所记录的对 B 国的出口额。在 A 国国际收支账目上所记录的自发商品出口收入的一部分，以及 B 国自发贷款支出的一部分，将既不出现在 B 国国际收支账目的自发进口支出上，也不出现在它的自发借款收入上。

(1) 支付基础(payments basis)。在某些情况下，以出口和进口的实际收支为基础来记录出口和进口额，在统计上可能是最为方便的。如果能够从外汇管制机构得到统计资料，而这个机构的行政工作之一就是记录出于各种目的的外汇收支，那么采用这种方法是合适的。为了某些目的，按现金记账也可能很方便。当然，就像它对于厂商或个人来说一样，它对于一个国家来说也不是一种合适的基本记账方法。假定 A 国居民进口的商品远比往常为多，而且尚未付款。如果以现金为基础来计算，表 1 中的对外账目将不会表现出这项异常大的交易。但是如果商品的进口（表 1 第 5 项）包括这个异常大的进口额，如果这个异常大的进口额被真实地表示 A 国进口商从 B 国出口商获得的信贷（第 4 项的从外国借款）所抵消，B 国的情况就能更确切地记录下来。

(2) 交易基础(transactions basis)。避免现金记账缺点的一个方法，是在签订购货合同的时候记录进出口额，或在交易中发生债务关系时记录进出口额。但这又会造成其他的困难。假定A国进口商(不管是私人贸易商或国家的进口机构)签订一项长期合同,从B国购买某种商品,并在尔后5年内进口到A国。在这种情况下,在表1第4项中记入为进口这些商品在未来需要支付给B国的债务数字,同时在表1第8项中记入A国在未来需要偿还的债务数字,是正确和合适的。但是,把这种商品5年的进口额全部记作签订合同当年的进口数额(表1第5项),却是不合适的。如果这样做,等于宣布商品已经全部进口,但并未全部消费,因而有一部分储存在国内,它们是以信用进口的。这就是把全部交易的价值都记作进口(表1第5项),把未被消费的那部分"进口商品"都看成好像已加列到国内商品存货[①]中去,把表1第8项所包括的在未来须付给进口商品供给者的债务看做好像事实上是由出口国提供的。

但是,假定今后5年内实际上以信贷方式购买商品并储存在出口国。这样,上面的记录方法就不至于那么不合理了。它仅把实际上已从国外买进但尚未起运的商品记作进口,把实际上储存在国外的商品记作国内商品存货(参看后面表6第3项)。

但是,即使是在这种情况下,这种记录方法在某些方面仍然不合理。如果A国某公司在B国买进一家附属工厂,这项交易不会记作进口,也不会记作国内厂房和机器存量的增加(参看后面表6第3项)。它只是作为对外投资的一部分记入表1第8项。但如果A国的商人在B国购买某种商品存货,并把它储存在B国,为什么不应按同样方法处理呢?

(3)移动基础(movements basis)。即认为最好的方法是把进口

---

① 应该把它们记入后面表6第3项(参看第3章)。

和出口确定为某个时期内由一个国家实际移动到另一个国家的商品价值。这是进口和出口的一个相当精确的定义。就商品所有权的变动来说,它也是对国外和国内投资和负投资(表 2 第 5 项和后面表 6 第 3 项)的一个相当精确的定义。A 国的对外投资将包括 A 国居民拥有的但放置在 A 国国境以外的商品存量的增量,以及其他国家居民拥有的但放置在 A 国国境之内的商品存量的减量。而 A 国的对内投资则包括放置在 A 国国境内的整个商品存量的增量。

如果以这个定义为基础,即使在黄金流动的场合里也不会出现例外情况。依照我们的定义,当黄金实际上从 A 国流到 B 国时,这种流动就是 A 国对 B 国的商品出口。正如我们所看到的,这项出口究竟是自发交易还是融通性交易(广义地说,它是一种货币流动或商品流动),则完全是另外一回事。当黄金从 A 国流到 B 国时,如果所有权关系并未改变(例如,A 国中央银行拥有的由 B 国代为保管的黄金),那么这种流动表示:第一,A 国国内投资的减少和 B 国国内投资的增加(即 A 国黄金存量减少,B 国黄金存量增多);第二,A 国出口商品而 B 国进口商品;第三,A 国对外投资的增加和 B 国对外投资的减少(A 国拥有的但放置在 B 国境内的黄金存量增加)。

即使采用了这种按照商品实际上从一个国家向另一个国家移动来记录商品进出口的度量基础,还是会留下一些麻烦的附带问题。我们可以用两个例子来说明。

首先,一个国家所指定的是什么?例如,B 国设在 A 国的大使馆是 B 国的一部分还是 A 国的一部分?如果是前者,那么从 B 国运去它驻 A 国大使馆的物品就不是 B 国的出口物品,因而也不应记作 A 国的进口。如果是后者,这些物品就应该出现在两国的国际贸易统计里面。在这种情况下，B国驻A国大使馆的工作人员对这些物品的支出应该记作A国对B国这些居民所提供的无形劳务（相当于A国对B国旅游者提供的劳务）。或者变换一种说法，B国驻A国大使馆的工作人员应该看做是A国的居民，他们的收入是A国国民收入的一部分；也就是说，他们的收入应该看做B国使馆工作人员把假定可以提供的特殊"无形"劳务出售给B国政府所赚得的报酬。在这个例子里，除了要有一致性的定义外，其余问题都无关紧要。

其次，公海属于哪个国家？当商品从A国运往B国而正处于A、B两国之间的公海上时，这些商品究竟是在A国境内还是在B国境内？如果商品全部按FOB计算，合乎逻辑的做法是只要商品离开出口国即A国的口岸，就把它们看做是在进口国即B国境内。但这意味着B国的进口不应记作该时期B国进口商品的FOB值，而应记作该时期从其他国家出口到B国的商品的FOB值；运往B国途中正在公海上的其他额外商品，都是B国国内保存的商品存量的一部分增加额。然而这一点可能意义不大，除非价格或贸易量发生了剧烈的变化。

除了进出口以外，国际收支账目中的其他部分也需要有前后一致的基础，以保证A国在表1任何项目中的支出都应该和B国在相同项目中的收入相一致。我们不妨从转移项目中选取一个例子来加以说明[①]。

[①] 一般来说，最好的办法可能是采取下述原则：无形贸易应该根据提供实际劳务的价值和时间来记录，转移则应该根据赠予品在法律上已经移交，或债务已经发生，或资产的所有权实际上已经改变的价值和时间来记录。

在国际收支平衡表中，我们应该按照什么原则决定某种特定交易究竟是无形贸易的项目还是转移的项目？例如，在第1章中，A国居民从投资于B国的资本所得到的利息收入被看做是A国无形出口的一部分，即代表A国的资本所有者向B国的资本使用者出售部分A国资本存量的现期服务。但是，过去从A国移民到B国的人现在从B国把钱汇给A国的亲友却被看做是B国对A国的转移。为什么我们不应把它看做是从A国转移到B国的资本，并把这项资本在B国所赚得的并且支付给A国债权人的收入看做一种转移呢？就现实的经济事实来说，A国居民每年从B国居民得到1亿美元的资本利息，或者同样的居民从同样来源得到同样数量的移民汇款，两者对A国或B国的内部和外部状况的影响是否不同？如果要区分这两种情形，看来我们应该假定两者存在根本的差别：因为前者（即利息支出）将增加A国的自发贸易差额，而后者（即移民汇款）则不是这样。在第3章中，我们将说明自发贸易差额的变化将影响一个国家的国内支出和国民收入，而转移差额的变化则没有这种影响。

我们所作出的这种区分在界限上必然含有若干武断因素。我们总是很难划出这样的界限来正确区别某些同多于异的例子。但是，在国民收入的定义中，可以找到我们这种做法在逻辑上和形式上保持一致的提示。A国投资于B国的资本的利息是A国国民收入的一部分，还是B国国民收入的一部分？由B国汇往A国的移民汇款是A国国民收入的一部分，还是B国国民收入的一部分？在这一点上，国际间应该彼此一致。这些项目必须看做是A国或者是B国的国民收入，而不能同时看做是两国的国民收入，或者都不是两国的国民收入。我们已经把对 A 国的利息支出看做是 A 国的无形出口,因为我们把这类资本所带来的利息看做是 A 国而不是 B 国的国民收入的一部分。如果这样做,A 国在 B 国的投资所带来较大的利息收入将表示 A 国国民收入的增加;而对 A 国的利息支出应该看做是对来自 A 国的出口的一种报酬,因为 A 国对 B 国的有形和无形出口净额,表示所有那些 B 国居民对 A 国居民支付的能够直接产生 A 国国民收入的项目。

在另一方面,我们已经把 B 国汇往 A 国的移民汇款看做是 B 国而不是 A 国的国民收入的一部分。这就是说,当 B 国某人把 1 亿美元移交给 A 国某人时,我们不是把它看做是 B 国国民收入的减少和 A 国国民收入的增加,而是把它看做是从 B 国既定的国民收入中转移出来以补充从 A 国的既定国民收入中所获得的购买力。由于这个缘故,我们必须把这项交易看做是一种转移,而不是一项无形贸易。这项交易并不直接产生 A 国的国民收入。

因此,从形式上说,这一切取决于国民收入的定义。为了这个目的,在我们的世界体系中,所有国家都应该采取相互一致的一系列定义,使得每一种收入都计算一次,而且仅仅计算一次。我们的分析所根据的一般基础,是把 A 国居民①(或国家)所拥有的所有生产要素所产生的收入都确定为 A 国的国民收入,不管这些生产要素

---

① 当然,仍需决定什么人构成"居民",为了逻辑上的一致,每一个人必须是一个国家的居民,而且只能是一个国家的居民。当一个人居留在另一个国家并在该国花钱时,他是一个旅游者,他的支出是旅游者的支出。外国大使馆的工作人员或占领军是"居民"还是"旅游者"?同时,如果你每年分别在 4 个不同国家中逗留 3 个月,那么在一定时间内,你究竟是哪一个国家的"居民"?

本身是在哪里，也不管这些生产要素所产生的收入最后转移给谁。A 国国民收入中的租金、利润以及利息部分，是 A 国居民或公共当局所拥有的生产工具所赚得的，它们可能大于或小于位于 A 国境内的生产工具所赚得的租金、利润和利息。对于 B 国政府付给 A 国政府的赔款，我们看做是 B 国对 A 国的转移，而不是 A 国对 B 国的无形出口，因为这项收入是 B 国筹措的支出（以 B 国政府征税或者借款的方式），我们都看做是 B 国国民收入的一部分，而不是 A 国国民收入的一部分。

形式上的问题，可以按照这条思路来解决。当然，毋庸置疑的是，对外投资的利息收入与移民汇款的收入两者之间在经济效应上的实际差异，也许是微不足道的。当我们讨论每一个问题时，我们必须特别注意这一点。例如，在后面我们不得不经常说明这样的事实：因为 A 国的国民收入从转移所代表的新增购买力中获得补充，从 B 国到 A 国的转移可能引起 A 国国内支出的增加。这相当于下述效应：A 国从新增的有形或无形出口中所得到的新增收入导致国民收入的增加，因而（以后面第 3 章法则 1 的方法）导致国内支出的增加。因此，在形式上看做不同范畴的收支可以认为具有极相似的效应。

如果世界只由两个国家构成，这方面的问题就是有关国家间国际收支差额的相互关系所要讨论的全部问题。在很多问题上，我们都可以把这个世界看做似乎只由两个国家组成，以我们感兴趣的国家为一方，以世界其余部分为另一方。在本卷第一篇至第五篇中，我们将只注意这些问题，即以一个国家为一方和以世界其余国家为另一方之间的平衡问题。但是有些经济政策问题，特别是那些涉及双边互惠主义或多边互惠主义之间的选择,或者涉及差别待遇和无差别待遇之间的选择等经济政策问题,却只是由于这个世界是由多于两个国家所构成的体系而产生的。不管怎样,我们还是把不得不处理的由于涉及两个以上国家的问题而产生的形式上和分析上的问题,都留待本卷第六篇之后讨论。在第六篇之前,我们的讨论只限于 A、B 两国之间的关系,其中 A 国代表某个特定的国家(或某个集团国家,如英镑区国家),B 国则代表世界的其余国家。

3 国民收入、国内支出和贸易差额

在第 1 章中，我们讨论了一个国家国际收支平衡表的定义。在第 2 章，我们考察了为获得国家之间一致的体系，用什么方法来确定国际收支平衡表中各个项目的定义。在本章里，我们将讨论一个国家的国际收支差额怎样与本国的国内经济相适应，以完成我们对国际收支平衡表的意义的初步考察。

让我们首先分析一个"封闭经济"（closed economy）的国民收入和国民支出之间的关系。所谓"封闭经济"指的是和其他经济没有任何国际经济或金融关系的一个国家。如果我们撰写《国内经济政策理论》一书，我们会广泛地讨论这个问题。但就我们目前的目的来说，我们仅限于简略地描述一些最显著的特点。

一个国家的国民收入可以定义为各种生产要素从它们所生产和销售的物品与劳务中所获得的收入。因此，国民收入由下述部分构成：人们因工作而得到的工资和薪金；土地所有者出租土地或其类似资产以供生产性的产业使用或立即满足消费者需求而获得的租金；企业家或其他生产者对他们在物品和劳务的生产中所借入或使用的资本所支付的利息；企业家出售产品并支付一切费用（包括工资、薪金、租金、利息以及其他经常性生产费用）后剩下来留归自己的利润。

3 国民收入、国内支出和贸易差额

这些收入都是由对一个国家的劳动、土地、资本以及企业所生产出来的物品和劳务的需求而产生的。因此，计算一个国家国民收入的第一种方式是计算所有生产要素所获得的收入；而计算同样的国民收入的第二个方式，就是加总所有对这些生产要素所生产出来的物品和劳务的支出。如果小心和适当地确定各个词的定义，所出售的物品和劳务的价值必然等于从事这些物品和劳务的生产的每一个人所获得的收入。购买者所支付的货币额正好等于售卖者所收入的货币额。这不过是计算同一个总额的两种不同方式罢了。

在"封闭经济"中，给物品和劳务的生产者带来收入的对物品和劳务的最终需求，可以很方便地分为4个主要部分：第一是私人对用于个人消费的物品和劳务的需求。这个数字将包括私人在食品、烟酒、衣服、住房租赁、度假和理发等项的支出总额。第二是包括中央和地方政府在内的公共当局为了提供国防、警察、司法、教育以及类似服务而发生的对物品和劳务的需求。第三是私人产业和一般私人企业为了增加社会的资本设备而发生的对物品和劳务的需求——如为了建造新的工业，安装新的厂房和机器，建造更多的住房，积累更多的原材料、在制品或制成品等的存货。最后是公共当局为了增加它管辖的资本设备而发生的对物品和劳务的需求——如为了修建新的道路、建立新的学校、增加社会化产业的资本等。

如果我们把任何一个时期花费在物品和劳务上的这四类支出相加，其总和应该等于整个社会在生产这些物品和劳务的过程中所取得的租金、利息、利润以及工资的总和。但是为了确保这两个总额相等，必须小心处理各个项目。要详细探讨这个问题，会涉及冗

长吃力的讨论。它与我们目前关于国际收支的讨论无关。但是,我们要在这里提出下述几个重要论点:

第一,国民收入和国民支出的某些部分可能不必实际用货币来购买。例如,一个居住自己房子的人实际上并不须像房客那样向他自己支付货币房租。要说明他真正的经济地位,最好还是把他的房子每年的房租看做是他的收入,并把他的消费支出在租用住房的名义下增加的数额等于房租的数额。假如房租既增加到国民收入(在房东得到租金的名义下)中去,也增加到国民支出(在支付住房租金的名义下)中去,这样做当然不影响国民收入和国民支出的平衡。

第二,"转移收入"即并不是因提供了任何生产性服务而得到的收入的问题。例如,可以把政府支付给失业者的救济金和政府支付给警察的工资比较一下。后一种支付通常被看做是政府购买了一种服务,但前一种支付则不然。所以警察的工资包括在政府对物品和劳务的公共支出里(在提供警察服务的名义下),同时也包括在国民收入的数字里(在工资的名义下)。然而政府支付给失业者的"转移收入"既不包括在政府对物品和劳务的公共支出里,也不包括在国民收入的工资数字里。公债利息通常按相同方式处理,既不包括在政府对物品和劳务的公共支出里,也不包括在国民收入的利息数字里。只要公共支出中的任何部分一旦被确定为"转移支付",就既把它从国民支出的数字里也从国民收入的数字里排除出去,国民收入和国民支出之间仍将保持平衡。

第三,在国民支出中,我们应该只包括私人或公共当局对用于最终消费的物品和劳务的支出,或者私人企业或公共企业对导致资本设备净存量增加的物品和劳务的支出。假定某人为购买一件衬衣而支出 8 美元。衬衣制造商得到 8 美元的收入，其中有 3 美元保留下来作为自己的利润，或支付工资或薪金，或支付土地所有者或债权人的地租或利息；其余 5 美元则用来购买布料。布料制造商得到了 5 美元的收入，其中有 4 美元保留下来作为利润，或支付工资薪金、地租或利息，而把其余 1 美元用来购买原料。这样，原料的生产者得到 1 美元的收入。在这个例子里，所赚得的总收入是：生产原料的 1 美元，加上把原料织成布的 4 美元，加上把布缝成衬衣的 3 美元，总共 8 美元。与此相对应，个人对用于消费的最终产品即衬衣的支出应该是 8 美元。对物品和劳务的国民支出，不应包括衬衣生产者为购买中间产品（布料）而支出的 5 美元，也不应包括布料生产者对原料花费的 1 美元的支出。

国民支出只能包括对物品和劳务的最终需求，而不能包括对物品和劳务的中间需求这个原则，对于资本品的需求和一般生产设备的需求的情形特别有用。在上面的例子里，假定布料制造商出售布料收入 5 美元，购买原料支出 1 美元，留下 4 美元用于自身营业。现在假定在这 4 美元中，只有 2.5 美元留作自己的利润，或用于支付地租、利息、工资或薪金，所剩下的 1.5 美元是他提取出来以待将来在他的机器不能使用时用来更新机器的折旧费。国民收入和国民支出之间的平衡现在被破坏了。因为国民支出的总额是 8 美元（私人对衬衣的支出），但国民收入却只有 6.5 美元（1 美元来自原料的生产，2.5 美元来自把原料纺织成布，3 美元来自把布缝成衬衣）。为了保持平衡，1.5 美元的折旧费应该从国民支出中减去。这样做的意义应该是很清楚的。我们可以假定某个生产者，当然可能就是布料制造者自己，也可能是同一个产业或另一个产业中的另一个制造商，在我们所说的这个时期中，添置了价值为 9 美元的新机器。对新机器 9 美元的支出，当然直接或间接地在生产机器的工业中产生 9 美元的收入。但在这 9 美元的收入中，只有 7.5 美元可以看做是社会资本设备的净增额。因为社会资本设备 9 美元的总增额里，有一部分已被我们这位衬衣制造商的 1.5 美元设备折旧所抵消。他的资本设备在本年度并未更新。因此，国民账户如下所示：

国民支出	美元	国民收入	美元
个人消费（购买衬衣）	8	工资、薪金、利息、租金和利润：	
国内总投资（购买新机器）	9	（1）原料生产	1
减去：折旧折扣	1.5	（2）布料生产	2.5
国内净投资	7.5	（3）衬衣生产	3
国民支出净值	15.5	（4）机器生产	9
		国民收入总额	15.5

第四，对所购买的物品和劳务征收间接税或给予补贴，意味着物品和劳务的最终购买者实际支付的金额，与这些物品和劳务在生产过程中以利润、利息、租金、工资和薪金的名义得到的金额出现背离。在上面的例子中，假定在衬衣上所花费的 8 美元的支出中，有 1 美元是直接归于政府的购买税。这样，在直接或间接与衬衣生产有关的产业中的生产要素所得到的收入只有 7 美元。或者，假定除了衬衣的最终消费者所支付的 8 美元外，衬衣的生产者从政府得到了 1 美元的补贴。在这种情况下，在直接或间接与衬衣生产有关的产业中的生产要素所得到的收入将是 9 美元。换句话来说，我们必须在生产要素所得到的租金、利息、利润、薪金和工资上，加上任何间接税以及减去任何补贴，以求出和这些要素所生产出来的产

3 国民收入、国内支出和贸易差额

品的市场价值相一致的国民收入数值①。

根据这些解释，我们可以提出表 5 来说明一个封闭经济内，即在与任何其他国家毫无经济接触的国家内，国民收入与国民支出之间的平衡。我们的图表如下。按市场价格计算，人们为个人消费而需要的物品和劳务是 30 亿美元（表 5 第 1 项）；中央政府和其他公共当局为现期消费在物品和劳务上支出 20 亿美元（表 5 第 2 项）；私人及公共当局为增加社会的资本设备而对物品和劳务的总需求 12 亿美元（表 5 第 3 项），但应该从这个数额中扣除现有资本设备的折旧 7 亿美元（表 5 第 4 项），因而表示社会资本设备净增加的对资本品的净需求量是 5 亿美元（表 5 第 5 项）。把这些项目加起来，就是按照现行市场价格计算的对物品和劳务的最终需求 55 亿美元（表 5 第 6 项）。但在这些市场价格中，有 17 亿美元表示间接税（表 5 第 13 项），它直接归税收当局而没给生产者带来租金、利息、利润、工资或薪金。同时还应该在这些市场价格上加上 2 亿美元的政府补贴（表 5 第 14 项），以表示生产者从政府所取得的补贴收入。剩下来的 40 亿美元净额（表 5 第 12 项）是给这些物品和劳务的生产者所带来的收入，其中 3.2 亿美元是租金（表 5 第 7 项），8.1 亿美元是资本的利息（表 5 第 8 项），3.4 亿美元是企业的利润（表 5 第 9 项），7.3 亿美元是薪金（表 5 第 10 项），18 亿美元是工资（表 5 第 11 项）。

---

① 让我们把间接税减去补贴所得出的数值称为"净间接税"。然后，我们可以把净间接税加到生产要素的收入上，以得到"按市场价计算"的国民净收入。这相当于按物品和劳务买卖的市场价格计算的国民支出（即包括净间接税）。这是本文以及下面表 5 和表 6 所采用的方法。或者，我们可以从国民支出中减去间接税，以得出"按要素成本计算"的国民支出（即按照加上间接税以得出市场价格以前的生产成本计算的价值）。这直接相当于生产要素所赚得的收入，亦即相当于"按要素成本计算"的国民净收入。

表5 封闭经济的国民收入与国民支出

国民支出	百万美元	国民收入	百万美元
1. 个人消费	3 000	7. 租金	320
2. 公共消费	2 000	8. 利息	810
3. 私人及公共的国内总投资	1 200	9. 利润	340
4. 减去折旧折扣	700	10. 薪金	730
5. 国内净投资	500	11. 工资	1 800
		12. 按要素成本计算的国民净收入	4 000
		13. 加上：间接税	+1 700 ⎫
		14. 减去：补贴	−200 ⎬
			1 500 ⎭
6. 按市场价格计算的国民净支出	5 500	15. 按市场价格计算的国民净收入	5 500

如果取消我们所考虑的国家是一个封闭经济的假定，改为假定该国是一个开放经济，即承认它对世界的其他国家支付并从世界其余国家取得收入的事实，上面所描述的情况将会有什么不同？从原则上说，要进行的必要调整是十分简单的。表5的左边列出了所有那些直接或间接引起生产要素需求（即对土地、资本、企业以及工作的生产性服务的需求）的最终需求，而生产要素的收入则列在表的右边。然而，在一个开放经济中，表5左边所列出的是为主要目的而发生的对物品和劳务的需求（即为了个人或公共的消费或为私人或公共的净投资而发生的需求），包括了对本国产品和对进口商品的需求。但对进口商品的需求并不直接导致对本国生产性资源的需求，而是导致对其他国家生产性资源的需求。因此，应该从表

3 国民收入、国内支出和贸易差额

5 左边的支出中减去对进口物品和劳务的支出。另一方面,如同对这个国家产品任何其他形式的支出一样,外国人对这个国家出口的物品和劳务的支出总额,在这个国家内有效地产生收入。我们应该在表 5 的右边相应地加上这个国家出口的物品和劳务的价值,以得到能够产生收入的对该国产品的全部需求量。

表 6 开放经济的国民收入与国民支出

国民支出	百万美元	国民收入	百万美元
1. 个人消费	3 000	8. 租金	300
2. 公共消费	2 000	9. 利息	800
3. 国内净投资	500	10. 利润	320
		11. 薪金	700
		12. 工资	1 700
4. 按市场价格计算的国内净支出	5 500	13. 按要素成本计算的国民净收入	3 820
5. 减去:净进口	−800	14. 加上:间接税	+1 700 } 1 500
		15. 减去:补贴	−200
6. 加上:净出口	+620		
7. 按市场价格计算的国民净支出	5 320	16. 按市场价格计算的国民净收入	5 320

如果 55 亿美元(表 6 第 4 项)是按市场价格计算的,该国为国内目的(为国内的私人或公共的消费或投资)对物品和劳务(不管是国内生产的还是进口的)的净需求的价值,如果这个数额包括了该国对价值 8 亿美元的进口商品的需求(表 6 第 5 项),如果外国人购买该国价值 6.2 亿美元的出口商品(表 6 第 6 项),那么这个对物品和劳务的需求所产生的按市场价格计算的国民净收入将是 53.2 亿美元(表 6 第 16 项,即 55 亿美元−8 亿美元 +6.2 亿美元 =53.2 亿

美元)[①]。换言之,如果该国进口超过出口的金额是1.8亿美元,那么按市场价格计算的国民净收入将比该国为国内最终消费和投资目的而产生的对物品和劳务(不论是进口的还是国内生产的)的市场需求要少1.8亿美元。如果我们用"国内支出"来表示一个国家为国内最终消费或投资目的而产生的对进口商品与国内产品按市场价格计算的净需求,那么我们可以得出下面的简单关系:

国内支出 − 进口 + 出口 = 国民净收入

这里出口减进口就是表2第3行所示的有形和无形贸易差额。

当然,在我们的世界划分为A、B两个国家或两组国家的条件下,这种关系能够成立。要记住:A国的进口等于B国的出口,反过来也是这样。我们可以把A、B两国间的国民收入、国内支出、进口和出口之间的关系用表7的形式来表示。

表7 A、B两国的国民收入、国内支出和对外贸易

(百万美元)

			支出国家		总和
			A	B	(即国民收入)
			(a)	(b)	(c)
收入国家	A	(1)	4 700	620	5 320
	B	(2)	800	3 000	3 800
总 和 (即国内支出)		(3)	5 500	3 620	

我们用这个表来表明每一个国家对本国产品和其他国家产品

---

① 为什么我们把进口说成8亿美元,把出口说成6.2亿美元,而不是表2第3行中的9.9亿美元和8.1亿美元呢? 其原因见本章后面的解释。我们将会看到,无论怎么说,有形和无形贸易的赤字都是1.8亿美元。

的支出额。这样,从表7a栏向下看,我们看到A国的购买者对本国产品的支出是47亿美元,对B国产品的支出是8亿美元。因此,A国的国内总支出是55亿美元,其中47亿美元是对本国产品的需求,8亿美元是对B国进口产品的需求。同样,在表7的b栏中,B国的购买者对A国产品的支出是6.2亿美元,对本国产品的支出是30亿美元。因而B国的国内总支出是36.2亿美元,其中6.2亿美元是该国对从A国进口的产品的需求,30亿美元是对本国产品的需求。

每一个国家的购买者对每一个国家的产品的需求,决定每一个国家所得到的国民收入,从表中每一行的数字,便可找出这些国民收入。在第1行中,我们看到A国的生产者通过出售本国生产的物品和劳务以满足国内对本国产品的需求,而得到47亿美元的收入;通过向B国出口本国生产的物品和劳务以满足B国购买者对A国产品的需求,而得到了6.2亿美元。因此,A国的国民总收入是53.2亿美元。同样,B国的国民总收入是38亿美元,其中8亿美元是把物品和劳务出口到A国而得到的收入,30亿美元则是通过出售物品和劳务以用于国内消费而得到的收入。

表7以下述事实为根据:对于每一个国家来说,国内支出减去进口加上出口等于这个国家的国民净收入;同时每一个国家的进口就是其他国家的出口。在后面的讨论中,我们将经常使用这些简单关系,以分析下述有关问题:第一,对外贸易差额会以什么方式影响对本国生产的物品和劳务的需求,并从而影响到任何一个国家的国民净收入,或第二,一个国家国民净收入和国内支出的变化会以什么方式影响该国对进口商品的需求,并从而影响贸易差额。

贸易差额对国民收入所产生的影响,以及国民收入对贸易差额所产生的影响,将由各种不同的方式来实现。我们在稍后的分析中将更为详细地进行讨论。在这里简略地概括某些发生作用的主要因素,也许是有益的。

(1)国民收入的增加本身就可能导致国内支出的增加。当人们的租金、利息、利润、薪金或工资收入增加时,他们不会把它全部花在最终使用的物品和劳务上。在增加的收入中,有一部分可能被储蓄起来而不用于购买新资本品;有一部分可能用于支付增加的赋税,但政府并未用以购买更多的物品,如此等等。但在增加的国民收入中,至少有一部分会被用来增加对进口产品和国内产品的需求以满足本国的最终使用。也就是说,它代表国内支出的增加。

(2)国内支出的增加可能有一部分代表对进口商品需求的增加(这将产生其他国家的收入),有一部分代表对国内生产的物品和劳务的需求的增加(这将产生国内的收入,因而提高国民净收入)。这就是说,假定其他条件不变,对满足国内最终使用的一般物品和劳务需求的增加,通常同时导致对本国产品的需求增加和对进口商品的需求增加,尽管进口的和本国生产的物品和劳务之间的实际比例当然不会维持不变。

(3)出口增加(即其他国家进口增加)将引起出口国国民收入的增加。因为外国人对某国产品的需求增加表示外国人对这个国家的生产要素服务的需求增加,这在该国产生了更多的国民收入。

为了使这个简单的关系得以成立,我们希望:第一,把进口看做是对任何一个国家的物品和劳务的需求,对进口商品的支出不会产生本国的任何收入,但将产生其他国家的收入。第二,把出口看做是外国人对该国产品的需求,对出口商品的支出不是来自出口国的国内支出,但能产生出口国的收入。

显然,进口和出口通常都有这种特点。然而我们必须记住两项限制条件:

(1)在某些例子里,出口的物品可能是来自出口的存货。当出售来自存货的物品时,只有在存货持有者向生产者订货以补充他的存货的条件下,购买这样的物品才会在国内创造收入。在通常情况下,存货持有者会补充他的存货。但有时不会发生这样的情形。

最明显的例子,是中央货币当局出口黄金储备中的黄金,以筹措该国对进口商品的支出及其他对外支出所需的融通资金。例如,假定我们的国家进口价值9.9亿美元的物品和劳务,出口价值8.1亿美元的物品和劳务(即表2假定的情况);假定在8.1亿美元的出口中,有0.2亿美元代表融通性的黄金出口,只有7.9亿美元代表自发的物品和劳务的出口,其原因是我们的国家从中央银行拿出价值0.2亿美元的黄金储备用于出口,以融通国际收支账目上的其他项目的部分赤字。我们在前面已经解释这种黄金的出口完全可以记作商品出口。它也表示一项国内负投资,即我们国家在国内所持有的这种金属存量已减少了这个数额。但是这种黄金出口不像本国普通产品的出口那样,表示外国人对本国产品的需求,因而也不表示外国人直接或间接地对本国生产性资源服务的需求,随之而来的对国内持有的黄金存量的负投资,在任何情况下也不表示本国国内对这样一种物品和劳务的需求的减少;也不导致对本国生产性资源服务的国内需求的减少。我们所说的简单关系——国内支出减去进口加上出口等于国民净收入——仍能成立。但在这个例子中,出口增加导致国内支出的减少，而不是导致国民收入的增加。在使用这个关系时，必须记住这种例子的存在。在这种例子中，上面所说的规则(3)不能成立。

(2)在某种限度内，外国人对一个国家出口商品的需求将会在外国产生收入，而不是在本国产生收入。这样就修改了上面所说的规则(3)。同时，国内购买者对进口商品的需求将会在本国产生收入，而不是在外国产生收入。这样也修改了上面所说的规则(2)。这种情况的发生，是因为所谓出口中含有进口的成分以及进口中含有出口的成分。我们来看看表2的解释性数字。在表中，该国的有形和无形进口是9.9亿美元，有形和无形出口是8.1亿美元。但为了生产这8.1亿美元的出口商品，该国需要进口譬如1亿美元的外国原料。这样，对该国出口商品8.1亿美元的需求，实际上只有7.1亿美元是外国人对该国本身产品的净需求，另外1亿美元则是对外国人的原材料的间接需求。而该国对进口商品9.9亿美元的需求，只有8.9亿美元是用来满足它自己的最终需要(因而列在它自己的国内支出项目中)的对外国物品的需求，剩下的1亿美元是该国为了再出口而对进口原料的需求。这样，我们可以从进出口双方消除这部分价值1亿美元的出口中含有的进口成分，由此得到7.1亿美元的出口数字和8.9亿美元的进口数字。但是，在剩下的8.9亿美元的对进口商品的需求中，有一部分(譬如说0.9亿美元)又表示外国人不得不从该国购买的原料，以制造输往进口国的物品。在这种情况下，在8.9亿美元的进口中，只有8亿美元是这个国家对外国生产性资源的需求，剩下的0.9亿美元则是对该国国内生产的原料的需求。而在7.1亿美元的出口中，只有6.2亿美元表示外国为了

3 国民收入、国内支出和贸易差额

满足它们真正的国内需要而对物品的需求,剩下的 0.9 亿美元则表示外国为了制造再出口商品而对该国原料的需求。在后面,我们将把每一个国家的进口和出口分别看做出口中的进口成分与减去出口成分的进口之和,以及进口中的出口成分与减去进口成分的出口之和。因此,在未来对各种贸易差额的分析中,我们将把进口和出口的定义确定为这种意义的净进口和净出口[①]。

下面各章的分析,主要涉及上述(1)(2)(3)三个规则的相互作用,以及表 7 所表示的各种关系的相互作用。某种主要的变化或干扰因素将出现。然后我们必须说明这两个国家的国民收入对国内支出的影响、国内支出对进口和国民收入的影响以及出口对国民收入的影响,并说明 A 国的进口就是 B 国的出口以及 B 国的进口就是 A 国的出口这个事实。这样,我们的问题首先是决定干扰因素给每个国家内的一般经济活动水平带来的最终后果(即对 A、B 两国的国民收入带来的最终后果),其次是决定它给每个国家的对外经济情况带来的最终后果(即给两国之间的收支差额带来的最终后果)。

总的来说,这就是第二篇的主题。

---

① 这一原则有多方面的应用。如果 A 国从 B 国进口原料来制造输往 C 国的商品,则 C 国对进口商品的需求就原料成分来说是对 B 国生产的需求,就原料的加工来说是对 A 国生产的需求。在第六篇中运用净进口和净出口来讨论世界贸易时,我们将使用这里的定义。

第二篇

中性经济①

---

① 在第三篇结尾的附注中,我们将会看到一些说明国际贸易乘数作用的数字例子,它构成第二篇和第三篇大部分内容的主题。

4　自发干扰因素与中性经济

我们下一个任务是探讨那些导致 A 国或 B 国内部或外部经济情况发生某种变化的干扰因素的性质。我们假定，在开始时 A、B 两国所处的情况像表 7 所描述的那样：每一个国家的国民收入和国民支出为一定，两国之间的贸易流量为一定。然后看看什么样的最初变动，或我们称做的"自发干扰因素"（spontaneous disturbances），通过它们的直接作用和间接影响，引起国民收入和国际收支的世界体系变化，以及这些自发干扰因素通过什么机制发挥它们的作用。

让我们在开始时先弄清楚某些定义。接着，我们将把所探讨的各种数量（如国民收入、国内支出、贸易差额和收支差额）的"自发"变动、"政策性"变动和"引致"变动区分开来。所谓"自发干扰因素"是指任何基本条件的变化，我们准备承认并且不希望探讨这些变化的原因，但我们希望探讨这些变化对这两个国家的内部和外部情况的影响。所谓"政策性"变动，是指政府或某个公共当局所引起的变化，这种变化是政府为了达到一定的一般经济政策目标，特别是抵消"自发干扰因素"的某些影响而作出的一定的决策所带来的结果[①]。最后,所谓"引致"变动是指根据纯粹的商业原则,并因某种"自发"变动或"政策性"变动的影响而发生的某些数量的变动。

解释一下这些区别是有益的。例如,如果私人企业改变了它对利润未来前景的看法,并决定花费更多的钱在机器、厂房、建筑等资本设施上,或者如果消费者由于这样或那样的原因,决定把他们的大部分收入用于物品和劳务的消费,把小部分收入用于储蓄,那么该国就会发生国内支出的"自发"增加。这是"自发"变动,它表示国民收入或任何其他我们认为会"引致"需求的数量都没有发生变化,但对物品和劳务的国内需求增加了。如果当局为了抵消国内支出的这种"自发"增加而决定减少对物品和劳务的公共支出,或为了限制私人对物品和劳务的需求而决定提高个人所得税,那么该国就会发生国内支出的"政策性"减少。再如,当国内支出"自发"和"政策性"增加,引起对本国生产的产品的需求增加,从而引起国民收入增加的时候,以及当消费者因现在有更多的收入用于支出,而使物品和劳务的国内支出作为自身第二轮影响进一步增加的时候,该国将发生国内支出的"引致"增加。

同样,当私人消费者嗜好的变化,使既定国内支出总额的一部分从购买国内生产的产品转向购买进口产品的时候,就会发生进口的"自发"增加。如果政府为了非商业的缘故(例如,为了增加国内

[①] 重要的是要认识到,这并不意味公共当局所引起的一切变化都是"政策性"变动。例如,设想公共当局正在实行一项建筑校舍的计划。这时有一项发明,使得用国内生产的钢材而不是进口的木材更为便宜。公共当局根据纯粹的商业原则,由进口木材转向购买本国生产的钢材。这是一种"自发"变动的"引致"影响。但如果公共当局这样做是为了减少进口以便改善国际收支,尽管按照商业原则进口木材比购买国产钢材便宜,那么这种变动将属于"政策性"变动。

4 自发干扰因素与中性经济

的就业),决定在既定的公共支出总额中少买一些进口商品,多买一些国内生产的产品[*],那么将会发生进口的"政策性"减少。如果国民收入的增加使购买者决定购买更大量的(或花更多的钱购买)进口商品,那么将发生进口商品数量(或价值)的"引致"增加。

对外转移的变化,同样也可以区分为"自发"、"政策性"和"引致"变动。部分私人贷款者因为对国外工业和国内工业的相对获利能力的预期发生自发的变化,而决定向国外而不是向国内贷款,或者该国需要支付赔款,这些都是一个国家对外转移的"自发"增加的例子。一个国家实施外汇管制,以阻止贷款流向国外,这种管制代表了一个国家对外转移的"政策性"减少。由于国内的国民收入增加(它本身是对该国的产品需求"自发"增加或"政策性"增加的结果),储蓄者有较多的资源,从而导致对外贷款的增加,这就是该国对外贷款"引致"增加的例子。

自发干扰因素的各种可能的类型,几乎是无穷无尽的。我们希望探讨的是它们的影响。A 国或 B 国的当局也许会降低它们的汇率、征收进口税或提供出口补贴。我们希望探讨这种行为对 A、B 两国的国民收入以及它们之间的贸易所产生的影响。A 国或 B 国的某一个或几个工业可能会提高工资率。A 国或 B 国的银行体系可能会增加货币供给量,因而降低两个国家中这一个国家或那一个国家的利率,进而对 A 国或 B 国的国内支出和对外贷款净额产生直接的影响。类似情况不胜枚举。就我们现在的目的来说,我们所能选择的仅仅是一两个典型的自发干扰因素的例子,来探讨它们所产生

---

[*] 原文为多买一些进口商品,少买一些国内生产的产品。——译者

的影响，以说明我们在分析其他干扰因素的影响时所采用的方法。

（1）我们要探讨的第一类自发干扰因素，是 A、B 两国中某一个国家国内支出的自发增加或减少。这涉及该国公共当局、私人消费者或企业家为国内消费或国外投资而对物品和劳务的需求的增加或减少。对私人消费者或企业家而言，他们所以这样做是因为消费者把收入用于消费而不是用于储蓄的选择发生了变化，或者企业家对国内投资的未来利润预期发生了变化。但这样的变化并不是由于他们的收入已经发生了变化，因而"引致"更多的支出。它是"自发地"产生的，它本来就是这样。我们应该看到，国内支出发生一定数额的自发增加（或减少），并不意味着对本国产品的支出发生同一数额的自发增加（或减少）。相反，我们将假定在消费品和资本品国内需求的任何增加中，都含有某些正常的净进口的成分。因此，国内支出的自发增加可以划分为两个部分：一部分是对本国生产的产品的需求自发增加，另一部分是对进口商品的需求自发增加。这两个部分之间的自然联系，取决于每一个国家的情况，以及国内支出自发增加所采取的特定形式。

（2）我们要探讨的第二类自发干扰因素，是 A、B 两国中某一个国家生产力的提高。例如，在 A 国，平均每人产量的一般水平由于一系列的技术发明而增加了 10%。A 国成本的下降对 A、B 两国之间的贸易以及对 A、B 两国的国民收入将直接地和间接地产生什么影响？

（3）我们要考虑的第三类自发干扰因素，是在一个国家的国内支出水平为一定的条件下，它的需求发生了从该国产品移向另一个国家的产品的自发变化，从而增加了对后者产品的需求，减少了对

4 自发干扰因素与中性经济

前者产品的需求,但对两国产品的总需求并没有任何直接的变化。这样的变化也许是由于消费者嗜好的变化所引起的。

(4)我们要考虑的第四类情况,是对外转移的自发变动。例如,当人们对国内和国外的股票交易的预期发生了变化,使他们购买外国证券而不购买本国证券时,这种情况就会发生。

在现实世界中,我们不得不应付的自发干扰因素,很少是上面列举的这些类型的"简单"因素。一定的干扰因素不仅会直接影响我们感兴趣的数量中的某一种,而且还会同时影响这些数量中的很多种,从这个意义上来看,它们很可能是"复杂的"。这一点可以用一些例子来说明。

首先,我们来考虑 A 国对 B 国赔款支出的情形。这是 A 国对 B 国的对外转移的自发增加(上述第 4 种类型)。A 国政府也许用增加税收的方式来筹措赔款支出的款项。它这样做并不是出于要影响该国的国民收入、国内支出或国际收支水平的政策目的(尽管在这些方面当然会有影响),而仅仅是出于筹措资金以转移到 B 国的财政上的目的。同样,B 国政府可能会利用这笔赔款收入去增加它的支出,或者降低税收。A、B 两国这些财政上的变化将导致 A 国国内支出减少和 B 国国内支出增加。在这两个国家中,与赔款支出有关的国内支出的变化额,取决于它们实际采取的财政政策。这整个过程最好看做是:从 A 国到 B 国的对外转移的自发增加(即上述第 4 种类型)与同时发生的 A 国国内支出一定数量的自发减少、B 国国内支出一定数量的自发增加(上述第 1 种类型)相结合。

或者,我们来考虑世界某地区重要发明或地理发现在该地区开辟了广阔的新投资场所和有利的投资机会的情形。这可能使人们把所能运用的资金都贷给这个国家，而不在本国投资。这表示本国对这个国家的对外转移的自发增加（即上述第 4 种类型）。同时，这种变化也可能意味着这个国家为发展计划而增加对资本品的需求，以利用这个国家新的有利投资机会。这又表示这个国家国内支出的自发增加（即上述第 1 种类型）。这种变化还可能减少世界其他国家同样的产品或竞争性产品的有利的开发前景，因而同时引起其他国家国内支出的自发减少（即上述第 1 种类型）。在一个国家资本开发的增加和世界其余国家资本开发的减少，也许意味着要用某一种设备（例如，用于开采石油资源的设备）来取代另一种设备（例如，用于开采煤炭资源的设备）。这可能又意味着对生产后一种设备的某一个国家出口商品的需求现已转向对生产前一种设备的另一个国家的出口商品。这表示前一个国家出口的自发减少和后一个国家出口的自发增加（即上述第 3 种类型）。最后，发明本身可以立即使这个国家的生产成本相对于世界其他国家的生产成本来说发生下降（即上述第 2 种类型）。因此，这种类型的变化可以同时涉及我们在上面所列举的所有类型的自发干扰因素。

一般来说，处理这个论题的最好方法，是考察一定数量的典型干扰因素的影响，以阐明这样一种分析：它经过适当的调整，可以应用于任何可能出现的现实问题。

其次，我们应该考虑这些自发干扰因素发生的制度背景。就像自发干扰因素本身一样，各种可能的制度背景也几乎是无穷无尽的。我们的分析程序是这样的：先采用一系列制度上的假定，我们称之为"中性经济"（neutral economy）；详细讨论在"中性经济"的条件下，某些典型的自发干扰因素的影响；然后考虑一下"中性

4 自发干扰因素与中性经济

经济"制度背景的变化,特别是有关政府政策假定的变化,结果会有什么不同。

下面是我们对"中性经济"的 5 个主要假定:

(1) 不变的财政政策。我们假定税率或者公共当局对物品和劳务的需求没有任何政策性的或引致的变动。我们可以把税率的变化或政府对物品和劳务需求的变化数量看做是自发干扰因素,而且考察它的影响;但我们将假定,税率或政府对物品和劳务的需求不变是政府为了抵消其他自发干扰因素的影响而采取的政策。我们还假定,经济其余部分的变化不会导致税率或政府对物品和劳务需求的变化。当然,这个假定允许政府预算盈余或赤字的引致变动,因为当国民收入上升或下降时,不变的税率将使税收总收入增加或减少,而且当物品和劳务的价格上升或下降时,一定水平的政府实际需求,将需要较大或较小的以货币表示的公共总支出。

(2) 不变的货币政策。我们假定银行体系的运行阻止了利率以及一定时期内资金借贷的其他条件的变化。这意味着银行体系必须准备在必要的程度上扩大(或收缩)货币总供给量,以防止其他干扰因素引起的资本市场上资金的短缺(或过剩)所造成的利率上升(或下降)。我们应该准备探讨货币政策自发变动(即利率的变动)所产生的影响,但我们假定货币当局既不把改变利率作为手段来抵消其他干扰因素的影响,也不允许其他干扰因素影响利率。

(3) 不变的货币工资率。我们假定工会、雇主联合会或政府的工资管理机构,不因劳动需求和失业人数的变化,也不因一般物价水平和生活费用的变化,而改变货币工资率。换句话来说,我们要考察货币工资率自发变动所产生的影响,但我们假定货币工资率并不因其他因素的变化而变化。

（4）不变的汇率。我们假定 A、B 两国通货之间的汇率固定不变，它不因任何其他自发干扰因素所引起的以 B 国通货表示的 A 国通货的供给和需求的变化而变化。我们假定外汇市场上任何供给和需求之间的背离（即 A 国或 B 国发生国际收支赤字）都可以通过从赤字国到盈余国的货币储备（即黄金）的融通性移动来弥补。而且根据上面第 2 项假定，这些货币储备的移动对利率产生的内部效应，假定由货币当局来抵消。它以改变国内货币供给量这个办法，来保持国内利率的稳定。当然，我们可以考察汇率的自发变动所产生的影响。但我们假定汇率的变化并不仅仅是由其他干扰因素所引起的。

（5）不变的商业政策。我们并不一定假定 A、B 两国之间的贸易是完全自由的。在两国中的任何一个国家，都可能对进口商品课以适度的关税，或者对出口商品给予补贴。但我们假定没有硬性的障碍（如广泛的外汇管制或进口管制）完全抵消了两个国家供给和需求条件的变化对它们之间的贸易和收支流量的影响。还有，我们假定现行关税税率或补贴不发生政策性变动或引致变动。或者换句话来说，我们可以考虑商业政策的自发变动所产生的影响。但我们假定进口税率或出口补贴不因其他变动而发生变化，或者不会被采用作一种政策手段来抵消其他自发干扰因素的影响。

因为我们认为上述假定是最现实或最有可能的假定，我们对于中性经济中制度安排的性质，就不做类似的假定。我们选择这些假定，仅仅是为了得到一个标准的或参考的事例，以充分分析它的作用，从而使我们能够看到引入财政政策、货币政策、工资率、汇率以及商业政策的变量后对我们的结果将有什么影响。

上述假定与社会政策或社会制度有关。我们提出这些假定，只是为了有一个标准评价这些制度安排的变化所带来的影响。但除了这些制度上的假定以外，我们还不得不对世界所生产的物品和劳务的性质作出进一步的假定，以简化我们的分析。我们一般把我们这两个国家的产品分为若干类，假定在任何类别中，各种产品的价格都一起上升或下降。

在开始时，我们只把产品分为两大类，即以 A 国的产品为一方，以 B 国的产品为另一方。换句话来说，我们假定所有 A 国产品的价格多少是一起上升或下降的，所有 B 国产品的价格也多少是一起上升或下降的。这使我们能在一开始就把注意力集中于价格变动的最重要和最明显的国际含义上，即一个国家产品的价格相对于另一个国家产品的价格发生下降使前者的产品替代后者产品的程度。这个假定可以使我们以十分简化的论述来探讨价格变动的一些最重要的国际含义。但很可惜的是，它也使一些重要的问题变得模糊不清了。

因此，我们在后面（本卷第 18 章）将修改这个假定。其方法是区分[①] 每一个国家受庇护行业（sheltered trades）的产品和不受庇护行业（unsheltered trades）的产品。前一种产品我们称之为"国内贸易产品"，它们不能加入国际贸易；后一种产品我们称之为"对外贸易产品"，它们能够出口到另一个国家，或者会面临来自另一个

[①] 这是霍特雷教授（R.G.Howtrey）所作的区分，参看 *The Balance of Payments and the Standard of Living*，伦敦，皇家国际事务研究所 1950 年出版。

国家的进口产品的直接竞争。但在第 18 章以前，我们将继续假定我们所关心的唯一的价格变动，是同质的单独一类 A 国产品和同质的单独另一类 B 国产品之间的价格变动。

在考察任何自发干扰因素对这些制度上和技术上的假定所产生的影响时，我们最感兴趣的有 4 方面：A 国的就业量；B 国的就业量；A、B 两国间的国际收支；以及 A、B 两国间的实际贸易条件。

对这两个国家中任何一个国家的就业总水平的影响而言，我们感兴趣的是考虑自发干扰因素对该国产品的总货币需求的影响（不论是国内需求还是对该国出口商品的外国需求），即自发干扰因素对该国产品的总货币支出的影响。我们已经知道，对一国产品的总货币支出就是该国的国民总收入。因为根据货币工资率不变的假定，对该国产品总货币支出的增加，很可能就是对该国劳动需求的增加。

就任何自发干扰因素对 A、B 两国之间的国际收支的影响而言，我们感兴趣的，不仅是 A 国对 B 国产品的需求以及 B 国对 A 国产品的需求所受到的影响（它决定了 A、B 两国之间的贸易差额所受到的影响）。我们还对自发干扰因素对 A、B 两国之间的资本资金流动或任何其他的转移的影响感兴趣，因为在我们最后确定自发干扰因素的变动对两国之间的总收支会产生什么效应之前，我们必须考虑这些影响。

还有，就贸易项目而言，我们感兴趣的不仅是 A、B 两国之间的总贸易差额。我们也对贸易条件，即为了取得一定数量的 B 国产品，A 国要付出多少自己的产品为代价感兴趣。这样，让我们假定有某种自发干扰因素，它使 A、B 两国之间的贸易差额保持不变。

4 自发干扰因素与中性经济

在干扰因素变化前后，A国的出口始终等于B国的出口。然而，自发干扰因素的变动也许意味着A国产品的价格已经下降，B国产品的价格已经上升。因而A国的生产者必须出口更多的产品才能取得相同的出口总值，而B国的生产者只需出口比以前少的产品就可以取得相同的出口总值。A国居民用每一单位的本国产品所能换到的B国产品减少了。所谓A、B两国之间的贸易条件，是指一个单位A国产品所能交换到的B国产品数量。因此，如果A国的出口商品价格相对于B国的出口商品价格来说出现上升，那么贸易条件将对A国有利。

我们的打算如下：在本篇的其余部分，我们将在中性经济的假定下，探讨各种自发干扰因素对A、B两国的就业和国民收入所产生的影响，以及对A、B两国之间的收支差额和贸易条件的影响。在第三、四、五篇中，我们将修改有中性经济的各种政策假定，以观察如何避免不同的自发干扰因素所产生的不利影响。

5　国内支出自发变动的收入效应[①]

在本章及下一章里，我们将较为详细地分析某种特定的和简单的自发变动所产生的第二轮影响（或者我们所称做的引致影响），即 A 国国内支出自发增加所产生的第二轮影响。这使我们能够详细探讨这种主要的相互关系，从而使我们在第 7 章中可以较为迅速和不必那么详细地探讨其他自发变动的引致影响。

让我们从探讨下述问题开始：A 国的国内支出自发增加。例如，国内支出的增加也许是因为 A 国的企业家对于未来的利润前景持较为乐观的看法，因而在他们能为资本开发借入资金的既定利率条件下，以及在对他们产品的既定需求下，企业家对新资本设备的支出增加了。假定 A、B 两国的税率、政府对物品和劳务的需求、利率、工资率、汇率或商业政策都没有任何变化，A 国的这种繁荣对本国生产的产品的总需求（即对国民收入）、对 B 国产品的总需求以及对 A、B 两国之间的收支差额与贸易条件将最终产生什么影响呢？

让我们暂时假定 A 国是一个封闭经济，即它与世界的其余国家完全没有关系，它生产出来的全部东西都供国内使用，没有出口，

[①]　本章及下面两章所讨论的问题，见另编数学附录第 8 部分(1)。

无论在任何情况下都没有对外转移①。这样，A国企业家对资本设备的需求的自发增加，将会直接引起A国国民收入相同数量的增加，因为A国的国民收入是通过把该国生产的物品和劳务出售给最后购买者所获得的收入的总和。A国国民收入的增加将引起国内支出进一步增加，但国内支出的第二轮增加由于种种原因可能会少于引起它增加的国民收入的增加。

首先，当人们对A国产品的需求增加时，A国的产量和就业会因此增加②。但是，因为失业者得到失业救济金，所以工资收入者所花费的收入没有随着他们在生产性工业中所赚的工资同数额上升。第二，消费者（无论是工资、薪金收入者，还是利息、地租及红利的收入者）收入增加中的一部分将导致缴纳给公共当局的直接税的增加（如所得税、附加税、利润税等同类税收），仅仅是剩下的部分才是可以用于消费品支出的纳税后的收入的增加。第三，事实上，并非全部纳税后的可支出的收入的净增加都用于物品和劳务的消费支出，有一部分将用于储蓄。当公司的利润增加时，它们将把更多的利润储备起来，而不会以增加分配红利的方式把增加的收入交给股东。当个人的收入增加时，他们也不会把新增收入全部用于增加他们对物品和劳务的消费需求，而会把其中的一部分用于增加他们

---

① 在任何有关国内经济政策的理论里，都有必要大篇幅地讨论这种"封闭经济"的问题。但在这里我们只需略加说明就足够了。

② 当然，这里假定A国在开始时存在大量的失业。但只有根据这样的假定，我们才能合理地假定货币工资率不因劳动需求的增加而上升。如果在开始时不存在失业，增加的需求将完全表现为较高的价格，而不表现为增加的产量。然而，如果国内支出"自发"减少，即使在开始时存在充分就业，文中的分析仍可成立，因为在这种情况下，如果工资率不变，劳动需求的下降很可能造成就业量的下降。

的储蓄。第四，国民收入最初增加的剩余部分（即不只是替代失业救济金的那一部分，或者不只是导致直接税的增加或储蓄额增加的那一部分）当然会引起对物品和劳务的消费需求的第二轮增加。但如果这些物品和劳务有一部分要缴纳间接税（如购买税或烟酒税），甚至增加的需求也不会全部成为生产性工业的收入。这是因为现在可以购买更多物品和劳务的购买价格包含税收的成分。这只是意味着公共当局赋税收入的增加，而不会引起物品生产过程中所获得的工资、薪金、利息、利润或地租的第二轮增加。

另一方面，也许有另外一些因素在起作用，进一步引起物品和劳务需求的增加。我们暂时假定公共当局对物品和劳务的需求以及税率保持不变，因而我们现在不必考虑下述事实：政府直接税和间接税的收入增加，或者政府对失业救济金支出的减少，会导致财政上的变化（如增加其他方面的公共支出或降低税率），从而又会进一步导致对物品和劳务需求的增加。我们假定政府税收的增加或失业救济金支出的减少只导致政府预算盈余的增加。但国民收入的最初的增加可能导致用于资本开发的物品和劳务需求的增加。这一点我们还没有考虑到。然而它与我们的假定是相一致的。因为我们假定银行政策是保持利率不变，所以为资本开发而借入资金的条件保持不变。另一方面，引起国民收入增加的对制成品和劳务需求的增加总量，必定增加产业的获利能力，特别是因为——正是我们所假定的——当制成品价格提高的时候，货币工资率并不提高。因此，对制成品需求的每一次增加都可能导致对资本品需求的进一步增加。

现在，这一个因素可能是这么重要，以致它超过了所有其他使第二轮支出增加少于引起支出增加的国民收入最初增加的因素（用工资取代的失业救济金以及税收支出和储蓄的增加）。在这种情况下，最初100个单位的国民收入增加，将会导致譬如说110个单位的第二轮需求的增加，因而导致同样数量的国民收入的增加。110个单位的国民收入第二轮的增加，又会导致譬如说121个单位的第三轮需求的增加和同样数量的国民收入的增加；如此继续下去，国民收入的最初增加将会引起一连串的反应。这个不稳定的经济将因需求和国民收入增加的一个又一个的浪潮而爆发无法控制的通货膨胀。

当然，这种情况不可能无限地持续下去。人们或迟或早会采取某种行动来制止这种不可收拾的通货膨胀。人们所采取的这种行动可能与我们的假定相矛盾，譬如存在像减少政府支出或提高利率和税率等收缩性的抵消因素。我们在以后各章中将讨论这种行动的后果。我们现在的论述必须假定通货膨胀的力量没有这种极端爆炸性的特征。我们还顺便指出，如果通货膨胀的力量具有这样的特征，我们在后面所要讨论的某些政策性措施的必要性会很快变得很明显。

因此，我们可以假定在国民收入的最初增量中，有一部分（即仅仅取代失业救济金的数额，或者仅仅是增加的储蓄或增加的税收，减去国民收入的增长所带来的为资本开发而进一步增加的对物品的需求之差），我们称之为净"国内漏出"，它不会带来需求的第二轮净增加，也不会带来国民收入第二轮收入的净增加。但剩余的部分确实能引起需求和国民收入第二轮的增加。由此可见，在我们的封闭经济中，对资本品或对消费品的任何自发的增加都会引起同样数量的国民收入的增加，并由此导致一个又一个需求和国民收入增加的浪潮。由于存在国内净漏出量，每一次通货膨胀的浪潮比上一次小，经济最后将达到新的均衡。这时国民收入增加的数量将大于需求最初自发增加的数量。国内漏出量越大，国民收入增加的数量就越小。

在上面的分析中，我们把国内支出自发增加后最终达到的新均衡，与这种在自发增加前存在的原均衡加以比较。由于我们完全忽略仅仅在变化过程中才能发生作用的两类因素的影响，我们还没有充分考虑到在这个变化过程中所可能发生的事情。

第一类被忽略的因素包括所有形式的时滞(time-lag)。我们可以列举三个时滞的例子：

(1) 首先，收入增加与由此产生的增加国内支出的决定之间，会存在时间间隔。当购买者在纳税后收入增加时，就像我们在上面所假定的那样，他们把新增加的可支出的收入中一个一定的部分，用来增购供最后消费用的物品和劳务。但他们作出这种反应需要时间，因而国内支出的增加可能落在收入增加之后并相距一段时间。同理，当对物品和劳务需求的增加使产业的获利能力有了一定程度的提高时，企业家为自己企业的资本开发可能增加对物品和劳务的需求。但在事实上，对资本品需求的第二轮增加会落在工业获利能力最初提高之后。因为他们的产品市场改善以后，企业家需要一段时间来调整他们的资本开发计划。

(2) 对物品和劳务需求的增加，到企业家决定增加生产以满足增加的需求之间，会存在着时间间隔。譬如，当购买者购买更多的物品和劳务时，即时的影响可能是：(a) 按一定的价格从商店买走更多的物品,物品的存货减少;或者(b)物品和劳务的销售量不变,需求的增加抬高了物品和劳务的售价。在这两种情况下,生产或就业都不会立即增加。在(a)的情况下,只有当零售商向生产者增加定货以补充他的存货时;或者在(b)的情况下,只有当供应商认为在较高的价格下值得生产更多的物品和劳务时,需求的增加才会对生产和就业产生影响。

(3)出售产品所得到的收入增加,到这部分收入分配到最后收入者手中之间,会存在时间间隔。譬如,利润在年终时才以红利的形式分配出去。因此,当消费者对某个厂商产品的需求增加,而使该厂商的利润增加时,最后收入者要经过一段时间后才能得到这部分利润。只有经过这个时滞以后,这种收入的增加才会引起国内支出的进一步增加。

由于存在着时滞,我们不应该把某一时点引致的国内支出水平和该时点的国民收入水平联系起来,而应该把它和前一个时点的国民收入水平联系起来。当我们达到新的均衡时[①],这种时滞的存在当然就失去了意义。如果国民收入稳定在一个新的和更高的水平上,引致的国内支出也会稳定在新的和更高的水平上。当国民收入不再逐日变化时,引致的国内支出究竟是和昨天的还是今天的国民收入有关,并没有什么差别。

在变化过程中,还有第二类重要的因素在起作用。当我们简单地把新均衡和原均衡加以比较时,我们可以忽略这类因素。某种引致数量的绝对水平,事实上不仅取决于它所依赖的因素的绝对水

---

① 如果已达到新的均衡的话。见本章后面的分析。

平,而且也取决于这种因素增加或减少的比率。

让我们看看这种关系的三个可能的例子。

(1) 商人持有的存货数量会与他的营业额保持某种关系。譬如,当某一个商店每年的营业额为1 000双鞋时,它需要维持100双鞋的存货;当它每年的营业额为2 000双鞋时,它的存货量要增加到200双鞋。在这种情况下,鞋的零售商对制造商的需求不仅取决于前者的营业额(它决定补充鞋的存货所产生的需求),而且也取决于他的营业额的增长率(它决定建立鞋的存货所产生的需求)。这样,他每年将按照稳定的销售水平1 000双或2 000双鞋而订购1 000双或2 000双鞋。但如果某一年中,他的年营业额由1 000双鞋增加到2 000双鞋,他将会再增加100双鞋的订货。这样做不仅是更换他的最初存货,而且还增加了100双鞋的存货(从100双鞋增加到200双鞋)。只要这个因素起作用,代表对物品存货支出的那一部分国内支出,将不仅取决于国民收入的大小,而且也取决于国民收入的增长率以及需求的增长率。

(2) 这个对产品的需求会取决于国民收入增长率的原理,就是我们所熟悉的"加速原理"(acceleration principle)。它最明显的应用也许是上面所论及的存货的例子。但这不一定就是它唯一的应用。安装在一个企业内的新机器或其他固定设备的数量,不仅取决于对该企业产品需求的绝对水平,而且还取决于对该企业产品需求的增长率,因为对企业产品需求的增长率是决定该企业应以什么速度扩张的重要因素之一。就这种情形而言,这里就有另一个理由来说明为什么引致的国内支出水平会取决于国民收入的增长率。

(3) 对产品需求的变化率,还会以其他可能的方式影响引致支出的绝对水平。例如,我们在下一章将看到,国内支出的增加既可能引起产量和就业某种程度的增加,也可能引起货币价格总水平某种程度的上升。在这个变动过程中,价格将会上涨。价格上涨的事实会使购买者预期价格将进一步上涨。在这种情况下,购买者很可能增加他们的支出,使他们的购买量超过对于他们目前的收入水平来说是正常的购买量,以便在价格进一步上涨之前买下耐用品。这样,价格以某种比率上升的事实将使引致的国内支出高于以前的水平。可以想象,这个因素也会在相反方向起作用。当价格上涨时,购买者在心目中也可能留存着某种原来的价格水平是"合理的"或"正常的"想法;他们预期价格在未来将会回复到原来较为合理的正常水平。在这种情况下,他们会尽可能地延迟购买。如果这种情况发生,价格的上涨将使国内支出水平相对于国民收入来说降到比以前要低的水平上。

当我们已达到新的均衡位置时[①],国内支出的绝对水平与国民收入或价格水平的变化率之间的这些关系,也可以从略。在新的均衡位置上,国民收入将达到一个新的和稳定的水平,结果价格水平也达到一个新的和稳定的水平。由于国民收入和物价水平不再变化,引致国内支出与国民收入绝对水平之间的关系也将重新恢复正常,而且不再受仅仅取决于国民收入变化率的因素的影响。

在本卷的其余部分里,我们将略去这些变化过程。我们将限于把当某种自发干扰因素已经产生并有时间发挥它的全部作用时

---

① 当然是假定我们可以达到这样的位置,见以下各段。

所达到的新的均衡位置,与干扰因素产生之前的原均衡位置加以比较。我们将不涉及变化过程本身[①]。只要变化过程不影响最终达到的均衡位置,这种分析方法将足以令人感到满意。

不幸的是,情况常常不是这样。时滞和"加速原理"可能带来这样一种情形:小小的自发干扰不会使经济适度地从一个均衡位置移动到另一个均衡位置,而可能使经济不是陷入日益加剧的通货膨胀就是陷入不断恶化的紧缩的境地;或可能使整个经济上下摆动,先是上升,然后下降,其幅度或逐渐减小,或保持稳定,或不断增大。当然,在现实中,某些因素最终会发挥作用以限制这种上下波动。例如,当膨胀持续了相当长时间,并且已利用上所有闲置资源时,它将导致物价总水平的上升。到了一定的时候,为了阻止价格进一步上升,银行体系可能停止创造为完成日益提高的货币交易水平所需要的新货币。在这时候,货币资金的相对短缺将发生,利率将上升。这样我们关于中性经济的一个假定就不再需要了。我们所指的是,在对自发干扰的调整过程中,如果某些时滞或"加速原理"发挥了作用,若是我们严格地坚持有关中性经济的各项假定,经济将会发生几乎没有止境的上下波动。

然而在事实上,即使存在时滞和"加速原理"的作用,经济也可能最后停留在一个新的均衡位置上。只要"国内漏出量"足够大,情况很可能就是这样。在本书的其余部分,我们假定实际情况正是这样,而且限于新、旧均衡位置的比较。即使有这样的限制条件,我们的分析仍然相当复杂。但它可以使我们了解到许多真正的力

[①] 用专业语言来说,本书用的是比较静态分析,而不是动态分析。

5 国内支出自发变动的收入效应

量在发挥着作用。然而我们必须记住,这种分析方法在某个方面是不完全的。这点我们在上面已经作了说明。事实上,经济体系在某些情况下可能没有我们所假定的那么稳定,因而为了保持充分的均衡,政府采取的较为广泛的措施,在某些情况下与我们所建议采取的措施相比,是更为必要的。

我们在前面已经表明,假定达到一个新的均衡,A 国国内支出的自发增加所引起的国民收入的增加,其数量将大于国内支出的增加。然而,由于存在"国内漏出",国民收入的增加在数量上是有限的。而且,"国内漏出量"愈大,国民收入的增量将愈小。

上面所讨论的情况都限于封闭经济。现在我们必须考虑这样的事实:经历了国内需求发生自发增加的 A 国,与世界其他国家有着贸易和金融的关系。我们特别要考虑这样的事实:在 A 国国内支出每一次自发或引致增加的过程中,A 国国内的购买者很可能既增加对本国生产的物品和劳务的需求,也增加对进口物品和劳务的需求。我们把 A 国新增加的国内支出中,表示对进口商品而不是本国产品需求的净增加的部分,称为 A 国的"边际进口倾向"。从 A 国经济的角度看,边际进口倾向代表一种漏出量,我们把它称为对外漏出。除了前面所讨论的国内漏出以外,对外漏出也减少了国内支出最初的自发增加所引起的通货膨胀效应。这种机制按这样的方式运行:国民收入的最初增加,导致对本国产品需求第二轮然而是较小的增加。这不仅因为新增加的购买力中有一部分变成失业救济金或以增加税收支出和储蓄的形式好像浪费了(国内漏出),而且也因为剩下的又有一部分代表了取决于边际进口倾向的对进口商品需求的增加(对外漏出)。仅仅是最后剩下的部分,才代表对 A

国物品和劳务需求的第二轮增加,以及由此引起的 A 国国民收入第二轮的增加。

结果,A 国国内支出一定数量的自发增加所导致的 A 国国民收入的膨胀,将小于不存在对外漏出时收入的膨胀;而且,由于 A 国的购买者现在因国内支出增加而进口更多的外国产品,A 国贸易差额的赤字将会增加(或盈余将会减少)。

当然,事情并不是到此为止。A 国的对外漏出意味着避免了否则将要发生的部分膨胀压力,但却使 A 国贸易差额发生了不利的变动。B 国(即世界其余国家)现在都经受了膨胀的压力,但对 A 国的贸易差额也发生了有利的变动。A 国进口的商品增加,表示对 B 国产品的需求增加。这在 B 国会产生如同 A 国国内需求最初的自发增加所产生的一样的效果。这就是说,A 国进口的商品增加,将直接引起 B 国国民收入的增加,B 国的生产者现在正把更多的产品出口到 A 国。这又将引起 B 国国内支出的第二轮但较小的增加。国内支出的第二轮增加又进一步引起 B 国国民收入第二轮的增加,并将又引起 B 国国内支出第三轮的更小的增加。事情就这样继续下去。在每一轮收入和支出增加的过程中,B 国自己的国内漏出愈大,膨胀将愈小。

B 国这种膨胀性发展又会对 A 国产生影响。B 国国内支出的增加意味着 B 国对来自 A 国的进口商品的需求的增加。这对 A 国产品的需求将产生膨胀性的压力,因而也将对 A 国的国民收入产生膨胀性的压力。同时,这将抑制 A 国的贸易差额在没有这种影响时会发生的不利于自己的变动。

经过一连串的这种类型的相互影响,A 国和 B 国最后都会到

达新的均衡①。在这种新的均衡状态中:

(1) 作为 A 国国内支出最初增加的结果,A 国的国民收入增加。但是,因为一部分膨胀压力出口到 B 国,而 B 国存在着国内漏出,膨胀的压力不会全部由 B 国再出口到 A 国。所以,A 国国民收入增加的数量将小于在封闭经济条件下增加的数量。

(2) B 国的国民收入因 A 国对 B 国出口商品需求的增加而增加。

(3) 贸易差额的变动将对 A 国不利。A 国国内支出的膨胀所导致的对进口商品需求的增加,将大于 B 国对 A 国出口商品需求的增加,因为 B 国存在国内漏出意味着并不是全部 A 国对 B 国产品需求的增加,都形成 B 国对 A 国需求的增加。

到此为止,我们已经讨论了 A 国国内支出的自发增加对 A、B 两国之间贸易差额的影响。因为 A、B 两国国民收入的变化会导致它们之间转移的变化,特别是在两国之间流动的贷款数量或其他资本转移的变化,国内支出自发增加对收支差额的影响可能有所不同。

决定 A、B 两国之间资本转移数量的因素非常复杂。其中较为重要的有下述因素:

(1) 当人们的收入增加时,他们很可能增加储蓄。而当他们增

---

① 我们必须认识到,像我们在第二、第三篇所讨论的其他均衡一样,这种"均衡"也包含 A 国国际收支的赤字。因此这种均衡的持续时间仅以 A 国当局还没用完 B 国通货的储备为限。当 A 国当局拥有的 B 国通货的储备枯竭时,A 国必须采取其他措施。或者是 A 国通货的外汇价格必须下降(见第 1 章),或者是必须限制进口,或者是必须采取紧缩性的国内金融政策,以减少 A 国对进口商品的需求。我们将在合适的时候探讨所有这些可能性,但每一种可能都会牵涉取消有关中性经济的一个假定。

加储蓄时,他们可能在一定程度上增加向国内贷放的资金和向国外贷放的资金。

(2)当产业在国外的获利能力由于这样或那样的原因提高而在国内的获利能力并没有提高时,可能会诱使人们把资本资金的更大部分向国外投资。

(3)当把货币贷放到国外所能得到的利率相对于把货币贷放在国内所能得到的利率上升时,可能会诱使人们把更多货币贷放到国外而不是国内。

(4)税收的变化会影响把资本资金投资于这一个国家或那一个国家的相对吸引力。譬如,如果某国利润税的下降,既通用于该国居民拥有的资本的利润,也通用于外国人拥有的资本的利润,那么它将增加在该国投资的相对吸引力。

(5)当人们预料到一个国家的货币与外国货币的交换率可能下降时,人们将会在一段时间内把更多的资金贷放到国外,以图在日后汇率下降的时候收回贷出的资金,可以用他们的资本赚得一笔外汇利润。

(6)在某个特定国家里,资本的所有者还有许多其他的风险,使得在该国投资特别有吸引力或特别没有吸引力。例如,如果资本的所有者预料到某国对于移往国外的资金即将实行管制,或预料到该国政府可能赖债,或预料到该国对于某些类型的资本可能实行国有化并且不给予足够的补偿,他们会趁资金还能流出国外时立刻把资金移到国外。

(7)最后,我们不要忘记外汇管制的影响。外汇管制的实施有效地限制了资本资金流出本国,显然会减少对外贷款的数额。

就我们目前要考虑的问题来说，上述各种因素中的前两个因素最为重要，除非A国经济绝对大于代表世界其余国家的B国经济，否则作为膨胀影响来源的A国，其国民收入的均匀上升幅度，将会大于只是经受A国变化第二轮影响的B国国民收入的均匀上升幅度。

这就出现了两种相反的力量。一方面，A国产业的获利能力可能比其他国家上升得更快。这个因素会促使更多的资本资金流入A国，以求在相对来说更为有利可图的产业投资。另一方面，如果A国收入的增加比例较大，A国储蓄的增长比例也可能大于其他国家。而如果这两个国家的储蓄者习惯于把他们储蓄的一定比例贷放在国内，一定比例贷放到国外，那么A国与世界其余国家相对收入的变动，意味着从A国向世界其余国家的资本转移的增长比例，要大于从世界其余国家到A国的资本转移的增长比例。而如果从A国到世界其余国家的现存资本转移流量比相反方向的现存资本转移流量少不了多少，这表示从A国流到世界其余国家的资本净流量趋于增加。

这样，只有根据每一种情况的特殊条件，才能决定A国国内支出的自发增加是否导致流入或流出A国的资金是净增加还是净减少。除非我们有特别的理由预期大量引致资本流入A国，否则我们可以下结论说，A国的膨胀压力将通过对贸易差额的影响，引起不利于A国国际收支的变动，同时引起有利于B国国际收支的变动，还导致B国国民收入和国内支出一定程度的膨胀。

但这些结果并不一定会发生。有一些可能的但不是必然的条件和中性经济的假定不符。按照这些条件，将不会得到这些结果。

尽管我们应该清楚地记住，将要讨论的这些条件并不一定存在。但在我们的分析中，作为一种练习，考虑一下这些可能性是很有意思的。

第一种可能性是，A国进口的物品和劳务都是"低档"品（inferior goods）。如果当消费者的收入增加时，他们所购买的某种商品的数量减少，那么这种商品就是"低档"品。例如，可能存在这样的情况：当人们变得更富时，由于他们收入的增加意味着现在有能力可以购买更多的那些昂贵而美味的食品，他们就会少买那些没有什么吸引力的廉价食品，所以他们将购买更少的而不是更多的马铃薯。由于国内支出膨胀直接或间接的引致影响导致就业和产量增加，这个国家的购买者的实际收入将提高。如果他们只进口"低档"品，购买者对进口商品的支出可能不是更多而是更少了。在这种情况下，因为A国没有任何对外漏出，与漏出相反的影响使A国国内的膨胀浪潮一个接着一个，所以由A国国内支出自发增加所引起的本国的经济膨胀，要大于我们以前所考察的情况下的经济膨胀。当收入和由此引起的国内支出增加时，如果对进口商的需求反而减少，那么对本国产品需求的增加将远远大于国内支出的总增加。在每一轮引致膨胀中，与仅仅用国内漏出大小来解释的情形相比，对国内生产的商品的需求出现更大幅度的增长。部分国内漏出好像是被负的对外漏出所抵消。这意味着在每一轮膨胀中，在对进口商品的支出中，有一部分从进口商品转到本国产品，增大了对本国产品的需求流量。

在这种情况下，A国的经济膨胀要甚于它是一个与其他国家没有商业或金融关系的封闭经济时的经济膨胀，而且贸易差额也变得对 A 国有利，而不是不利。A 国的变化对 B 国产生了紧缩性而不是膨胀性的影响，因为 A 国国内总需求的膨胀反而造成了它对世界其他国家产品的需求的紧缩，B 国的紧缩又会反过来对 A 国产生紧缩性的影响，因而多少降低了 A 国贸易差额的改善程度。这是因为它（除了世界其他国家也仅从 A 国进口次等品这种几乎不可能出现的情况）将在一定程度上减少世界其他国家对 A 国出口商品的需求，但是，A 国的紧缩不足以完全阻止有利于 A 国贸易差额的变动以及接踵而来的 A 国国民收入膨胀的加剧。

让我们再看看另一种情况：A 国生产的并在 A 国消费的商品和劳务都是"低档"品。现在假定 A 国国内支出出现"自发"增加，其原因譬如是 A 国税收总水平的下降使消费者有更多的纳税后收入用于购买个人消费所需要的物品和劳务。如果 A 国国内生产的物品是属于"低档"品，A 国消费者总需求的增加将使他们对本国产品的支出减少。这样消费者对进口商品需求的增加大于国内需求的增加总量。因此，A 国出现了最初的紧缩影响；A 国贸易差额出现的最初恶化以及世界其他国家出现的最初膨胀影响也将比正常情况更为显著。

我们不能由此下结论说，如果 A 国的产品从 A 国购买者的角度来看都是低档的，A 国国内支出的自发增加最后必然会引起 A 国国民收入的净紧缩。我们还没有考虑世界其他国家的结果。A 国对来自世界其余国家的进口商品需求的增加，将使世界其余国家的需求趋于膨胀。除非 A 国的出口商品对于世界其余国家的购买者来说也是"低档"品，否则外国对 A 国产品的需求也将进一步增加。外国的这些影响也许抵消 A 国对本国产品需求的下降后还有余。

外国的这些影响也许还意味着尽管 A 国产品对本国购买者来说是"低档"品,但 A 国国内需求的自发增加不会引起 A 国国民收入的净紧缩。不过这些外国影响不大可能起到这样的作用,特别是当我们考虑到这样的事实:如果 A 国国内产品对本国购买者来说是"低档"品,它不可能生产出足以使其他国家的消费者为之而支出他们很大一部分新增收入的出口产品。

我们完全不必详细讨论这些极其例外的情况。"低档"品在任何情况下都不会很普遍。如果说一个国家的总进口(或国内总产量)有这样大的部分是低档的,以致当物品和劳务的需求总的来说增加时,该国对进口商品(或对本国产品)的总需求反而会下降,那么这种情况实在是太例外了。我们后面的论述将不再考虑一个国家的总进口或国内总产量具有这种次等特点的可能性。我们在后面的讨论只限于毫无疑问是正常的情况。这就是说,当任何一个国家的总需求增加时,它(当然不存在同样发生的其他影响,如进口商品与国内产品相对价格的变化)将使该国的购买者购买更多的进口商品和更多的本国产品。

6 国内支出自发变动的价格效应

在上一章中,我们讨论了 A 国国内支出的自发增加对本国和 B 国产品的总需求的影响(即对 A 国和 B 国国民收入和就业水平的影响),以及对 A、B 两国之间的贸易差额和收支差额的影响。我们得到这样的结论:正常的结果是 A、B 两国国民收入某种程度的膨胀,以及贸易差额(可能还有收支差额)发生某种不利于 A 国的变动。我们看到,如果 A 国(或 B 国)生产或进口的主要是"低档"品,这些结论可能要修改。但我们认为这种情况不大可能出现,我们完全可以不考虑它。

但在得到这些结论的过程中,我们忽略了 A 国和 B 国产品价格的变化彼此相关这个事实的影响。现在我们必须依据这个事实来修改上面的结论:A 国和 B 国的膨胀性发展(由 A 国国内支出自发增加的直接引致的影响所造成的)可能改变 A 国和 B 国产品的相对价格。相对价格的这种变化会影响对 A 国和 B 国产品的需求。但我们仍然在假定某些非常重要的价格关系维持稳定,即各国的利率、各国国内各种行业的货币工资率以及各国通货之间的汇率保持稳定。在下一个阶段的分析中,我们有一个重要的任务,就是探讨这些价格关系的变化是怎样影响对 A、B 两国商品的需求的。但即使在我们坚持这些严格的假定时,我们并不是假定 A 国或 B 国制成品价格不变是 A 国需求膨胀造成的。

我们已经看到(参看第 5 章):当对一个国家的产品的需求增加时,该国的国民收入将增加。但是国民收入的增加可以采取下面两种形式:一种是为满足增加的需求而增加物品和劳务的产量和销售量;另一种是以较高的价格出售一定量的物品和劳务。现在,我们暂且假定所有货币工资率都是不变的。在这种情况下,如果货币工资率的提高使更多的劳动力被雇用和更多的产品被生产出来,生产成本不会上升。但是,在一定数量的土地、资本设备和其他资源上使用越来越多的劳动力,那么劳动力和其他可变生产要素使用量的增加要按比例地带来产量的增加,已越来越困难。这样,生产成本很可能上升。如果除了存在失业,还存在大量的闲置设备和位置并非很不好、质量并非太低劣的待开垦土地,那么在工资率不变的条件下,需求的增加可能引起较大幅度的产量增加和较小幅度的价格上升。在这种情况下,我们说实际的供给弹性是很高的。如果存在失业,但只存在少量闲置的设备或未开垦的土地,或者如果闲置设备或未开垦的土地质量低劣或位置很不好,那么即使货币工资率不变,需求的增加可能引起较小幅度的产量增加和较大幅度的价格上升。在这种情况下,我们说实际的供给弹性是很低的[①]。

---

① 我们称做的"国内漏出"的大小,可能取决于该经济的实际供给弹性,例如,某个经济的实际供给弹性很高,需求的最初增加会引起产量和就业的大幅度增加,结果,相对于实际供给弹性很小,产量和就业增加幅度很小,因而按不变的工资率所支付的工资额也没什么增加的情况来说,较大的一部分最初的需求增加成为工资的增加,较小的一部分成为利润的增加。如果与同量利润增加所带来的储蓄和纳税相比,工资收入者在工资增加以后用于储蓄和纳税的部分较小。如果增加的工资中只有很小的一部分用于取代失业救济金,那么实际供给弹性越大,"国内漏出"就越小。结果,由国内支出的自发增加所引起的国民收入膨胀将越大。我们在后面对这种可能性将不予过多的考

6 国内支出自发变动的价格效应

现在，A 国国内支出自发增加的即时冲击性影响，是导致对 A 国产品需求某种程度的增加——在 A 国边际进口倾向大于零的条件下——和对 B 国产品需求某种程度的增加。如果 A、B 两国的实际供给弹性在任何情况下都小于无穷大，即使我们假定 A、B 两国的工资率仍然保持不变，它们产品的价格都会因而发生某种程度的上升。

现在，除非 A 国的实际供给弹性明显大于 B 国，否则我们有理由认为 A 国国内支出增加的冲击性影响将使 A 国产品价格的上升幅度大于 B 国。其原因是：A 国国内支出的增加所引起的对 A 国产品需求的增加幅度，要大于对 B 国产品需求的增加幅度，这样——如果 A、B 两国的实际供给弹性相同——A 国产品的价格的上升幅度要大于 B 国。让我们假定：A 国的总产值是 20 000 美元，B 国的总产值是 80 000 美元。那么即使 B 国的产量构成世界总产量的 80%，A 国购买者对 B 国产品的支出仍很可能低于 A 国国内总支出的 80%；即使 A 国的产量构成世界总产量的 20%，B 国购买者对 A 国产品的支出也很可能低于 B 国国内总支出的 20%[①]。除去进口关税或其他对进口的人为的限制不说外，下述事实将使每一个国家的购买者对购买本国产品有着自然的偏好：购买本国产品所

虑。这是因为：第一，工资收入者的边际储蓄和直接税支出较小，它很大一部分被他们较大的边际间接税支出和下述事实所抵消：工资收入的增加大部分只不过是补充失业金；第二，这种考虑多少改变下面有关高的和低的实际供给弹性的影响的结论，但它却不大可能改变这些结论的主要作用。

① 如果我们把总进口与国内总支出之间的比率定义为平均进口倾向，我们可以这样来表达上面所说的关系：在每一个国家里，平均进口倾向可能小于世界其余国家的总产量对全世界总产量的比率。接着的就是 A 国和 B 国的平均进口倾向的总和小于 1。

需要的运输成本较低,每一个国家的购买者都更为熟悉本国产品的质量、销售条件和供给情况等。确实,许多产品都无法运输,其中包括房屋这样搬不动的商品和像理发这样的马上就消失的劳务,它们必须在本国购买①。

就边际进口倾向来说,同样的关系也会存在。如果 A 国的国内总支出出现少量的增加,如果 B 国的产量占世界总产量的 80%,那么 A 国增加的总支出用于增加进口的部分不到 80%。这是因为依照上面所举出的同样理由,A 国购买者在增购商品的过程中,可能表现出对本国产品的某种偏爱②。当然这并不是绝对必要。也许发生这样的情况:B 国生产者生产的正是 A 国购买者在收入增加的时候要大量购买的东西。在这种情况下,A 国的边际进口倾向将大于 B 国总产量对全世界总产量的比率。可以想像,A 国生产者同时生产的正是 B 国购买者在收入增加的时候要大量购买的东西。在这种情况下,A 国和 B 国的边际进口倾向的总和将一定大于 1。例如,假定 A 国是一个穷国,它的居民通过非常低效率地生产富人所消费的奢侈品(如香料)来取得收入;B 国是一个富国,它的居民通过非常高效率地生产穷人所消费的必需品(如纺织品)来取得收入。当 A 国的实际收入增加时,A 国购买者可能把新增加的收入的大部分用来增购 B 国的纺织品;而当 B 国的实际收入增加时,B 国购买者

---

① 在解释进口倾向比想像的要低的事实时,这个考虑无疑是一个重要的因素。但当然,严格地说,它和我们关于一个国家只生产一种产品的暂时假定(参看第 4 章)是相矛盾的。

② 若 B 国的情况也是这样,那么 A、B 两国的边际进口倾向的总和小于 1。这是一个我们将不断用到的重要关系。

也可能把新增加的收入的大部分用来购买 A 国的香料。但是，我们可以认为这是一种不正常的情况。

现在，如果 A 国的边际进口倾向小于 B 国产量对世界总产量的比率，那么 A 国国内支出少量增加所产生的冲击性影响，将是对 A 国产品需求的增加幅度大于对 B 国产品需求的增加幅度。假设 A 国的生产者生产价值 20 000 美元的总产量，B 国的生产者生产价值 80 000 美元的总产量，但是 A 国国内支出每增加 100 美元，用在来自 B 国的进口商品上的数额不足 80 美元（譬如只有 40 美元）。A 国国内支出少量增加所产生的冲击性影响将是对 B 国产品的需求仅仅增加 40/80 000 或 1/2 000，但对 A 国产品的需求增加了 60/20 000 或 6/2 000。对 A 国产品需求所产生的影响的比例将是对 B 国产品需求所产生的影响的比例的 6 倍。除非 A 国实际的供给弹性远远大于 B 国，否则 A 国产品价格的上升幅度将大于 B 国[①]。

因此，让我们假定 A 国国内支出增加的后果是使 A 国产品价格的上升幅度大于 B 国产品价格的上升幅度。价格关系的这种变化本身，对于上一章的分析有什么影响呢？我们可以预料，相对于 B 国产品价格来说，A 国产品价格的上升，使 A、B 两国购买者需求的一部分从较昂贵的 A 国产品转向较便宜的 B 国产品。这种转

---

① 文中论述只涉及 A 国需求增加的即时冲击性影响，并未考虑 A、B 两国乘数作用所引起的后果。但从另外编写的数学附录中表 1 第 11 行(5)的公式中可以看到，即使考虑了所有这些后果，如果两国的实际供给弹性相同，如果两国的边际进口倾向与两国的总产量成反比，并且加起来小于 1，A 国产品价格的上升幅度将大于 B 国产品价格的上升幅度。

移对 A、B 两国之间的收支差额将有什么影响，基本取决于随着相对价格变化而发生的需求变化的程度。

这一点可以用表 8 说明。在这个表中，我们假定（第 1 行）在开始时，1 单位 B 国产品的价格是 1 单位 A 国产品价格的 4 倍[①]，因而 4 单位 A 国产品与 1 单位 B 国产品相交换（a 栏）。我们还假定有 4 000 单位 A 国产品从 A 国出口到 B 国（b 栏），1 000 单位 B 国产品从 B 国出口到 A 国（c 栏），因而不论进出口是以 A 国产品衡量（d 栏和 e 栏）或以 B 国产品衡量（f 栏和 g 栏），A、B 两国之间的贸易差额都为 0。现在，某些事情的发生使 A、B 两国的相对价格发生了变化，A 国产品价格的上升幅度大于 B 国产品价格。我们假定 A 国产品价格相对于 B 国产品价格上升了 1%，现在 3.96 单位的 A 国产品就可以交换 1 单位的 B 国产品（a 栏第 2 至 7 行）。

我们现在所关心的，不是因 A 国或 B 国就业和产量的增加导致实际购买力的提高所带来的 A 国对 B 国产品的需求变动，或者 B 国对 A 国产品的需求变动。我们在上面已经探讨了这个问题。目前我们关心的，只是因 A 国产品在相对于 B 国产品来说已经变得较为昂贵而引起的对彼此产品的需求的任何额外变动。在第 2 行中，我们考虑这样一种情况：相对价格的变动完全不会引起 B 国购买者所进口的 A 国产品数量的变化（仍然是 b 栏的 4 000 单位），也不会引起 A 国购买者所进口的 B 国产品数量的变化（仍然是 c 栏的

---

① 当然，这并不意味着 A 国的生活费用只有 B 国的 1/4。A 国产品（例如苹果）与 B 国产品（例如自行车）是不同的。这只不过意味着我们是这样选择单位，让 1 单位的 B 国产品（例如 12 辆自行车）在价格上正好等于 1 单位的 A 国产品（例如 1 吨苹果）的 4 倍。

1 000 单位)。

表 8　相对价格变动对 A、B 两国间的贸易差额的影响

	B 国的贸易条件——每一单位 B 国产品所交换的 A 国产品单位数	A 国出口商品数量	B 国出口商品数量	用 A 国产品表示的 B 国出口价值	用 A 国产品表示的 B 国贸易差额	用 B 国产品表示的 A 国出口价值	用 B 国产品表示的 A 国贸易差额
	(a)	(b)	(c)	(d) (c)×(a)	(e) (b)-(d)	(f) (b)÷(a)	(g) (f)-(c)
(1)	4.00	4 000	1 000	(1)最初位置			
				4 000	0	1 000	0
(2)		(Eb=0) 4 000	(Ea=0) 1 000	(2)进口需求弹性的总和小于1			
				3 960	+40	1 010	+10
(3)		(Eb=$\frac{1}{4}$) 3 990	(Ea=$\frac{1}{2}$) 1 005	3 980	+10	1 007$\frac{1}{2}$	+2$\frac{1}{2}$
(4)	3.96	(Eb=$\frac{1}{4}$) 3 990	(Ea=$\frac{3}{4}$) 1 007$\frac{1}{2}$	(3)进口需求弹性的总和等于1			
				3 990		1 007$\frac{1}{2}$	
(5)		(Eb=$\frac{1}{2}$) 3 980	(Ea=$\frac{1}{2}$) 1 005	3 980	0	1 005	0
(6)		(Eb=1) 3 960	(Ea=1) 1 010	(4)进口需求弹性的总和大于1			
				4 000	-40	1 000	-10
(7)		(Eb=2) 3 920	(Ea=4) 1 040	4 118	-198	990	-50

注：Eb 是 B 国对来自 A 国的进口商品需求的价格弹性。
　　Ea 是 A 国对来自 B 国的进口商品需求的价格弹性。

但是，如果每一个国家从其他国家进口的商品数量不受价格变化的影响，那么它的进口商品价值一定发生变化。我们来看看以 A 国产品计算的 A 国的贸易差额（第 2 行 d 栏和 e 栏）。A 国购买者从 B 国进口相同数量的 B 国产品（c 栏的 1 000）。但他们从 B 国每进口 1 单位产品只需支付 3.96 单位而不是原来的 4.00 单位的本国产品。因此，A 国购买者为进口 B 国产品仅仅支出 3 960 单位而不是 4 000 单位的本国产品（d 栏）。这样，A 国出现有利的贸易差额，即 A 国的实际出口额超过了为购买进口商品所需要的出口额 40 单位（e 栏）。如果 A 国的进口和出口以 B 国的产品计算，也同样会出现这个差额（参看 f 和 g 栏）。A 国对 B 国的出口数量仍然保持 4 000 单位（b 栏）。但现在 A 国的产品所能交换的 B 国产品多了 1%，于是 A 国 4 000 单位的出口商品现在价值为 1 010 单位而不是原来的 1 000 单位的 B 国产品（f 栏）。但由于 B 国出口到 A 国的产品仍然只是 1 000 单位（c 栏），A 国出口超过进口的部分，价值为 10 单位 B 国产品（g 栏）。因此，在 A 国或 B 国的需求没有从 A 国较昂贵的产品转向 B 国相对便宜的产品的情况下，A 国产品价格相对于 B 国产品价格来说变得较为昂贵这个事实，将造成从 B 国产品到 A 国产品的总支出的净移动。同时，由于 A 国产品价格相对于 B 国产品价格来说出现上升，贸易差额将变得更有利于 A 国。

即使 A 国产品相对于 B 国产品来说变得更昂贵，造成 A 国产品数量减少和 B 国产品数量增加，上述情况也会发生。从 A 国产品到 B 国产品的需求的转移越大，因 A 国产品相对于 B 国产品变得较为昂贵而造成的对 A 国产品的总支出净额的上升，以及对 B 国产品的总支出净额的下降，就可能越小。如果 A 国产品相对价格

6 国内支出自发变动的价格效应

小幅度的上升造成从较为昂贵的 A 国产品到较为便宜的 B 国产品大规模的需求移动，那么对 A 国产品的总支出将下降（尽管存在着要继续购买某个数量的 A 国产品必须支付更高的价格这个事实），对 B 国产品的总支出将上升（尽管存在着对在变动前已经买下的某个数量的 B 国产品只需支付较低的价格这个事实）。在这种情况下，需求量的移动将抵消相对价格的变动且还有余。但如果价格的大幅度变动只引起需求量的小量移动，为购买某个数量的产品必须支付的价格的变动，将大于购买数量本身的变动。因而对更为昂贵的产品的总支出将上升，对较为便宜的产品的总支出将下降。

表 8 第 3 行至第 7 行说明了这样的情形：A 国产品相对价格上升 1% 后会引起的 B 国对 A 国出口商品需求某种程度的减少（b 栏的数字都小于原来的 4 000），以及 A 国对 B 国出口商品需求的某种程度的增加（c 栏的数字都大于原来的 1 000）。但在第 3 行中，需求量的移动是这么小，以致 A 国的贸易差额因它的价格上升而仍然对本国有利；价格的变动仍然超过数量的变动。在第 4 行和第 5 行中，需求量的移动正好大到足以平衡 A 国产品和 B 国产品相对价格的变动，因而价格变动没有引起贸易差额变动。在第 6 行和第 7 行中，需求量的移动相对于相对价格的变动来说是如此之大，以致使 A 国的贸易差额由于本国产品变得更为昂贵而大大地恶化了。

为了衡量需求量对引起它变动的相对价格变动的敏感程度，我们可以利用 A 国和 B 国对进口商品的需求弹性概念。例如，在第 7 行中，我们假定当 A 国出口商品的价格相对于 B 国产品的价格来说上升了 1% 时，B 国的购买者由于价格变动的缘故而减少了 2% 的对 A 国产品的购买量，即从 4 000 单位减少到 3 920 单位（b 栏）。

如果我们把需求弹性的定义确定为购买量下降的百分比除以引起需求量下降的价格上升的百分比，那么在这个例子里我们可以说B国对来自A国的进口商品的需求弹性是2。同样，（在c栏第7行）我们假定A国购买者对来自B国的进口商品的需求弹性是4，因而当B国产品的价格相对于A国本身产品的价格来说下降1%时，A国购买者对B国产品的需求增加了4%，即从1 000单位增加到1 040单位。在d栏和e栏中，我们看到了需求移动对按A国产品计算的A国贸易差额的影响。A国进口的B国产品现在是1 040单位（c栏）。但由于每购买1单位B国产品必须支付3.96单位的A国产品，要购买从B国到A国的进口商品，必须支付1 040×3.96或4 118单位的A国产品。然而A国的出口商品只有3 920单位（b栏），因此A国的贸易差额现在有198单位以本国产品表示的逆差（e栏）。或者以B国产品表示（f栏和g栏），我们可以按照下述方式得出结果：3 960单位的A国产品出口到B国（b栏）。由于每购买1单位B国产品必须支付3.96单位A国产品（d栏），所以从A国出口到B国的出口商品价值3 920÷3.96或990单位的B国产品（f栏）。但正输往A国的B国产品实际上有1 040单位（c栏），因而A国进口B国产品的价值超过了A国出口产品的价值。若以B国产品表示，这个差额是50单位B国产品（g栏）。

现在，我们从表8可以看到：如果两个国家的进口需求弹性的总和小于1，相对价格的变动本身就会改善产品相对来说变得较贵的那个国家的贸易差额（第2和第3行）；如果两个国家的进口需求弹性的总和等于1（第4和第5行），相对价格的变动对贸易差额不产生直接的影响；如果两个国家的进口需求弹性的总和大于1

(第 6 和第 7 行),相对价格的变动将使产品相对来说变得较为昂贵的那个国家的贸易差额恶化①。

在后面,我们将经常提及这个关系,即 A 国产品价格相对于 B 国产品价格来说出现上升,按照这两个国家的进口需求弹性的总和是小于 1 还是大于 1,而引起从 B 国产品到 A 国产品的总支出的净移动,或从 A 国产品到 B 国产品的总支出的净移动。

现在,让我们来考虑一下 A 国国内支出的自发增加所产生的影响。在上一章中,我们已经看到:A 国对物品和劳务需求的增加一

---

① 从表中,我们可以明显地看到,其产品贵了 1% 的国家贸易赤字的增加。如果以该国贸易总额的百分数来表示,它将等于 1 减去两国需求弹性的总和。文中这个简单结果和简单公式以最初的时候进口等于出口为前提。如果不是这样,进口需求弹性和出口需求弹性必须按照下列方式加权,以得出贸易差额变化的公式:

$$dT = -k\frac{1}{q}I_b(E_a + qE_a - 1)$$

$$dT' = -kqI_a(\frac{1}{q}E_a + E_b - 1)$$

在这两个公式里,dT = 以 A 国产品单位来衡量的 A 国贸易顺差的增加数;dT' = 以 B 国产品单位来衡量的 A 国贸易顺差的增加数;k = 对 A 国有利的实际贸易条件的小比例变动;q = A 国出口价值对 A 国进口价值的比率;I_a = A 国的进口数量;I_b = A 国的出口数量(即 B 国的进口数量);E_a = A 国对进口商品的需求弹性;E_b = B 国对进口商品的需求弹性。在后面的正文里,我们似乎把临界点说成是 $E_a + E_b > 1$,而临界点实际应为 $E_a + qE_b$ 或 $\frac{1}{q}E_a + E_b > 1$。使用哪个公式要按照我们讨论的 A 国贸易差额是以 A 国产品表示还是以 B 国产品表示而定。如果开始时贸易差额是大量的盈余或赤字(即 q 不等于 1),A 国的价格上升,在贸易差额以 A 国产品表示的情况下可使 A 国贸易差额向某一个方向移动;而在以 B 国产品表示的情况下则向另一个方向移动。这样,如果 $E_a = \frac{2}{3}$,$E_b = \frac{1}{2}$,$q = 2$,A 国的价格上升将使以 A 国产品计算的 A 国贸易差额发生不利于 A 国的移动($E_a + qE_b = 1\frac{2}{3}$),也将使以 B 国产品计算的 A 国贸易差额发生有利于 A 国的移动($\frac{1}{q}E_a + E_b = \frac{5}{6}$)。

般都会引起 A 国购买者对 B 国产品需求某种程度的增加，因而可以得到下述结论：第一，A 国的贸易差额将出现赤字的增加（或盈余的减少）；第二，B 国国内出现某种程度的繁荣，这是由于 A 国对 B 国产品的需求已增加。现在，相对价格变动的结果很可能使这两种后果颠倒过来，尽管未必一定如此。A 国国内支出的增加将引起 A 国产品价格的上涨。如果 A 国对来自 B 国的进口商品的需求弹性和 B 国对来自 A 国的进口商品的需求弹性的总和远小于 1，相对于 B 国价格来说的 A 国价格的上涨，将造成从 B 国产品到 A 国产品的支出的净移动。这种因价格关系的变动而引起的从 B 国产品到 A 国产品的支出的移动，抵消了因 A 国对所有物品和劳务的总需求的增加而引起 A 国对 B 国产品的需求的增加还有余。在这种情况下，A 国国内支出的高涨会造成 A 国对 B 国产品总支出的跌落（而不是高涨），造成 A 国贸易差额的盈余（而不是赤字）。

要使 A 国的高涨反而造成 B 国的低落和 A 国贸易差额的改善这个看来互相矛盾的结果能够产生，至少必须具备三个条件。第一，A 国的边际进口倾向必须很小，在 A 国对一般物品和劳务的需求最初增加时，不会造成 A 国购买者对 B 国产品的需求显著的增加。第二，A 国的实际供给弹性必须很小[①]，A 国需求的新增加一定引起 A 国产品价格大幅度上升，而不是 A 国产量的大幅度上升。

---

① 作为我们中性经济的一个特征，我们假定货币工资率是不变的。然而就我们目前的目的来说，必要的条件是 A 国产品价格相对于 B 国产品价格来说出现上升。而这种情况又很可能发生，因为在 A 国对物品和劳务的需求增加以及由此引起的对劳动需求的增加，造成 A 国货币工资率的显著上升。而货币工资率所以上升，是因为 A 国生产的增加引起 A 国实际成本的迅速上升。

因为只有在 A 国产品价格相对于 B 国产品价格来说发生显著上升的条件下，第三个决定性条件才能发挥作用。第三个条件是在这两个国家中，进口需求弹性的总和必须远小于 1。换言之，当 A 国产品的价格相对于 B 国产品的价格来说出现上升时，A、B 两国的购买者一定不用较为便宜的 B 国产品来替代较为昂贵的 A 国产品，而是一定按与以前大致相同的比例继续购买 A 国和 B 国产品。为了按大致相同的比例消费 A 国和 B 国产品，购买者必须把我们的货币支出大量地从较便宜的 B 国产品转移到较昂贵的 A 国产品。

如果 A、B 两国的进口需求弹性的总和大于 1，A 国的繁荣反而引起 B 国的衰落和 A 国贸易差额改善这个看来是矛盾的结果，当然不可能发生。在这种情况下，A 国产品价格的上升幅度大于 B 国产品价格上升幅度的趋势，无论是因为 A 国的实际供给弹性小于 B 国，还是仅仅因为 A 国是需求普遍增加的中心（正如本章前面所解释的那样），都将引起对 B 国产品支出的增加和对 A 国产品支出的减少。这只不过是导致下述现象的又一个因素：A 国的繁荣引起它对 B 国产品需求的增加，因而增添了 B 国的繁荣和 A 国贸易差额的赤字[①]。

当然，如果 B 国的实际供给弹性远小于 A 国，B 国产品价格的上升幅度会大于 A 国，在这种情况下，如果 A、B 两国的进口需求弹性的总和大于 1，将存在着总支出从 B 国产品转移到 A 国产品

[①] 当然，从 A 国产品到 B 国产品的支出的移动不至于完全抵消对 A 国产品需求的最初增加，并造成 A 国国民收入的绝对下降。支出所以从 A 国产品转移出去，只不过是因为 A 国产品的价格已经上升。而 A 国产品价格所以上升，又只不过是因为对 A 国产品需求出现某种程度的净增加。

的趋势。这意味着 A 国国民收入的最终膨胀将较大，B 国国民收入的最终膨胀将较小。A 国贸易差额赤字的增加幅度将小于不是在这种情况下的增加幅度。从 A 国输出到 B 国的繁荣也较小[①]。

因此，最重要的问题是要知道：在任何特定的例子里，两国进口需求弹性的总和究竟是大于 1 还是小于 1。当然，这个问题不能事先回答，这个答案取决于我们所考察的例子的特定条件。但作为通常的考虑，我们可以把下述情况看做是较为正常的例子：如果世界分为 A、B 两部分，其中一部分对另一部分的产品需求的价格弹性平均值很可能大于 0.5。

首先，我们不应忘记需求的价格弹性本身的"收入效应"。如果像表 8 所示的那样，实际国际贸易条件发生 1% 的有利于 A 国的变化，这种变化本身就会使 A 国购买者的境况比原来更好。A 国产品同样的实际产量所能换取的 B 国产品增加了 1%。在 A 国内，即使 A 国产品和 B 国产品之间不能相互替代——即使 A 国购买者完全不用 B 国产品，除非（像笔和笔杆或茶杯和茶碟那样）按照多少是硬性搭配一道购买 B 国产品和 A 国产品——当实际贸易条件变得有利于 A 国时，A 国购买者的境况比原来更好；由于这个缘故，A 国的购买者将因实际购买力的增加而购买更多的 B 国产品和 A 国产品。假定 A 国的生产者生产茶杯，B 国的生产者生产茶碟。茶杯的价格上升，但茶碟的价格却下降。A 国茶杯的总产量将能够交换更多的茶碟。A 国购买者把他们新增加的实际收入部分用来购

---

① 但这种由 B 国产品到 A 国产品的支出的转移，不至于引起 A 国国民收入的绝对下降。支出所以发生转移，只不过是因为 B 国产品的价格已经上升。而 B 国产品价格所以上升，又只不过是因为对 B 国产品的总支出出现了最后的净增加。

买更多的本国茶杯，部分用来购买更多的B国茶碟，以便与他们现在所持有的更多的茶杯相配套。当B国产品的相对价格下降时，即使B国产品不能用于替代A国产品，A国购买者进口的B国产品的数量也会有某种程度的增加。A国的边际进口倾向越大（即A国购买者进口需求的增量与他们实际购买力的增量之比越大），这种效应就越大，因为A国购买者境况的任何改善，在这些条件下都会引起A国进口需求较大幅度的增加。

当然，A、B两国产品之间不能相互替代是极不可能的。在通常情况下，会有多种产品从世界其他国家输往A国。在这些产品中，可能有部分产品和劳务完全不能替代A国本身的产品；但很可能有许多物品和劳务能够在不同程度上替代A国生产者卖给本国购买者的东西。

我们必须经常记住，不论是生产还是消费，无论是A国还是B国，A、B两国产品之间的替代都会发生。例如，我们来考虑一下A国进口小麦的情形，当进口小麦的价格相对于A国价格总水平来说发生下降时，A国的购买者并不会希望把消费大量转向小麦，吃更多的面包，以及少买些其他商品，如本国制作的衣服。但如果A国的生产者生产小麦或其他一些很接近的可以替代小麦的食物，当A国其他产品的价格上升而进口小麦的价格仍然较低时，A国的小麦或小麦替代品的生产者就会转向生产其他更为有利可图的物品。虽然A国的购买者总的来说未能消费更多的小麦，但他们仍然可以大量地用进口小麦来替代国内生产的小麦或者其他谷物。如果A国的生产和消费都没有多大余地可供一系列进口商品来替代，同时如果世界其余国家的生产和消费也没有多大余地可供一系列A国的出口商品来替代，那么相对于世界其余国家的产品价格来说，A国产品价格上升，才会导致支出从世界其余国家的产品到A国产品的净移动。

如果时间允许相对价格的变动发挥它的冲击性影响，A、B两产品之间的相互替代程度可能会大得多。甚至在消费替代的例子里也是这样。当进口商品的价格相对于本国产品的价格来说发生了变化时，商人和消费者需要时间来估计这种变化的意义并改变他们的购买习惯。消费的变化甚至需要资本设备的某种变化。例如，如果进口汽油的价格变得便宜了，它也不会在客运上马上取代煤的使用，直到多生产出足够的汽车，并分配给人们，使他们能利用公路而不是利用烧煤的火车来旅行为止。在生产替代方面，时滞甚至更为重要。如果进口小麦的价格相对于本国纺织品的价格来说出现下降，尽管价格的变动的即时影响相对较小，但经过一段时间以后，本国纺织品的生产大幅度地增加，本国所种植的小麦则因此而受到不利影响。调整的过程可能持续长达一代人的时间。农场工人的儿子会进入纺织行业，而不是在农业里追随他们父辈的足迹。当然，这是一个极端的例子。在生产方面很多替代品的生产比这个例子普遍得多，尽管由于需要进行设备等等的重新调整，它们需要一段时间才能充分发挥作用。

况且，我们在后面好几处地方将会看到，在国际贸易中，一个国家的产品替代另一个国家产品的能力，在国际贸易没有受到人为限制的情况下，要比在到处都是保护和严格的贸易管制的情况下大得多。关于这个原理的一个明显的例子是进口的数量控制。如果不管A国或其他国家的价格发生什么变化，A国准许进口的数量是严格限定的,那么B国生产者向A国购买者提供小麦的价格相对于A国自己产品价格的下降,也不会引起A国的小麦进口的增加。进口的增加很简单地被A国对进口小麦数量的控制所遏止。高额从量进口税也产生相同的影响。如果从B国生产者买进的1单位进口小麦价值100美元,A国对1单位进口小麦征收的进口税固定为200美元,那么对A国购买者来说,1单位进口小麦的价格是300美元。如果B国的供给者现在把小麦售价降低50%,即减少到50美元,对A国购买者来说,小麦价格降到了250美元,即下降了 $16\frac{2}{3}$ %。就A国市场的产品替代来说,B国生产者索取的相对价格下降50%,只能引起价格 $16\frac{2}{3}$ % 的改善。

这最后一点说明了为什么即使没有贸易上的限制,国际贸易的需求弹性常常小于国内的需求弹性。B国输往A国的产品,在卖给A国的最终购买者以前,需要A国的商人或经销商提供劳务。假定从B国生产者买进1单位进口小麦要付出100美元,但在A国国内分配中需付出50美元。如果B国的供给者把小麦价格降低一半,即降至50美元,A国的最终购买者所支付的价格就由150美元降到100美元,即下降 $33\frac{1}{3}$ %。因此,在进口国中把进口商品出售给本国最终购买者所必须提供的劳务越重要,作为对外国供给者削减价格的反应而产生的对进口商品的需求就越小。但这个论点不应过分夸大。它仅仅在下述情况下才是重要的:分配之类的费用成为价格的一个重要因素,而出口国居民不能提供分配之类的劳务。如果不存在严格的贸易障碍规则,并且有时间进行调整,我们可以假定在通常的情况下,对外贸易的需求弹性不会低。

最后，让我们考虑一下 A、B 两国的相对大小对它们的进口商品的需求弹性有什么影响。让我们假定 A 国是一个小国，而 B 国相对于 A 国来说是一个很大的国家，现在，A 国作为一个小国可能生产一些与世界其余国家的生产者竞争的物品与劳务。只有在非常特殊的情况下，作为世界上一个很小的国家的 A 国才是出口到 B 的商品的唯一生产者。因为 A 国的产品 B 国也可能生产，所以 B 国对来自 A 国的进口商品的需求弹性可能很大。但很可能 B 国的生产者可以提供 A 国（例如，如果 A 国是一个温带小国）生产者不能生产的很多必需品（例如，热带原料和食物）。因此，B 国的购买者没有 A 国产品也行，而 A 国的购买者没有 B 国的产品就不好办。A 国对来自 B 国的进口商品的需求弹性相对于 B 国对来自 A 国的进口商品的需求弹性来说要小。现在，如果我们把世界经济的中心逐渐由 B 国移到 A 国，B 国对来自 A 国的进口商品的需求弹性可能会下降，而 A 国对来自 B 国的进口商品的需求弹性将上升。而且，正如我们在上面已经看到的，两国进口需求弹性的总和关系重大。

当 A 国相对于 B 国来说确实很小时，B 国对 A 国产品的需求弹性可能接近于无穷大。换言之，A 国产量在世界市场上所占的份额是这样小，以致 A 国供给量的变化在世界上完全没有明显的影响。因此，A 国输往 B 国的出口商品的增加，不会使 B 国购买者的购买价格出现任何明显的下降。同样，在另一个极端，当 A 国相对 B 国来说确实很大时，A 国对 B 国产品的需求弹性也会接近于无穷大。因此，在这两种极端的情况下，两国需求弹性的总和可能很大。在中间的情况下，即 A、B 两国将世界分成大致相等的一半的情况下，每个国家的需求弹性都可能相当大，但远小于无穷大。因为从世界的这一半到另一半出口的增加，都会对进口市场的供给产生明显的影响。因此，在这种中间的情况下，两国需求弹性的总和可能小于任何一种极端情况下的需求弹性的总和。

到目前为止，我们把注意力集中在 A 国和作为世界其余国家的 B 国之间的关系，并且得到了下述结论：A 国的高涨不可能引起世界其余国家的低落。但是，A 国的高涨引起世界其余国家某一特定部分低落并非完全不可能。虽然，严格说来这个论题应该留在后面第六篇讨论，但在这里非常简略地说明这种可能性还是有益的。

假定在 A 国用于出口的产品中，有一种产品——让我们称之为小麦——是在相当缺乏实际供给弹性的情况下生产的，而且需求的价格弹性也很低。现在设 A 国发生了需求膨胀，A 国的消费者购买更多的小麦，从而使小麦价格大幅度上升，超过 A 国其他产品价格的上升[①]。由于 A 国增加对来自其他国家的进口商品的购买量，A 国的膨胀会在很多其他国家中普遍带来购买力的提高。在所有这些国家中，对小麦的需求会增加。由于对小麦缺乏实际供给弹

---

① 事实上，当总需求增加时，农产品价格的上升幅度大于（产量增加幅度小于）工业制品的价格（产量）是可能的。同时，当总需求下降时，农产品价格的下降幅度远大于（产量小于）工业制品的价格（产量）也是可能的。其中的原因一部分是由于工业制品的实际供给弹性大于农产品，大部分是由于现实的制度：工业制品是在雇用组织得很好的工资劳动者，而且他们的货币工资率也相当硬性地固定的条件下生产的；而大部分的农产品却是由农民劳动者依靠自己或雇用没有什么组织的工资劳动者生产的。因此，当对工业制品的需求下降时，首先的结果可能是产量和就业的大幅度下降和价格的小幅度下降。而对农产品的需求的下降，不可能导致产量和就业的大幅度下降，但价格的下降幅度则很大。农产品缺乏实际供给弹性的理由，加强了文中的论点。尽管这些理由依赖于农业工资率（指每完成一单位工作所赚得的货币收入）的变动，但严格来说，应为我们目前关于在各个行业中货币工资率保持不变的假定所排除。

性，小麦价格明显上升。一般来说，如果对小麦需求的价格弹性很小（虽然对 A 国其他产品并非必然如此），那么这意味着作为 A 国需求膨胀的结果，A 国出口商的小麦出口总值增大（虽然 A 国所有商品的出口总值并非必然增大）。

现在，也许存在某个其他特定类型的国家——让我们称它做 B 国。由于地理上的原因，它的进口商通常从 A 国购买他们所需要的大部分小麦，但很少从 A 国购买其他产品。还有，让我们假定 B 国的出口商向 A 国出口很少，而把大部分出口商品销往其他国家的市场，如 C 国、D 国、E 国、F 国等。在这种情况下，A 国膨胀的结果会引起 B 国的局部紧缩，并使 B 国的贸易差额变得对自己不利。B 国的购买者对来自 A 国的小麦不得不支付较高的价格。由于对小麦的需求的价格弹性很小，总的来说他们对进口小麦的支出增大，从而减少了对本国产品的支出。但 B 国的出口商也把出口产品销往 C、D、E、F 等国家，因而就 B 国的出口来说，他们只感到 A 国需求膨胀的轻微影响。B 国的进口商对来自 A 国的进口商品的支出不得不大大增加，它的出口商却发现 C、D、E、F 等国对他们的产品的需求只有小量增加。贸易差额变得对 B 国不利。由于它的购买者对进口小麦的支出不得不大量增加，他们对本国产品的支出必然减少，B 国经济受到了紧缩的压力。因此，尽管把世界其他所有国家作为一个整体看待，A 国的膨胀具有改善其余国家的贸易差额和对其他国家产生膨胀压力的正常影响，通过某种特殊商品的贸易，A 国的膨胀对某一个特定国家（如 B 国）的贸易差额和国民收入产生反常的影响是可能的。

现在，我们准备把这部分延伸的讨论和上一章的讨论所得到的结论概括如下：

（1）除了 A 国的产品对本国的购买者来说是次等品这种最不可能的情况（参看第 5 章）外，A 国国内支出的自发增加将引起对本国产品总需求的增加，从而导致本国国民收入、就业和产量的增加。

（2）如果我们排除了 B 国的产品对 A 国的购买者来说普遍是次等品这种最不可能的情况（参看第 5 章），那么除非 A、B 两国的进口需求弹性的总和小于 1 以及 A 国的边际进口倾向和实际供给弹性都很小（参看本章前面），否则 A 国国内支出的自发增加将会引起对 B 国产品需求某种程度的净增加，并引起 B 国国民收入、就业以及产量某种程度的增加。

（3）在这种情况下，由于 A 国对 B 国产品需求的增加幅度要大于 B 国对 A 国产品需求的增加幅度，贸易差额将变得不利于 A 国。就国际收支差额来说，可以想象，A 国高涨的结果会引起 B 国对 A 国贷款的净流动，它可能抵消 A 国贸易差额的不利变动。但是，贷款正好朝相反方向流动的可能性不大（参看第 5 章）。

（4）总的来说，因为 A 国对 B 国产品的边际支出倾向可能小于 B 国产量对世界产量的比率（参见第 5 章），A 国国内支出的增加可能使 A 国产品价格的上升幅度大于 B 国产品价格的上升幅度，从而使实际贸易条件发生有利于 A 国的变动。但如果 B 国的实际供给弹性明显小于 A 国的实际供给弹性，那么实际贸易条件也许变得有利于 B 国。

（5）A 国的高涨不大可能引起世界其余国家的低落，也不大可能使 A 国与作为整体看待的世界其余国家的收支差额变得有利于 A 国。但在某些特殊情况下，A 国的高涨可以造成某个特定局部的低落，并使 A 国对该特定局部的收支差额变得有利于 A 国。

当然，这些结论也可以反转来说。如果 A 国国内支出自发减少（例如，发生普遍的萧条或低落），可能引起 A、B 两国失业的增加，使 B 国的国际收支赤字增加；贸易条件会朝不同方向变化，但可能有利于 B 国而不是 A 国。

7 其他自发变动的效应

我们现在可以考虑其他一些典型的自发干扰因素的影响。当然,我们没有办法考察自发干扰因素所有可能的形式。但是我们将把前两章详细提出的方法,应用于一两种有代表性的干扰因素形式。这会使读者按照相似的线索去实际分析他希望探讨的任何其他类型的干扰因素的影响。本章的分析比前两章关于 A 国国内支出自发变动所产生的影响的叙述要更为概括,因为在前两章中所作的分析大部分可以应用于新的情况而无需赘述。

7.1 A 国生产力的自发变化

让我们假定,由于一系列的发明,A 国所有工业的人均产量都增加了譬如 10%。我们还假定这些发明不仅增加了 A 国劳动力平均产量(即由就业人员生产的总产量)10%,而且也增加了 A 国劳动力的边际产量(即多增加一些人就业所引起的总产量的增量)10%。根据我们关于中性经济的假定(即在 A、B 两国,政府对物品和劳务的需求、税率、利率、工资率、汇率以及商业政策均保持不变),A 国生产的自发变动,对 A、B 两国的就业量、两国的收支差额和实际贸易条件将有什么影响呢?

我们最好提出下述疑问来寻找问题的答案：如果A国是一个封闭经济，和世界其余国家绝无接触，A国生产力的提高有什么影响？根据我们关于中性经济的假定，A国生产力提高的一个可能的后果是，所有商品的价格和就业量下降10%，同时其他的经济变量（如总产量）都保持不变。由于我们假定货币工资率不变，劳动生产率10%的提高等于每单位产量的货币生产成本减少了10%，生产者之间的竞争导致所有商品的货币价格降低10%。结果，所有货币收入都减少10%——就劳动来说，劳动的收入减少了10%，因为按照不变的货币工资率，劳动的就业量减少了10%。就利润和其他收入来说，因为价格和成本减少了10%，它们也就减少了10%。然而因为生活费用也减少了10%，所以除了还在就业的劳动者得到了实际收入增加10%的好处，而10%的以前就业但现在失业的劳动者却完全没有工资收入以外，人的境况没有变得更好或更坏。

仍在就业和已经失业的人的境况变化是在这种情况下的仅有实际变动①。它本身会不会引起对物品和劳务的实际总需求的净变化，并对总就业量产生第二轮影响呢？因为失业工人将取得失业救济金，所以当他们的工资收入降到零时，他们对物品和劳务的支出并不会降到零。这代表了对物品和劳务的一种附加的实际需求。然而，如果用于支付失业救济金的货币是按照这样一种方式对工资和利润征税而筹集来的，工资和利润收入者因纳税而减少的支出正好等于失业者通过获得失业救济金而增加的支出，那么对物品和劳

---

① 我们强调：上述结果以我们的中性经济的假设为根据，即不会有进一步的行动，如降低利率或税率来刺激需求和吸收被辞退的工人。

务的实际需求将不会增加。

如果我们考虑到 A 国是一个开放经济并且与 B 国有贸易关系这样的事实，情况就会大不相同。A 国生产力的提高使 A 国产品的价格相对于 B 国的产品价格下降。如果 A、B 两国进口需求弹性的总和大于 1，这本身会引起总支出从较为昂贵的 B 国产品转到较为便宜的 A 国产品的净移动。A 国的贸易差额会出现盈余，B 国的贸易差额会出现赤字。

对 B 国产品支出的这种净减少，将引起对 B 国劳动需求的减少和 B 国经济某种程度的普遍低落。如果(1)B 国的国内漏出越小，和(2)B 国的边际进口倾向越小，这种减少和低落将越大。

由于需求从 B 国较为昂贵的产品转到 A 国较为便宜的产品，对 A 国产品的支出的净增加同时引起 A 国对劳动需求某种程度的增加和 A 国就业及国民收入的普遍上升。A 国膨胀程度取决于 A 国的国内漏出和边际进口倾向的大小。如果 A、B 两国进口需求弹性的总和足够大，并且如果 A 国的国内漏出足够小，那么 A 国就业的上升实际上可以吸收掉在第一个例子中因生产力提高而辞退的全部劳动力还有余[①]。

如果 B 国的实际供给弹性很小，上面所描述的变动将大大减少。因为在这种情况下，一旦 A 国产品价格的下降使人们把支出从 B 国产品转到 A 国产品上去，B 国产品的价格也会迅速下降。这样，

---

① 在不正常的情况下，A、B 两国的进口需求弹性的总和小于 1，A 国价格的下降将引起支出向 B 国产品的净移动。贸易差额变得对 B 国有利，B 国的就业和国民收入趋于上升。在 A 国，会有更多的失业者加入到因生产力的提高而已被辞退的人的行列里去。

A、B两国产品的价格比率实际上没有多大变化；贸易差额、A国的就业或受到第二轮刺激的A国就业量也只会有少许的变化。

因此，我们可以总结如下：A国生产力的提高将（根据正常的假定，A、B两国进口需求弹性的总和大于1）(1)引起有利于A国的贸易差额的变动①；(2)导致B国就业量减少；(3)造成A国劳动力的被辞退，它可能为A国贸易差额改善而引起对A国劳动需求的增加所抵消，也可能抵消不了；(4)使A国产品价格相对于B国产品价格发生某种程度的下降，即实际贸易条件发生有利于B国的某种程度的变化②。

7.2 需求从B国物品到A国物品的自发移动

下面假定购买者的偏好发生变化，使他们在一定的支出总额中用于A国产品的支出增加，用于B国产品的支出减少。就我们现在的目的来说，不论这种需求的变动是发生在A国或B国，还是同时发生在A、B两国，都没有什么不同。问题是世界上的购买者作

---

① 也使收支差额发生变动，除非B国实际收入的下降和A国实际收入的上升引起A国对B国净贷款的增加超过了贸易差额的变动。

② 虽然商品贸易条件对A国不利，但还不能确定其不利程度是不是比得上A国生产力提高的程度。换言之，A国的1单位产品所能交换的B国产品减少，但不能确定现在比原有更大生产力的A国的1单位劳动所能支配的B国产品是不是比原来减少。如果B国实际供给弹性很低，以致当支出从B国产品上转移出去时，B国产品价格迅速下降；如果A、B两国需求弹性的总和很高，以致只要B国产品价格相对于A国较高，支出就从B国产品大量转移出去，那么商品贸易条件对A国不利的程度将小于A国生产力的提高程度。

为一个整体来看，对 A 国产品的需求自发增加了一定的幅度，就对 B 国产品的需求自发减少了同样的幅度。

依照我们目前的假定，对物品和劳务的公共需求、税率、利率、工资率、汇率以及商业政策都保持不变。这样，对 A 国产品的需求所发生的最初增加，以及对 B 国产品需求的减少，将使 A 国的需求开始膨胀性的向上运动，使 B 国的需求开始紧缩性的向下运动。A 国的膨胀和 B 国的紧缩将发展到什么程度，取决于 A 国和 B 国的国内漏出。这方面的情况我们已在第 5 章作了分析。A、B 两国的国内漏出越小，它们的国民收入的膨胀性上升或紧缩性下降的程度将越大。

从 B 国产品到 A 国产品的支出移动，也会影响到 A、B 两国的贸易差额。当然，这种直接影响与变动本身大小相等。假定从 B 国产品到 A 国产品的自发需求移动是 100 美元。如果移动发生在 A 国，它表示 A 国从 B 国进口的产品减少了 100 美元（或 B 国对 A 国的出口减少了 100 美元）。如果移动发生在 B 国，它表示 B 国从 A 国进口的产品增加了 100 美元（或 A 国对 B 国的出口增加了 100 美元）。这就是需求移动对 A、B 两国贸易差额的自发影响。但我们还应考虑 A 国的内部膨胀和 B 国的内部紧缩所产生的引致影响。当 A 国的国民收入和国内总支出由于本国产品的引致影响而增加时，A 国的购买者对进口商品的支出比以前增加了。对进口商品需求的引致增量取决于我们称做的 A 国的边际进口倾向。如果这种倾向高，当 A 国的国内总支出增加时，A 国的进口也大量增加。相反，B 国国民收入和国内支出的紧缩意味着 B 国对进口商品的需求发生引致下降，B 国边际进口倾向越大，下降幅度也越大。

作为这些影响的结果，A国贸易差额改善的程度没有最初发生的对它的物品和劳务有利的需求移动的程度那么高。其原因有两个：第一，A国接踵而来的需求和收入的膨胀，促使本国的购买者把更多的钱花在进口商品上；第二，B国的接踵而来的需求和收入的紧缩，促使本国的购买者把更少的钱花在进口商品上。A、B两国的边际进口倾向越大，A国国民收入的最后膨胀和B国国民收入的最后紧缩也将越小（因为A、B两国的对外漏出将变得很大），有利于A国不利于B国的贸易差额最终的变动也越小（因为A国进口的引致增加和B国进口的引致减少将变得很大）。

这些变动对A、B两国国际收支账目上的贷款或其他转移数量产生某些引致影响，尽管我们要确切指出这些引致影响朝哪个方向起作用是不可能的，但A国的收入将上升，B国的收入将下降。所以，A国的居民有更多的收入用于储蓄和对外贷款，而B国的居民只有更小的收入用于对外贷款。另一方面，对A国产品需求的净增加和对B国产品需求的净减少，使A国工业成为外国资金的有利投资场所，B国工业却成为外国资金的不利投资场所。如果后一种影响起支配作用，A国的收支差额将变得比贸易差额更有利，而B国的收支差额将变得比贸易差额更不利。如果前一种影响更大，最终收支差额所受到最初需求移动的影响，将小于所受到的最终贸易差额的影响。

到现在为止，我们并未考虑从B国产品到A国产品的需求转移可能引起的价格变动。正如我们所看到的，这种转移的最后结果意味着对A国产品需求发生某种程度的净增加（和A国国民收入发生某种程度的净增加），和对B国产品需求发生某种程度的净减少（和 B 国国民收入发生某种程度的净减少）。因此，作为这种变动的结果，A、B 两国的产品价格向什么方向变化是毫无疑问的：A 国的产品价格将上升，B 国的产品价格将下降。所以，贸易条件将变得对 A 国有利。然而，贸易条件的变动程度特别取决于 A、B 两国的实际供给弹性。如果两国的实际供给弹性都很大，A 国产品价格的上升幅度不大，B 国产品的价格的下降幅度也不会很大；贸易条件的变化很小。这样，不必过多考虑价格变动所引起的贸易差额和膨胀或紧缩程度的变动。然而，如果两国的实际供给弹性很小，A 国产品价格的上升幅度和 B 国产品价格的下降幅度较大，贸易条件将发生有利于 A 国的显著变化；贸易差额和膨胀或紧缩程度会发生进一步的重大变动。

这些变动取决于 A、B 两国进口需求弹性和实际供给弹性的大小。上一章已经讨论了这种情形。如果两国的实际供给弹性很小，从 B 国产品到 A 国产品的需求转移将使 A 国产品价格相对于 B 国产品价格来说大幅度上升。如果与此同时 A、B 两国进口需求弹性的总和远大于 1，它将使支出从较昂贵的 A 国产品又回到较便宜的 B 国产品。这就削弱了我们所考察过的各种变动。它将减少从 B 国产品到 A 国产品的需求的净移动，因而 A 国收入和就业的膨胀、B 国收入和就业的紧缩以及有利于 A 国的贸易差额的变化都减弱了。在实际供给弹性较低、进口需求弹性很低这种不大可能的情况下，因 A 国价格相对上升所引起的支出从 B 国产品到 A 国产品的进一步移动加剧了各种变动。然而在下述两种情况下，相对价格的变化对国民收入和贸易差额的影响可以忽略：第一，如果实际供给弹性很大，相对价格不会有明显的变化；第二，如果两国进口需求弹性的总和等于1，不管价格变化多大，都不会引起支出的变动。

我们可以把上述讨论概括如下：从B国产品到A国产品的需求自发移动，将导致A国贸易差额的改善、B国贸易差额的恶化、A国国民收入的膨胀和B国国民收入的紧缩。但A国贸易差额的最后改善程度和B国贸易差额的最后恶化程度，将因A国进口的引致增加和B国进口的引致减少而低于需求的自发移动程度。A国的价格将上升，B国的价格将下降，贸易差额将变得对A国有利而对B国不利。如果A、B两国进口需求的总和大于1，那么，它们的贸易差额和国民收入的最后变化将减弱。

7.3 从A国到B国的对外转移的自发增加

下面，让我们来考虑一下从A国到B国的对外转移的自发增加的情况。其中的一个例子是A国的居民决定增加对B国的贷款。譬如，有资金投资于A国资本市场的人，决定在B国的资本市场而不是A国的资本市场上购买证券。按照我们中性经济的假定，有理由假设从A国到B国的对外转移的增加不会伴随着对A国产品或B国产品的需求有任何直接或自发的变动。在中性经济里，A、B两国的银行和货币政策是为了保持两国各种形式资产利率的稳定。由于借款条件在两国市场上保持不变，而且没有直接发生什么变化会改变两国资本开发的获利能力，部分在A国资本市场从事活动的人决定购买B国证券而不是A国证券，不会伴随着任何一个国家对实际的物品和劳务需求的任何变动。

如果是这样，对这种情况也就没有更多东西可说了。A国的收支差额将恶化，B 国的收支差额将改善，其数量就是从 A 国到 B 国的资本流动的增量，但对 A 国产品或 B 国产品的需求没有什么变化。两国的贸易差额、国民收入或贸易条件也不受影响。

7.4 A 国对 B 国的赔偿支出

让我们假设，A 国政府每年要向 B 国政府转移 1 亿美元的赔偿支出。如果 A 国政府以不造成 A 国对物品和劳务的国内需求下降的方式筹集这笔赔款，而且 B 国得到这笔赔款后也不引起国内支出的自发增加，那么情形正和我们刚才考察的转移完全相同。这并不是不可能出现的情况。如果 A 国政府是以借款方式筹集这笔赔款，而且像我们所假设的那样，所采取的银行和货币政策是为了防止 A 国利率或借款条件的变化，就没有理由认为 A 国的赔偿支出应该引起 A 国国内支出的任何直接的下降。消费者没有少买消费品的动机，企业家也没有少借些用于资本开发支出的钱的动机。同样，如果 B 国政府把赔款收入列为预算盈余，它的银行体系也保持借款条件不变，那么也没有理由认为 B 国的国内支出会发生任何直接的变化。这样，1 亿美元的赔偿支出只造成在国际收支上 A 国的 1 亿美元赤字和 B 国的 1 亿美元盈余。只要我们维持中性经济的假定，情况就是这样。

现在假设 A 国政府用增税或节省公共支出的办法来筹集用于赔偿支出的资金，而 B 国政府则利用这笔收入来减税或增加公共支出。这种财政上的变化将会引起 A 国国内支出的自发减少和 B 国国内支出的自发增加。我们得到的是：(1) 从 A 国到 B 国的对外转移的自发增加,伴随着(2)A国国内支出的自发减少和(3)B国国内支出的自发增加。(1)项的变化将不会引起国民收入的变化,但会造成A国国际收支赤字和B国国际收支盈余;(2)项的变化正如我们在前两章所看到的,本身就导致A、B两国的国民收入的紧缩、A国国际收支的盈余和B国国民收入的赤字;(3)项的变化单独就会引起A、B两国国民收入的膨胀、A国国际收支的盈余和B国国际收支的赤字。这些变化会相互抵消到什么程度呢?

有这样一种情况,这些变化刚好相互抵消,任何国家的国民收入或国际收支都没有净变化。如果A国国内支出的自发减少和B国国内支出的自发增加刚好与支付的赔偿额相等,而且B国购买者增加对A、B两国产品的支出和A国购买者减少对A、B两国产品的支出又刚好比例相同,或者换句话来说,如果A、B两国的边际进口倾向的总和也刚好等于1,那么情况就是这样。

表9 A国国内支出的自发减少和B国国内支出等额的自发增加所产生的冲击影响

事例(1):两国边际进口倾向的总和等于1

    A国的边际进口倾向　0.4
    B国的边际进口倾向　<u>0.6</u>
    边际进口倾向的总和　<u>1.0</u>

接受国	支出国		国民收入
	A国	B国	
A国	−60	+60	0
B国	−40	+40	0
国内支出	−100	+100	

贸易差额发生有利于A国的变动100(即60+40)

7 其他自发变动的效应

事例(2)：两国边际进口倾向的总和大于1
A 国的边际进口倾向　0.6
B 国的边际进口倾向　<u>0.7</u>
边际进口倾向的总和　<u>1.3</u>

接　受　国	支出国		国民收入
	A 国	B 国	
A 国	-40	+70	+30
B 国	-60	+30	-30
国内支出	-100	+100	

贸易差额发生有利于 A 国的变动 130（即 70+60）

事例(3)：两国边际进口倾向的总和小于1
A 国的边际进口倾向　0.3
B 国的边际进口倾向　<u>0.2</u>
边际进口倾向的总和　<u>0.5</u>

接　受　国	支出国		国民收入
	A 国	B 国	
A 国	-70	+20	-50
B 国	-30	+80	+50
国内支出	-100	+100	

贸易差额发生有利于 A 国的变动 50（即 20+30）

表9[①]中的事例1解释了这种可能性。在事例1中，假设为多筹集1亿美元以用于赔偿支出所采取的财政手段使 A 国的国内支

---

① 表9除了只表示进口、出口、支出和收入的变化而不是总量以外，它是根据与表7相同的原则编制的。

出减少1亿美元,其中0.6亿美元代表对A国产品减少的需求,0.4亿美元代表对B国产品减少的需求。然而,两项需求的减少刚好分别被B国对A国产品和对本国产品支出的增加所抵消。结果,对每一个国家产品的需求没有直接的净变化,每一个国家的国民收入也没有直接的净变化。但是,从事例1可以清楚地看到,国际收支也没有直接的净变化。A国的出口增加0.6亿美元,进口减少了0.4亿美元。贸易差额1亿美元的改善正好补偿了1亿美元的赔偿支出。

这种结果只有在A国国内支出的自发减少刚好和赔偿支出相等,而B国国内支出的自发增加也刚好和A国的赔偿支出相等的情况下才会发生。但即使赔偿支出在A国是用增税的方法来筹集,在B国是被用来减税,这种情况也不大可能发生。这是因为A国部分增税可能引起储蓄的减少而不是纳税人消费的减少,同时B国部分减税可能引起储蓄的增加而不是纳税人消费的增加。假设从A国转移到B国的赔偿支出是1.3亿美元而不是1亿美元,但正如表9事例(1)那样,随之而来的A、B两国的财政变动仍只是使B国的国内支出增加1亿美元,使A国的国内支出减少1亿美元。因为A、B两国的边际进口倾向的总和仍等于1,所以两个国家的国民收入仍没有直接的变化,但由于A国的自发紧缩和B国的自发膨胀没有被转移的赔偿总额那么大,所以现在在A国的国际收支中存在0.3亿美元的赤字。1.3亿美元的总额作为赔偿转移到B国,但是财政变动所导致的贸易改善只有1亿美元。

现在,A、B两国国内支出的自发变化小于A国所转移的赔款不是不可能的,但它应该导致A、B两国对进口商品的需求足够大的直接变动，以筹集全部赔偿转移。这种可能性用表9事例（2）表示，在这个事例里，A、B两国边际进口倾向的总和大于1。从A国转移到B国的赔款是1.3亿美元。然而A、B两国国内财政政策调整，使A国的国内支出只减少了1亿美元，B国的国内支出只增加了1亿美元。但是A国的边际进口倾向如此之高，以致A国购买者对进口商品需求的下降不少于0.6亿美元。同时，B国的边际进口倾向也如此之高，以致B国购买者对进口商品需求的增加不少于0.7亿美元。因此，A国的贸易差额的自动改善是1.3亿美元，足以补偿全部赔偿支出。但在这种情况下，A国对本国自己的物品的支出没怎么减少，同样B国对本国自己的物品的支出也没怎么增加。结果，在两个国家的国际收支没有受到直接影响的同时，对A国产品的需求却发生直接的净增加，A国的国民收入也发生同样的变化；对B国产品的需求则发生净减少，B国的国民收入也发生同样的变化。或者换句话来说，如果一定的自发转移，与A国国内支出的相对小的自发减少和B国国内支出的相对小的自发增加结合在一起，那么它仅仅在下述情况下才使贸易差额的直接净变化足以筹集转移：A国需求的减少集中在进口商品而不是它自己的产品上，B国需求的增加也主要集中在进口商品而不是它自己的产品上。这将意味着对A国产品总需求和A国国民收入的净增加；对B国产品的总需求和B国国民收入的净减少。

况且，必须记住表9只表示这种变化所产生的直接冲击的影响，它没有说明各国国民收入的变化所产生的引致影响。在事例1中，因为直接的冲击影响没有导致两国国民收入的变化，所以我们没有考虑引致影响。但在事例2里，净冲击影响引起A国国民收入的增加和 B 国国民收入的减少。作为影响的结果,按照 A、B 两国的国内漏出和边际进口倾向的情况,A 国的国民收入和支出会发生进一步的积累性膨胀变动,从而引起进口第二轮的某些增加;而 B 国则会发生进一步的第二轮紧缩,从而导致 B 国对进口商品需求的某些减少。贸易差额将变得稍不利于 A 国而有利于 B 国。如果 A、B 两国的进口需求弹性的总和大于 1,伴随着 A 国的膨胀和 B 国的紧缩的价格变化,加剧了这种变动。或者换句话来说,如果我们考虑到这些引致影响,A 国部分购买者倾向于节约对进口商品而不是本国产品的开支,而 B 国部分购买者倾向于增加对进口商品而不是本国产品的开支。如果最后的国际收支不受赔款转移的影响,这两种倾向甚至比事例 2 所表示的情形更为明显。

现在,我们有理由相信(参看第 6 章),在通常情况下,A、B 两国边际进口倾向的总和将小于 1。我们前面已经说过,A 国向 B 国支付任何数额的赔款所产生的直接财政效果,很可能使 A 国国内支出的减少和 B 国国内支出的增加小于赔偿支出额本身。

表 9 中的事例(3)代表了一种更为现实的情形。它考虑到了这些问题。在这个事例里,我们假定 A 国的国内支出自发减少 1 亿美元,B 国的国内支出自发增加 1 亿美元(少于转移的赔款 1.3 亿美元)。同时,我们还假定 A 国的购买者购买本国产品的比例较高(1 亿美元中有 0.7 亿美元用来购买本国产品);而 B 国的购买者购买本国产品的比例更高(1 亿美元中有 0.8 亿美元用来购买本国产品)。结果发生对 A 国产品需求的净减少(从而造成 A 国收入的一定紧缩)和对 B 国产品需求的净增加(从而造成 B 国收入的一定膨胀)。A 国贸易差额的改善只有 5000 万美元,要筹集 1.3 亿美元的赔偿

转移还少 0.8 亿美元①。

事例 3 和事例 2 一样,并未考虑到引致影响。由赔款的冲击影响直接引起的 A 国的紧缩和 B 国的膨胀,将会导致 A 国进一步的引致紧缩和 B 国进一步的导致膨胀。而这样又会导致 A 国进口更进一步的减少和 B 国进口更进一步的增加。对有关国家国民收入的最后影响比表 9 所表示的情形更为显著。但对有关国家国际收支的最后影响则不及表 9 所表示的情形那么显著。

伴随这些变化而来的价格变动,很可能将会进一步改变对收入和国际收支变化所产生的影响。如果 A、B 两国进口需求弹性的总和大于 1,A 国价格的下降和 B 国价格的上升将使总支出从 B 国产品转移到 A 国产品。这将使两国的国际收支接近于均衡,同时也使两国净收入的变动不及没有价格变动时那么显著。

与赔款之前的情形相比,我们可以把赔款之后的情形概括如下:假定国内支出的自发变化小于赔偿支出,而且两国边际进口倾向的总和小于 1,那么 A 国的国民收入将发生紧缩,贸易差额将有一定的改善,但国际收支将发生不利于本国的变动;B 国的国民收

---

① 用两次大战期间有关"转移问题"的争论所用措词来说,我们可以把结论概括如下:如果 A、B 两国的财政措施是为了使国内支出的自发变化等于赔款,而且两国边际进口倾向的总和等于 1,那么赔款国有"预算负担",但没有增加的"转移负担",也没有"转移问题"。如果国内支出的自发变化小于赔偿支出,就可能存在"转移问题",因为预算的变化不可能自动带来足够大的贸易差额的变化。但如果两国边际进口倾向的总和等于 1,就不会有增加的"转移负担",因为要维持每个国家的内部平衡,赔款国进一步的政策性紧缩和接受国进一步的政策性膨胀,将自动带来贸易差额所需要的变化,而又不会发生不利于赔款国的贸易条件的变化。但如果两国边际进口倾向的总和小于 1,赔款国有"转移负担",为保持两国的内部平衡而采取的金融政策,将使赔款国的国际收支出现赤字。要消除赤字,需要赔款国的产品价格相对接受国的产品价格下降。

入将发生膨胀,贸易差额将发生不利于本国的变动,但国际收支有改善,贸易条件将有利于 B 国。

7.5　A 国出现新的投资机会

让我们假设 A 国某种发明或地理上的发现,在本国开拓了新的有利可图的投资机会。在 A 国现行的利率和借款条件下,这会引起 A 国国内资本开发支出的自发增加。如果没有其他变化,这就是我们在前两章进行详细讨论的自发变化的特殊例子。它将导致 A、B 两国收入的膨胀,并使 A 国对 B 国的贸易差额发生不利的变化。

但这种变化很可能带来其他自发变化。尤其是 A 国投资赢利能力提高后,会导致外国资金自发流向 A 国,以便得到新投资机会的好处。这种资金移动与外国贷款的引致变化不同,后者产生于 A、B 两国国民收入所发生的变化。在这种情况下,即在 A 国国内支出自发增加和对 A 国净借款自发增加相结合的情况下,当然无法推测国际收支将会变得对 A 国有利还是不利。这取决于 A 国新增加的投资机会吸引外国资本流入 A 国的程度,和 A 国新增加的国内支出(包括自发的和引致的)花费在进口上的程度。如果前者大而后者小,国际收支从总体上说将变得对 A 国有利。

7.6　A 国征收关税

假定现在 A 国对进口商品征收关税。这会使 A 国进口商品的数量自发减少,从而使 A 国购买者减去增加的进口税以后对进口商品的支出额自发减少。假定 A 国采取某项财政政策，把从征收进口税所收集到的额外收入全部用于增加政府对物品和劳务的支出（或者用于减税，使 A 国的私人消费者可以增加对物品和劳务的支出）。在这种情况下，征收关税不会引起 A 国国内按要素成本计算的对物品和劳务的支出的直接净变动。A 国在进口商品上所节省下来的钱被政府或私人花费在本国产品上。这种情况，和需求从 B 国产品到 A 国产品的自发转移很相似。对这种转移的影响，我们已在本章第 2 个例子中作了探讨。

但是，如果 A 国政府不把增加的关税收入花费在物品和劳务上，或者不用来减税以间接增加对物品和劳务支出的增加，情况将有所不同。在这种情况下，需求从 B 国产品到 A 国产品的自发移动，将带来 A 国国内支出的自发减少，其数额等于从征收进口关税所得到的新收入。

就对贸易差额以及其他国家国民收入的影响来说，这两种变化相互加强对对方的影响。但就对 A 国国民收入的影响来说，这两种变化都相互抵消。正如我们所看到的，需求从 B 国产品到 A 国产品的转移，会引起 A 国一定的膨胀和 B 国一定的紧缩，而且使 B 国的贸易差额发生不利于本国的变化，A 国国内支出的自发下降会起到抵消 A 国膨胀①变动的作用，而且（按照在前两章讨论的线索）会引起对 B 国产品需求的进一步下降，从而加剧 B 国的收入紧缩和不利于它的贸易差额的变动。

就 A 国的国民收入来说，哪个因素更强有力要取决于 A 国的

---

① 原文为紧缩，疑有误。——译者

进口需求弹性。如果A国的进口需求弹性很低，关税不会引起A国进口商品数量大幅度的减少。这意味着：(1)对B国产品的需求不会大量转移（即减去关税后对A国的进口商品的支出不会大量减少）；(2)关税的征收额相当大，以致A国国内支出的自发减少也相当大。在这种情况下，A国的国民收入会发生净下降。但是如果A国对进口商品需求的价格弹性较高，A国国内对B国产品的支出将大量转移。这种转移只有小部分会被新增加的税收所吸收。所以，对A国产品的需求将有相当大量的净增加①。

现在，我们已经按照中性经济的假定讨论了7种自发变动。有些变动我们详细地作了探讨，有些变动我们只简略地加以描述。特别是在最后两个例子中，我们很少分析收入和价格变化后所带来的引致影响的作用。但是，中性经济运行的原理应该很清楚了。如果再列举关于自发变动的其他可能的例子（这很容易做到），或者把已经提到每个例子中直接的和引致的变化都加以详细叙述，这种分析就未免过于乏味了。

---

① 如果A国的出口并未受到因B国紧缩所带来的外部影响，我们将会看到，A国对进口商品需求的单位价格弹性可以作为分界线。如果A国对进口商品的需求弹性等于1，A国消费者对进口商品的支出（包括关税）在缴纳关税后和以前一样。所以，他们对本国产品的支出也和以前一样。税收的增加正好被因进口而付给外国人的数额的减少抵消了。如果B国的购买者并不因本国的引致紧缩而减少对A国出口商品的需求，那么对A国产品的支出总额和A国的国民收入都不会发生变化。然而由于B国对A国出口商品的需求发生引致下降，A国对进口商品需求弹性因对A国产品的需求并没发生净变动而多少大于1。在这种情况下，即使包括关税在内，A国购买者对进口商品的支出额会发生净减少。因此，他们有较多的款项花费在本国产品上。对A国产品国内需求的增加，正好抵消了B国对A国出口商品需求的减少。B国对A国出口商品需求所以减少，是因为A国对来自B国的进口商品需求的减少引起B国收入和支出的紧缩。

我们谈得已经很多了。读者应该能够自己加以发挥。我们也应该进行下一阶段的分析,考察一下 A、B 两国当局为抵消自发变动的不利影响而引入中性经济的各种政策的变化。

第三篇

金融政策

8 财政政策与货币政策以及内部平衡与外部平衡的含义

我们在第二篇讨论中性经济的运行时,曾经作了六个制度上的假定,即政府对物品和劳务的需求、税率、利率、工资率、汇率以及国际贸易壁垒都保持不变。我们在本篇中将改变这六个假定中的前三个,以考虑任何一个国家的当局怎样通过金融政策的变化,来抵消中性经济各种自发干扰因素带来的不利的内部和外部影响(即对就业和国际收支的不利影响)。

让我们从解释金融政策的变化意味着什么开始。我们用"金融政策"这个概括性的名词来包括两类不同的政策,即"财政政策"和"货币政策"。所谓"财政政策"是指财政当局为了影响国内总支出即对该国物品和劳务的总货币支出,而促成的税率或政府支出额的变化。"货币政策"是指银行体系通过提供额外的货币供给量以宽松资本资金借款条件,或通过限制货币供给量以严格资本资金借款条件,而促成的资本资金借贷条件的变化(为简明起见,我们把这种变化称为利率的变化)。

为影响国内对物品和劳务的总需求而采取的"财政政策"和"货币政策"的过程,对任何关于国内经济政策的理论来说都是一个重要的课题。在本书中,简单地概括一下就足够了。

让我们先讨论财政政策。直接税或间接税税率的下降(假定政府支出和借款条件保持不变)会刺激对物品和劳务的需求。直接税税率的下降会直接增加纳税人可支配的纳税后购买力,从而使他们增加对物品和劳务的需求。间接税税率的下降,通过降低购买者购买一定数量的纳税商品所必须支付的价格,使他们能够用没有变化的收入购买更多的纳税商品或其他物品和劳务。在下述条件下,这种需求的增加不会被其他方面的需求减少所抵消:(1)政府并没有在减税的同时减少对物品和劳务的公共支出;(2)政府现在需要在资本市场上借入资金来弥补增加了的预算赤字的事实,并没有使得它通过银行体系的政策提高利率,也没有使其他用于各种资本开发的支出的借款变得更为困难。

同样,政府对物品和劳务支出的增加会引起对物品和劳务总需求的直接增加,同时,政府增加诸如养老金、家庭补贴和公债利息等"转移支付"方面的支出,也会提高接受者的购买力。只要(1)政府并没有通过提高利率来增加收入以弥补增加的支出;(2)政府增加借款以筹集增加的支出,并没有使银行体系严格其他借款人借入新资金的借款条件,那么政府支出的增加都带来对物品和劳务需求的净增加。在这些情况下,政府支出的增加并不会促使私人减少他们对用于目前消费或资本开发的物品或劳务的支出。

接着,让我们来考虑货币政策。当局可能通过采取目的在于增加货币供给量的货币政策,以降低利率,并使借入货币去筹措各种资本开发的开支普遍变得更加容易,来增加对物品和劳务的总需求。为了这个目的,银行可以按较低的利率,或者按较宽松的条件直接向顾客贷放新的款项，也可以从事"公开市场活动"，在资本市场上购买新的货币证券或其他资产。这样就会引起这些资产价格的上升和收益率的下降，使希望通过发行新证券来借入新的资本资金的人能够按有利的条件去借入资本资金。在借款利率的下降促使个人、企业或公司增加资本支出的范围内，或者在新储蓄的利率下降使人们减少储蓄（即把他们更大部分的收入用于立即消费的物品和劳务的支出）的范围内，对物品和劳务的需求将发生净增加——当然，条件是利率的下降并未被税率的同时增加（因而私人消费者手中的购买力缩小），或者政府对物品和劳务的支出的减少所抵消。

就我们目前的论点来说，扩张性的财政政策或货币政策的主要特征，是在于采用了它们以后会导致一个国家国内支出的增加。就进一步的影响来说，国内支出的这种"政策性"增加将等于国内支出的"自发"增加。后者的影响我们已经在前面第5、6章中详细地进行了探讨。这就是说，在正常情况下，它将(1)使该国国民总收入和对劳力的需求发生膨胀；(2)作为该国因国内支出的增加而引起的对进口商品需求增加的结果，世界其余国家的国民收入和对劳力的需求也发生一定的膨胀；(3)使该国的贸易差额发生不利的变化；(4)由此还可能使该国的国际收支发生不利的变化[①]。无论如何，读者要参看第5章和第6章关于这些结果的必要条件的分析。这些结果取决于下述各种假定：(1)该国并不仅仅进口本国购买者在总需求增加时将买得更少的低档品；(2)两个国家物品和劳务的

---

① 当然，任何国家内支出的"政策性"减少，将产生相反的结果。

实际供给弹性都很大,或者A、B两国的进口需求弹性的总和大于1。

就大部分结果来说,不管是财政政策还是货币政策刺激了国内支出,其影响都极为相似。但财政政策与货币政策之间的选择对对外贷款的刺激则有显然不同的影响。

在前面第5章所列举的决定对外贷款数量的七个因素里,头四个因素可以通过货币政策来发挥作用。而再就这四个因素里的头两个因素来说,货币政策和财政政策的效果并没两样。国内支出和国民收入的一定程度的扩张,将产生相同的影响:(1)储蓄的供给增加,它是对外贷款的来源。(2)不管扩张是由货币政策还是由财政政策造成的,国内工业的相对赢利能力和吸引力都会增加。又再就这四个因素中的后两个因素来说,货币政策和财政政策的影响就明显不同,即(3)国内利率下降对鼓励对外贷款的影响;(4)税率变化对国内和国外投资收益所产生的效果,从而对国内和国外投资相对吸引力的影响。

如果采用财政政策的目的是促进国内扩张,如果财政政策是采取增加公共支出的形式,那么利率或税率将不会有任何变动,从而这两个因素就不会发生作用。

如果财政政策采用减税的形式来鼓励国内支出,利率将不会发生任何变动。但在某种情况下,A国减税会增加B国居民向A国贷款的吸引力,或者减少A国居民向B国贷款的吸引力。例如,A国的减税可能包括减少对资本资金的利息或利润的税收,A国居民可以得到这种减税的利益,B国居民也可以得到[①]。在这种情况

---

① 是否这样取决于国际税收结构。如果征税国政府征税,无论是出于自己的决

下，在A国从事资金的投资对B国居民来说变得更有吸引力。同样，如果A国居民放置在本国境内的财产收入享受到减税的待遇，但放置在B国境内的财产收入没有享受到减税的待遇，那么他们对B国投资的刺激降低了。另一方面，如果A国税率的下降包括放置在A国境内的财产收入的税率，从而使B国的所有者得到更多的收入，那么从A国转移到B国的纳税后的财产收入将增多。这将加剧A国国际收支的紧张局面。但A国对新资本资金的吸引力又缓和了这种紧张局面。所以，如果有净影响的话，净影响是什么不仅取决于税收结构，而且也取决于需要从A国转移到B国的财产收入的数量，以及一定的税收减免吸引新资本的数量。

另一方面，假设国内的扩张是由货币政策造成的，即通过国内货币供给量的增加，放松A国的借款条件，普遍降低A国证券和其他资产所能赚得的利息收益，来促进国内的扩张。这使B国的借入者在A国而不是在B国借入他们所需要的资金变得更有吸引力。同样，这也使A国部分现有的资本持有者把资金从A国转移到B国变得更有吸引力。所以，A国利率的降低增加A国国际收支压力的趋势，仅仅在下述限度内被抵消：尽管B国的贷出者把资本资金投放到本国市场的利率并没有下降，A国居民欠B国居民的短期债券到期偿还时可以按较低的利率续借。

在考虑货币政策时，我们必须区分任何一个国家利率下降对对外贷款所产生的短期和长期影响。假设A、B两国的长期利率是

定，还是由于避免重复税收的国际协议所涉及的是本国居民享有的收入而不是放置在他国境内的资本的收入，那么减税并不会影响任何人在征税国贷出资金而不在其他国家贷出资金的吸引力。

5%，短期利率是3%。现在A国的银行体系采取一项内部的货币政策，使这两种国内利率分别降到$4\frac{1}{2}$%和$2\frac{1}{2}$%，但B国仍然保持5%和3%。一般来说，部分A国居民对B国资本资产的需求的增加，有两个来源：

首先，作为利率变动的结果，A国的资本所有者希望把他们现有的大部分资金从A国转移到B国，或者是长期贷款以赚取5%而不是$4\frac{1}{2}$%的利率，或者是短期贷款以赚取3%而不是$2\frac{1}{2}$%的利率。这种资本转移很可能数额巨大，而且十分短暂。在短期贷款的情况尤其如此，因为在资本所有者看来，短期贷款比之长期投资有更大的流动性。现有的资本资金一旦发生这种转移，对A国的国际收支压力也许是很大的。但在转移的过程中，这种压力又会完全消失。

A国居民对B国资本资产需求增加的第二个来源，是A国居民的年储蓄。A国居民在寻求储蓄的出路时，也许因A国资本收益的相对下降而把他们大部分储蓄拿到B国投资。对B国资产的这种需求来源可能发生在短期资产市场上，也可能（或者很可能）发生在长期资产市场上。在A国利率下降后的短暂时期内，它在数量上不可能有第一个来源那么大。然而不像第一个来源，它可能成为对B国资产持续的额外需求。所以，我们可以下结论说，当A国通过降低利率的货币政策来扩大国内需求时，因资本转移而产生的对国际收支的额外压力最初可能很大（或许集中在短期资金的移动上），随后会降低到一个很低的但持续不断的水平（或许主要发生在长期资产市场）。

因此，我们可以得到这样的结论，使国内支出膨胀或紧缩的财政政策和货币政策，对于一个国家的国民收入和贸易差额会产生大致相同的影响。但降低利率的货币政策可以引起对外资本转移的大量增加，因而对该国的国际总收支发生较大的不利的变动。况且，如果国内支出实际上对利率的变化并不十分敏感，即如果需要大幅度降低利率才能使国内支出发生所需要的增加，财政政策和货币政策的这种区别将特别明显。因为在这种情况下，利率的大幅度变化可能对对外贷款产生较大影响。增加公共支出和降低税率的财政方法没有这些影响，尽管降低税率的方法若包括降低财产所得税，而且税收优惠只扩大到外国财产所有者，不扩大到本国所有者，它会对国际收支产生额外的影响。但是，不详细了解这些特殊的情况，就不可能指出它在什么方向上产生影响①。

让我们接着考虑一下一个国家的当局希望通过金融政策来扩大或收缩国内支出要达到什么目的。概括地说，可能有两个目的：首先，当局要使国内支出发生政策性的变动，是为了抵消对本国产品需求的其他变化对国内就业产生的第二轮影响，不管需求的最初

---

① 就我们现在的目的来说，财政政策和货币政策相互区别的特征是它们对于对外贷款数量的直接影响。但这并不意味着这两种政策在其他方面是没有区别的。我们的意思并非这样。假定我们需要收缩国内支出，为达到这一目的而选择什么手段，至少要从以下三个观点来考虑。第一，让我们把较高的税率和较高的利率相比较。前者对工作和企业的积极性的影响和后者相比更为不利。第二，让我们把较低的公共支出和较高的税率或较高的利率相比较。前者涉及公共支出范围的减少，后者却涉及限制私人支出，因而涉及公共消费的和私人消费的平衡。第三，让我们把较低的公共支出或较高的税率和较高的利率相比较。前者通过增加预算盈余，即通过降低对物品和劳务的公共支出和私人支出使储蓄增加；后者则通过减少对用于资本开发的资本品的需求来发挥它的作用。这里涉及适度储蓄率问题。但所有这些问题在"国内经济政策理论"中考虑当更为合适。

变化是来自国内需求的某种自发变动，还是来自国外对本国产品需求的某种自发的或政策性的变动。我们可以称这种政策为"内部平衡"政策。其次，当局要使国内支出发生政策性变动，是为了抵消国外对本国产品的需求，或本国对外国产品的需求，或本国与外国之间的净转移支出的最初变化对本国国际收支所产生的第二轮影响。我们可以称这种政策为"外部平衡"政策。

可以举一个简单的例子来说明这种差别。假定由于 A 国发生经济萧条（即国内支出自发下降），A 国对 B 国产品的需求下降。这样将会发生(1)对 B 国产品需求的下降，并从而造成的 B 国国民收入、生产水平和就业的减少；(2) B 国的贸易差额因 A 国对 B 国出口商品需求的下降而产生不利的变动，B 国的国际收支也可能如此。这是第 5 和第 6 章所描述的情况。在那里，我们曾假定 B 国当局并没有促使国内支出发生政策性的紧缩或膨胀以抵消上述两方面的影响，而是采取中性的政策，让 A 国的萧条对 B 国国民收入和国际收支产生影响。

但是，B 国当局可以采取极不相同的行动。当 A 国的经济萧条开始扩张并引起 B 国的失业时，B 国当局也许（通过降低关税率，增加公共支出或增加货币供应量和降低利率）促使 B 国的国内支出发生政策性增加，以保证对 B 国产品的需求——因为 B 国需求的政策性膨胀趋向于增加对进口商品和本国物品及劳务的需求。这样一种政策，是以增加 B 国国际收支压力为代价，来避免对 B 国收入和就业的不利影响。这种政策可以很合适地称做"内部平衡"政策。

另一方面，B 国当局也可以把注意力集中在怎样摆脱 A 国萧条对 B 国国际收支的不利影响上。就金融政策来说，这需要 B 国收缩国内支出以限制对进口商品的需求,减少对本国产品的需求,降低本国产品价格,从而在出口市场上提供数量更多、价格更便宜的本国产品,因为 B 国国内支出的减少造成对本国产品需求和对来自 A 国的进口商品需求的减少,所以这种政策是以 B 国失业问题变得更为尖锐为代价,来恢复 B 国国内支出的平衡。所以,这样一种政策可以很合适地称做"外部平衡"政策。

这里不宜于过多讨论为实现内部平衡而采取的金融政策所涉及的诸多的国内问题。我们说,内部平衡的目标仅仅是保持足够高的对各国国内产品的总需求水平,以维持充分就业,但总需求水平又不致高到使货币价格和货币成本出现持续的膨胀。

概括来说,这种说法在下述条件下才是正确的:(1)劳动力具有完全的流动性;(2)货币工资率保持不变。如果劳动力缺乏流动性,依赖国内金融政策所造成的国内需求的普遍膨胀,不可能消除所有的结构性失业。例如,通过降低所得税而带来的国内消费者需求的膨胀,仍不一定能够吸收某些特定地区因受到对外出口减少的沉重打击而产生的某些特殊类型的劳动者,尽管它可以抵消因生产出口商品的原有就业人员购买力下降而带来的第二轮紧缩的影响。

况且,在货币工资率不是保持不变的条件下,无法确定是否能够同时避免普遍性的失业和国内货币价格和货币成本的不断膨胀。如果只要失业率下降到譬如 10% 以下,工会以及类似的组织就会不断推动货币工资率提高,那么当局势必或者是选择保持一定的总需求水平以把失业者限制在 10% 以下,同时又维持货币工资率和价格总水平稳定的金融政策;或者是选择保持货币需求总水平总是高到足以消除普遍的失业,以致货币价格和货币成本迅速和持续上升也在所不惜的金融政策。

实现内部平衡的金融政策的最好形式,或许是把国内总支出保持在这样一个水平上,使它确保对国内生产的物品和劳务产生足够的需求,以保持国内产品的商品价格总指数不变,并在这种普遍稳定的背景下,特定的货币工资率可以充分地上下调整,以避免普遍性失业——和其他鼓励劳动力和企业在不同行业和不同地区间流动的适当措施一起,把结构性失业降低到最低水平。不过所有这些问题,在"国内经济政策理论"中讨论会更为合适。

就我们现在的目的来说,我们需要说明的是我们把实现内部平衡的金融政策的含义确定为利用财政或货币政策来控制国内总支出,从国内角度考虑,是实现对国内生产和国内就业的需求稳定的最好形态。如果简短地说,我们通常把它称做是维持充分就业的同义语。所谓实现外部平衡的金融政策,是对国内总支出的控制,以防止国际收支发生本书第1章所说的赤字或盈余。

9 实现内部与外部平衡的金融政策[①]

　　如果我们现在考虑利用金融政策来对我们在第二篇中所讨论过的中性经济进行各种可能的更改,那么就可以清楚地看到,任何一个国家都可以采用5种可能的"政策组合"来对付任何自发的干扰。A国当局可以采取第二篇里的中性政策,通过财政政策来实现内部平衡,或通过货币政策来实现内部平衡;或通过财政政策来实现外部平衡,或通过货币政策来实现外部平衡。B国当局也可以从5种类似的"政策组合"中选择任何一种政策。因为A国可以从5种可能的政策组合中选择任何一种政策,来对付B国5种可能的政策组合中单独一种政策,所以在包括两个国家的世界中,有不少于25种可能的政策组合。在第5、6、7章中按照两国都采取中性政策的假定所分析的7种自发干扰因素中的每一种,在这里应该利用我们引入的其余24种政策组合中的每一种来分析。

　　详细进行各种可能组合的分析,显然是办不到的。我们在本章所能做的,是用一两个特定的例子来说明,有关国家如采用金融政策来实现内部平衡或外部平衡,会和第二篇的分析有什么不同。这样就会令读者熟悉所用的分析方法,并能够把它应用于其他问题。

---

① 本章和下一章的主题,在另编数学附录第8章(2)(3)部分中还会加以讨论。

我们先来看看第5、6章所分析过的问题。假定A国的国内支出出现自发增加。这会导致A国国民收入和就业的膨胀,并使A国的国际收支发生不利的变动;同时还会导致B国的国民收入和就业也发生某些膨胀,并使B国的国际收支发生某些有利的变动[①]。如果A国当局现在不再采取中性政策,而是采取实现内部平衡的金融政策,或实现外部平衡的金融政策,所有这些影响都会被抵消。无论是要实现内部平衡还是外部平衡,它所采用的金融政策都一定是紧缩性的。如果国内支出政策性减少在数量上正好与国内支出的自发增加相等,两者正好相互抵消。这就像完全没有发生任何变化一样。A国将同时保持内部平衡和外部平衡[②]。

让我们假定A国当局采取一项中性政策。B国当局可以采取一项中性政策(如第5章和第6章假定的那样),也可以或者采取

[①] 为了说明其中所包含的原理,我们限于分析收入和国际收支的正常反应。读者应该自己来分析下述情况:因为A国进口的是次等品,或者因为A国的实际供给弹性很小,A、B两国的进口需求弹性的总和很低。A国国内支出的自发增加将使B国的国际收支发生不利的变动,并使B国的国民收入发生下降。

[②] 如果国内支出政策性减少的进口成分与国内支出自发增加的进口成分不同(这是可能的),那么这个结论要作某些修改。假定国内支出的自发增加包括对消费品需求的增加,而且其中有很大一部分是进口的消费品;而国内支出的政策性减少包括对资本品的公共投资的节省,而且投资大部分在国内进行。这样国内支出的自发增加譬如是100,其进口成分譬如是40,为维持内部平衡,国内支出的政策性减少只须90,其进口成分为30。虽然对本国物品和劳务的需求保持不变。但它增加了10单位的对外国产品的需求(即40-30=10),因而外部平衡需要国内支出发生更大的政策性紧缩。文中的讨论以下述假定为基础:政策性减少的进口成分等于自发增加的进口成分。如果A国当局用货币政策收缩经济,因为A国较高的利率将吸引B国增加对A国的贷款,文中的讨论也需要做某些更改。如果A国当局收缩经济是以现实内部平衡,A国的国际收支将因B国资金的流入而发生盈余。如果A国当局在实现外部平衡的时候(流入A国的资金的增加可以抵消一定的贸易赤字)停止收缩经济,A国的国民收入仍将发生一定程度的膨胀。

一项谋求内部平衡的金融政策,或者采取一项谋求外部平衡的金融政策。如果 B 国当局的目标是实现内部平衡,在 A 国对 B 国出口商品需求增加的时候,它将收缩国内支出,使 B 国对本国产品的需求随着 A 国对 B 国出口商品需求的增加而下降。但 B 国的紧缩将有三重结果:第一,由于 B 国对进口商品的需求下降,B 国国际收支的变动变得更有利,其程度要大于第 5、6 章的分析所表现出来的有利程度。如果 B 国的紧缩是货币政策造成的,因为 B 国的较高利率吸引更多的 A 国贷款流入 B 国,有利程度将更大。第二,B 国当然不存在国民收入或就业量的净膨胀。第三,因为 B 国对 A 国产品的需求将小于第 5、6 章假定的情况,A 国国民收入的膨胀将不及第 5、6 章所分析的情况。

另一方面,如果 B 国当局采取谋求外部平衡的金融政策,B 国的国内支出将发生政策性膨胀。随着 A 国增加对 B 国出口商品的需求,B 国也增加它对进口商品的需求。这又涉及对第 5、6 章所作分析的三方面的修改:第一,B 国(或 A 国)的国际收支当然不存在净变动。第二,因为 B 国对本国产品的需求(以及对进口商品的需求)将因扩张国内支出的政策而增加,B 国国民收入的膨胀将大于第 5、6 章所假定的情形。第三,由于 B 国增加国内需求的政策性膨胀导致对 A 国出口商品需求的增加,A 国国民收入的膨胀将被加强[①]。

[①] 与采取财政政策相比,B 国政府采取货币政策更容易造成 A、B 两国国民收入的膨胀。在 B 国采取货币政策的情况下,由于 B 国较低的利率使从 B 国流入 A 国的资金增加,这可以部分恢复外部平衡,因而就无需过多依赖于 B 国对 A 国出口商品需求的膨胀。

让我们再举一个在 7.2 节中曾经讨论过的例子。假定由于某种原因，A 国、B 国或 A、B 两国购买者的需求从 A 国产品转移到 B 国产品，但两个国家中任何一个国家的国内总支出却没有发生自发变动。换言之，对 B 国产品需求的自发增加，被对 A 国产品需求同样数量的自发减少所抵消。正如第 7 章所讨论的那样，如果 A、B 两国都采取中性政策，这会导致 A 国国民收入的紧缩和 B 国国民收入的膨胀。结果导致 A 国对进口商品的需求第二轮的减少和 B 国对进口商品的需求第二轮的增加。因此，A 国贸易差额最后发生的不利变动将小于需求最初从 A 国产品转移到 B 国产品所直接造成的不利变动。

现在，让我们考虑一下在采取另外两种可能的政策组合的情况下将会有什么不同，即 A、B 两国都采取谋求内部平衡的金融政策，或者都采取谋求外部平衡的金融政策的情况下，会有什么不同。至于某个国家的当局要实现内部平衡，而另一个国家的当局要实现外部平衡的中间情况，留给读者自己去分析。

如果两个国家都采取谋求内部平衡的金融政策，需求从 A 国产品到 B 国产品最初的转移当然不会引起 A 国国民收入的紧缩和 B 国国民收入的膨胀，但是 A、B 两国之间贸易差额的变化将大于需求转移所直接引起的变化。我们可以用一个数字例子来说明这个问题。假设 A 国（在不变的国内总支出水平上）1 亿美元的需求从本国产品转移到 B 国产品，从而直接使 A 国的进口（即 B 国的出口）增加了 1 亿美元，A 国的收入下降了 1 亿美元，B 国的收入上升了 1 亿美元。为了保持 A 国的国内平衡，A 国利用金融政策扩大了譬如 1.3 亿美元的国内支出膨胀，其中 1.1 亿美元代表对本国产品需求的增加，0.2亿美元代表对来自B国的进口商品需求的增加。同样，为了保持B国的内部平衡，B国也利用金融政策收缩了1.3亿美元的国内支出，其中1.2亿美元代表对本国产品需求的减少，0.1亿美元代表对来自A国的进口商品需求的减少。在这种情况下，A、B两国的国民收入将会保持不变：

收入变化的来源：	A国	B国
	（百万美元）	
（1）最初的需求转移	−100	+100
（2）A国国内支出1.3亿美元的政策性增加和B国国内支出1.3亿美元的政策性减少所引起的对本国产品需求的变化	+110	−120
（3）由于对方国家上述政策性变动引起的本国对出口商品需求的变化	−10	+20
	0	0

但B国贸易差额的有利净变动是1.3亿美元而不仅仅是1亿美元，其构成如下：(1)由于需求从A国产品到B国产品的自发移动，B国出口最初增加了1亿美元；(2)由于A国国内支出发生的1.3亿美元的政策性膨胀，引起B国出口0.2亿美元的第二轮的增加；(3)B国国内支出发生的1.3亿美元的政策性紧缩，引起B国进口0.1亿美元的第二轮的减少。显然，如果A、B两国的当局都以内部平衡为目的，如果A、B两国国内支出的政策性变化都含有进口成分，那么A、B两国之间贸易差额的最后变动将大于需求从A国产品转移到B国产品所直接造成的最初的净变动。这个结果和第7章事例(2)所得的结果明显不同。我们在事例(2)中已经看到两国都实行中性政策，两国之间贸易差额的最后变动小于需求转移所引

起的最初变动。

况且,如果A、B两国当局用货币政策而不是财政政策来实现内部平衡,B国国际收支的改善将会更为显著。A国要实现内部平衡,需要降低利率以刺激国内支出,从而制止需求从A国产品到B国产品转移所引起的对A国产品需求的下降。相反,B国要实现内部平衡需要提高利率。A国的利率下降和B国的利率上升,引起资本资金从A国流向B国,从而更进一步改善B国的国际收支。

最后,如果A、B两国的当局都以外部平衡为目的,结果又会显然不同。这是因为A国当局不是要扩张而是要收缩国内支出,使它足以消除需求从A国产品到B国产品最初的移动所造成A国国际收支的全部不利变动(这不像中性政策的例子那样仅仅是部分消除不利变动)。同样,B国当局将不得不扩张国内支出和国民收入,使它足以完全消除由需求的最初转移对B国国际收支所造成的有利变动。最终的结果当然是两国之间的国际收支没有净变动;但A国国内支出和国民收入的紧缩,或B国国内支出和国民收入的膨胀,或两国的紧缩和膨胀,必甚于在中性政策条件下的紧缩或膨胀。然而,如果实行的是货币政策而不是财政政策,A国国内支出的政策性紧缩和B国国内支出的政策性膨胀并不需要很大,因为国际收支的部分缺口可以由A国较高的利率、B国较低的利率所带来的从B国到A国的资本资金流动的增加所弥补。

可是,在这种情况下(就像两国当局都采取谋求外部平衡的政策的各种情况那样),结果是不确定的。因为在这种情况下,A、B两国的当局同时调整本国的国内支出,以实现同样的目的——一个国家所要进行调整的数量,取决于另一个国家调整的数量,即两国之间国际收支的均衡①。反之亦然。就我们上面所举例子来说,如果B国当局迅速而又大规模地扩张经济,以通过增加对A国商品的进口,来恢复国际收支的均衡,那么A国就不需要大规模地收缩经济,以减少本国对B国产品的需求,来弥补国际收支所剩下来的缺口;但是,如果A国当局迅速而广泛地收缩本国需求,以图实现外部平衡,那么B国当局就不需要大规模扩张经济。至于B国的膨胀或A国的紧缩到底要调整到什么程度,除非考虑到其他因素,否则是个难以确定的问题。我们将在适当的时候再回过头来讨论这个问题。

---

① 这里我们撇开了一种可能性:一个国家的融通性支出(或收入)可能是另一国家的自发收入(或支出),可参看第2章。

10 内部与外部平衡之间的冲突

从前面各章的分析中,我们已经清楚地看到谋求内部平衡和外部平衡的金融政策之间经常会发生冲突。另一方面,要保持内部平衡和外部平衡,有时也需要采取同样的金融政策。在第5、6章中已详细分析过的例子,很好地解释了这两种可能性。

A 国国内支出的自发紧缩,(1)收缩了 A 国的国民收入,(2)收缩了 B 国的国民收入,(3)并使国际收支变得有利于 A 国而不利于 B 国。A 国需要使国内支出出现政策性膨胀:一方面为了阻止国内的萧条,以实现内部平衡;另一方面为了阻止 A 国对进口商品需求的下降和有利于 A 国的贸易差额的变动,以实现外部平衡。就 A 国来说,并不存在政策上的冲突。但如果 A 国当局不是这样做,B 国当局将面临着严重的政策冲突。为了实现内部平衡,B 国需要使国内支出发生政策性膨胀,以此来抵消从 A 国"出口"到 B 国的萧条;但为了实现外部平衡,B 国却需要使国内支出出现政策性紧缩,以在 A 国对 B 国出口商品需求下降的同时,限制 B 国对进口商品的需求。这就存在尖锐的政策的冲突。稳定国民收入的膨胀性政策将使国际收支失衡,而恢复国际收支均衡的紧缩政策却又会加剧国民收入的萎缩。

我们在第 7.1 节中所探讨的 A 国生产力提高的情形,也可以作为一个例子来说明对 A 国来说金融政策并没有冲突,但对 B 国来说则存在严重的冲突。假设 A 国的生产力提高了,在货币工资率不变的条件下,A 国的成本和价格将下降。A 国产品的价格将低于 B 国。如果 A、B 两国的进口需求弹性的总和大于 1,贸易差额会变得有利于 A 国而不利于 B 国。因为 A 国的竞争价格的下降,使 B 国产品的市场受到限制,所以 B 国会发生普遍的紧缩和失业。A 国的失业可能也有某种程度的增加,因为 A 国夺取了 B 国的市场虽然增加了对 A 国产品的需求,但需求的增加抵消不了导致 A 国生产力提高的发明所排除的劳动数量。

倘若情况是这样,A 国就需要扩张国内支出,一方面扩大国内对劳动力的需求,另一方面恢复国际收支的均衡,但正好像我们前面所举的例子那样,A 国为了恢复国内对劳动力的需求,要采取扩张性的金融政策;但为了恢复国际收支的均衡,却又要采取收缩性的金融政策。

我们还可以举出一个自发变动的例子,来说明两个国家在内部平衡和外部平衡的选择上怎样发生冲突。在第 7.2 节中,我们曾假设在 A、B 两国既定的国内支出水平上,发生了从 A 国产品到 B 国产品的需求转移。这会导致(1) A 国国民收入的紧缩;(2) B 国国民收入的膨胀和(3) A 国国际收支发生不利的变动,B 国国际收支则发生有利的变动。为了实现内部平衡,A 国需要使它的国内支出发生政策性膨胀,来抵消它的国民收入的紧缩。但为了实现外部平衡,A 国又需要使国内支出发生政策性紧缩,来限制对进口的需求。另一方面,B 国为了实现内部平衡,需要使国内支出发生政策性紧缩;但为了实现外部平衡,又需要使国内支出发生政策性膨胀。如果 A、B 两国都采取谋求内部平衡的政策,国际收支问题就会变得更加严重。如果两国都采取谋求外部平衡的政策,A 国的国内紧缩和 B 国的国内膨胀就会变得更加严重。

我们已经按下述假定讨论了这些可能的冲突:任何一个国家当局在选择可能的政策时,只能遵循两个准则,即对该国国民收入和就业的影响(内部平衡)和对该国国际收支的影响(外部平衡)。就我们目前的抽象程度来说,只要任何一个国家的当局所选择的政策完全是从该国的经济立场出发,那么这个假定就是正确的。但是,如果考虑到本国政策对另一个国家所产生的影响,我们就必须引入第三个准则,即任何一个国家的当局所采取的政策对另一个国家的内部平衡的影响。

我们可以用一个例子来说明这个问题。A 国国内支出发生了自发增加,就会(1)导致 A 国国民收入的膨胀;(2)导致 B 国国民收入的膨胀;(3)使国际收支发生不利于 A 国而有利于 B 国的变化。如果 A 国的经济在变化以前处于内部平衡和外部平衡的状态,这时 A 国就要使国内支出发生政策性紧缩,来抵消国民收入和国际收支所受到的影响。但假如 B 国的经济在变化以前并未达到内部平衡[①],它经受着因国民收入紧缩而带来的严重失业,B 国当局就会发现很难通过国内支出的政策性膨胀来加以抵消。在这种情况下,因 A 国国内需求的自发膨胀所引起的对 B 国出口商品需求的膨胀,很有助于恢复 B 国的内部平衡。

---

① 倘若 A 国处于外部平衡状态,如果我们略去对 A 国(或 B 国)来说的融通性的支出(或收入)面对 B 国(或 A 国)来说可以是自发收入(或支出)这种可能性(参看第 2 章),那么 B 国也应该处于外部平衡状态。因为在这种情况下,B 国的不利(或有利)的差额必然是 A 国的有利(或不利)的差额。

10 内部与外部平衡之间的冲突

关于 A 国国内支出的膨胀政策或紧缩政策，我们要提出三个问题：它对 A 国的内部平衡有什么影响？它对 B 国的内部平衡有什么影响？它对 A、B 两国之间的外部平衡有什么影响？在这些准则之间，现在会有多种多样的可能的冲突和一致。

这些可能的冲突和一致，可以用表 10 表现出来。这个表的 4 行（序号列在右边）表示出 4 种可能的情况，它们可以和上面所提到的 3 个准则相互组合而得到。这样，头两种情况（第 1 和第 2 行）表示盈余国家的国民收入太低（见 a 栏），所以需要使它膨胀。其中第一种情况（第 1 行）表示盈余国家的国民收入固然需要膨胀，赤字国家的国民收入也太低（b 栏），因而也需要膨胀，等等。

表 10　膨胀性和紧缩性金融政策各种准则的冲突

盈余国的国民收入	赤字国的国民收入	为了实现			
		外部平衡	盈余国的内部平衡	赤字国的内部平衡	
太低(L)或太高(H)		盈余国的国内支出应该发生的膨胀(S+)或紧缩(S−) 赤字国的国内支出应该发生的膨胀(D+)或紧缩(D−)			
(a)	(b)	(c)	(d)	(e)	
L	L	S+ D−	S+ D+	S+ D+	(1)
	H	S+ D−	S+ D+	S− D−	(2)
H	L	S+ D−	S− D−	S+ D+	(3)
	H	S+ D−	S− D−	S− D−	(4)

按照表中关于国际收支和每一个国家的国民收入存在的失衡情况的假定,表中没有哪一种情况能够说明两国当局从所有3个准则的角度来看同时都有明确的做法。但有两种情况,即表中第1行和第4行里,能够说明这两国之中的某个国家在所有3个观点来看都有明确的做法。例如,在表中第4行里,赤字国的当局按所有3种准则都应该收缩经济。现在让我们先来考虑这两种情况。

第1行描绘了普遍的世界萧条的情形。两个国家都需要扩张国民收入。在这种情况下,盈余国的当局按所有3种准则来看都应该采取国内膨胀的政策。盈余国需要用这样一种政策来刺激对本国产品的需求,以实现该国的内部平衡;盈余国同时也刺激了对赤字国产品的需求,可以帮助遭受世界性萧条打击的赤字国恢复国际收支的均衡和国民收入的膨胀。另一方面,赤字国的当局则面临严重的政策冲突。赤字国的当局希望扩大国内支出来增加需求,以实现赤字国的就业政策目标。但赤字国这种国内再膨胀也刺激本国对盈余国产品的需求;这有助于刺激盈余国的国内经济活动,但不幸的是使国际收支的困难大大增加。

在这种情况下,我们的第一个结论是明显的,在世界萧条期间,盈余国的当局有责任主动扩大它的国内支出,因为这不仅有助于解决它自己的国内萧条问题,而且也有助于恢复国际收支的均衡,还有助于刺激赤字国的国内经济活动。

当然,盈余国的这种再膨胀政策(reflationary policy)在一定程度内有可能同时解决3个问题,即把两个国家的国民收入提高到所希望的水平,以及恢复国际收支的均衡。这当然是一种纯粹的巧合。另外还有3种更大的可能性:(1)两国的国民收入的萎缩十分

10 内部与外部平衡之间的冲突

严重,但国际收支失衡程度却较为轻微,因而盈余国一定程度的再膨胀在远未恢复内部平衡以前就能够恢复国际收支的均衡;(2)赤字国的内部失衡轻微,因而盈余国的再膨胀在恢复本国外部平衡和内部平衡以前就先恢复了赤字国的内部平衡;(3)盈余国的国内失衡是轻微的,因而盈余国的内部平衡可首先恢复。现在让我们依次考虑这 3 种可能性。

(1)在第一种情况下,表 10 第 1 行的例子只需调换一下国家便继续适用。盈余国的膨胀到达某一点以后将会引起该国对赤字国产品需求的增加,以致在两国为了内部平衡仍需要使需求再膨胀的时候,国际收支已变得对原来的赤字国有利。现在所需要的是新盈余国(原赤字国)的当局采取再膨胀的政策,以再次扩张两国的国民收入和消除国际收支的失衡。换句话来说,如果国际收支的失衡在一个严重的世界性收入萎缩时期并不十分严重,每个国家应该尽可能地在保持相互的国际收支平衡的条件下,采取国内再膨胀的政策。

(2)但这种再膨胀迟早会达到某个国家先于另一个国家恢复内部平衡的程度。我们现在假设从第 1 行开始,盈余国的膨胀达到了这样的程度:赤字国国内较轻微的萧条已被消除,然而盈余国较严重的萧条或国际收支的失衡尚未消除。如果盈余国的膨胀继续下去,赤字国的国民收入将发生过度膨胀,表 10 第 1 行将让位给第 2 行。在第 2 行中,盈余国国民收入仍然需要膨胀,赤字国国际收支仍然需要改善,但赤字国的国民收入现在需要收缩。待我们回过头来考虑第 2 行的情况时,我们再讨论这个问题。

(3)还可以设想,首先消失了失调的是盈余国的国内萧条。在这种情况下，如果盈余国继续采取再膨胀政策，尽管赤字国的国民收入仍然处于萎缩状态，国际收支仍然失衡，也会使盈余国的国民收入过度膨胀。这样我们就已转到表10第3行所描述的情况。我们将在适当的时候讨论这种情况。

到目前为止，我们已经按下述假定考虑了表10第1行所描述的情况——世界性萧条和国际收支失衡并存：盈余国的当局能够而且也将采取从各方面来说都需要的再膨胀政策。如果盈余国的当局没有采取这样的行动，那么适当地注意赤字国的处境是值得的。显然，赤字国的内部平衡和外部平衡的政策之间存在明显的冲突。如果赤字国的当局进行紧缩，以消除国际收支赤字，该国国内国民收入的萎缩将会加剧。如果赤字国实行膨胀，以恢复国内需求，实现就业的政策目标，该国国际收支赤字又会扩大。然而，在后一种情况下，赤字国当局将会附带地导致它对盈余国产品需求的增加，因而有助于恢复盈余国的国内经济活动。如果盈余国的当局未能足够快地使国内支出膨胀到足够大的程度，是由于在政治上或行政上的无能，从各方面的情况来看，赤字国的当局采取国内膨胀的政策，以恢复对本国产品和盈余国产品的需求是有益的，尽管这样做实际上会加剧赤字国国际收支现有的失衡。当然，如果必要的话，这样一种安排取决于赤字国的当局是不是能够按最有利的条件获得充足的融通性资金，以便在盈余国的当局采取必要行动以再膨胀国内支出期间，用于承担反常的国际收支逆差涉及的成本。

表10第4行描述了第二种情况，对于两个国家中的任何一个国家来说，应该采取什么样的正确政策是非常明显的。这种情况是指发生了世界性的繁荣或膨胀，两国的国民收入都过高，需要使国

10 内部与外部平衡之间的冲突

内支出发生政策性收缩,来抑制国民收入。同时,两国之间还存在着国际收支的失衡。显然,在这种情况下,赤字国的当局显然应该收缩经济,以限制两国对物品的过度需求,帮助两国恢复国际收支的均衡。正如我们刚才详细讨论的表10第1行的情况那样,这种行动经过一段时间之后,可能把这个问题转变为另一种类型[①]的问题,当然失衡的规模减少了。

但是倘若赤字国的当局未能采取行动,盈余国的当局应该怎样做呢?盈余国是不是应该收缩国内支出以限制世界性的膨胀,而不顾其他国家的国际收支赤字加大?如果盈余国能给予赤字国足够的融通性的资金帮助,这样一种解决办法从各方面来说或许是合理和有益的。或者,盈余国是不是应该膨胀国内支出以增加它对赤字国产品的需求,恢复国际收支的均衡,而不管这样做会加剧两个国家过度的膨胀压力[②]。

我们接着要把注意力转移到表10第2行所描述的情况。在盈余国家内,由于有经济萧条,需要膨胀国内支出。而在赤字国内,存在着过高的国民收入,需要收缩国内支出,在这种情况下,什么

---

① 如果赤字国国民收入的失衡首先消失,这就是表10第(3)行所描述的情形;如果盈余国的国民收入的失衡首先消失,那就是第2行所描述的情形;如果国际收支失衡首先消失,仍然是第4行的情形,不同的只是国家的位置相互调换过来。

② 如果用表10第1行的情况来代表美国和欧洲在20世纪30年代经济大萧条期间彼此间的处境,这并非一种空想。当时美国需要实行膨胀,以刺激双方国家对物品和劳务的需求,和消除美国国际收支的盈余。如果可以这样比喻,那么也可以用第4行所描述的情况来代表美国和欧洲20世纪40年代后半期的处境。当时欧洲国家需要收缩它们的国内支出,以限制欧洲和世界其他国家的膨胀压力,并消除欧洲的国际收支赤字。在前一段时期里,由于美国未能足够快地按足够的规模来再膨胀经济,美国和欧洲在大西洋东西两岸发生了相互诋毁。也许在这一个时期再次相互诋毁是情有可原的。

是合适的解决办法一目了然,任何一个国家的当局在选择什么样的政策来恢复它们的内部平衡和外部平衡时,都不会面临冲突。盈余国当局为了内部平衡(即为了增加对该国产品的需求)和外部平衡(即为了增加该国对进口商品的需求,以消除该国国际收支的盈余),需要扩张经济。同时,赤字国当局为了内部平衡和外部平衡,需要收缩经济。

当然,确实存在这样的情况:盈余国的膨胀导致该国对赤字国产品需求的增加,从而使赤字国当局有必要进一步收缩国内支出,促使对本国产品的总需求发生净减少;同样,赤字国的紧缩使盈余国当局有必要进一步扩大国内支出,以使该国对本国产品的需求发生所希望的净增加。如果两国当局能够并且愿意分别实施各自的国内膨胀政策和国内紧缩政策,直至达到必要的程度,那么这只不过是不怎么重要的政策冲突的形式。因为在这种情况下,政策的冲突不妨碍充分均衡的恢复,它不过表示与其他情况相比,盈余国当局应该稍进一步实施国内膨胀政策,赤字国当局应该稍进一步实施国内紧缩政策。

然而,如果两国之中的某个国家的当局由于这样或那样的原因,不能够或者不愿意实施它的膨胀政策或紧缩政策直至达到必要的程度,政策冲突会变得更为明显。例如,假定在这种情况下,盈余国的当局未能采取国内再膨胀政策。如果赤字国的当局为了本国内部平衡和外部平衡,实行国内紧缩政策,将有助于使它的国民收入和国际收支恢复均衡。但这样做却使盈余国的国内萧条更加严重。然而,在这种情况下,要想赤字国的当局仅仅为了帮助自己未能实行国内再膨胀政策的盈余国当局,而采取进一步促进国内膨胀的政策，无论如何都是过分的。因为这对赤字国来说，代价过大。这种行动不仅导致该国国际收支现有赤字的增加，而且即使可以由盈余国提供足够的融通性资金来克服这个困难，但因为它加剧了赤字国国民收入已经发生的膨胀，从赤字国的立场来看也要反对这种行动。因此，我们的结论是：在表10第2行所描述的这种失衡的类型中，每一个国家的当局都应该采取为实现本国内部平衡和外部平衡所需要的金融政策。

如果采取这种政策来对付表10第2行所描述的情形，普遍失衡将会有所减轻，但到达一定程度时就会转变为另外不同性质的失衡。(1)如果赤字国过高的国民收入是导致失衡的最不重要的因素，那么当赤字国采取消除膨胀的政策时，该国的国民收入在它的国际收支赤字消失以前，或在盈余国的国民收入充分地再膨胀以前，也许已经过低。表10第2行所描述的情形将被第1行所描述的情形所取代。在后一种情形里，正如我们已经看到的，对于盈余国当局来说，最合适的政策是独自实行再膨胀政策。(2)如果盈余国国民收入的不足是首先趋于消失的失衡的因素，那么该国当局采取的再膨胀的政策在它的国际收支盈余消失之前，或在赤字国的收入不足消失以前，会使本国的收入变得过高。表10第2行所描述的情形将被第4行所描述的情形所取代。在后一种情形下，正如我们所看到的，对于赤字国当局来说，最合适的政策是独自实行消除膨胀的政策。(3)如果国际收支失衡是各种失衡现象中最不显著的一个因素，那么盈余国的再膨胀的政策增加了本国的进口，赤字国的消除膨胀的政策则减少了本国的进口，以致国际收支在两国还未完全恢复内部平衡之前就已从盈余转为赤字。表10第2行所描述的情形将被第 3 行所描述的情形所取代。我们现在来集中讨论这种情形。

表 10 第 3 行所描述的这种典型的失衡,是最难对付的一种失衡。确实,就算两国当局都愿意并且能够采取合适的再膨胀政策或消除膨胀的政策,这种类型的失衡还是唯一不能够单独用金融政策来对付的失衡。在所有其他情况下(表 10 第 1、2、4 行),在实现本国的内部平衡和外部平衡需要膨胀或紧缩时,如果每一个国家的当局都是采取膨胀政策或紧缩政策,我们在前面的分析中已可看到,失衡总会不是完全消失就是缩小,直至最后成为第 3 行所描述的那种类型的较小的失衡。除了第 3 行所表示的情况外,对于某个国家的当局来说,只有在其他国家的当局未能采取适合于这种情况的政策时,才可能出现政策的冲击。

但在第 3 行所描述的情形里,按照我们目前关于工资率不变,汇率不变,国际交易的障碍也不变的假定,没有哪一种膨胀性和紧缩性的金融政策组合能够对付这种失衡。在表 10 第 3 行所描述的情形里,盈余国的国民收入过高,因而需要紧缩,但赤字国的国民收入却过低①。

对于两国的当局来说,谋求本国内部平衡和外部平衡的金融政策发生了冲突。如果两国采取谋求内部平衡的政策,盈余国的国内支出将紧缩,赤字国的国内支出将膨胀;但这种政策使盈余国的进

---

① 举一个例子来说明这种情况出现的方式是有益的。假定两国都达到充分的内部和外部平衡,现在发生了需求从 B 国产品到 A 国产品的转移(在第 7 章事例 2 中所讨论的自发干扰因素)。这导致 A 国国民收入的膨胀和 B 国国民收入的紧缩,并使国际收支发生有利于 A 国的变动。我们将会发现这正是表 10 第 3 行所描述的情况:A 国发生盈余,B 国发生赤字。

口发生更大幅度的下降,使赤字国的进口发生更大幅度的上升,国际收支问题将变得更加严重。要使这种情况继续下去,需要有大量的融通资金从盈余国流往赤字国,而且这种融通资金的流动必须是持久的①。

如果两国当局都采取谋求外部平衡的政策,盈余国的国内支出将膨胀,赤字国的国内支出将紧缩。这有助于增加盈余国的进口,减少赤字国的进口,从而消除国际收支的失衡。但这种政策的代价是加剧了盈余国现有的国民收入的过分膨胀和赤字国收入的紧缩②。

在这种内部平衡和外部平衡的政策冲突难以解决的情况下,有关当局该怎么办?它们是否应该采取谋求外部平衡的金融政策,听任它们的国民收入过分膨胀或紧缩,并相信这会使它们整个工资和成本结构上升或下降,从而恢复内部平衡?或者,它们是否应该采

---

① 如果盈余国的当局不能迅速采取国内再膨胀的政策,这和我们在表10第1行的例子中所提出的融通性资金流动不同(见本章前面)。在这种情况下,融通性资金的流动,在盈余国的当局能够导致合适的膨胀以前,只是暂时弥补差额。就这种情况来说,对双方国家都没有永久合适的膨胀或紧缩的政策。

② 表10的分析完全以下述假定为根据:我们只讨论正常的情况,即(1)每一个国家的边际进口倾向值是在0和1之间(即没有一个国家只进口或生产次等品,参看第5章);(2)两国边际进口倾向的总和小于1(见第6章);以及(3)两国进口需求弹性的总和大于1(见第6章)。值得注意的是倘若两国的边际进口倾向的总和大于1,这将是表10第2行而不是第3行里提出的单独用金融政策所没法解决的问题。表10第3行的例子里,需要盈余国扩大国内支出(尽管事实上它的国民收入需要紧缩),而赤字国则需要收缩国内支出(尽管事实上它的国民收入需要膨胀)。正如从表9事例2所看到的那样,当两国的边际进口倾向的总和大于1时,一个国家的国内支出的膨胀和另一个国家的国内支出的紧缩相配合,将导致前者的国民收入紧缩和后者的国民收入膨胀,并使后者的贸易差额得到改善。

取谋求内部平衡的金融政策,使它们的国内支出发生足够大的膨胀和紧缩,以保持对本国产品合适的需求水平,而不管这种政策对它们的国际收支的直接影响?如果是这样,它们是否应该把改变它们的通货之间的汇率作为手段,来恢复外部平衡而又不牺牲内部平衡[1]?还有,它们是否应该保持汇率不变,通过对国际交易的直接控制(如外汇管制、进口限制、关税、出口补贴和类似的措施),来调整它们的国际收支,以恢复它们的国际收支的均衡,而又不扰乱它们的内部平衡[2]?

---

[1] 这些可能性将在第四篇里探讨,到那时我们将取消固定工资率和固定汇率的假定。
[2] 这种可能性构成第五篇讨论的主题,到那时将放弃商业政策不变的假定。

第二篇和第三篇的附注
国际贸易乘数的一些例子

在另编的数学附录中(第八节1、2、3),用数学的方式说明各种自发干扰因素与两国中任何一个国家、两个国家或没有一个国家采取谋求内、外部平衡的金融政策相结合所产生的影响。有些读者不想去读这个附录,但愿意多了解一些国际贸易乘数的分析。在这里用一些数字例子来说明国际贸易乘数的作用,或许对这些读者是有益的。

为了这个目的,我们必须采取两个简化的假定,使我们能够省略更为一般的数学分析。第一,我们假定A国或B国产品的价格不变,因而不存在相对价格的变化造成需求在A、B两国产品之间移动的情形。第二,我们假定在国际收支平衡表中的转移项目没有发生"引致"变化,因而贸易差额的变化抵消了A、B两国之间"转移"项目的"自发"变化时,国际收支依然保持平衡。

为了说明问题,我们在这个附注里只考虑3种自发干扰因素的影响:第一是A国国内支出发生100单位的自发减少;第二是A国的需求发生了从来自B国的进口商品到本国生产的产品的自发移动,其规模是100单位;第三是从A国到B国的转移自发地增加了100单位。

我们列举数字例子的目的,是观察这3种自发干扰因素怎样通过下述6种关系来发挥影响:

(1) A 国国民收入的变化将导致 A 国国内支出的变化。国内支出的这种引致变化的方向和引起它变化的国民收入的变化方向相同,但数量较小。在下面的例子中,我们假定 A 国的"国内漏出"等于国民收入变量的 1/4。这就是说,A 国国民收入每发生 1 单位变化,A 国的国内支出将在同一方向上发生 3/4 单位的引致变化。

(2) A 国国内支出的变化假定会导致本国进口的引致变化。进口的这种引致变化的方向和引起它变化的国内支出的变化方向相同,但数量较小。我们假定 A 国的"边际进口倾向"是 1/5,这样 A 国的国内支出每发生 1 单位的变化,A 国的进口在同一方向上发生 1/5 单位的变化;A 国购买者对本国产品的支出在同一方向上发生 4/5 单位的变化。

(3) A 国国民收入的最终变化,等于 A 国购买者对本国产品需求的变化加上 B 国购买者对来自 A 国的进口商品的需求的变化。

(4) B 国的"国内漏出"假定是 1/3,因而 B 国的国民收入每发生 1 单位的变化,国内支出的引致变化等于国民收入变化的 2/3。

(5) B 国的"边际进口倾向"假定是 2/5,因而 B 国进口的引致变化等于国内支出的任何变化的 2/5,B 国购买者对 B 国产品支出的引致变化等于国内支出变化的 3/5。

(6) B 国国民收入的最终变化,等于 B 国购买者对本国产品需求的变化加上 A 国购买者对来自 B 国的进口商品需求的变化。

为了表述这些关系,我们将利用第 3 章表 7 所使用的分析方法,不同的是我们在下面的各个图表里所表明的,并非 A、B 两国的国内总支出、国民收入、进口和出口，而是作为某种自发变化的结果的这些数量的增加或减少。这样，在下面的各个图表中，第1栏第1行的数字表示A国购买者对本国产品支出的净增加或净减少；第1栏第2行的数字表示A国购买者对B国产品支出的净增加或净减少；依此类推。这样，A栏下端的数字表示A国购买者对本国和B国产品支出的变化总量，即A国国内支出的变化总量。同样，B国下端的数字表示B国国内支出的变化总量。同时，A行右端的数字表示A、B两国购买者对A国产品的支出的变化，即对A国产品支出的变化总量，或A国国民收入的变化总量。

第2栏第1行的数字表示B国购买者对来自A国的进口商品的支出的变化，而第1栏第2行的数字则表示A国购买者对来自B国的进口商品的支出的变化。因此，A国贸易差额的净改善，是以前一个数字减去后一个数字之差来衡量的。

前面所举出的6种关系，可以用这些图中带有箭头的线段来表示。在附图中标有数字，和上述这些关系的序号相一致。这样，标有1的带箭头的线段从代表A国国民收入的总变化的圆圈走向代表A国国内支出引致变化的圆圈，后一种变化是前一种变化所引起的。标有2的带箭头的线段从代表A国国内支出的总变化的圆圈走向两个圆圈，一个代表A国进口商品的引致增加，另一个代表A国对本国产品支出的引致增加，它们是由A国国内支出的变化分化而成的。标有3的带箭头的线段从两个圆圈走向一个圆圈，前两个圆圈一个代表A国购买者对本国产品支出的总变化，另一个代表B国进口A国产品的总变化；后一个圆圈代表A国国民收入的总变化，它等于A、B两国购买者对A国产品需求变化的总和。标有4、

5、6的带箭头的线段表示B国类似的关系。

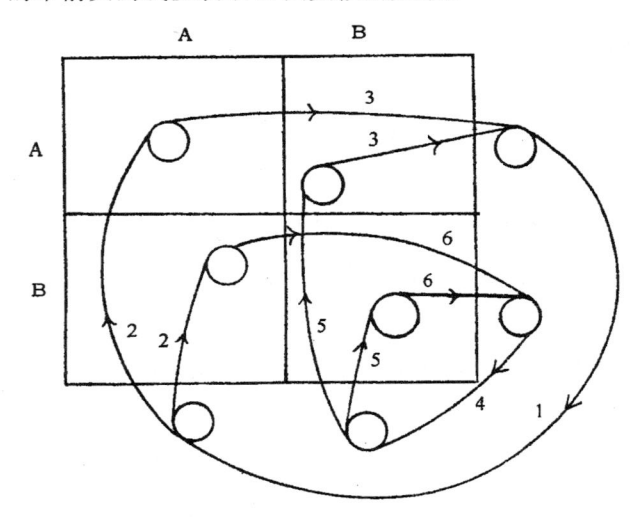

除了我们提到的3种自发干扰因素（A国国内支出的自发减少；A国需求从B国产品到A国产品的自发转移；从A国到B国的转移的自发增加）外，我们在一些例子中也将会考虑A、B两国当局采用金融政策，使国内支出发生"政策性"变化（这种变化既不是"自发"干扰因素，也不是国民收入变化的"引致"影响），以抵消自发干扰因素的影响，以及自发干扰因素对经济的内部平衡和外部平衡的影响。当某个国家的当局避免了本国国民收入的变化时，我们说它实现了内部平衡。当它避免了国际收支的变化时，我们说它实现了外部平衡。

我们现在来分析所说的3种自发干扰因素中的任何一种，通过什么方式导致：(1) A国国民收入的变化（我们称为 a）；(2) B国国民收入的变化（我们称为 b）；(3) A国当局为了保持内、外平衡而造成的本国国内支出的"政策性"增加或减少(我们称为 a');(4) B 国发生的相似的"政策性"膨胀或紧缩(我们称为 b');(5) A 国贸易差额的变化(我们称为 t)。

1 A 国国内支出自发减少 100 单位

让我们开始讨论 A 国国内支出自发减少 100 单位的情形。例 1 说明如果 A 国是一个封闭经济,和外部毫无关系,并且 A 国当局没有采取任何金融政策来抵消 A 国萧条的影响,将会发生什么情况。当所有影响都已产生时,A 国国民收入的最终变化可以用 a 来衡量。因为 A 国的国内漏出为 1/4,我们从前面的关系 1 中知道 A 国国内支出的引致变化是 $\frac{3}{4}a$。所以,A 国国内支出的总变化(即自发变化加上引致变化)是 $-100 + \frac{3}{4}a$。由于不存在对外贸易,国内支出的总变化代表了 A 国购买者对本国产品支出的总变化,而且也表示(因为 A 国没有出口)A 国国民收入的最终变化。我们从例 1 图中第(1)行可以看到,$-100 + \frac{3}{4}a = a$,或 $a = -400$。换言之,在我们这个国内漏出是 1/4 的封闭经济里,国内支出的任何自发变化将使该国国民收入发生 4 倍于自发变化的变化。

在例 2 中,我们转向讨论另一种情况:A 国是一个开放经济,因而我们必须考虑 A 国的边际进口倾向(关系 2),还有 A 国的国内漏出(关系 1)。但我们假定不存在来自 B 国的外部影响,意即由

例 1

A 国国内支出自发减少 100 单位。

封闭经济。A 国没有采取金融政策。

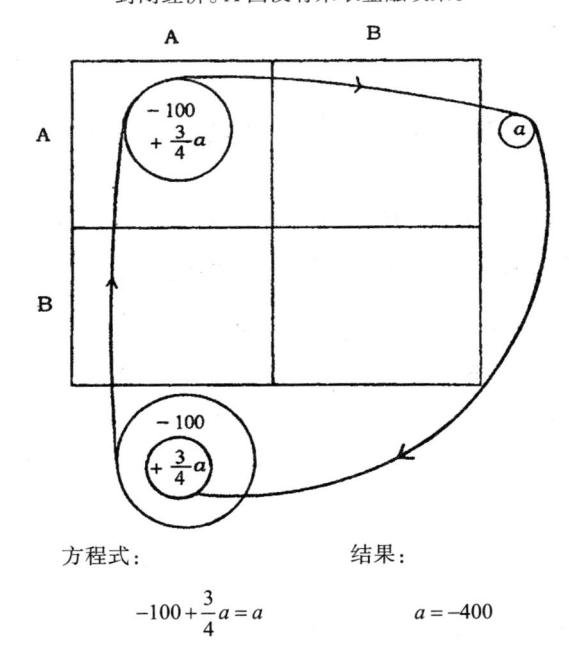

方程式:

$$-100 + \frac{3}{4}a = a$$

结果:

$$a = -400$$

于这样或那样的原因，A 国对 B 国产品需求的变化没有引起 B 国对 A 国产品需求的任何变化。这里，a 仍然代表 A 国国民收入的最终变化，所以 $-100 + \frac{3}{4}a$ 表示 A 国国内支出的最终变化(包括自发变化和引致变化)。但在这个例子里，国内支出的这种变化引起 A 国进口的引致变化(关系 2)。我们假定这种引致变化等于国内支出最终变化的 $\frac{1}{5}$ (即 $-20 + \frac{3}{20}a$)。剩下的 $\frac{4}{5}$ 的 A 国国内支出的变化

例 2

A 国国内支出自发减少 100 单位。

开放经济。没有来自外国的影响。A 国没有采取金融政策。

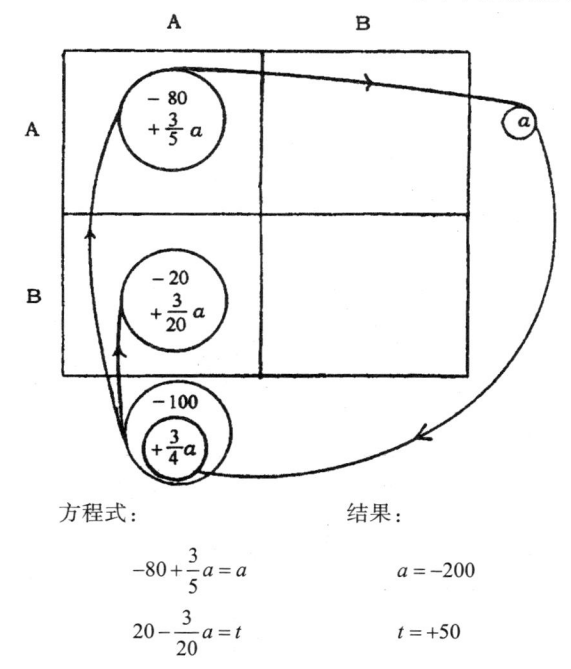

方程式:

$$-80 + \frac{3}{5}a = a$$

$$20 - \frac{3}{20}a = t$$

结果:

$$a = -200$$

$$t = +50$$

(即 $-80 + \frac{3}{5}a$),表示 A 国购买者对本国产品需求的变化。因为 A 国的出口没有变化,所以这个数量表示对本国产品需求的总变化,因而等于 a,即 A 国国民收入的最终变化。A 国的出口没有变化,但进口却发生 $-20 + \frac{3}{4}a$ 的变化,因而 A 国贸易差额的改善等于这个数量的负值。从这两个等式中,我们可以求出 $a = -200$,$t = +50$。

因为 A 国需求的减少有一部分导致对进口商品需求的下降,而不是导致对该国产品需求的下降。对进口商品需求的减少造成贸易差额有利于 A 国的变化,所以,A 国国民收入的紧缩减弱。

我们现在可以考虑来自外国的影响。这就是例 3 所要说明的问题。正如例 2 一样,A 国国民收入的最终变化 a 导致 A 国国内支出

例 3

A 国国内支出自发减少 100 单位。

开放经济。有外国影响。A 国或 B 国没有采取金融政策。

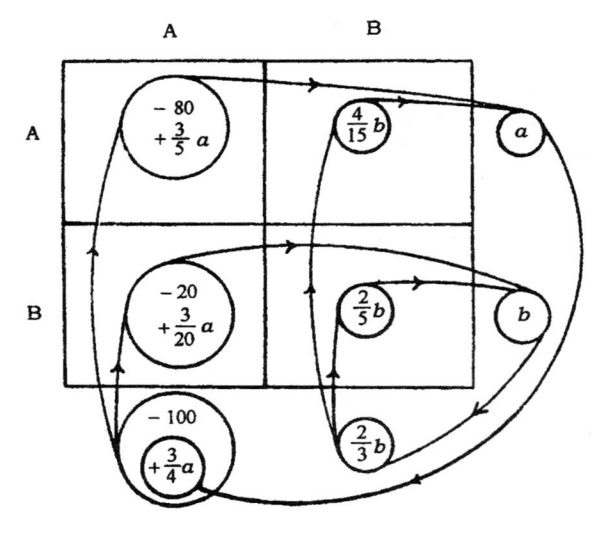

方程式:

$$-80 + \frac{3}{5}a + \frac{4}{15}b = a$$

$$-20 + \frac{3}{20}a + \frac{2}{5}b = b$$

$$\frac{4}{15}b + 20 - \frac{3}{20}a = t$$

结果:

$$a = -266\frac{2}{3}$$

$$b = -100$$

$$t = +33\frac{1}{3}$$

发生 $\frac{3}{4}a$ 的变化（关系 1）。A 国国内支出 $-100+\frac{3}{4}a$ 的总变化导致 A 国进口 $-20+\frac{3}{20}a$ 的变化和 A 国购买者对本国产品支出 $-80+\frac{3}{5}a$ 的变化（关系 2）。但现在我们必须考虑这些变化对 B 国的影响。A 国进口的变化与 B 国出口的变化是一回事。由于 B 国受到一个又一个影响，B 国的国民收入将发生某种程度的变化，我们称为 b。因为我们假定 B 国的国内漏出为 1/3（关系 4），B 国国民收入的变化会使 B 国的国内支出发生 $\frac{2}{3}b$ 的引致变化。因为我们假定 B 国的边际进口倾向是 $\frac{2}{5}$（关系 5）B 国国内支出的变化又使 B 国的进口发生 $\frac{4}{15}b$ 的引致变化，使 B 国购买者对本国产品的购买量发生 $\frac{2}{5}b$ 的引致变化。这后一种变化加上 A 国对来自 B 国的进口商品需求的变化，构成 B 国国民收入的最后变化（关系 6）。我们现在从上图的两行中得到两个等式：一个对 A 国而言 $-80+\frac{3}{5}a+\frac{4}{15}b=a$，另一个对 B 国而言 $-20+\frac{3}{20}a+\frac{2}{5}b=b$。我们从这对联立方程式可以得到，A 国的国民收入（a）下降了 $266\frac{2}{3}$ 单位，B 国的国民收入（b）下降了 100 单位。而等于 B 国进口的变化（$\frac{4}{15}b$）减去 A 国进口的变化（$-20+\frac{3}{20}a$）的贸易差额（t），发生了有利于 A 国的变化 $33\frac{1}{3}$ 单位。因为 A 国的萧条有一部分从 A 国"出口"到 B 国，又因为 B 国存在有国内漏出①,萧条不会全部"再出口"到 A 国,所以 A 国国民收入的下降没有例 1 那么大。但是,因为 A 国的萧条实在引起了 B 国的萧条,从而导致 B 国对 A 国产品的需求有某种程度的下降,所以 A 国国民收入的下降比例 2 要大。同理,在例 3 中,有利于 A 国的贸易差额的变化要小于例 2 中的变化。

我们现在可以再考虑这样的事实:B 国当局为了保持本国的内部平衡或 A、B 两国之间的外部平衡,可以采取金融政策。例 4 说明了 B 国当局采取谋求内部平衡的金融政策的情形。关系 1 和关系 2 正好和例 3 中的关系相同,但 B 国所受的影响则不同。根据假设,B 国的国民收入不会发生变化,因为 B 国已经采取保持内部平衡的金融政策。因此,关系 4 不会发生。用于保持内部平衡的国内支出的政策性变化用 b' 来表示。通过关系 5 的作用,这种政策性变化将导致 B 国的进口发生 $\frac{2}{5}b'$ 的变化,使 B 国购买者对本国产品的支出发生 $\frac{3}{5}b'$ 的变化。在图的两行中,我们又可以得到表示关系 3 和关系 6 的两个等式。从这两个等式我们可以计算出 a(A 国国民收入的变化)的数值等于 $-133\frac{1}{3}$,b'(B 国为阻止萧条扩散到本国所需要政策性膨胀的数量)的数值为 $+66\frac{2}{3}$。还可计算出贸易差额(t)发生了有利于 A 国的变化 $66\frac{2}{3}$。

---

① 如果 B 国不存在国内漏出,B 国的国民收入和国内支出就会继续下降,直到 B 国对进口商品的需求的下降幅度等于 A 国对 B 国出口商品需求的下降幅度时为止。A 国的贸易差额将没有改善,A 国国民收入的下降幅度和例 1 相同。

第二篇和第三篇的附注 国际贸易乘数的一些例子

例 4

A 国国内支出自发减少 100 单位。
A 国没有采取金融政策。
B 国采取谋求内部平衡的金融政策。

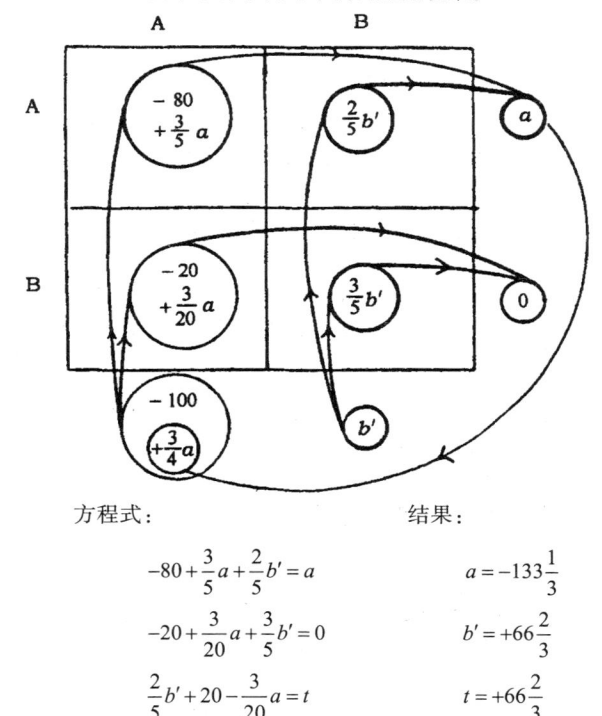

方程式:

$$-80 + \frac{3}{5}a + \frac{2}{5}b' = a$$

$$-20 + \frac{3}{20}a + \frac{3}{5}b' = 0$$

$$\frac{2}{5}b' + 20 - \frac{3}{20}a = t$$

结果:

$$a = -133\frac{1}{3}$$

$$b' = +66\frac{2}{3}$$

$$t = +66\frac{2}{3}$$

A 国的紧缩少于,但 A 国贸易差额所发生的有利变化则多于以上任何例子。这是因为 B 国当局采取政策性行动,促使国内支出发生净膨胀,以防止 A 国对本国产品需求的下降引起本国国民收入的下降。但 B 国的净膨胀导致 B 国对 A 国产品需求的净增加,从而有助于维持 A 国的国民收入,加强 A 国贸易差额的有利变化。我们可以看到，为了避免 B 国国民收入的变化，B 国当局必须扩大它的国内支出，并使扩大的幅度正好等于 B 国贸易差额不利的变化幅度（$b' = t = +66\frac{2}{3}$）。

例 5

A 国国内支出自发减少 100 单位。

A 国没有采取金融政策。

B 国采取谋求内部平衡的金融政策。

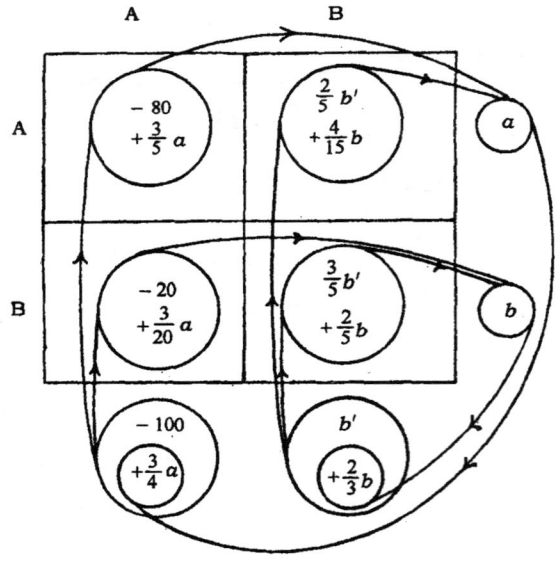

方程式：

$$-80 + \frac{3}{5}a + \frac{2}{5}b' + \frac{4}{15}b = a$$

$$-20 + \frac{3}{20}a + \frac{3}{5}b' + \frac{2}{5}b = b$$

$$\frac{2}{5}b' + \frac{4}{15}b + 20 - \frac{3}{20}a = 0$$

结果：

$$a = -400$$

$$b = -200$$

$$b' = -66\frac{2}{3}$$

在例 4 里，B 国当局采取膨胀性的政策来保持本国的内部平衡，必须增加本国的贸易逆差。在例 5 里，我们将考虑如果 B 国当局采取一项紧缩性的金融政策以保持外部平衡，将会发生什么情况。这里的关系 1 和 2 同例 3 和例 4 里的一样，但 B 国所受到的影响不同。B 国的内部平衡不能再保持，因此我们必须考虑到 B 国国民收入的变化（b）使本国国内支出发生 $\frac{2}{3}b$ 的变化（关系 4）。但除了 B 国国内支出所发生的引致性变化外，还有政策性的变化（b'）。它的规模足以改变 B 国对进口商品的需求，满足保持 B 国贸易差额的均衡的需要。B 国国内支出的总变化（$b'+\frac{2}{3}b$）将导致本国进口的变化和本国购买者对本国产品支出的变化（关系 5）。

我们从这个图的两行中，又可以得到关系 3 和关系 6 的两个等式。况且，因为 B 国采取金融政策保持外部平衡，两国进口的变化一定等于出口的变化。这使我们得到表示下述事实的第 3 个等式：B 国进口的变化（$\frac{2}{5}b'+\frac{4}{15}b$）减去 A 国进口的变化（$-20+\frac{3}{20}a$）一定等于 0。从这 3 个等式中，我们可以求得 a、b 和 b' 这 3 个未知数的数值。

我们发现 A 国的国民收入现在下降了 400 单位，与例 1 所表示的封闭经济的情形相同。这是我们所预料到的：B 国对 A 国产品的需求因 B 国采取紧缩性的金融政策来保持外部平衡而下降，A 国对 B 国产品的需求也因 A 国萧条而下降，两者的下降速度相当。因此，当 A 国需求下降的一部分引起对进口商品的需求下降，从而把萧条"出口"到 B 国时，B 国当局通过它的紧缩性的金融政策把萧条又全部"再出口"到A国。这样,对A国来说,情况就像它与外部世界毫无接触一样。但对B国来说,情形显然不同。如果B国对进口商品需求与A国对B国出口商品需求的下降幅度相同,A国的萧条势必带来B国国民收入的大幅度下降(事实上下降了200单位)。

在上面各个例子里,我们还没分析A国当局也可能采取金融政策来保持内部平衡或外部平衡的情形。但因为这种政策的影响太明显,以致不需要正式地进行分析,我们不必考虑这种情形。如果A国的国内支出自发地减少了100单位,又如果A国当局随之使本国的国内支出发生100单位的政策性增加,当然有关系的变量都不会变化。例如,公共投资不过取代了私人投资,情况就是这样。双方国家的进口、出口、国内支出或国民收入都不会变化。

2 A国需求从B国产品到本国产品的自发转移为100单位

如果我们转向研究的第二种自发干扰因素(即A国在一定的国内支出水平上,对进口商品的需求自发的减少),那就不能不考虑A国金融政策和B国金融政策的影响。事实上,我们现在已有9种可能的政策组合。如果我们用N_a和N_b分别表示A、B两国不采取金融政策的情况,用I_a和I_b分别表示A、B两国采取谋求内部平衡的金融政策的情况,用E_a和E_b分别表示A、B两国采取谋求外部平衡的金融政策的情况,我们会有下述可能的组合:

N_aN_b	I_aN_b	E_aN_b
N_aI_b	I_aI_b	E_aI_b
N_aE_b	I_aE_b	E_aE_b

我们在例 6 到例 14 中，将说明这 9 种可能性。我们来详细地解释一下例 6 的结构。相信读者现在应该可以理解这些例子的编制原则。我们对于例 6 以后的其余例子就将只作简要解释。

例 6

A 国对进口商品的需求自发减少 100 单位。

A 国或 B 国都没有采取金融政策。

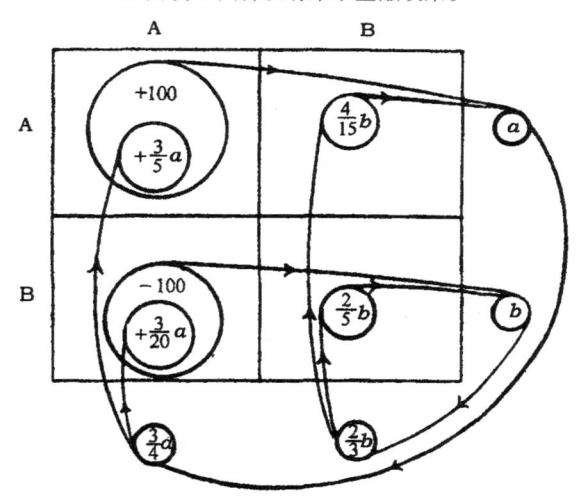

方程式：

$$100 + \frac{3}{5}a + \frac{4}{15}b = a$$

$$-100 + \frac{3}{20}a + \frac{2}{5}b = b$$

$$\frac{4}{15}b + 100 - \frac{3}{20}a = t$$

结果：

$$a = +166\frac{2}{3}$$

$$b = -125$$

$$t = +41\frac{2}{3}$$

在例 6 里，A 国需求从 B 国产品到本国产品的转移，引起 A 国国民收入某种程度的变化。这种变化（a）将使 A 国的国内支出发生 $\frac{3}{4}a$ 的变化（关系 1），从而使 A 国进口发生 $\frac{3}{20}a$ 的变化和 A 国购买者对本国产品的支出发生 $\frac{3}{5}a$ 的变化（关系 2）。

A 国进口的总变化是 $-100+\frac{3}{20}a$，A 国购买者对本国产品的支出的变化是 $+100+\frac{3}{5}a$，即自发变化加上引致变化之和。在 B 国，国民收入的变化为 b，它使 B 国国内支出发生 $\frac{2}{3}b$ 的变化（关系 4），从而使 B 国的进口发生 $\frac{4}{15}b$ 的变化和 B 国购买者对本国产品的支出发生 $\frac{2}{5}b$ 的变化（关系 5）。我们从关系 3 和关系 6 中，可以得到两个等式，来表示 A、B 两国国民收入的最终变化怎样等于出口的变化与国内购买者对本国产品的支出的变化之和。我们根据这两个等式可以求出 a、b 两个未知数的数值。我们利用这两个数值又可以计算出进、出口的变化，并求出 A 国贸易差额变化的 t 值。

现在，A 国需求从 B 国产品转移到本国产品的冲击性影响，使 A 国国民收入增加了 100 单位，使 B 国国民收入减少了 100 单位，并使贸易差额发生有利于 A 国的变化 100 单位。但乘数作用导致 A 国的国民收入最终增加 $166\frac{2}{3}$ 单位，B 国的国民收入最终减少 125 单位。随之而来的 A 国国内支出的膨胀和 B 国国内支出的紧缩，将导致 A 国的进口需求某种程度的引致增加和 B 国的进口需求某种程度的引致减少，最后使贸易差额所发生的有利于 A 国的变化仅仅是 $41\frac{2}{3}$ 而不是全部的 100 单位。

在例 7 里，B 国采取谋求内部平衡的膨胀性的金融政策。这意

例 7

A 国对进口商品的需求自发减少 100 单位。

A 国没有采取金融政策。

B 国采取谋求内部平衡的金融政策。

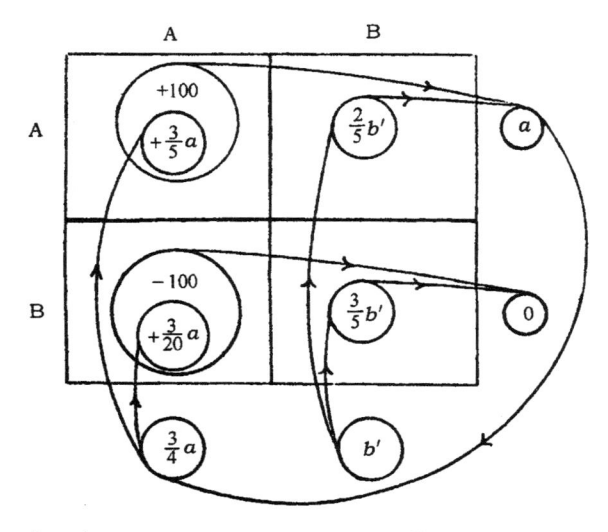

方程式：

$$+100+\frac{3}{5}a+\frac{2}{5}b'=a$$

$$-100+\frac{3}{20}a+\frac{3}{5}b'=0$$

$$\frac{2}{5}b'+100-\frac{3}{20}a=t$$

结果：

$$a=+333\frac{1}{3}$$

$$b'=+83\frac{1}{3}$$

$$t=+83\frac{1}{3}$$

味着 B 国对 A 国产品的需求也出现膨胀。结果，A 国国民收入的膨胀程度大于例 6 的情形，贸易差额所发生的有利于 A 国的变化也大于例 6 的情形。B 国国内收支的政策性膨胀必须与贸易差额所发生的不利于 B 国的变化相等，才能抵消 B 国贸易差额的不利变化对本国国民收入的紧缩性影响（$b' = t = +83\frac{1}{3}$）。

在例 8 里，B 国当局采取谋求外部平衡的紧缩性的金融政策（$b' = -83\frac{1}{3}$），试图使 B 国对 A 国产品需求的下降幅度与 A 国对 B 国产品需求的下降幅度相同。结果由于 A 国需求从 B 国产品到本国产品的转移正好被 B 国对 A 国产品需求的下降所抵消，A 国的贸易差额没有发生净变化，国民收入也没有发生净变化，但 B 国的国民收入发生很大的紧缩（$b = -250$），以使本国对来自 A 国的进口商品的需求能够发生必要的下降。

在例 9 里，A 国当局采取紧缩性的金融政策（$a' = -62\frac{1}{2}$），它正好是以抵消 A 国贸易差额的改善（$t = +62\frac{1}{2}$），从而制止了 A 国国民收入的净膨胀（$a = 0$）。A 国这种紧缩性政策的后果是加剧了 B 国的紧缩压力（$b = -187\frac{1}{2}$，而在例 6 中 b 只等于 -125）。A 国的需求紧缩也使贸易差额变得更有利于本国（在例 6 里，$t = +41\frac{2}{3}$；而在例 9 里，$t = +62\frac{1}{2}$）。

在例 10 里，A 国当局继续采取紧缩性的金融政策，来抑制需

例8

A 国对进口商品的需求自发减少 100 单位。

A 国没有采取金融政策。

B 国采取谋求外部平衡的金融政策。

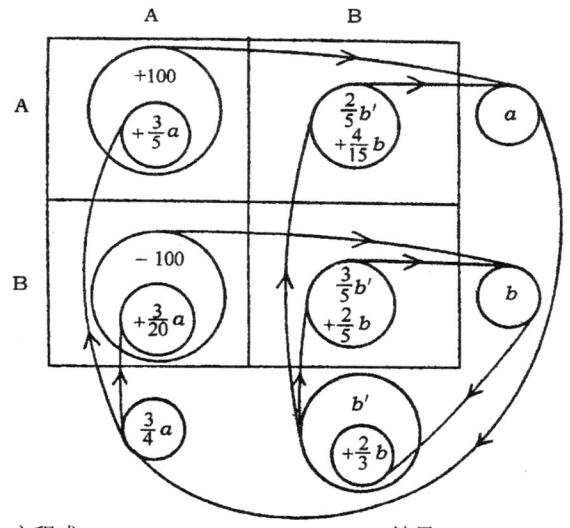

方程式:

$$100 + \frac{3}{5}a + \frac{2}{5}b' + \frac{4}{15}b = a$$

$$-100 + \frac{3}{20}a + \frac{3}{5}b' + \frac{2}{5}b = b$$

$$\frac{2}{5}b' + \frac{4}{15}b + 100 - \frac{3}{20}a = 0$$

结果:

$$a = 0$$

$$b = -250$$

$$b' = -83\frac{1}{3}$$

求转向本国产品所引起的本国国民收入的膨胀;B 国当局现在也采取膨胀性的政策,来防止需求转离本国产品所引起的 B 国国民收入的紧缩。A 国必须实行严厉的紧缩政策($a' = -250$),因为它不仅需要对付需求向本国产品的自发转移的膨胀性影响,而且还需要对付

例9*

A 国对进口商品的需求自发减少 100 单位。

A 国采取谋求内部平衡的金融政策。

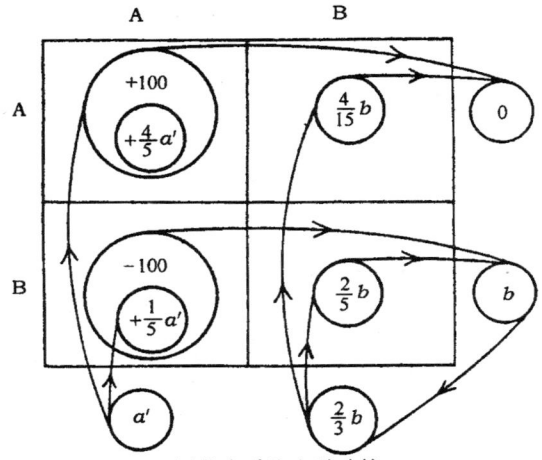

```
         A              B
  ┌──────────────┬──────────────┐
  │   +100       │   4/15 b     │   0
A │  +4/5 a'     │              │
  ├──────────────┼──────────────┤
  │   -100       │   2/5 b      │   b
B │  +1/5 a'     │              │
  └──────────────┴──────────────┘
         a'           2/3 b
```

B 国没有采取金融政策。

方程式：　　　　　　　　　　　结果：

$$100 + \frac{4}{5}a' + \frac{4}{15}b = 0 \qquad a' = -62\frac{1}{2}$$

$$-100 + \frac{1}{5}a' + \frac{2}{5}b = b \qquad b = -187\frac{1}{2}$$

$$\frac{4}{15}b + 100 - \frac{1}{5}a' = t \qquad t = +62\frac{1}{2}$$

B 国所采取的膨胀性政策对本国的膨胀性影响。同样，B 国也必须实行相当严厉的膨胀性政策（$b' = +250$），以便抵消需求的自发转移对本国的紧缩性影响，以及 A 国紧缩性政策对本国的紧缩性影响。

---

* 图中标有 a' 的圆圈的左侧箭线应引向标有 $+\frac{4}{5}a'$ 的小圆圈，原文疑有误。——译者

例 10

A 国对进口商品的需求自发减少 100 单位。
A 国和 B 国都采取谋求内部平衡的金融政策。

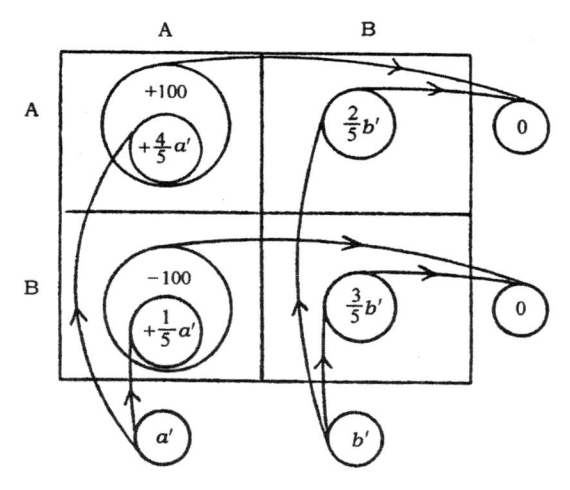

方程式：

$$100 + \frac{4}{5}a' + \frac{2}{5}b' = 0$$

$$-100 + \frac{1}{5}a' + \frac{3}{5}b' = 0$$

$$\frac{2}{5}b' + 100 - \frac{1}{5}a' = t$$

结果：

$$a' = -250$$

$$b' = +250$$

$$t = +250$$

A 国的紧缩性政策和 B 国的膨胀性政策的结果，是造成贸易差额变得有利于 A 国，其幅度远大于 A 国对进口商品需求自发减少的 100 单位（$t = +250$）。

在例 11 里，由于 B 国当局采取谋求外部平衡的金融政策，每一个国家进口的变化都等于出口的变化，贸易差额没有变化。因为

例 11

A 国对进口商品的需求自发减少 100 单位。

A 国采取谋求内部平衡的金融政策。

B 国采取谋求外部平衡的金融政策。

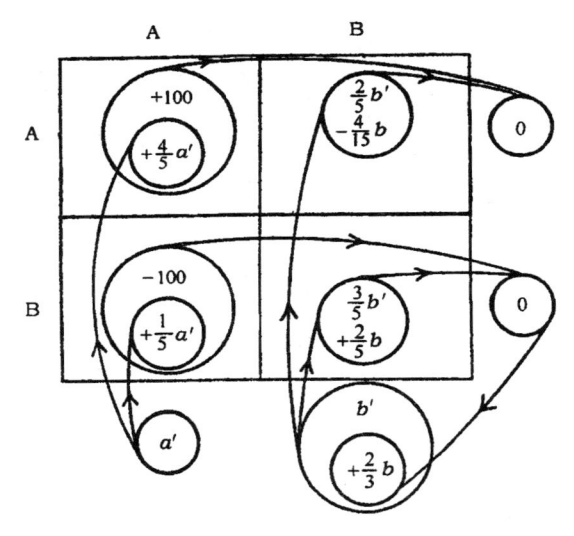

方程式:

$$100+\frac{4}{5}a'+\frac{2}{5}b'+\frac{4}{15}b=0$$

$$-100+\frac{1}{5}a'+\frac{3}{5}b'+\frac{2}{5}b=b$$

$$\frac{2}{5}b'+\frac{4}{15}b+100-\frac{1}{5}a'=0$$

结果:

$$a'=0$$

$$b=-250$$

$$b'=-83\frac{1}{3}$$

B 国对 A 国产品需求紧缩的速度和 A 国的需求从 B 国产品转移到 A 国产品的速度一样,所以需求的自发转移在 A 国事实上并没有产生任何膨胀性的压力。因此,A 国不需要采取任何紧缩性的政策来保持内部平衡($a'=0$)。但 B 国却需要使国民收入发生大幅度的紧缩，以保持外部平衡（$b = -250$）。这里的结果和例8的结果完全相同。

在例12里，A国采取谋求外部平衡的金融政策，这意味着A

例 12

A国对进口商品的需求自发减少100单位。

A国采取谋求外部平衡的金融政策。

B国没有采取金融政策。

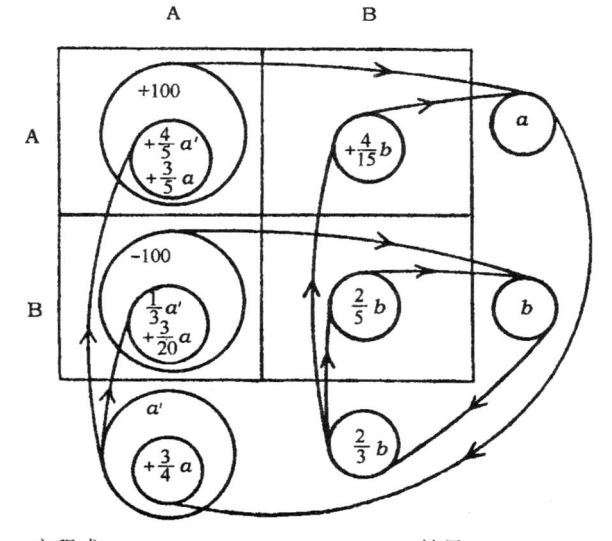

方程式：

$$100 + \frac{4}{5}a' + \frac{3}{5}a + \frac{4}{15}b = a$$

$$-100 + \frac{1}{5}a' + \frac{3}{20}a + \frac{2}{5}b = b$$

$$\frac{4}{15}b + 100 - \frac{1}{5}a' - \frac{3}{20}a = 0$$

结果：

$a = +500$

$a' = +125$

$b = 0$

国当局实行如此严厉的膨胀性政策（$a = +500$，$a' = +125$），以致 A 国进口的引致增加完全抵消了 A 国进口的自发减少。结果没有发生贸易差额的净变化（$t = 0$），B 国也没有受到紧缩的压力（$b = 0$）。

例 13 基本上和例 12 相同。正如我们在例 12 里所说明的那样，A 国采取谋求外部平衡的金融政策，意味着 A 国对进口商品的需求没有发生任何净下降。因此，B 国不存在紧缩的压力，B 国也不需要采取膨胀性的政策来防止本国国民收入的下降（$b' = 0$）。

在例 14 里，A 国当局实行膨胀性的政策（a'）来扩大本国的进口，以争取恢复贸易均衡；同时，B 国当局由于相同的原因实行紧缩性的政策（b'）来缩小本国的进口。结果是 A 国国民收入发生某种程度的膨胀（a），B 国国民收入发生某种程度的紧缩（b）。我们又有两个表示关系 3 和关系 6 的等式，还有第 3 个表示不允许贸易差额变化这个事实的等式。但我们有 a、a'、b 和 b' 4 个未知数。

我们还缺少一个等式。这种情况的经济含义是：我们还没有指明 A 国为了实现外部平衡应该在什么程度上进行调整，B 国亦然。如果 A 国当局实行极为严厉的膨胀政策，国内对进口商品的需求将受到极大的刺激；而 B 国当局只需稍加收缩就可以达到外部均衡。但如果 A 国当局仅仅小幅度地扩张经济，B 国当局就必须大幅度地收缩经济。

在标准的金本位条件下，作为国际货币储备的黄金从债务国（B 国）到盈余国（A 国）的流动，决定了 A 国膨胀和 B 国紧缩的相对规模。例如，银行业和一般货币行业就会是这样：1 单位黄金从 B 国流到 A 国所引起的 B 国货币交易量的下降，两倍于 A 国所能供给的货币交易量的增加。在这种情况下，所遗漏的金本位等式是

$b=-2a$。这样,我们有下述的结果:$-a=+100$,$a'=+25$,$b=-200$,$b'=-66\frac{2}{3}$。为了恢复平衡,A 国的国民收入需要上升 100 单位,B 国的国民收入需要下降 200 单位。

例 13

A 国对进口商品的需求自发减少 100 单位。

A 国采取谋求外部平衡的金融政策。

B 国采取谋求内部平衡的金融政策。

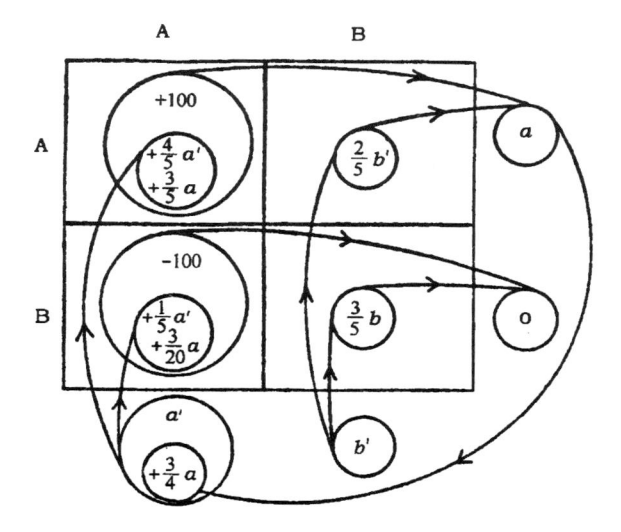

方程式:

$$100+\frac{4}{5}a'+\frac{3}{5}a+\frac{2}{5}b=a$$

$$-100+\frac{1}{5}a'+\frac{3}{20}a+\frac{3}{5}b'=0$$

$$\frac{2}{5}b'+100-\frac{1}{5}a'-\frac{3}{20}a=0$$

结果:

$a=+500$

$a'=+150$

$b'=0$

例 14

A 国进口商品的需求自发减少 100 单位。

A 国和 B 国都采取谋求外部平衡的金融政策。

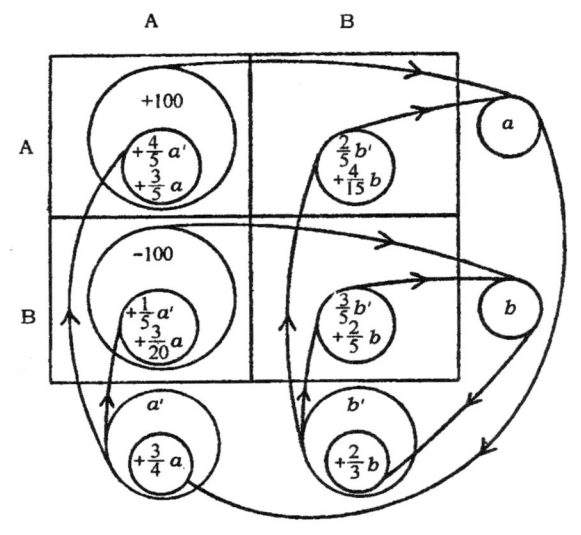

方程式:

$$100 + \frac{4}{5}a' + \frac{3}{5}a + \frac{2}{5}b' + \frac{4}{15}b = a$$

$$-100 + \frac{1}{5}a' + \frac{3}{20}a + \frac{3}{5}b' + \frac{2}{5}b = b$$

$$\frac{2}{5}b' + \frac{4}{15}b + 100 - \frac{1}{5}a' - \frac{3}{20}a = 0$$

$$b = -2a$$

结果:

$a = +100$

$a' = +25$

$b = -200$

$b' = -66\frac{2}{3}$

3 从A国到B国的转移自发增加100单位

现在我们假定从A国到B国的转移自发增加100单位。与此同时,任何一个国家的国内支出都没有发生自发变化。例如,A国的储蓄者决定每一个时期在B国的证券上投资100单位,以代替在A国证券上的投资。这样,两国的利率都没有发生变化,两国的国内支出都没有因受到刺激而变化。

这项投资所产生的冲击性影响,是使A国的国际收支发生100单位的赤字;但由于它对两国的支出没有产生冲击性影响,两国的国民收入或贸易差额不会发生直接的变化。因此,如果两国的当局都不采取谋求外部平衡的金融政策,就不会产生进一步的影响。A国国际收支发生了100单位的赤字,但国民收入并没有变化,因而两国当局也不需要采取行动来保持本国的内部平衡。

但是,如果其中一个国家采取谋求外部平衡的金融政策,情况就不同了。例如,假设A国当局实行紧缩性的金融政策,以减少本国的进口需求,消除本国的国际收支赤字。这样,A国对B国产品的需求将下降,B国国民收入的紧缩会开始发展。B国当局现在必须决定是放任不管,还是采取膨胀性的政策来保持内部平衡。

因此,我们需要考察的仅仅是其中一个国家采取谋求外部平衡的金融政策的情况。这样的情况共有5种,我们可以记作 N_aE_b, I_aE_b, E_aE_b, E_aI_b 或 E_aN_b。和前面一样,N、I 和 E 分别表示不采取金融政策、谋求内部平衡的金融政策和谋求外部平衡的金融政策;小写 a、b 表示A国和B国。

我们将在例 15 到例 19 说明这 5 种情况。在所有这些例子里，在实际的图形中没有出现自发变化。在每一种情况下，我们在图形中所关心的是收入的最终变化如何导致国内支出变化（关系 1 和 4），以及国内支出的引致变化加上其中一个国家的国内支出的政策性

例 15

从 A 国到 B 国 100 单位的自发转移。

A 国没有采取金融政策。

B 国采取谋求外部平衡的金融政策。

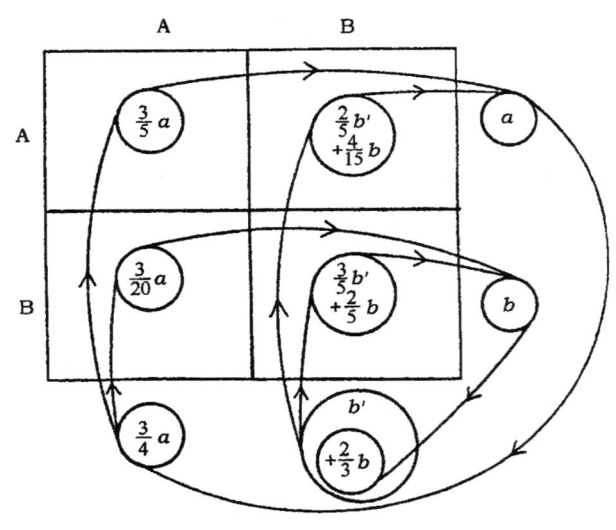

方程式：

$$\frac{3}{5}a + \frac{2}{5}b' + \frac{4}{15}b = a$$

$$\frac{3}{20}a + \frac{3}{5}b' + \frac{2}{5}b = b$$

$$\frac{2}{5}b' + \frac{4}{15}b - \frac{3}{20}a = 100$$

结果：

$a = +400$

$b = +300$

$b' = +200$

例 16

从 A 国到 B 国 100 单位的自发转移。
A 国采取谋求内部平衡的金融政策。
B 国采取谋求外部平衡的金融政策。

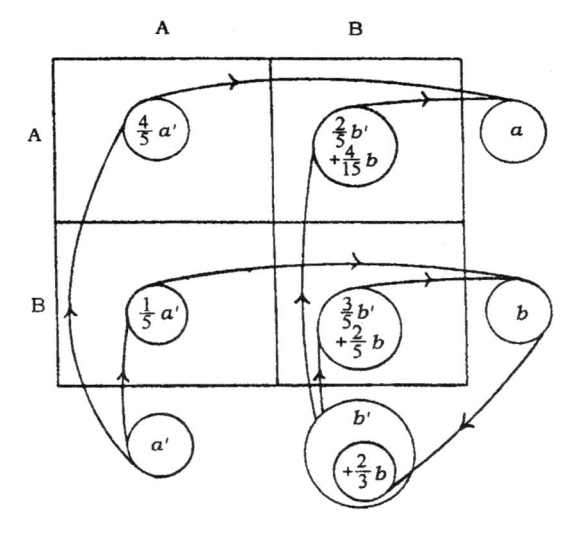

方程式：

$$\frac{4}{5}a' + \frac{2}{5}b' + \frac{4}{15}b = 0$$

$$\frac{1}{5}a' + \frac{3}{5}b' + \frac{2}{5}b = b$$

$$\frac{2}{5}b' + \frac{4}{15}b - \frac{1}{5}a' = 100$$

结果：

$$a' = -100$$

$$b = +100$$

$$b' = +133\frac{1}{3}$$

变化，如何导致对进口商品的需求和对本国产品的需求的变化（关系 2 和 5）。我们由此可以得出两个等式，它们表示下述事实：两国国民收入的最终变化是由国内需求的变化和外国对本国产品需求的变化所构成（关系 3 和 6）。因为在每一种情况下，都能保持外部

例 17

从 A 国到 B 国 100 单位的自发转移。
A 国和 B 国都采取谋求外部平衡的金融政策。

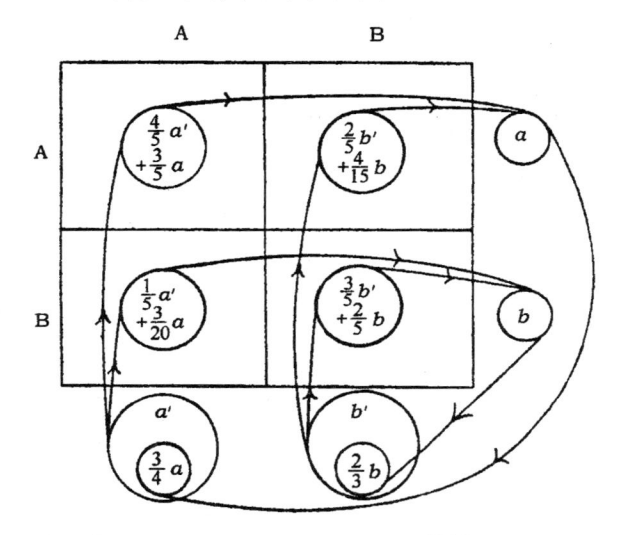

方程式:

$$\frac{4}{5}a' + \frac{3}{5}a + \frac{2}{5}b' + \frac{4}{15}b = a$$

$$\frac{1}{5}a' + \frac{3}{20}a + \frac{3}{5}b' + \frac{2}{5}b = b$$

$$\frac{2}{5}b' + \frac{4}{15}b - \frac{1}{5}a' - \frac{3}{20}a = 100$$

$$b = -\frac{3}{4}a$$

结果:

$a = -80$

$a' = -120$

$b = +60$

$b' = +120$

平衡,所以我们总是有第 3 个等式。它说明 A 国出口的增加减去 B 国出口的增加等于 100 单位,即从 A 国到 B 国的自发转移。这种自发转移对国际收支的影响,必须用 A 国贸易差额的改善来抵消。

第二篇和第三篇的附注　国际贸易乘数的一些例子

在例 15 里，B 国当局促使本国的国内支出发生政策性膨胀（$b'=+200$），来增加本国对 A 国产品的需求，从而导致 A 国的贸易差额改善了 100 单位。B 国的这种膨胀引起本国和 A 国收入的增加（$b=+300$，$a=+400$）。B 国必须实现足够大的膨胀，以引起 B 国出口足够大的增加，从而不但可以应付 100 单位的转移，而且能应付 A 国需求和收入膨胀所带来的本国进口需求的增加。

在例 16 里，B 国为了保持外部平衡而实行的膨胀并没有例 15 那么大（$b'=+133\frac{1}{3}$ 而不是 +200，$b=+100$ 而不是 +300）。这是因为 A 国当局不是让膨胀无节制地发展下去，而是采取紧缩性的金融政策（$a'=-100$），以保持内部平衡。这样，A 国的进口需求不是膨胀而是紧缩，B 国也只用较小的膨胀变化就恢复它的外部平衡。

在例 17 里，为了恢复外部平衡，A 国当局收缩经济，B 国当局扩张经济。因此，a 和 a' 是负值，b 和 b' 是正值。对这 4 个未知数来说，我们有两个分别表示关系 3 和关系 6 的等式。还有一个表示为了恢复外部平衡，A 国贸易差额的变化应为 100 单位这个事实的等式。我们还需要第四个等式，它是决定 A 国的紧缩相当于 B 国的膨胀应该多大的"金本位等式"（见例 14）。如果 B 国国民收入的膨胀只有 A 国国民收入紧缩的 $\frac{3}{4}$，我们就可得到 $a=-80$，$a'=-120$，$b=+60$，以及 $b'=+120$。

例 18 和例 19 只是例 16 和例 15 的相反情形。在例 18 和例 19 中，A 国当局收缩经济以保持外部平衡。但在例 18 里，A 国的收

例 18

从 A 国到 B 国 100 单位的自发转移。
A 国采取谋求外部平衡的金融政策。
B 国采取谋求内部平衡的金融政策。

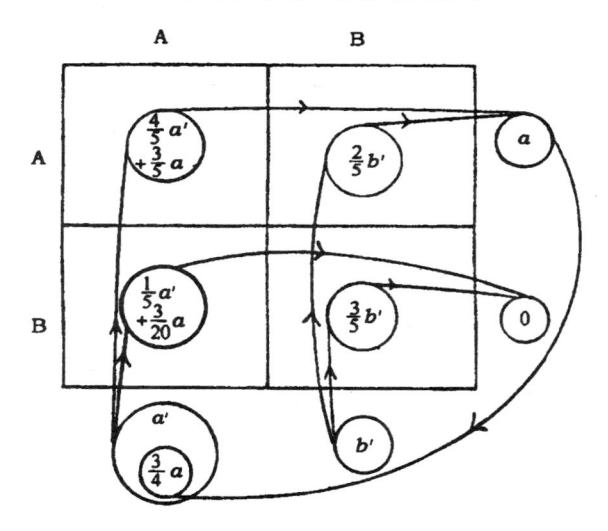

方程式：

$$\frac{4}{5}a' + \frac{3}{5}a + \frac{2}{5}b' = a$$

$$\frac{1}{5}a' + \frac{3}{20}a + \frac{3}{5}b' = 0$$

$$\frac{2}{5}b' - \frac{1}{5}a' - \frac{3}{20}a = 100$$

结果：

$a = -200$

$a' = -150$

$b' = +100$

缩程度不需要像在例 19 里那么大（a 仅是 -200 而不是 -800，而 a' 仅是 -150 而不是 -300）。这是因为在例 18 里，B 国当局扩张经济（$b' = +100$）以抵消本国国民收入所受的紧缩影响。这样，B 国的进口需求将增加，从而有助于恢复外部平衡。但在例 19 里，B 国的

例 19

从 A 国到 B 国 100 单位的自发转移。
A 国采取谋求外部平衡的金融政策。
B 国没有采取金融政策。

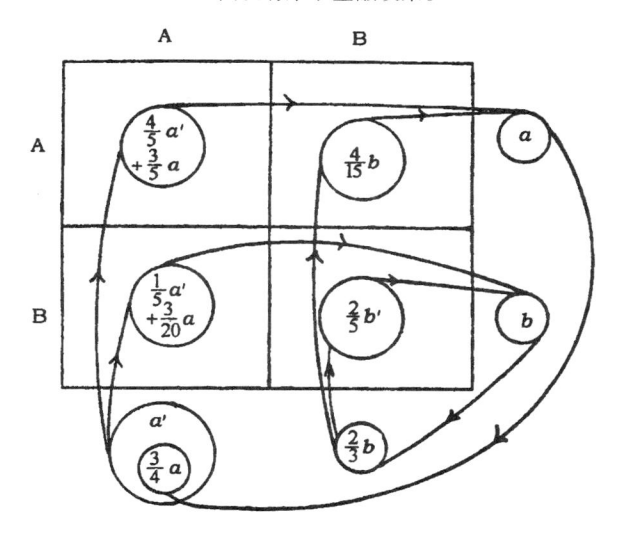

方程式：

$$\frac{4}{5}a' + \frac{3}{5}a + \frac{4}{15}b = a$$

$$\frac{1}{5}a' + \frac{3}{20}a + \frac{2}{5}b = b$$

$$\frac{4}{15}b - \frac{1}{5}a' - \frac{3}{20}a = 100$$

结果：

$a = -800$

$a' = -300$

$b = -300$

紧缩没有受到抑制（$b=-300$）。这样便减少了对 A 国出口商品的需求，使 A 国要实行更严厉的紧缩性政策才能恢复外部平衡。

第四篇

价格调整

11 作为政策手段的价格调整

在第二篇和第三篇里，我们已经斟酌过相对价格变化在某些情况下对 A、B 两国内、外平衡所产生的影响。特别是在第 6 章里，我们详细讨论了由于 A 国的普遍经济繁荣蔓延到 B 国，致使 A 国产品价格相对于 B 国产品价格发生的变化，以及这种价格变化对 A 国产品及 B 国产品的需求，并从而对 A、B 两国内、外平衡的影响。在第 7 章里，我们曾经考虑了其他自发变化（包括两国中某一国生产力的普遍提高，它可望直接影响两国的相对成本，并从而影响两国的相对价格）对相对价格的影响，以及相对价格变化对两国产品的需求的影响。在整个第三篇里，当我们讨论使用金融政策的准则时，我们已把这些结论牢记在心了。

但到现在为止，所有关于相对价格变化的讨论都是以下述假定为基础的：货币价格和货币成本水平的两种最直接的调节手段，即货币工资率水平和两国通货之间的汇率保持不变。直到现在为止，相对价格或者因生产力的自发变化而变化，或者因就业和产量的变化而变化。这两个因素导致实际劳动成本的变化，并在货币工资率不变的假定下导致货币成本和物价的变化。

但现在，我们打算引进一般价格水平变化的可能性。这种变化是由两国中的这个或那个国家，特意为了施加影响以保持本国内、外平衡而采取的政策行动所带来的。这涉及关于中性经济定义的两个假定（第4章）的修改。事实上，我们现在要改变A、B两国的一般货币工资水平保持不变的假定，以及A、B两国通货之间汇率保持固定的假定。

当两国的价格都用共同的价值单位衡量时，B国货币工资率（因而货币价格）的下降和A国货币工资率（因而价格）的上升，或以A国通货表示的B国通货的降值（即得到1单位A国货币所必须付出的B国货币增加了），将导致B国产品价格相对于A国产品价格下降。我们在第6章曾详细论述这种相对价格的变化可能产生什么样的直接影响。在这里，我们回顾一下所得到的结果就足够了。如果A、B两国进口需求弹性的总和大于1，B国产品价格相对于A国产品价格下降将使B国的贸易差额发生有利的变化，不管这个变化是以B国的产品单位还是以A国的产品单位来衡量①。如果A、B两国的进口需求弹性的总和小于1，B国产品价格相对于A国产品价格下降，使B国的贸易差额发生不利变动，不管这个变动究竟以B国产品单位来衡量，还是以A国产品单位来衡量。换言之，如果进口需求弹性足够高，B国产品价格相对于A国产品价格的下降将使两国购买者从购买A国产品大量转向较为便宜的B国产品，购买量的变化足以超过下述事实的影响：以A国产品来衡量，1单

---

① 我们应该记住，只有在最初的进口值与出口值相差不大的情况下，这一点才能严格成立。如果当B国的进口总值大大超过B国的出口总值，并且B国进口需求的价格弹性小于1，那么以A国产品来衡量，B国产品价格的相对下降会使B国的贸易差额发生有利的变化；而以B国产品来衡量，B国贸易差额却会发生不利的变化（参看第6章有关附注）。

位 B 国出口商品，现在比以前价值更少。结果 B 国的总出口价值相对于 B 国的总进口价值来说上升了；B 国的贸易差额不管以本国产品来衡量还是以 A 国产品来衡量，都发生有利的变化（因而 A 国的贸易差额发生不利的变化）。然而，如果当 B 国产品价格相对于 A 国产品价格下降时，B 国的进口数量几乎完全没有减少，A 国的进口数量几乎完全没有增加，那么进、出口数量的变化就没有下述事实那么明显：以 A 国产品来衡量，B 国 1 单位出口商品现在比以前价值更少。在这种情况下，不管进出口是以 B 国产品还是 A 国产品来衡量，B 国产品价格的相对下降将使 B 国的出口总值相对于 B 国的进口总值来说出现下降。

在本章的其余部分，我们将按照下述假定来讨论问题：两国的进口需求弹性的总和大于 1。我们把这种情况看做是正常的（其理由在第 6 章已提及）。在这种情况下，如果 B 国产品价格相对于 A 国产品价格下降（由 B 国货币工资率下降、A 国货币工资率上升或以 A 国通货表示的 B 国通货的降值所引起），需求将会发生离开 A 国较昂贵的商品而转向 B 国较便宜的商品的净转移（不管是以 B 国产品还是以 A 国产品来衡量）。这种移动有三方面影响：第一，正如我们所看到的，它导致 B 国的贸易差额发生有利的变化（即 A 国的贸易差额发生不利的变化）；第二，它使 B 国产品的需求相对于生产成本来说出现增加，从而在 B 国国内产生膨胀性的净影响；第三，它使 A 国产品的需求相对于生产成本来说发生减少，从而对 A 国产生紧缩性的净影响。

如果记住了这些结果，我们现在就可以恢复我们在第三篇中修改了的关于中性经济的假定。这就是说，让我们再次假定公共当局的支出水平、税率以及利率都保持不变。但是，我们现在要假定，通过某一个国家工资率的政策性下降和另一个国家工资率的政策性上升，或者通过两国通货之间汇率的变化，可以直接改变A、B两国的货币价格和货币成本的相对水平。我们的问题是决定应该采取什么样的价格调整政策来对付不同类型的世界失衡。

表11以图表的方式列举了四种类型的世界失衡的情况。正如我们用表10列举的情况来讨论金融政策的运用一样，我们用表11所列举的情况讨论价格调整方法的运用。表11第(1)行描述世界性萧条的情况，A、B两国的国民收入都发生低落，需要扩张经济来恢复内部平衡。现在，如果赤字国的当局降低本国通货的外汇价值，或者降低本国的货币工资率，都会导致需求从盈余国产品到赤字国产品的净移动。这有助于使贸易差额发生有利于赤字国的变动，从而有助于恢复赤字国的总需求水平和提高赤字国的一般就业水平(表11第1行c、e栏)。因此，从赤字国的观点看，这种方法很受欢迎。但是，这种方法肯定会加剧盈余国的经济萧条，并进一步减少盈余国对劳动的需求。事实上，就内部平衡的需要来说，盈余国当局(第1行d栏)需要让本国货币工资率相对下降，或者需要让本国通货降值，以便削价和赤字国产品竞争，为国内失业劳动者创造就业机会，为这些劳动者所生产的产品创造更广阔的市场。但因为这种做法虽可改善盈余国对劳动力的需求，而所付出的代价不仅是使赤字国对劳动力的需求发生等量的减少，并且还使国际收支失衡更加恶化，这样它会构成从盈余国到赤字国最露骨的"失业出口"。

表11第4行所描述的情况正好相反。世界趋于繁荣，两国的

国民收入需要某种程度的紧缩。盈余国货币工资率的上升或以赤字国通货表示的盈余国通货的升值,不仅有助于恢复国际收支的平衡,而且还导致对盈余国产品需求的净减少,从而有助于恢复盈余国的内部平衡(第4行c、d栏)。但是,它当然也加剧赤字国现有的膨胀压力。另一方面,赤字国产品的相对成本和价格的上升,有助于恢复该国的内部平衡(第4行e栏),但所付出的代价不仅是向盈余国"出口膨胀压力",而且还使国际收支的失衡更加恶化。

表 11 价格调整政策准则的冲突

盈余国的国民收入	赤字国的国民收入	为了			
		外部平衡	盈余国的内部平衡	赤字国的内部平衡	
太低(L)或太高(H)		盈余国的货币成本应该上升($S'+$)或下降($S'-$) 赤字国的货币成本应该上升($D'+$)或下降($D'-$)			
(a)	(b)	(c)	(d)	(e)	
L	L	$S'+$ $D'-$	$S'-$ $D'+$	$S'+$ $D'-$	(1)
	H	$S'+$ $D'-$	$S'-$ $D'+$	$S'-$ $D'+$	(2)
H	L	$S'+$ $D'-$	$S'+$ $D'-$	$S'+$ $D'-$	(3)
	H	$S'+$ $D'-$	$S'+$ $D'-$	$S'-$ $D+$	(4)

表11第2行表明在使用价格调整武器的限度内,内、外平衡之间最明显的冲突。在这种情况下,盈余国出现国内萧条,赤字国则经济高涨。为实现外部平衡,我们要使需求从盈余国产品转移到

赤字国产品。为了这个目的,盈余国的货币工资率需要提高,赤字国的货币工资率需要下降,或者赤字国的通货的外汇价值需要降低(第2行c栏)。但是,为了实现两个国家的内部平衡,需要正好是相反的做法(第2行d、e栏)。我们需要使盈余国的产品价格相对下降,以使需求从赤字国的膨胀工业转移到盈余国的萎缩工业。

另一方面,表11第3行描述了使用价格调整的方法完全不会发生冲突的情况。现在,出现国内高涨的是盈余国,发生国内萧条的是赤字国。需求从盈余国产品到赤字国产品的转移现在有助于达到三个有用的目的:恢复国际收支的平衡;收缩盈余国膨胀了的经济和扩张赤字国已经萧条的经济。赤字国产品的成本和价格相对于盈余国来说的下降,将会获得这三重结果(第3行c、d和e栏)。

现在,注意到价格调整显然合乎需要的这种场合(表11第3行),和两国不论如何运用金融政策都无法妥善对付的那种场合(表10第3行)竟然完全一样,是很有意思的。这就提示了金融政策和价格调整政策相结合,可能在所有的情况下都会取得令人满意的结果——至少就外部的国际收支和内部的国民收入水平来说是这样。

表12的编制是为了说明金融政策和价格调整政策怎样相结合,才能有效地对付我们所说过的四种不同的世界失衡的情况。表12的编制十分简单。我们仅仅从表10抄下各种情况(但仅仅是那些情况),即盈余国或赤字国的当局,为了实现该国的内部平衡和外部平衡,应该采取一项特定的金融政策。同时,我们也从表11抄下各种情况(但仅仅是那些情况),即盈余国或赤字国的当局,为了实现该国的内部平衡和外部平衡,应该采取一项特定的价格调整政策。我们还有兴趣简略地评论一下政策的结合对四种世界失衡中

表 12　金融政策准则和价格调整政策准则的协调

盈余国的国民收入太低(L)或太高(H)	赤字国的国民收入	符号 S+、S′+、S−、S′−、D+、D′+、D−、D′− 的意义和它们在表 10 及表 11 中的意义相同。这个表不过使下述情况更为明显：有关国家的当局为了该国内部平衡和外部平衡应该采取表中所示的行动。		
(a)	(b)	(c)	(d)	(e)
L	L	S+ D′−	S+	D′−	(1)
	H	S+ D−	S+	D−	(2)
H	L	S′+ D′−	S′+	D′−	(3)
	H	S′+ D−	S′+	D−	(4)

表 12 第 1 行表示盈余国和赤字国都发生国内萧条。我们在这里可以看到盈余国的当局有责任采取膨胀性的金融政策，赤字国的当局有责任让本国相对价格向下调整（即通过本国通货外汇价值的下降，或通过国内货币工资率的下降）。这显然是合情合理的规则。赤字国产品相对价格的下降，有助于恢复外部平衡和增加赤字国的就业。盈余国的国内膨胀，则有助于恢复外部平衡和增加盈余国的就业。

表 12 第 4 行描述了相反的世界性繁荣的情况。在这里，两国的当局有责任遵循的规则仍然是合情合理的。赤字国当局采取紧缩性的金融政策，有助于恢复外部平衡和抑制国内的高涨。盈余国

产品相对价格的上升，使需求从本国产品转移到赤字国的产品，从而有助于恢复外部平衡和抑制国内的膨胀压力。

表12第2行表示赤字国经济趋于高涨、盈余国经济趋于萧条。在这种情况下，不要求价格的调整。盈余国的膨胀通过增加对赤字国产品的需求便有助于恢复外部平衡，通过增加对本国产品的需求则有助于抵消盈余国的紧缩。同时，发生高涨的赤字国采取紧缩性的金融政策，便有助于恢复该国的外部平衡和内部平衡。

表12第3行描述了不适宜于采用金融政策而适宜于采用价格调整政策的情况。现在，盈余国的经济发生高涨，赤字国经济则陷于萧条。在这种情况下，前一个国家产品价格的上升和后一个国家产品价格的下降所带来的支出由前一个国家的产品到后一个国家产品的转移，将同时实现三个目标。它将恢复国际收支的均衡，收缩盈余国膨胀的经济和扩张赤字国紧缩的经济。

随之我们必须考虑金融政策和价格调整政策这种理想的配合怎样才能实现。某个特定国家的当局，可以按照下述两种方式结合使用金融政策和价格调整政策：原则1：可以用金融政策来保持内部平衡，用价格调整政策来保持外部平衡；原则2：可以用金融政策来保持外部平衡，用价格调整政策来保持内部平衡。根据这两个原则中的任何一个原则，一个国家的当局可以设法同时保持内部平衡和外部平衡。如果两个国家中的每个国家采取其中的一个原则，它们的行动会不会一定带来表12所概括的理想的政策组合呢？

让我们更为详尽地考虑一下上面所提到的两个原则究竟包含什么东西。

原则1是使用金融政策来保持内部平衡，使用价格调整来保持外部平衡的原则。这意味着如果出现国内萧条,该国应该通过减税、增加公共支出或者增加货币供给、降低利率使国内支出发生净膨胀;如果出现国内高涨,该国当局应使国内支出发生政策性的收缩。同时,如果某个国家的国际收支出现赤字,该国当局应该(或者通过降低货币工资率,或者通过汇率贬值)使本国的货币价格和成本相对于世界其余国家来说发生下降;相反,如果某个国家的国际收支出现盈余,该国当局应该采取步骤,提高相对价格和成本。

原则 2 涉及使用金融政策来恢复外部平衡和使用价格调整来恢复内部平衡。如果某个国家的国际收支发生赤字,该国当局必须采取金融政策来收缩国内支出;如果某个国家的国际收支发生盈余,该国当局必须采取膨胀性的金融政策。同时,该国当局应该根据本国国内是发生高涨还是萧条,采取步骤(通过调整工资率或汇率)来提高或降低相对于世界其余国家来说的该国产品的货币价格和成本。

任何国家都会处于下述 4 种可能的失衡状态的任何一种之中:第一,盈余国国内发生萧条;第二,盈余国国内出现高涨;第三,赤字国国内发生萧条,第四,赤字国国内出现高涨。让我们依次来考察这四种可能的情况,看看在每一种情况下,根据原则 1 和原则 2,怎样使用金融政策和价格调整。

先考虑第一种失衡状态。如果某国国际收支盈余和国内萧条并存,根据原则 1,当局应该扩张国内支出以恢复内部平衡,提高相对于世界其余国家来说的价格和成本,以恢复外部平衡;根据原则 2,该国当局应该扩张国内支出以恢复外部平衡,降低相对于世界其余国家来说的价格和成本,以恢复内部平衡。

让我们先考虑按照原则1所应采取的行动。因为国内支出的膨胀和相对价格的上升减少了该国国际收支的盈余，可以迅速实现外部平衡。而金融政策如果达到这样的膨胀强度，正好抵消因该国审慎地提高相对于世界其余国家来说的价格而带来的、对该国产品需求减少的紧缩影响，国内平衡即不受影响。因此，即使实现了外部平衡，为了内部平衡，膨胀性的金融政策的实施必须超越某一程度。在这个程度上，由于该国进口继续扩大，它将变成赤字国；原则1这时就要求该国当局降低物价和成本。当该国最终达到内部和外部平衡时，它所采取的金融政策确实导致国内相当严重的膨胀，但是，该国相对于世界其余国家来说的货币价格和成本，最终会发生净提高还是净下降，则难以确定。

接着，让我们考虑按照原则2所应采取的行动。在这种情况下，因为膨胀性的金融政策和该国产品价格相对于世界其余国家来说的下降，扩大了对本国工业产品的需求，所以内部平衡可以迅速实现。但是，如果该国实施金融政策和价格调整的相对程度，能使膨胀性的金融政策对国际收支产生的不利影响，不及该国产品价格相对下降对国际收支所产生的有利影响，那么外部平衡将不受影响。在这个阶段，该国实现了内部平衡，但国际收支仍存在盈余。原则2要求继续扩张国内支出以恢复外部平衡。但这又造成国内高涨。要避免高涨，根据原则2，该国必须提高相对于世界其余国家来说的价格和成本。这样，在最后实现内部和外部平衡时，金融政策造成国内支出相当庞大的净膨胀，但该国的相对价格和成本是上升抑或下降，则难以确定。

从上面我们可以清楚地看到，不管是采用原则1还是原则2，结果是相同的。如果某国国际收支盈余和国内萧条并存,当局将全力实行金融政策来促进国内膨胀,而不是依赖于大幅度地改变相对于世界其余国家来说的价格和成本水平。这也正是该国当局在这种情况下所应该做的事情(参看表12第1、2行)。

接着考虑第二种失衡状态。通过相同的推理过程,我们可以表明:如果某国国际收支盈余和国内高涨并存,当局(根据表12第3、4行)不管是根据原则1还是原则2行事,都应全力提高相对于世界其余国家来说的价格和成本。

根据原则1,应该提高价格和成本以恢复外部平衡,收缩国内支出以恢复内部平衡。这两项政策就收缩国民收入来说会相互加强,但就实现外部平衡来说则会产生相互抵消的效果。因此,为了实现外部平衡,即使在达到内部平衡以后,也要继续提高价格和成本。但由此带来的贸易差额的不利变化将会在国内产生紧缩的影响。所以,谋求国内紧缩的金融政策需要由谋求国内支出膨胀的金融政策来取代。最后,确实应该提高相对于世界其余国家来说的该国的价格和成本,但国内支出究竟会发生净膨胀还是净紧缩,则难以确定。

按照原则2,为了内部平衡,应该提高价格和成本;为了外部平衡,应该扩大国内支出。外部平衡可以迅速实现。但如果金融政策的膨胀影响正好为国际收支盈余减少的紧缩影响所抵消,那么内部平衡不受影响。为了实现内部平衡,应该继续提高价格和成本,但这种做法将产生国际收支赤字。为了实现外部平衡,又必须收缩国内支出。这样,所带来的必然结果是相对价格和成本又一次显著上升;但金融政策所产生的净结果也许是小幅度的净膨胀,也许是小幅度的净紧缩。

再考虑第三种失衡状态。同样，如果某国国际收支赤字和国内萧条并存，当局（正如表12第1、3行所建议的）不管是按照原则1还是原则2行事，都应该全力降低价格和成本。

按照原则1，应该提高相对价格以恢复外部平衡，扩张国内支出以恢复内部平衡。虽然外部平衡没有发生净变动，内部平衡将很快恢复。因此，相对价格应该继续降低，这样会造成国内高涨。膨胀性的金融政策应该代之以紧缩性的政策。最后，相对价格将大幅度下降；金融政策所带来的也许是国内支出小幅度的净膨胀或净紧缩。

按照原则2，应该降低相对价格以实现内部平衡，收缩国内支出以实现外部平衡。外部平衡可以很快实现。为了达到内部平衡，需要继续降低价格。但这会造成国际收支盈余，因而需要扩张而不是收缩国内支出，才能实现外部平衡。相对价格又一次发生一定限度的下降；但金融政策可能带来国内支出小幅度的净膨胀或净紧缩。

最后考虑第四种失衡状态。在国际收支赤字和国内高涨并存的情况下，无论是采用原则1或原则2，按照表12第4行，结果都是全力实行紧缩性的金融政策。

原则1要求该国采取紧缩性的金融政策以实现内部平衡，降低相对价格和成本以实现外部平衡。这样会很快恢复外部平衡，而又不一定影响内部平衡。所以，应该继续实行紧缩性的金融政策。但这项政策会造成国际收支盈余，因而降低相对价格的政策应代之以提高相对价格的政策。最后，金融政策导致国内支出的显著紧缩，但是，相对价格也许发生小幅度的净提高或净下降。

根据原则2，应该采用紧缩性的政策以实现外部平衡，提高相对价格和成本以实现内部平衡。内部平衡会很快恢复。但为了实现外部平衡，需要继续实行紧缩性的金融政策。这会造成国内的萧条，因而应该降低相对价格和成本以恢复内部平衡。结果，金融政策使国内支出发生显著的大幅度紧缩；但相对价格和成本可能发生某种幅度的上升或下降。

这样，我们可以得到下述结论：每一个国家，不论是采取金融政策以实现内部平衡，采取价格调整以实现外部平衡（原则1）；还是采取金融政策以实现外部平衡，采取价格调整政策以实现内部平衡（原则2），都会产生明显的结果。根据表12的分析，这些结果最终使两国达到内部平衡和外部平衡。即使一个国家的当局采取原则1而另一个国家的当局采取原则2，不论价格调整的方法是调整工资率水平还是两国通货之间的汇率，也还是这样。

如果我们考虑到盈余国的当局既可以采取原则1也可以采取原则2，赤字国的当局也既可以采取原则1也可以采取原则2，又考虑到不论哪一个国家采取哪一种原则，价格调整方法所调整的可以是工资率，也可以是外汇汇率，那么我们不可能详细检验所有可能的政策组合[①]。事实上，在本篇的其余部分，我们将把注意力放在金融政策和价格调整两种可能的组合上。它们可以同时保持两个国家的内部平衡和外部平衡。

---

① 加起来总共有16种组合。如果我们在每种组合中又区分货币政策和财政政策，把它们看做金融政策的不同形式，我们将得到不少于64种金融政策和价格调整的可能组合。它们可以使两个国家保持内部平衡和外部平衡。

首先，我们要考察的情况是：两国当局都采取原则1，价格调整的方法通过调整汇率来实施。在这种情况下，两国当局都采取金融政策来控制国内支出，以保持内部平衡；另外，两国当局通过改变两国通货之间的汇率来保持外部平衡。

其次，我们要考虑的情况是：两国当局都采取原则2，价格调整的方法通过调整工资率来实施。在这种情况下，两国当局都扩张或收缩他们的国内支出，以消除国际收支的盈余或赤字；但只要对本国产品的需求并从而对本国劳动力的需求不足，就降低货币工资率；而只要对该国劳动力需求过度，就提高货币工资率。

这两种体系将在第14、15章中进行探讨和比较。但在我们考虑这两个同时保持两国内、外平衡的合理的"世界"体系以前，我们先完成一项范围更有限的工作：考察一下其中一个国家的当局采取适合于这两个体系的行为规范，尽管另一个国家可能既不采取原则1也不采取原则2。因此，在第12章中，我们将考虑某国当局采取金融政策以实现内部平衡，允许本国通货外汇价值变动以保持外部平衡的一些问题。在第13章中，我们将考虑某国当局采取金融政策以实现外部平衡，允许货币工资率的变动来保持充分就业，即保持内部平衡的一些问题。

12 通过可变汇率实现外部平衡[①]

在本章中,我们打算更为详细地考察一下,当两国中某个国家的当局,通过采用金融政策以保持内部平衡,依靠汇率的变动保持外部平衡这样的方法,来解决旨在谋求内、外平衡的金融政策之间的冲突时,会发生什么事情。

例如,B国当局选择使用金融政策来保持内部平衡,但它随即发现国际收支出现赤字。为了减少对进口商品的消费或对可供出口的本国产品的消费,B国当局并不会收缩它的国内支出,否则便意味着放弃了把国内总需求维持在实现充分就业所需要的水平上的政策。这样,该国当局决定利用外汇市场上A、B两国通货汇率的变动来恢复国际收支的均衡。

我们可以设想,这种外汇汇率的变动,是通过两种机制中的某一种来实现的。

第一,也许存在完全自由的外汇市场。在这个市场内,互相竞争的外汇交易商进行A、B两国通货的交易。每一个交易商都持有A、B两国的通货,作为他的交易余额。他向要对A国支付的B国人出售A国通货,以取得佣金。反过来也是这样。当B国的国际

---

① 另编数学附录第8节(4)分析本章讨论的主题。

收支出现赤字时,外汇交易商将发现在现行的 A、B 两国通货的汇率下,他们从需要向 A 国支付的 B 国人那里得到的 B 国通货数量,大于他们出售给需要向 B 国支付的 A 国人的 B 国通货数量。外汇交易商持有的 B 国通货余额将不断增加,他们持有的 A 国通货余额则不断减少。他们为了保持需要持有的 A 国通货的交易余额,在出售存量已不断减少的 A 国通货时,就要求 B 国人支付更多的 B 国通货。这样,B 国的国际收支赤字就造成 B 国的通货降值。

第二,官方有可能把 A、B 两国通货之间的汇率钉住某一个水平,但货币当局可以作出官方决定,使钉住汇率不时发生改动[①]。假定 B 国货币当局决定无限量地买卖我们称为"黄金"的资产。B 国货币当局用新发行的本国钞票来买进黄金时所支付的"购买价格",可能比它把黄金再出售给用原已发行的 B 国钞票向 B 国货币当局换回黄金的人所要求的"售卖价格"要低一些。这意味着在 B 国当局买卖黄金的差价范围内,B 国通货用黄金来表示的价值被钉住了。以 B 国通货表示的黄金价格不可能上升到 B 国货币当局制定的黄金售卖价格以上,因为如果是这样,没有人会按这么高的市场价格继续买进黄金,而都会从 B 国货币当局买进他们所需要的黄金,同样,以 B 国通货表示的黄金价格也不可能下降到 B 国货币当局制定的购买价格以下,这是因为也没有人会按照这么低的市场价格继续出售黄金,而是按照货币当局定出的购买价格出售他们希望出售的黄金。

这样,B 国通货的价值就钉住在黄金上。如果 A 国的货币当

---

① 大致上这就是国际货币基金组织的协议条款所作的国际性安排。

局也确定以 A 国通货来表示的黄金的购买价格和售卖价格，那么 A 国通货的价值以黄金来表示也被钉住了。这样，B 国通货的价值以 A 国通货来表示也间接地被钉住了。在这种条件下，当 B 国的国际收支发生赤字时，以 A 国通货表示的 B 国通货的自动贬值不会超过一个狭窄的范围。这是因为需要 A 国通货以对 A 国支付的 B 国人，总能从 B 国货币当局那里按照它的黄金售卖价格买进黄金，然后把这些黄金按照 A 国的购买价格卖给 A 国货币当局，以取得他所需要的 A 国通货。因此，外汇交易商索取的以 B 国通货表示的 A 国通货的价格，总不会高于以这种方式间接从货币当局那里用 B 国通货换取 A 国通货所支付的价格。如果要对 A 国支付的 B 国人多于要对 B 国支付的 A 国人，外汇交易商就会发现他们持有的 B 国通货的交易余额积累起来，而他们持有的 A 国通货的交易余额流失出去。他们将会通过上面说到的方式，间接地以 B 国通货向货币当局换取 A 国通货，以补充他们的 A 国通货的交易余额。

这样，只要 B 国通货钉住黄金和 A 国通货钉住黄金不变，那么 A、B 两国通货之间的汇率也将在一个狭窄的范围内保持稳定。但这种钉住汇率也因两国货币当局本身的行动而经常改变。这样，如果 A 国通货钉住黄金不变，但 B 国的货币当局在交换 B 国钞票的过程中提高黄金买卖价格 20%，那么 B 国通货以 A 国通货表示实际上就贬值 20%。当然，如果 B 国通货钉住黄金不变，但 A 国的货币当局在交换 A 国钞票的过程中降低黄金买卖价格 20%，将得到同样的结果。

这样，当 B 国的国际收支由于下述两个原因中的任何一个而出现赤字时，以 A 国通货表示的 B 国通货可能贬值：或者存在自由的外汇市场;或者B国货币当局在本国国际收支出现赤字时谨慎地提高该国黄金的买卖价格(或A国的货币当局在本国国际收支发生盈余时谨慎地降低该国黄金的买卖价格)。后一种方法我们称为"可调整的钉住汇率"(adjustable peg)。在这两种方法之间的选择,都会产生十分重要的后果,我们将在后面第17章再作讨论。就目前来说,我们暂且不考虑这里所讨论的问题,而把注意力集中在对各种可变汇率体系共同的问题上,不管汇率的变动是由于自由的外汇市场所造成,还是由可调整的钉住汇率造成的。

让我们再回到本章开始时所提出的问题上。B国处于内部平衡状态,但它的国际收支出现赤字。我们现在假定由于自由外汇市场或可调整的钉住汇率的机制作用,对A国通货的过度需求造成B国通货外汇价值下降。1单位的B国通货(我们称为1英镑)只能买到较少单位的A国通货(譬如说,是3.96美元而不是原来的4美元),B国通货降值1%将会产生什么后果呢?

这个价格变化即时的冲击性的效果(包括:①A国或B国以本国通货表示的国内总支出因而发生的任何变化;②A国或B国产品以本国通货表示的价格因而发生的任何变化),可以用表8表示。如果我们把1单位A国产品定为1美元所能购买到的A国产品的数量,把1单位B国产品定为1英镑所能购买到的B国产品的数量,那么B国通货从4美元到3.96美元的1%的降值的冲击效果,是使1单位B国产品所能购买到的A国产品的单位数从4减少到3.96。B国通货价值从4美元降低到3.96美元,将导致以B国通货表示的A国产品价格的上升(B国购买者用1英镑只能买到3.96单位而不是4单位的A国产品),还导致以A国通货表示的B国产品价格的下降（A 国购买者对 1 单位 B 国产品只支付 3.96 美元而不是 4 美元）。

换句话来说，如果我们暂时假设 B 国产品以英镑表示的价格和 A 国产品以美元表示的价格保持不变，表 8 的 a 栏就代表 A、B 两国通货之间的汇率，还代表 A、B 两国产品之间的实际贸易条件。如果按美元计算，d 和 e 栏可以用来代表 B 国出口价值的变化以及 A、B 两国之间的贸易差额的变化（指按 A 国的通货来计算，或者按 A 国以国内不变价格衡量的产品来计算）。同样，如果按英镑计算，表 8 的 f 和 g 栏也可以用来代表 B 国进口价值的变化以及 A、B 两国之间贸易差额的变化（即按 B 国的通货或产品来计算）。

从表 8 以及对表 8 所作的分析，我们可以清楚地看到，如果 A、B 两国进口需求弹性的总和大于 1（表 8 第 6、7 行），以 A 国通货表示的 B 国通货的降值（使 1 单位的 B 国产品所能交换到的 A 国产品单位数同样减少），将使 B 国的贸易差额值得到改善；但如果 A、B 两国的进口需求弹性的总和小于 1（表 8 第 2，3 行），B 国的贸易差额值就将下降[①]。

让我们假设 A、B 两国的进口需求弹性的总和大于 1。如果我们考虑到这样的事实，即由此会影响到（1）A 国或 B 国国内支出的总水平；或（2）A 国或 B 国以本国通货表示的产品价格的总水平，那么我们对所得到的结果还要作什么修正呢？

我们首先考虑一下 B 国内部所受到的影响。由于以 A 国通货

[①] 这当然要受到第 6 章有关附注中所提到的条件的限制。

表示的 B 国通货的降值，B 国的出口扩大而进口缩小，B 国的贸易差额便会变得更为有利。但正如我们在前面第 3 章中所看到的，由于国民收入＝国内支出＋贸易差额，这将造成 B 国国民收入的膨胀。A 国购买者对 B 国出口商品的支出（以 B 国通货表示）已上升和 B 国购买者对进口商品的支出（以 B 国通货表示）已下降，或以小于 B 国出口总值的上升幅度上升，上述事实，将导致 B 国产品的以货币表示的需求发生净增加，B 国的内部平衡将受到膨胀的威胁。由于我们假定 B 国当局采取谋求内部平衡的金融政策，它就会促使本国国内支出发生"政策性"紧缩，足以抵消 B 国贸易差额改善所带来的膨胀性影响。

由于 B 国贸易差额改善所带来的对 B 国产品需求增加的上升压力，多少正好为 B 国国内支出"政策性"紧缩造成的对本国产品需求的向下压力所抵消，以 B 国自身的通货表示的 B 国产品价格的总水平可能不存在净变化。但 B 国国内支出的"政策性"紧缩本身，会造成 B 国对 A 国产品需求的下降。我们可以假定 B 国对物品和劳务的需求的普遍减少，并不全部都是对本国产品的需求的减少，有一部分是对进口商品需求的减少。由于这个缘故，保持 B 国的内部平衡意味着 B 国贸易差额最终得到的改善，因本国通货降值而大于表 8 所表示的情形。

然而，我们现在必须考虑到 A 国可能受到的影响。这些影响在 A 国采取不同政策的情况下，将有很大的差别。如果 A 国当局采取谋求内部平衡的金融政策，那么我们有更多的理由认为，B 国通货的降值给本国贸易差额所带来的有利影响，将大于表 8 所表示的情形。但如果 A 国当局采取中性政策，某些因素将要发生作用，降低

B国贸易差额随本国通货降值而来的改善的程度①。

B国贸易差额的改善（我们已经看到，在A、B两国进口需求弹性的总和大于1的条件下，这是B国通货降值的即时冲击性效果），表示A国贸易差额的恶化。就像这会增加B国产品的需求，从而导致对B国产品的总需求的膨胀一样，它也会对A国产生紧缩的压力，从而减少对A国产品的总需求。现在，如果A国当局采取中性政策，对A国产品需求最初发生的下降，将使A国需求发生螺旋形紧缩，从而导致A国国民总收入的国内总支出的下降，况且，以A国通货表示的A国产品的价格总水平，将随着对A国产品需求的下降而下降。如果A国的实际供给弹性很小，价格下降的幅度就更大。这两个因素都会减少B国贸易差额的改善程度。A国国内总支出的紧缩随着本国萧条的加剧而变得更严重，从而减少了A国对B国出口商品的需求，也减少对本国产品的需求。A国产品价格的下降，意味着B国通货的降值使以A国产品表示的B国产品变得便宜了，但它所产生的影响有一部分被A国以本国通货表示的价格的绝对下降所抵消，因而需求从A国产品到B国产品的转移将不会那么剧烈。

但如果A国当局采取谋求内部平衡的金融政策，不仅可以避免对B国贸易差额的这两种不利的影响，而且还会产生一种新的影响，使B国的贸易差额肯定得到改善。为了抵消A国贸易差额不利的变化对国内产生的紧缩影响，A国当局现在使国内支出发生"政

---

① 我们毋需考虑A国当局采取谋求外部平衡的金融政策的可能性，因为在这种情况下，B国的国际收支在开始时就没有会引起本国通货降值的赤字。

策性"膨胀。但A国对一般物品和劳务需求的绝对增加，意味着A国的购买者既增加来自B国的进口商品的需求，也增加对本国产品的需求。由于这个缘故，B国出口的扩张将大于表8所表示的情形。

直到现在，我们仅仅考虑了B国通货降值对B国贸易差额的影响。其实就外部平衡来说，我们感兴趣的是国际收支，如果A、B两国的当局都采取谋求内部平衡的金融政策，有三个理由可以认为B国通货降值对B国国际收支差额所产生的有利影响，要大于它对B国贸易差额所产生的有利影响：

第一，正如我们已看到的，要实现B国的内部平衡，需要B国采取金融政策来紧缩它的国内支出，以抵消它的贸易差额的改善所带来的膨胀影响。如果B国当局利用货币政策来实施这种紧缩性的金融政策，将牵涉限制B国货币供给和提高利率。B国较高的利率将引起更多的净资本贷款从A国流到B国，进一步改善B国的国际收支。

第二，A国为了保持内部平衡，需要采取膨胀性政策。如果A国当局利用货币政策来达到这个目的，A国的利率将下降，从而进一步鼓励资本资金从A国流向B国。

第三，在汇率变动以前，也许存在从A国到B国的资本流动，以及从B国到A国的资本流动[①]。由于A、B两国都保持着内部平衡，没有理由（除了我们刚刚考察过的利率变化）认为，贷放给A

[①] 假设同时在两个方向发生资本的流动，并不是没有道理的。A国的某些投资者也许对B国的某些投资机会特别感兴趣，而B国的某些投资者也许对A国的某些投资机会感兴趣。根据风险分散原则，两国的投资者都会希望把他们的一些存款分别投资在两个国家。

国借款者的以B国通货来衡量的B国每年储蓄流量，或贷放给B国借款者的以A国通货来衡量的A国每年储蓄流量，会发生变化。但在这种情况下，B国通货的降值意味着B国存款者向A国借款者的贷款总值以A国通货表示将要减少（如果以A国通货衡量，将进一步改善B国的国际收支）。

然而，如果A国当局采取中性政策，对B国国际收支这三种有利的影响，将不那么明显。

第一，如果B国采取货币政策以保持内部平衡，B国的利率确实不得不提高。但正如我们所曾看到的，由于A国采取中性政策，B国的贸易差额只得到较小的净改善。B国为保持内部平衡，需要提高利率的幅度也较小。结果，因B国的利率较高而引起的资本从A国到B国的流动的改善将较小。

第二，由于A国当局不再采取谋求内部平衡的金融政策，不存在A国需要降低利率以进一步促进资本资金从A国流入B国的问题。

第三，以A国通货表示的A国产品价格的下降，与A国实际产量的下降结合在一起，意味着A国的国民收入减少。由于这两个原因，A国储蓄者贷放给B国借款者的以A国通货表示的现期储蓄资金减少。这可能减少从A国到B国的资金流动量。但可以想像，资金流量的减少可能一部分甚至全部为下述事实所抵消：由于B国贸易差额的改善对A国产生的紧缩影响没受到控制，A国的经济活动陷入萧条，使A国工业的赢利前景与B国相比为差，导致A国投资者把他们减少了的储蓄中的较大部分投资在B国工业上。但这种因素的作用不大可能超过其他抑制资本从A国流向B国的因素的作用。

从上述的分析,我们可以得到下面的结论:如果把变动汇率的方法作为恢复国际收支均衡的手段,所有参加这个体系的国家都应该有意识地采取谋求内部平衡的金融政策。这是非常重要的。采取这种政策不仅可以避免保持外部平衡需要实行的汇率变动对国内产生的不幸影响,而且它们还肯定可以加强汇率调整对外部平衡产生的所需要的影响。保持 A、B 两国的内部平衡,不仅造成 B 国贸易差额的改善大于表 8 所表示的情形,而且还对 A、B 两国之间的资本转移差额产生最有利的影响。

当我们考虑到汇率变动对实际贸易条件的影响时,这个结论会再次得到证实。B 国通货降值,必然或多或少地使贸易条件发生不利于 B 国的变化[①],因为运用通货降值就是通过使 B 国产品以 A 国产品衡量会变得更为便宜,从而改善 B 国的贸易差额。从表 8 可以清楚地看到:如果 A、B 两国的进口需求弹性越大,要使 B 国的国际收支发生所需要的改善,贸易条件所要发生的不利于 B 国的变化就越小。但是,假定其他条件不变,如果 A 国采取谋求内部平衡的金融政策而不用中性政策,要使 B 国贸易差额得到一定的改善,所付的代价是 B 国的贸易条件只需要发生较小程度的恶化[②]。如果 A 国采取中性政策,当以 A 国产品衡量的 B 国产品的价格下降,从而 B 国的贸易差额得到改善时,A 国的产量和就业将发生普遍的紧缩。

---

① 参看第 18 章对这个结论的可能的修正。

② 这与下述事实不符:如果 A 国当局采取的是中性政策,而不是谋求内部平衡的政策,B 国汇率一定幅度的降值使贸易条件发生不利于 B 国的较小变动,因为在这种情况下,它也造成 B 国的国际收支的较小改善。

A 国实际收入的下降本身(即除了贸易条件的改变外)就可能导致 A 国的购买者从 B 国进口更少的产品。在一定的实际贸易条件下，A 国购买者在实际收入得以维持的情况下购买 B 国的产品，要多于在实际收入发生下降的情况下的购买量。或者换句话来说，如果 A 国能够保持内部平衡，那么在一定的实际贸易条件下，B 国的出口将大于 A 国当局采取中性政策时的出口。

13 通过工资韧性实现的内部平衡 [①]

在上一章中,我们是从这样一种情形开始分析的:B 国利用金融政策保持经济的内部平衡,但 B 国的国际收支发生赤字。我们曾考虑了通过以 A 国通货表示的 B 国通货的降值来消除 B 国国际收支赤字的可能性。现在,让我们看看谋求内部平衡的金融政策和谋求外部平衡的金融政策之间其他形式的冲突。让我们假定 B 国当局现在通过金融政策来保持外部平衡,但这样做使 B 国失去内部平衡,并且造成大量的失业。在现行的货币工资率水平上,要实现内部平衡(即实现充分就业),B 国需要使国内支出发生"政策性"膨胀。但因为 B 国增加对物品和劳务的需求会使 B 国的国际收支出现赤字,它不能这样做。

在这种条件下,什么类型的价格调整能够有效地提高国内对劳力的需求,同时 B 国当局又可以不必放弃谋求外部平衡的金融政策?让我们考虑一下 B 国货币工资率的下降与 B 国当局继续实行谋求外部平衡的金融政策相结合,对 B 国的就业总量将产生什么样的影响。这种实现内部平衡的方法,我们叫做"工资韧性"的方法。

当劳力需求相对于现有劳力供给来说发生不足,以致存在失

[①] 本章讨论的主题在另编数学附注第 8 节(5)中有讨论。

业[①]时,如果货币工资率下降,我们就说货币工资率有下降的韧性。同样,当劳力的需求超过了供给,以致工作空位多于谋求空位的人时,如果货币工资率上升,我们说货币工资率有上升的韧性。这样,货币工资率有下降韧性指的是劳动力市场结构处于各行业或地区存在劳力需求低于劳力供给的情况,货币工资率将下降。同样,货币工资率有上升韧性是指劳动力市场结构属于各行业或地区劳力需求超过劳力供给的类型,它将引起货币工资率上升。

一般来说,有两种劳动力市场结构能使工资具有韧性。首先,不存在垄断性的工人组织(工会)或雇主组织(雇主联合会),或确定工资率的政府机构,而存在着单个工人和单个雇主之间真正的竞争,那么可以预料,竞争的力量会自动地在劳力需求超过劳力供给的特定劳动力市场中,推动货币工资率上升,而在劳力供给超过劳力需求的特定劳动力市场中,推动货币工资率下降。其次,只要有关当局接受供求原则,在劳力需求超过供给时提高工资率,在劳力供给超过需求时降低工资率,那么这里提及的工资韧性,就可以通过公共工资委员会或类似的确定特定劳动力市场货币工资率的机构来实现。

现在让我们考察一下 B 国的情况。该国通过金融政策保持外部平衡,但结果发生严重的失业,如果 B 国的工资有下降的韧性,在所有那些劳力供给超过劳力需求的劳动力市场内,货币工资率将下降。随着 B 国工资的下降,竞争的力量将导致 B 国出售的产品

[①] 此外还有并不是由于需求的普遍不足造成的,而是由于人们从一种工作到另一种工作的正常移动所造成的"摩擦性"失业。我们在本节中主要讨论普遍失业和各种不同形式的摩擦性失业之间的区别,在"国内经济政策理论"中还要作更广泛的讨论。

的价格下降。对 B 国的生产者来说，由于能够更便宜地雇到劳动力，按既定的价格水平提供产品是有利可图的。只要他们的产品的价格超过按新的较低的工资率下生产更多产品所花的成本，在相互竞争中他们就会雇用更多的劳动力，扩大产量，增加销售量。在对他们的产品的货币需求水平为一定的条件下，物品和劳务销售量的增加将导致这些物品和劳务的价格水平的下降。

让我们暂时假设 A 国的货币价格和成本没下降，从 A 国输往 B 国的物品的价格也没变，但 B 国的货币收入和本国生产的产品的货币价格随着货币工资率的下降而下降。因为 B 国居民从每单位本国产品得到的货币价格下降，但对进口商品所支付的货币价格没变，国际贸易条件变得对 B 国不利。

由于 B 国产品货币价格下降而 A 国产品的货币价格没有下降，A、B 两国的需求都将从 A 国产品转移到较便宜的 B 国产品。正如从表 8 以及前面第 6 章对该表的讨论中所看到的，如果 A、B 两国进口需求弹性的总和大于 1，需求从 A 国产品到 B 国产品的转移，将造成有利于 B 国的贸易差额的变化和不利于 A 国贸易差额的变化。然而，B 国贸易差额改善的趋势将使 B 国失去外部平衡。因为根据假定，B 国当局采取金融政策来实现外部平衡，所以 B 国现在应该利用财政或货币政策来扩张对物品和劳务的总需求，从而扩张国内总支出，直到本国对进口物品和劳务需求的增加（以及对本国生产者原来要出口到 A 国的产品消费的增加）又一次消除 B 国国际收支的盈余，使 B 国恢复外部平衡。但是，最初发生的 A、B 两国的需求向 B 国较便宜的产品转移，还有 B 国为恢复本国外部平衡所需要的国内支出的扩张，都导致对 B 国产品需求的增加，从而有助于 B 国就业水平的恢复。

然而，在考虑使 B 国的就业增加而同时又不破坏 B 国外部平衡的这种机制时，我们还必须考虑到 B 国所采取的政策对 A 国产生的影响。而这样做，我们又必须考虑到 A 国当局作为对 B 国经济变化而采取的三种可能的金融政策：A 国当局也许采取中性政策，也许采取谋求内部平衡的金融政策，或者——像 B 国当局那样——也许还采取谋求外部平衡的金融政策。

在 A、B 两国之间不存在任何资本移动的情况下，如果 A 国采取中性政策或谋求内部平衡的金融政策，一般来说，B 国工资率的下降将不会对 A 国产生影响。B 国工资率的下降使 B 国产品能够降价与 A 国产品竞争，B 国的贸易差额由于这个缘故得到改善。因为 B 国采取谋求外部平衡的金融政策，这样 B 国对物品和劳务的总需求发生膨胀，直到它的贸易差额恢复到原来的水平。因此，对 A 国产品的需求或 A 国的贸易差额最终没有发生净变化。由于 B 国货币工资率和产品价格的下降有可能加剧的对 A 国产品需求的净下降，正好被 B 国为保持本国外部平衡而实行的"政策性"膨胀所带来的对 A 国产品需求的增加所抵消[1]。

如果我们考虑到 B 国国内情况对 A、B 两国之间的资本资金流动所产生的影响，那么上面的结论要作某些修改。我们已经看

---

[1] 当然，如果当 B 国货币工资率下降时，B 国当局采取中性政策而不采取谋求外部平衡的金融政策，结果会有很大的差别。在这种情况下，B 国产品将会降价与 A 国产品竞争。这个趋势不会被 B 国的需求膨胀所抵消，从而不足以恢复对 A 国产品的总需求，如果 A 国当局采取中性政策，A 国将发生失业。如果 A 国当局采取谋求内部平衡的金融政策，它就不得不设法使国内发生"政策性"增加。

到，B 国的贸易差额因本国货币价格和成本下降而改善的趋势，会促使 B 国当局采取膨胀性的金融政策，以保持外部平衡。如果 B 国当局采取的货币政策，意味着 B 国的利率将下降，从而导致从 B 国到 A 国资金转移的增加。B 国利率下降的作用，还可能因下述事实得到加强：由于 B 国的总就业和总生产（即实际收入）将增加，B 国的居民会倾向于把更多的实际储蓄贷放给 A 国的借款者以及投资在本国。另一方面，B 国工业利润良好的前景，与 B 国产品需求相对于 B 国货币生产成本来说所发生的上升相结合，将促进 A 国向 B 国的贷款。同时，B 国产品的货币价格因本国货币工资率下降而发生的下降，成为减少从 B 国到 A 国的贷款流量的货币价值的一个因素。

如果作为这些变化的结果，从 B 国到 A 国的资本转移增加，那么 B 国当局为保持内部平衡，就不用那么大幅度地扩张国内支出。由于要筹集从 B 国到 A 国新的资本转移流量，因 B 国产品较便宜而能以较低价格在 A 国市场出售所导致的 B 国贸易差额的改善，有一部分将继续存在。在这种情况下，由于 B 国的贸易差额得到长期的改善，A 国将会发生一定程度的净紧缩效应。

如果 A 国当局用中性政策来对付这种情况，A 国将会发生某种程度的紧缩性下降，从而导致 A 国对来自 B 国的进口商品需求的减少，并可能导致 A 国存款者对 B 国借款者贷款的减少。这会消除 B 国部分有利的国际收支差额，因而 B 国当局为实现外部平衡也不必实行那么剧烈的膨胀性的金融政策。结果，随着本国货币工资率的下降而出现的 B 国对劳力需求的净增加也没有原来那么大。然而，如果 A 国当局采取谋求内部平衡的金融政策，B 国长期的贸易差额的改善对 A 国的紧缩影响,将被 A 国国内支出的政策性膨胀所抵消。A 国对 B 国产品的需求将增加,A 国存款者可以用来贷放给 B 国借款者的收入也不会下降。因此,B 国当局实行谋求外部平衡的膨胀性的金融政策,和当 A 国当局采取中性政策时相比,就会更进一步;并且 B 国因货币工资率下降而引起的对劳力需求的增加,会因此而更大些。

但这些考虑对于下述主要论题来说只是较小的修改:当 B 国货币工资率下降时,如果 B 国当局同时采取扩张性的金融政策,以抵消随之而来的 B 国国际收支的改善,那么 B 国的就业水平将提高,同时也不会干扰 A 国的内部平衡和外部平衡。

因此,我们一般可以得到这样的结论:当 B 国采取谋求外部平衡的金融政策时,因为 B 国产品相对于 A 国产品价格下降,引起了有利于 B 国贸易差额的变化,从而使 B 国当局能够扩大国内需求,并由此扩大本国产品的市场,所以 B 国货币工资率的下降,将导致 B 国就业量的增加。

当然,由于整个过程的发展取决于 B 国产品价格相对 A 国产品价格的下降,这种机制将涉及不利于 B 国的实际贸易条件的变动。这个不利于 B 国的贸易条件将会很小,但前提是:(1)A、B 两国的进口需求弹性都很大,因为在这种情况下,B 国产品价格一定程度的下降会导致 B 国贸易差额较大的改善,并由此使 B 国为保持内部平衡这个目的而允许国内需求出现较大膨胀;(2)B 国的边际进口倾向很小,因为在这种情况下,为了刺激恢复外部平衡所需要的 B 国进口需求的增加,B 国大幅度地扩大国内需求(从而扩大对 B 国产品的需求)是必要的。

到现在，我们仅仅依据 A 国当局采取中性政策或谋求内部平衡的金融政策的假定，考虑了 B 国货币工资率的下降对 B 国就业量的影响。我们还没考虑如果 A 国当局也采取谋求外部平衡的金融政策，将会发生什么事情。

我们要认清的重要问题是：在这种场合中，除非我们能够得到某些其他信息，足以说明哪些因素影响 A、B 两国当局为保持外部平衡所作的贡献，否则结果将是不确定的。B 国的货币工资率下降，B 国的货币生产成本也下降。B 国的贸易差额变得有利，同时 A 国的贸易差额变得不利。为了保持外部平衡，A 国当局现在必须收缩国内总支出，就像 B 国当局必须扩张国内总支出一样。但是，如果 A 国国内支出的紧缩很大，主要由于 A 国对来自 B 国的产品的需求下降，A、B 两国之间贸易差额的失衡将会消失。从 B 国的观点来看，它的国际收支事实上并没有多大改善，因而并不那么强烈地要求扩张它的国内支出，它的就业量也没有多大增加。另一方面，如果一旦 B 国与 A 国的国际收支变得对 B 国有利，B 国的国内支出实际上就大幅度迅速膨胀，A、B 两国之间的国际收支失衡将主要通过 B 国对 A 国产品需求的增加而消失。A 国当局实际上不会面临大量的或持久的国际收支赤字，因而实际上也完全没有必要广泛地限制本国需求以恢复外部平衡。简而言之，如果 B 国经济大幅度膨胀，A 国只需小幅度的紧缩；如果 A 国经济大幅度紧缩，B 国只需小幅度的膨胀。直到我们知道根据什么原则（如果有这样的原则的话）来判断 B 国的膨胀和 A 国的紧缩对消除外部失衡的作用究竟在两国之间怎样划分之前，我们无法预料将会产生什么结果。

况且，如果 A、B 两国都采取谋求外部平衡的金融政策，我们还应该记住另一种十分重要的区别。A 国的货币工资率是不是多少具有刚性，以至对 A 国产品的货币总需求水平的下降，会造成本国实际产量和就业量的下降？或者，工资对于保持 A、B 两国内部平衡来说，是不是具有韧性，以致对 A 国产品货币总需求水平的下降，造成本国货币价格和成本的下降，但实际产量和就业量保持不变；而不是物价和成本保持不变，但实际产量和就业量出现多少下降？在前一种情况下，A 国为保持外部平衡而实行的国内支出一定程度的紧缩，主要通过因 A 国实际购买力下降而造成的 A 国对 B 国产品需求的减少来发挥作用。但在后一种情况下，A 国的紧缩主要通过 A 国产品价格相对于 B 国产品价格的下降，以及随之发生的需求从 B 国产品到 A 国产品的移动来发挥作用。

当 A、B 两国采取谋求外部平衡的金融政策时，B 国的膨胀和 A 国的紧缩究竟对保持外部平衡有多少作用这个问题，只有在某个如同传统的金本位下的制度那样的单独的国际货币制度发生作用的条件下，才有确定的答案。在金本位制度下，当 B 国对 A 国的国际收支出现盈余时，如果存在黄金或其他某种共同的国际货币储备的流动，如果 B 国的国内膨胀总量通过某种方式与 B 国货币当局所得到的额外黄金储备总量联系在一起，又如果 A 国的国内紧缩总量也通过同样的方式与 A 国货币当局所失去的相同的国际货币单位的数量联系在一起，那么就有某种因素在起作用，它能够在一定情况下决定 B 国当局应该使经济膨胀到什么程度，A 国当局应该使经济紧缩到什么程度。我们在下一章将把注意力转向这种类型的国际货币制度的运行方面。

14 金本位

在本章中,我们只谈论"金"本位。但这只能看做国际货币本位的一个典型。我们在本章中打算分析如果A、B两国当局都采用共同的国际货币本位,同时并遵守一定的行为规则,那么内、外平衡通过什么方式能够同时得到保持。当然,这个本位是否是黄金无关紧要。它可能是白银、小麦或某些商品的组合(多少黄金加多少白银加多少小麦加多少橡胶等)。或者,它甚至可以是一种明显为了提供一种国际货币本位而设计的国际记账单位。这样,某个国际当局可以发行一定数量的这种或那种纸币或对纸币的要求权,每一张纸币代表一个单位的国际货币单位[例如,称做尤尼达斯(Unitas)或班科(Bancor)]。各有关国家的货币当局都持有这些纸币并作为国际货币储备,在各方面都像中央货币当局在金本位下看待黄金那样看待这些纸币。就本章的目的来说,我们所需要的只是假定存在有某种国际货币本位。纯粹是为方便起见,我们称它为"黄金"。

希望成功地运用国际货币本位的各国中央货币当局所必须遵守的金本位的基本规则有四项:

(1)每个国家的货币当局必须采取步骤确定本国通货的黄金价值。

(2)黄金必须可以自由输入和输出每一个参加金本位制度的

国家。

(3) 每个国家的货币当局必须安排好本国货币的国内供给量，使它的货币供给量在黄金持续流入它的国土时多少以自动的方式增加，并使它的货币供给量在黄金持续流出它的国土时多少以自动的方式减少。

这三项基本规则已足以保持金本位条件下国家之间的外部平衡。但为了保证内部平衡，还要再遵守一项规则：

(4) 在每个国家里，工资必须具有前一章所描述的那种韧性。

在上一章中，我们已经详细地讨论了工资韧性（规则4）的含义。我们现在应该说说规则1、2和3的含义。

规则1说明，每一个实行金本位的国家的当局，应该采取措施来固定以本国通货表示的黄金价值，只允许它在窄小的范围内变动。这可以通过下述3种机制中的一种来实现：

(a) 在金币本位下，有关国家的法币采取有一定含金量的黄金铸币的形式。这样，国家铸币厂总是把一定数量的黄金铸成一个1元的金币，而熔化一个1元金币总是可以得到一定数量的黄金。在这种情况下，因为人们把1元的钞票换成一个1元金币，总是可以得到这个数量的黄金，这一定量的黄金的价格不可能超过1元。同时，因为人们把这个数量的黄金送到国家铸币厂去铸成一个1元金币，总是可以得到1元，所以这一定量的黄金的价格也不可能低于1元。

(b) 在金块本位下，金币并不投入流通，但负责发行某国货币（如美元纸币）的当局，可以用它新发行的1美元纸币购买一定数量的黄金，也可以出售这个数量的黄金交换1美元纸币。这个数量的黄金的价值也不可能高于或低于1美元，因为黄金的卖者通过把黄金出售给货币当局总能得到新的 1 美元纸币,同时黄金的买者用 1 美元纸币总能向货币当局买到价值 1 美元的黄金。

(c) 在金汇兑本位下,金币不投入流通,一个国家的货币当局也不按照以本国纸币表示的一定价格来买卖黄金。但它可以通过买卖另一个实行金币或金块本位制的国家的货币(如纸币)来买卖黄金。这样,假定 B 国(例如英国)的货币当局始终以一张 1 英镑纸币购买四张 1 美元纸币,或出售四张 1 美元纸币以换取一张 1 英镑纸币。而 A 国(如美国)的货币当局正在实行金币本位或金块本位。因为 1 英镑始终值 4 美元,而 4 美元始终值一定数量的黄金,所以这个数量的黄金的价格总是因定在 1 英镑的水平上。黄金购买者总是可以用 1 英镑纸币从 B 国货币当局换取 4 美元,然后用这 4 美元从 A 国货币当局换取黄金,从而可以用 1 英镑交换这个数量的黄金。黄金的出售者也始终可以把他的黄金卖给 A 国当局以取得 4 美元,然后再把这 4 美元卖给 B 国当局以换取 1 英镑纸币,从而用黄金交换到 1 英镑。

如果 A、B 两国当局都按照上述方式中的某一种来固定以黄金表示的他们通货的价值,又如果两国存在自由的黄金进出口(规则 2),那么以 B 国通货(譬如说英镑)表示的 A 国通货(譬如说美元)将固定下来,只能在一个窄小的范围内变动。让我们假定 B 国货币当局以 1 英镑而 A 国以 4 美元买卖同样数量的黄金,那么 4 美元对 1 英镑就是平价汇率。现在,让我们假定 B 国的国际收支出现赤字,A 国的国际收支出现盈余,持有英镑的 B 国人为向 A 国债权人偿还款项而购买美元的总额,大于持有美元的 A 国人为向 B 国债权人偿还款项而购买英镑的总额。在外汇市场上以"充裕"英镑来表示的"稀缺"美元的价值将趋于上升,1英镑纸币所能换得的纸币将少于4美元。

但是,这个变动不可能很大,因为要向 A 国支付的 B 国人总可以用 1 英镑向 B 国货币当局兑换黄金,然后把黄金出口到 A 国,卖给他们的当局以换取 4 美元。但这个过程无论如何都不是全然不费成本的。首先,在 B 国取得黄金需要付出少量成本。它是把金币(如果 B 国实行金币本位)熔成黄金的小额成本,或是 B 国货币当局兑换 1 英镑纸币的黄金所收取的小额手续费。其次,把黄金运到 B 国所发生的实际成本,其中包括运费、保险费以及黄金在实际运送期间的利息损失。其三,在 A 国把黄金换成美元要支付小额费用。它或是铸币的成本,或是 A 国货币当局供给新纸币所收取的小额手续费。假定价值 4 美元的黄金所花费的所有这些成本为 5 美分。只要在外汇市场上可用 1 英镑纸币直接交换到 3.95 美元以上的纸币,那么 B 国人就可以用英镑纸币直接购买美元纸币,而不用把黄金从 B 国运到美国。如果在外汇市场上所能购买到的美元纸币少于这一数额,B 国人就会把价值 1 英镑的黄金运往 A 国。在这种情况下,3.95 美元对 1 英镑就被认为是 B 国的黄金输出点和 A 国的黄金输入点。

同样,如果把价值 4 美元的黄金从 A 国输往 B 国所花费的成本是 5 美分,要向 B 国支付的 A 国人就会直接用最多为 4.05 美元的纸币交换 1 英镑纸币,而不会把黄金输往 B 国。但是如果他要用多于 4.05 美元的纸币才能交换到 1 英镑,他就宁可把黄金输往 B 国。由于这个缘故,4.05 美元对 1 英镑就被叫做 A 国的黄金输出点和 B 国的黄金输入点。这样,在外汇市场上,英镑价值可以从 4 美元兑

1英镑的平价升值到4.05美元兑1英镑，或降值到3.95美元兑1英镑。汇率的变动不会超过这个狭小的范围。但黄金将不断流动以融通国际收支的赤字或盈余。

这样，规则1和2的作用，将使实行金本位的国家的通货之间的汇率固定在由黄金输入点和黄金输出点所形成的狭小范围内，而赤字国将失去黄金，同时盈余国将获得黄金。

我们应该接着转而考虑规则3。这个规则说明，国内货币安排应该做到这样：当黄金流入一个国家时，国内货币供给应该多少自动增加，而当黄金流出时则采取相反的做法。

保证这种关系有效的最简单的机制就是国内流通货币有百分之百的黄金储备。金币本位便是这样一个例子。按照这个本位，黄金可以铸成金币，金币构成社会上唯一的货币形式。但还可以想像到其他有百分之百黄金保证的货币形式。某国可能实行金块本位，国内并不流通金币。但如果银行体系允许纸币或银行存款自由买卖黄金，如果对所发行的纸币和存款债务保持百分之百的黄金储备，那么国内货币供给量和黄金储备总额会再一次正好相等。

但这种有百分之百黄金保证的货币是很不普通的。在现代社会里，只有一部分国内货币供给量是用黄金储备或其他国际上接受的支付手段来作保证的。在这种情况下，我们应该区别两种可能的情况。

第一种情况是我们称为"信用发行原则"的情况。在这种情况下，国内货币供给总量只有一部分是由黄金作保证的，但黄金储备的任何增减仍然导致国内货币供给总量同一绝对量的增减。假定在某个国家内，银行体系发行10亿元的纸币来支持向生产者贷款或购买政府债券，但超过这个固定的"信用发行"发行纸币，就必须每元都有等价黄金作保证。如果该国有 5 亿元的黄金储备,国内货币供给量将是 15 亿元,其中只有 1/3 是用黄金作保证的。但每失去或获得 1 元的黄金,即引起国内货币供给量减少或增加 1 元。

只要黄金不断输入,这个体制就可以无限期地运行下去。进口的黄金每增加 1 元,国内货币供给量就相应增加 1 元。但在失去黄金的情况下,这个体制的运行就要受到严格的限制。假定在前面所举的例子中,为实现外部平衡要求把国内货币供给量从 15 亿元减少到 9 亿元,但却允许把黄金储备降到 2 亿元以下,这被认为是不安全的。那就是黄金储备减少 3 亿元要相应减少 6 亿元的国内货币供给量。要使黄金储备的变化和国内货币供给量的变化之间成 1∶1 这个"信用发行原则"有效运行的唯一安全方法的比例,是要有百分之百的黄金保证的货币。

第二种情况,我们可以称为"百分比储备原则"。在这种情况下,国内货币供给量又一次只有一部分用黄金来保证,但国内货币供给量的边际增量或减量同样只有一部分是用黄金保证的。假定某个银行体系遵循国内货币供给量的任何增量或减量的 1/3 应有黄金作保证这个简单规则行事,那么和以前一样,如果国内货币供给量是 15 亿元,该国应持有 5 亿元的黄金储备;但如果黄金储备增加或减少 1 元,国内货币供给量应上升或下降 3 元。

事实上,银行体系的机制即使能够自动运行,也很可能比这里说的要复杂得多[①]。中央银行可能根据不同的原则,按照本行的纸币

[①] 参看作者论文 The Amount of Money and the Banking System,载于 *Economic Journal*,1934 年 3 月号。

债务和存款债务来保有黄金储备。商业银行所持有的储备一部分是纸币,一部分是在中央银行的存款,它们也可能根据不同的原则来决定用这些储备来支持它们自己的存款债务。最后,公众可能选择以纸币的形式(有某种形式的黄金保证),或以商业银行存款的形式(有不同形式的间接的黄金保证),来持有他的货币。但所有银行制度都属于下述三种可能的类型中的一种:

(1)黄金储备始终等于国内货币供给量,我们称之为百分之百货币原则。

(2)黄金储备少于国内货币供给量,但黄金储备的变化引起国内货币供给量同一绝对量的变化。我们称之为"信用发行原则"。

(3)黄金储备少于国内货币供给量,黄金储备的变化也小于随后发生的国内货币供给量的变化。我们称之为百分比储备原则。

事实上,百分比储备原则才是正常的原则。如果考虑到本章前面分析过的论点则更是如此。下面我们将把注意力集中在这个原则上,但会不时地把它的影响和百分之百货币原则的影响相比较。

百分比储备原则实际上也许有各种显然不同的类型。我们在这里不打算详细讨论各种不同的可能性。这在国内经济政策理论中讨论会更为合适。在这里举两个例子就足够了。

假定(1)B国中央银行就纸币来说实行信用发行制度,它每收入1英镑的黄金就只发行1英镑的纸币;(2)B国的商业银行以纸币作为它们全部的货币储备,并把纸币储备与银行存款债务的比例维持在1/8的水平;(3)B国公众选择持有的现金数量(即纸币),通常等于他们在商业银行存款额的1/20。这样,B国的货币总供给量的增加(或减少)将等于B国中央银行持有的黄金储备的增加(或减少)的 6 倍。例如,假设 B 国中央银行增加了 0.7 亿英镑的黄金储备。因为 B 国中央银行是实行固定的信用发行制度的,B 国纸币的总供给量将增加 0.7 亿英镑。又假设在增加的纸币中,有 0.2 亿英镑由公众持有,有 0.5 亿英镑由商业银行持有。商业银行把它补充到货币储备中去,以它为基础增加对公众的存款负债 4 亿英镑。公众持有的货币总额就增加了 4.2 亿英镑(其中 0.2 亿英镑以新增纸币的形式持有,4 亿英镑以存在商业银行的存款增加总额的形式持有),或等于 B 国中央银行所得到的价值 0.7 亿英镑的黄金储备的 6 倍。我们的制度的所有其他货币条件都得到满足:(1) B 国中央银行发行的纸币总额的增加(公众持有 0.2 亿英镑,商业银行持有 0.5 亿英镑)和 B 国进口黄金的增加幅度相同;(2) 商业银行保持新增加的纸币(0.5 亿英镑)与新增加的存款债务(4 亿英镑)之比为 1∶8;(3) 公众持有的新增加的现金数额(0.2 亿英镑纸币),等于他们以商业银行存款的形式持有的新增加的货币(4 亿英镑)的 1/20。

同时又假定:(1) A 国中央银行采取固定的比例储备制度,始终保持所发行的纸币的总额的 1/2 用黄金作保证;(2) A 国的商业银行以 A 国中央银行发行的纸币的形式持有它们的全部货币储备,但这项储备只有存款债务的 1/16;(3) A 国公众持有的纸币数量通常仅等于他们以商业银行存款的形式所持有的货币总额的 1/44。这样,A 国货币供给的总增加(即公众持有的纸币和他们在商业银行里的存款)将不少于 A 国黄金储备增量的 24 倍。例如,假定 A 国中央银行得到价值 0.15 亿美元的黄金。A 国货币供给量的总增加将是这个数额的 24 倍即 3.6 亿美元,其中 3.52 亿美元由公众以商业银行存款形式持有,剩下的 0.08 亿美元(即 3.52 亿美元的 1/44)由公众以纸币形式持有。面对新增加的 3.52 亿美元的存款债务，商业银行持有的纸币储备增加 0.22 亿美元（即 3.52 亿美元的 1/16）。这样，纸币发行总额将增加 0.3 亿美元（其中 0.08 亿美元由公众持有，0.22 亿美元由商业银行持有）。对新增加的 0.3 亿美元的纸币的发行，中央银行要增加持有价值 0.15 亿美元的黄金，即储备率为 1/2。

在上面的例子中，我们明白了这样的情况：黄金从 B 国流到 A 国，所引起的 B 国货币供给量的收缩是黄金价值的 6 倍，A 国的货币供给量的扩张是黄金价值的 24 倍。在这个例子中，我们把 A、B 两国银行体系的反应说成似乎全然是自动的。实际情况当然也许不是这样。银行体系的各个组成部分所遵守的实际储备率在很大程度上是自行酌定的。银行当局可以通过降低储备率来"抵消"黄金的流失，从而使国内货币供给量超过它与黄金储备处于正常联系时的水平。或者银行当局用提高现行储备率的方法来"封存"新得到的黄金，从而使国内货币供给量相对于黄金储备来说反常地低[①]。

但不论在什么情况下，为了使金本位能够有效运行，必须按某种方式遵循规则(3)：当黄金储备流失（或积累）时，国内货币供给总量应该减少（或增加）。从上述可以清楚地看到，即使考虑到管理上自行酌定的因素，但在现代金本位制度下，(1)货币总供给的变化可能是黄金储备变化的许多倍；(2)在一个国家里，国内货币供给对黄金储备一定的变动的反应，可能远大于另一个国家国内货币供给对黄金储备同样变化程度的反应。这两个事实都有重要的含义。

在 A、B 两国里，国内货币供给对黄金储备的变化有不同的反应。这个事实意味着：为了消除两个国家之间的国际收支失衡，其

---

① 参看第 16 章。

中一个国家不得不比另一个国家实行更大幅度的调整。这样,在我们刚刚列举的数字例子中,从 B 国到 A 国譬如说 1 亿英镑(或 4 亿美元)的黄金流动,导致 B 国国内货币总供给量减少 6 亿英镑,A 国国内货币总供给量增加 96 亿美元(或 24 亿英镑)。因为两国各种银行和货币比率的不同,A 国国内货币供给调整的绝对数值是 B 国的 4 倍。换句话来说,黄金储备与国内货币供给量的边际比率为最低的国家的当局,不得不承担绝大部分的调整负担,如果是赤字国就要紧缩,如果是盈余国就要膨胀[①]。

但百分比储备制度还有一个更严重的弊端。即使两国维持相同的黄金储备变化和国内货币供给量变化之间的比率,这个弊端仍然存在。假定 B 国对 A 国存在国际收支赤字。在百分比储备制度下,B 国每年收缩的货币供给量和 A 国每年扩大的货币供给量,是从 B 国到 A 国每年黄金流量的许多倍。黄金每年的流量等于 B 国对 A 国每年的收支赤字。但在百分之百的货币制度下,B 国每年收缩的货币供给量和 A 国每年扩大的货币供给量,仅仅等于黄金的年流量,换句话来说,在前一种制度下,国内货币供给量的必要调整远快于后一种制度。

但在这两种制度下,A、B 两国为了摆脱 B 国对 A 国的国际收支赤字,所需要的相对价格、货币收入、国内货币总供给量等的

---

① 如何调整所引起的紧张局面受调整绝对值的影响,当然不及受这个绝对值相对于该国经济而言的分量的影响。这样,假定储备从 B 国流向 A 国使 B 国的国民收入减少 1 亿英镑,A 国的国民收入也增加同一数量。但假如 B 国的经济只及 A 国的一半,即 B 国的国民收入为 10 亿英镑,A 国的国民收入为 20 亿英镑,那么每个国家的货币国民收入 1 亿英镑的相同绝对数的调整,使 B 国的国民收入发生 10% 的紧缩,而 A 国的国民收入只发生 5% 的膨胀。

最终调整是一样的。然而，百分之百的货币制度与百分比储备制度相比，必要的调整更容易实现。因为在前一种制度下，两国都有更多的时间来进行必要的调整。因此，如果实行共同的国际货币本位，有强有力的理由主张采用一种单一的共同货币，它百分之百地构成两国国内实际的货币流通；而不是每个中央银行持有少量的国际储备，它只代表每一个国家国内货币总供给量的一个很小百分比的储备。

从规则（3）的观点来看，金汇兑本位存在某些特殊的问题。在这种本位下，譬如说 B 国的中央银行不持有黄金储备，而持有 A 国货币储备（例如，A 国的流通纸币或 A 国银行的存款债务）。它按照预先决定的价格把所持有的 A 国货币兑换给希望购买它的 B 国人（参看本章前面）。如果 B 国对 A 国的收支赤字是 1 亿英镑（或 4 亿美元），那么 B 国的中央银行每年从所持有的 A 国货币中拿出 4 亿美元，兑换给需要向 A 国支付的 B 国人。B 国的银行体系不得不减少本国的货币总供给量，情况和该国流失价值 1 亿英镑的普通黄金储备一样。

但 A 国的银行体系对这个变化会作出怎样的反应呢？至少有两种可能。

A 国的货币当局可以把 B 国中央银行持有的代替黄金储备的美元纸币和存款，看做和 A 国普通人和工商企业持有的美元纸币和存款一样。在这种情况下，当 B 国中央银行失去一部分所持有的美元纸币和存款时，对 A 国银行体系的美元纸币和存款的总供给不会产生影响。A 国国内流通的纸币和存款增加的数量，正好等于 B 国中央银行持有的 A 国纸币和存款减少的数量。从 A 国再调整的观点来看，这就像A国实行普通的金本位，黄金储备的变化和国内货币供给量的变化保持1∶1的比率一样。A国的货币供给增加的数量正好等于A国对B国的收支盈余。然而，这当然意味着B国需要进行更大幅度的货币调整。如果B国的银行和货币比率的情况，是B国货币总供给的变化6倍于它的中央银行持有的黄金储备或金汇兑储备的变化，那么B国需要的紧缩要6倍于A国需要的膨胀。

然而，A国的货币当局也可以把B国中央银行持有的美元纸币和存款看做和A国普通居民所持有的美元纸币和存款不同。B国中央银行持有的美元纸币和存款构成了国际货币储备，任何时候都可以由B国居民支付给其他国家的居民。在只包括A、B两国的世界里，因为B国的中央银行只能把它所持有的A国通货用来筹措对A国居民的支付，所以这一点对A国的货币当局来说并不重要。但如果我们考虑到其他国家的存在（我们称之为C国），情况将大不相同。在这种情况下，B国的货币当局在任何时候都希望把它所持有的A国通货用于弥补它对C国的收支赤字。

在这里，我们必须区分下述两种情况：(1)C国也实行金汇兑本位，C国的中央银行也以A国通货的形式持有储备；(2)C国实行金币本位、金块本位或金汇兑本位，但C国的中央银行以另一个国家（譬如说D国）的通货的形式持有储备。

在第一种情况下，如果B国发生赤字而C国发生盈余，B国对C国的超额支付，将由A国货币以B国中央银行储备到C国中央银行储备的转移来补偿。赤字国B国和盈余国C国之间的调整将会发生，就像两国都采取金块本位，但只是A国的货币代替了金块一样。用这种方式筹措的B国对C国的超额支付，对A国没有影响。对于 A 国的当局来说，不管 A 国的货币是由 B 国的中央银行还是由 C 国的中央银行持有，大概是没有差别的。换句话来说，如果世界上各个国家都实行金汇兑本位，只有一个构成"母"国的国家例外，它的货币被各个国家作为中央银行持有的储备，那么这个体系的某一个普通成员国对另一个普通成员国的支付（例如，B 国对 C 国的支付），就会产生正常的金块本位的效应：支付国的中央银行的储备会紧缩，收受国的中央银行的储备会膨胀。某个成员国对母国（如 B 国对 A 国）的支付也会产生正常的金块本位的效应：支付国的中央银行的储备会紧缩，但母国的中央银行的储备没有受到直接的影响，它的国内货币供给量只增加了从成员国中央银行的储备实际流失的母国货币的数量。

  但在上面第(2)种情况（C 国不是实行以 A 国货币为中央银行储备的金汇兑本位）下，B 国对 C 国的支付，对 A 国货币形势所产生的影响将大为不同。当 B 国把支付转移到 C 国时，C 国的中央银行将从 A 国中央银行的储备中提取黄金。它这样做，或者是为了增加本国的国内黄金流通量（如果 C 国实行金币本位），或者是为了增加本国中央银行的黄金储备（如果 C 国实行金块本位），或者是为了向 D 国的银行体系支付（如果 C 国实行金汇兑本位，它持有的储备是 D 国货币）。无论是什么情况，如果成员国 B 国不得不清偿对非成员国 C 国的收支赤字，那么"母国" A 国的中央银行将失去黄金储备[1]。

---

[1] 应该注意到，这里关于金汇兑本位的分析适用于任何外汇本位，例如，适用于英镑本位。某个"英镑区"国家的中央银行将会以放在伦敦各银行存款中的英镑余额的形式，来保留它们的储备。

14 金本位

考虑到这种可能性，A 国的货币当局也许只把它持有的黄金，减去 B 国中央银行作为本国货币储备所持有的 A 国通货数量的差额，看做它自身的自由黄金储备。在这种情况下，即使 A、B 两国之间发生支付，金汇兑本位的运行与金块本位的运行没有本质差别。例如说，如果 B 国对 A 国收支出现赤字，B 国中央银行的储备流失程度和 A 国银行自由的黄金储备增加的程度相同，A 国将相应扩大国内货币供给量。

根据历史事实，为了节约黄金，金汇兑本位现在已大大发展了。可以想象，如果 B 国的中央银行不是持有实际的黄金储备，而是持有 A 国银行纸币或存款债务的储备，而 A 国本身又实行金块本位，那么 B 国的中央银行就能够实行金本位而又不用增加对黄金的需求。但是，按照前面的分析，我们可以得到结论：要么金汇兑本位并不节约黄金[1]，要么金汇兑本位会把调整的一个全然过度的部分加到实行金汇兑本位的国家身上，而这种调整对于实行金汇兑本位的国家和把实行金汇兑本位国家的货币作为储备来持有的国家之间是必需的[2]。

我们已经详细考察了在不同的银行制度下，黄金储备的变化对国内货币供给影响的方式和程度。现在，我们可以简略地指出金本位的规则(3)的主要影响：国内货币总供给量多少自动地按相同的方向，随着该国黄金储备的变化而变化。

---

[1] 在我们的例子中，如果 A 国中央银行只把它持有的黄金超过 B 国中央银行所持有的 A 国通货的数量，才计算作自己的"自由"黄金储备，事情就是这样。

[2] 在我们的例子中，如果当 B 国中央银行的储备流失到 A 国去的时候，A 国中央银行并不增加货币总供给量，事情就是这样。

一般来说，有两个因素决定了对任意国家的货币需求：第一，每一个时期内需要用货币来完成的货币交易总量；第二，把持有的货币投资于证券或其他非货币资产所能获得的报酬率。在这里我们不可能详细探讨这些问题。在"国内经济政策理论"中详细考察会更为恰当。这里只要说明这样的事实就够了：人们以流动的货币形式来持有自己的财富总是方便的。这样可以提供对物品和劳务的在手头的即时的购买力。但这样做也有某些损失，因为如果人们把资本投资在非货币资产上，而不是以流动的货币形式持有，那么他可以期望获得资本的报酬（形式有向别人贷放货币所获得的利息；持有企业股份所获得的利润；或者从某些预料价格会上升的商品或其他实物产业所获得的资本利润）。因此，一个人只在下述情况下才更适宜于持有更多的货币：(1)他需要偿付的货币交易总额较大，在这种情况下持有货币就极为有利；(2)利率较低，或从其他非货币性资本资产预期能够得到的其他形式的报酬也较低。因为在这种情况下，他不把货币投资在非货币资产上而以流动形式持有额外的货币，牺牲的额外报酬较小。这样，如果(1)某国货币国民收入越高，和(2)该国的利率越低，那么该国对以流动形式存在的货币的需求就越大。

规则 3 意味着当赤字国流失黄金时，某些情况会多少地自动发生，以减少该国的货币供给量。这个规则还意味着，除非同时发生了其他事情，以致减少对物品和劳务的需求，从而减少国内需要货币完成的交易量，否则利率会因货币资金变得稀缺而上升，直至人们愿意与减少货币供给量一起减少他们对货币的需求。用我们的术语来说，等于赤字国当局寻求一种自动的货币紧缩政策以恢复外部平衡。这样,规则 3 对赤字国的影响是:只要该国国际收支继续发生赤字,该国对物品和劳务的货币需求就会以这样或那样的方式出现紧缩。

同样,规则 3 还意味着在任何一个获得黄金的盈余国里,货币供给量将增加,除非同时发生了其他事情,以致增加需要用货币来完成的交易量,否则利率将下降,直到人们愿意持有新增加的货币供给量。但这和盈余国当局采取一项膨胀性的货币政策,以恢复外部平衡是同一回事。这样,只要某国的国际收支继续存在盈余,该国对物品和劳务的需求就会由于这个或那个原因发生膨胀。

15 金本位与可变汇率的作用比较[①]

在本章中,我们的目的是从许多可能的世界制度中考虑和比较其中两种制度的作用,看看它们以什么方式把金融政策和价格调整结合起来,以保持各国的内、外平衡。

第一种制度是我们刚刚描述过的金本位,它实际上表示各国自动利用货币政策来保持外部平衡和利用工资韧性来保持内部平衡。第二种制度是各国使用金融政策来保持内部平衡和使用可变汇率来保持外部平衡。

本章的主要目标,是表明这两种机制实际上并没有本质区别。它们的作用都是结合使用两种手段来达到保持内部平衡和外部平衡的目标:第一种手段是扩张或收缩国内总支出的金融政策;第二种手段是改变构成我们的国际体系的两个国家产品的相对价格。在金本位机制的作用下,通过降低赤字国国内货币工资率水平和价格水平,提高盈余国国内货币工资率水平和价格水平,可以带来两国产品相对价格的变化。在可变汇率的情况下,通过降低以盈余国通货表示的赤字国的通货的价值,可以造成两国产品相对价格的变化。但是,如果我们暂时不考虑某些复杂的因素(如存在以某一个

---

① 本章的主题在另编数学附录第 8 节(6)中有讨论。

或其他国家的通货表示的债务,或汇率的变动对投机性资本移动的影响,或调整工资率和调整汇率的难易程度上存在差别),那么这两种机制对任何特定的自发干扰,都将产生基本相同的"实际"调整。

让我们假定 A、B 两国开始时都处于内部平衡和外部平衡状态,接着发生某种自发干扰因素,破坏了这种均衡状态。我们根据两个假定来考察怎样恢复内部平衡和外部平衡。我们第一个假定是:A、B 两国的当局都遵循金本位的四个规则,即按照黄金来确定他们通货的价值;准许黄金自由进出口,当他们得到或失去黄金时,都多少以自动的方式来扩大或收缩国内货币供给量,以及进行制度上的调整;这意味着只要劳动市场存在劳力的过度需求(或供给),则货币工资率将继续上升(或下降)。我们第二个假定是:只要劳动市场存在过度的劳力供给(或需求),A、B 两国的当局都利用金融政策扩张(或收缩)国内支出总水平来保持国内平衡,都让以盈余国通货表示的赤字国的通货降值,来保持两国之间的外部平衡。

我们先来考虑一下,没有伴随着对 A 国或 B 国产品需求任何自发变化的 A 国对 B 国贷款的自发增加,对这两个假定的影响。A 国的储蓄者只是决定把他们的货币投资在 B 国的股票交易而不在 A 国的股票交易。考虑到这种干扰,金本位机制和可变汇率机制将会发生表 13 所示的作用。

让我们看看表的左边,它描述了金本位机制的作用。

从 A 国到 B 国的资本转移流量的增加,导致 A 国国际收支赤字和 B 国国际收支盈余。A 国的汇率出现轻微降值并到达了 A 国的黄金输出点,黄金从 A 国流向 B 国。作为黄金储备移动的结果,A 国的国内货币供给量出现紧缩,而 B 国的国内货币供给量发生膨

表 13　在 A 国向 B 国的贷款出现自发增加的条件下金本位和可变汇率的作用

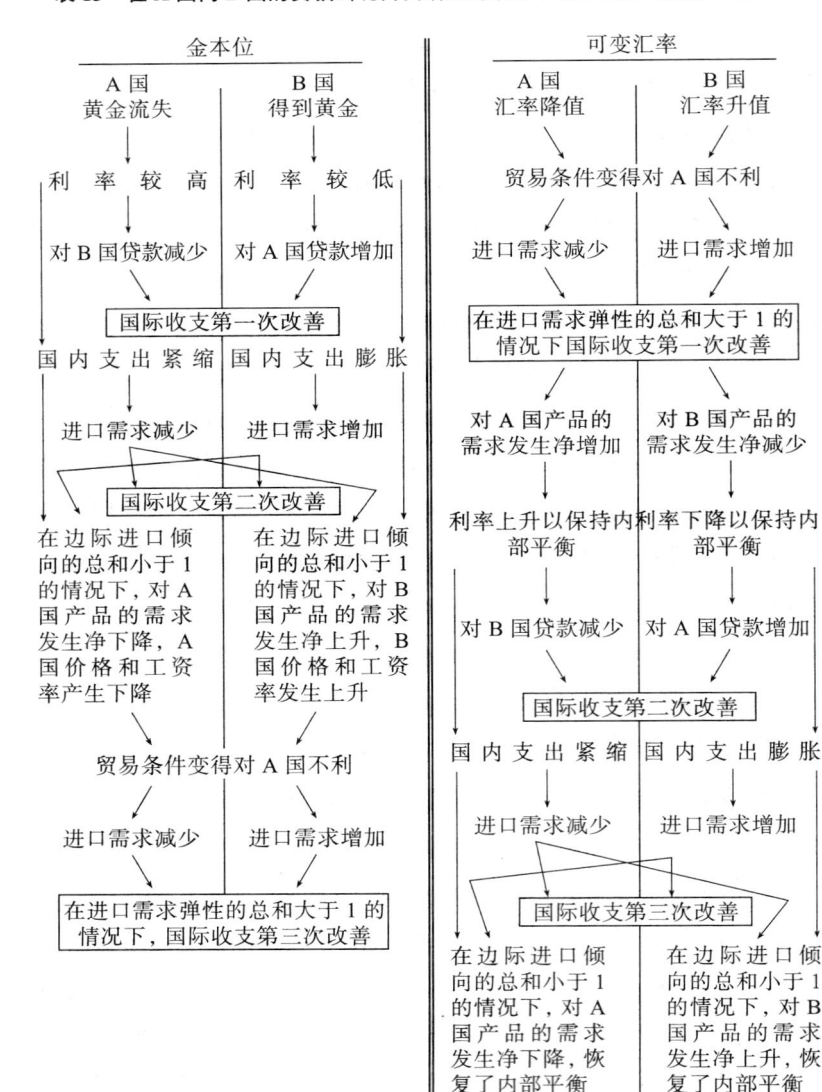

金本位		可变汇率	
A 国黄金流失	B 国得到黄金	A 国汇率降值	B 国汇率升值
↓	↓	↓	↓
利率较高	利率较低	贸易条件变得对 A 国不利	
↓	↓	↓	↓
对 B 国贷款减少	对 A 国贷款增加	进口需求减少	进口需求增加
国际收支第一次改善		在进口需求弹性的总和大于 1 的情况下国际收支第一次改善	
↓	↓	↓	↓
国内支出紧缩	国内支出膨胀	对 A 国产品的需求发生净增加	对 B 国产品的需求发生净减少
↓	↓	↓	↓
进口需求减少	进口需求增加	利率上升以保持内部平衡	利率下降以保持内部平衡
国际收支第二次改善		↓	↓
↓	↓	对 B 国贷款减少	对 A 国贷款增加
在边际进口倾向的总和小于 1 的情况下，对 A 国产品的需求发生净下降，A 国价格和工资率产生下降	在边际进口倾向的总和小于 1 的情况下，对 B 国产品的需求发生净上升，B 国价格和工资率发生上升	国际收支第二次改善	
↓	↓	↓	↓
贸易条件变得对 A 国不利		国内支出紧缩	国内支出膨胀
↓	↓	↓	↓
进口需求减少	进口需求增加	进口需求减少	进口需求增加
在进口需求弹性的总和大于 1 的情况下，国际收支第三次改善		国际收支第三次改善	
		↓	↓
		在边际进口倾向的总和小于 1 的情况下，对 A 国产品的需求发生净下降，恢复了内部平衡	在边际进口倾向的总和小于 1 的情况下，对 B 国产品的需求发生净上升，恢复了内部平衡

胀。在两国的产量、就业、价格、进口或出口水平没有变动的限度内，两个国家对用于完成商业交易的货币的需求没有变化。但是，因为 A 国的货币供给量减少而 B 国的货币供给量增加，在 A 国的资本市场上将发生资金短缺的现象，在 B 国的资本市场上则发生资金过剩的现象。A 国的利率将上升而 B 国的利率将下降。这本身就减弱了对 A 国向 B 国资本转移的刺激。这就是第一个发挥作用并使 A、B 两国的国际收支恢复均衡的因素。

但 A 国较高的利率将使 A 国的国内总支出发生某种程度的减少。同样，B 国较低的利率将使 B 国国内总支出发生某种程度的增加。如果 A、B 两国都有边际进口倾向，A 国国内支出的减少将使 A 国对来自 B 国的进口商品的需求减少，而 B 国国内支出的增加则使 B 国对来自 A 国的进口商品的需求增加。因为这两个国家的总需求发生变化，所以 A 国的出口值将上升而进口值则下降。这就是第二个恢复国际收支均衡的主要因素。A 国的贸易差额将变得更有利，并有助于抵消 A 国对 B 国的资本转移的自发增加所造成的影响。

如果 A、B 两国的边际进口倾向的总和等于 1，这些变化对 B 国产品或对 A 国产品的总需求都不会产生任何净影响。例如，假设 A 国的利率上升和 B 国的利率下降造成 A 国的国内支出减少了 1 亿美元，使 B 国的国内支出增加了 1 亿美元。正如从表 9 的事例 1 所看到的，在 A、B 两国的边际进口倾向的总和等于 1 的情况下，A 国贸易差额的改善等于 1 亿美元。但对 A 国产品或 B 国产品的总需求将不会有净变化，也不存在对它们的内部平衡的干扰。我们在上面所描述的两个因素——即作为 A 国利率较高而 B 国利率较低的结果，对资本从B国到A国的转移的刺激，以及由于利率在A国的上升和在B国的下降，引起A国国内支出的紧缩和B国国内支出的膨胀，从而造成的A国对进口商品需求的减少和B国对进口商品需求的增加——在这种情况下，不得不对付对于A国向B国贷款自发增加所带来的外部平衡的全部干扰。事实上，黄金将从A国流向B国，直到B国利率下降到和A国利率上升到引起黄金流动所需要的程度为止。在这个过程中，不会干扰内部平衡。

但是，如果A、B两国的边际进口倾向的总和小于1（这是一种正常情况），那么——正如从表9的事例3所看到的那样——由A国利率较高而造成的A国国内支出的下降，与由B国利率较低而造成的B国国内支出的增加，导致对A国产品需求的净下降和对B国产品需求的净上升。作为这种变化的结果，国民总收入在A国将下降，在B国将上升。但我们假定两国在开始时都处于内部平衡状态，而且两国的工资都有韧性。在这种情况下，A国或B国的就业量没有发生净变化，但货币工资率在A国将下降，在B国将上升，B国产品的货币成本和价格相对于A国产品来说将上升，贸易条件变得对A国不利。结果，如果两国的进口需求弹性的总和大于1（参看表8），国际收支情况将进一步变得对A国有利。这是第三种发挥作用以恢复外部平衡的因素。黄金继续从A国流向B国，直至这三个因素的作用发挥到这样一个规模，以致完全抵消了A国国际收支因A国向B国贷款的自发增加而产生的最初的不利变动为止。这时，两国实现新的外部平衡。尽管A、B两国的货币工资和价格水平已经变化，内部平衡仍得以保持。

我们现在可以来考察，可变汇率机制在面临着A国向B国贷款自发增加的情况下怎样发挥作用。这在图表上可以用表13的右边来表示。从这里可以看到，尽管次序和方式不同，同样的三种影响都在发挥作用。

在可变汇率的条件下，从A国到B国资本资金转移增加的即时影响，是A国居民对B国通货需求的增加，因而以B国通货表示的A国通货降值。A国通货的降值将使A国产品相对于B国产品来说更加便宜。而只要A、B两国进口需求弹性的总和大于1（参看表8），A国产品相对便宜使A国的贸易差额变得更为有利。这是恢复两国之间外部平衡的第一个因素。

无论如何，A国贸易差额的改善却会破坏A、B两国的内部平衡。它意味着对A国产品支出的净增加和对B国产品支出的净减少。为了保持内部平衡，A国当局就要采取紧缩性的金融政策，而B国当局则应采取膨胀性的金融政策。如果A、B两国当局为了这个目的都采取货币政策，这将导致A国利率某种程度的上升和B国利率某种程度的下降。结果减弱了A国对B国的贷款刺激。这样，由利率的变化而引起的A、B两国之间资本转移的变化，形成恢复A、B两国之间外部平衡的第二种影响。

正如我们刚刚看到的，A国利率的上升，是由于采取货币政策以减少A国的国内支出，减少对A国产品的需求和保持内部平衡而造成的。但是，只要A国有边际进口倾向，A国国内支出的减少将导致A国对来自B国的进口商品需求的减少。同时，B国利率的下降，是由于实行货币政策以增加对B国产品的总需求以实现B国的内部平衡而造成的。它将导致B国国内支出的增加和B国对来自A国的进口商品需求某种程度的增加。A、B两国之间的国际收支的这种变化,是恢复 A、B 两国之间外部平衡的第三个因素。

如果 A、B 两国的边际进口倾向的总和小于 1,那么这些因素将有效地恢复 A、B 两国的内部平衡,譬如说,A 国国内支出减少了 1 亿美元,B 国国内支出同时增加了 1 亿美元。两者的结合所导致的 A 国贸易差额的改善将少于 1 亿美元,但会引起 A 国产品需求的净减少和对 B 国产品需求的净增加(参看表 9 事例 3)。这正是恢复两国国内平衡所需要的。

但如果 A、B 两国边际进口倾向的总和等于 1,那么(参看表 9 事例 1),A 国国内支出减少 1 亿美元和 B 国国内支出增加 1 亿美元相结合,将导致 A 国贸易差额 1 亿美元的改善。但事实上这完全无助于恢复内部平衡,因为它不会导致对 A 国的或 B 国的产品总需求的净变化。要进行减少对 A 国产品过度的需求和增加对 B 国产品不足的需求这种徒劳的尝试,A 国用货币政策实行的紧缩和 B 国用货币政策实行的膨胀,显然多少要无限期地继续下去。

但事实上,可以通过不同的途径来达到内部平衡。由于国内支出在 A 国的紧缩和在 B 国的膨胀,从 B 国输入到 A 国的商品将减少,从 A 国输入到 B 国的商品将增加。同时,越来越高的 A 国利率和越来越低的 B 国利率将导致越来越多的资本资金由 B 国流向 A 国。这两个因素一道,将越来越能对付因 A 国向 B 国贷款的自发增加所引起 A 国全部最初的国际收支赤字。因此,越来越不需要由于 A 国国际收支净赤字所导致的 A 国通货的降值。因此,由于贸易条件变得对 A 国不利,并从而使需求从 B 国产品移向 A 国产品所造成的 A 国贸易差额改善,也越来越小。但这种需求转移(参看本章前面)是通过对 A 国产品需求净增加和对 B 国产品需求净减少而影响 A、B 两国内部平衡的唯一因素。如果两国边际进口倾向的总和实际上等于 1，最终 A 国的通货不会降值，内部平衡也不会受到影响。外部平衡（像金本位的情形那样）可以通过两个因素的作用来实现：第一，由 A 国利率上升和 B 国利率下降而引起的从 B 国到 A 国的资本流量的增加；第二，由于 B 国国内支出的膨胀和 A 国国内支出的紧缩所引起的 B 国对进口商品需求的增加和 A 国对进口商品需求的减少，而贸易条件不一定发生变化。

为了完成关于金本位的作用和可变汇率的作用之间的比较，我们从两个方面作进一步的说明就足够了。为了这个说明的目的，我们将考虑两种其他的自发干扰因素：(1) A 国国内支出的自发增加；(2) 需求从 B 国产品到 A 国产品的自发转移。

让我们假定 A 国的商业预期良好，结果使 A 国生产者决定按现行利率借入更多的资金，用于对物品和劳务的国内支出和各种资本设备的扩充。A 国进入了有规律的高涨阶段。

在金本位机制的作用下，调整的过程如下：在 A 国，对物品和劳务需求的增加，将引起对 A 国产品需求的增加，从而在有工资韧性的条件下，也引起货币工资和价格总水平的上升。因为货币价格和成本的普遍上升，A 国要增加对货币的需求来完成增大了的货币交易量，所以 A 国的利率也上升。

还有一个因素造成 A 国利率的上升。A 国产品货币价格和成本的上升将会使贸易条件变得对 B 国不利。如果 A、B 两国进口需求弹性的总和大于 1，这会使 A 国的贸易差额出现赤字。黄金将从 A 国流向 B 国。由于这个缘故。A 国的利率将进一步上升，A 国利率的上升本身就是降低 A 国对物品和劳务的实际总需求的因素，因而有助于抵消A国国内支出自发增加的影响。

在B国将有两种情况发生。因为A国增加对B国产品的需求，对B国产品的需求出现净增加。由于B国的工资有韧性，B国的货币工资和价格总水平将上升。这将引起B国对货币需求的增加。但由于B国的货币供给量因黄金流入本国而同时增加，我们没有理由预料B国的利率会上升。

让我们暂时假设A国利率上升对资本从B国转移到A国没有刺激作用。在这种情况下，我们将停留在一个新的均衡水平上，从而，(1)A、B两国的货币价格和工资率上升幅度相同，由此造成的对货币需求的增加，将为A国因本国利率较高而发生的对货币需求的减少所抵消；(2)A国的利率将上升到足以全部抵消国内支出自发增加的程度，因而除了货币价格提高以外，A国对物品和劳务的总需求保持不变；(3)A、B两国之间的实际贸易条件或贸易差额没有变化。实际上，发生的全部事情就是A国利率的上升。它通过抑制本国国内支出的自发增加，足以保持本国的内部平衡。但A国利率的上升使本国对货币的需求发生一定程度的下降，从而使A、B两国的所有货币价格发生全面的同样幅度的上升。除了A国的利率提高以外，没有发生任何实际的变化。

但是，如果A国利率上升会引起资本资金从B国流向A国，那么上述分析还需要进行某些修改。在这种情况下，在达到新的均衡时，A国的贸易差额一定存在赤字。它抵消了从B国到A国的资本的引致流动。这可以通过下述方式实现：由于A国利率的上升引起贷款从B国流向A国，从A国流向B国的黄金会减少。因此A国的膨胀进一步扩大，而B国的膨胀则没那么大。A国货币工资率和价格的上升幅度大于 B 国。贸易条件将变得对 A 国有利。这会(如果两国需求弹性的总和大于 1)引起支出从 A 国产品到 B 国产品的净移动,从而增加了 B 国所需要的贸易差额盈余。A 国利率的上升幅度将减少,而 B 国的利率将上升。这意味着与其他情况相比,国内支出在 A 国较高,在 B 国则较低。这又保持 A、B 两国的内部平衡,抵消了 A 国贸易赤字对本国所产生的紧缩性影响,以及 B 国贸易盈余对本国所产生的膨胀性影响。

这些变化的机制,在可变汇率制度下,虽然更易理解,在本质上却是一样的。在可变汇率制度下,A 国国内支出的自发增加,通过对 A 国产品总需求的增加,将威胁到 A 国的内部平衡。因为我们假定 A 国只采取货币政策来保持内部平衡,所以 A 国的货币当局限制本国货币的总供给量,并且提高本国的利率,直到增加 A 国国内支出的刺激完全被新借资本资金较高的成本所消除为止。

如果 A 国利率的上升没有导致 B 国对 A 国贷款的增加,事情就到此为止。但是,如果事情是这样发生了,那么以 A 国通货表示的 B 国通货将降值,贸易条件将变得对 B 国不利。在 A、B 两国的进口需求弹性的总和大于 1 的情况下,存在从 A 国产品到 B 国产品的需求的净转移,还存在抵消了 B 国对 A 国贷款增加的 A 国贸易差额的赤字。面对着这种从 A 国产品到 B 国产品的需求移动,要保持内部平衡。与其他情况相比,A 国需要更低的利率和更高的国内支出水平,而 B 国则需要利率的某些提高和随之发生的国内支出水平的下降。

最后让我们考虑一下在金本位和可变汇率制度条件下需求从 B 国产品到 A 国产品的自发移动所产生的影响。

在金本位条件下，当 B 国增加对来自 A 国的进口商品的需求，或 A 国减少对来自 B 国的进口商品的需求，以致 B 国的国际收支出现赤字时，黄金将马上从 B 国流向 A 国。但我们没有理由预料 A 国或 B 国的利率会发生什么变化。在 B 国的国内货币供给量随着黄金从 B 国流向 A 国而下降的同时，B 国为完成商业交易而产生的对货币的需求也下降了。需求从 B 国产品转移出去，使 B 国减少了对劳力的总需求。在工资有韧性的情况下，B 国货币工资率和价格总水平将下降。

同时，A 国的货币供给将随着黄金的流入而增加，但由于需求转向了 A 国的物品和劳务，对 A 国产品的需求增加，A 国货币工资率和价格总水平将上升，A 国对货币的需求随之增加。

这样，由于 B 国产品价格下降和 A 国产品价格上升，贸易条件将变得对 B 国不利。只要进口需求弹性的总和大于 1，这将会导致支出又从 A 国产品转回 B 国产品。这个相对价格的变化过程将继续下去，直到支出从 A 国产品转移回到 B 国产品的程度足以抵消相反方向的最初的自发移动。在到达新的均衡时，两国的利率都没有发生变化，但贸易条件变得对 B 国不利。而 B 国贸易条件所发生的变化有多少是由 B 国产品价格下降造成，有多少是由 A 国产品价格上升造成，则取决于每一个国家货币总供给对黄金储备变化的反应，也取决于上一章曾描述过的两国国民总收入的相对规模。

如果在干扰发生之前，已存在有从 A 国到 B 国和从 B 国到 A 国的相当大的资本转移，那么上面的分析需要进行一定程度的修改。变化发生之后，B 国的货币价格和货币收入要低于变化发生之前的事实，意味着以货币来衡量，B 国对 A 国的贷款比变化之前少了。同样，A国货币价格和收入的上升，意味着A国对B国的贷款比变化之前多了。在这种情况下，从A国流往B国的资本资金出现某种程度的净增加。这意味着从B国流失到A国的黄金并不很多，B国工资率的降幅并不很大，A国工资率的升幅也不很大，因而贸易条件不利于B国的移动也不很大。结果，B国对A国的贸易赤字不会完全消失，有一部分将由A国流往B国的资本净流量所弥补。由于存在B国的黄金要多一些，A国的黄金要少一些这个事实，在这种情况下，利率在B国将轻微下降，而在A国则轻微上升。这意味着与其他情况相比，B国的国内支出要大些，A国的国内支出要小些。尽管现在B国的贸易差额存在赤字，A国的贸易差额存在盈余，这也有助于保持两国的内部平衡。

在可变汇率情况下，调整过程很容易理解。需求从B国产品到A国产品的自发移动，造成B国的通货降值。这又使贸易条件变得对B国不利。在两国进口需求弹性的总和大于1的情况下，这将引起支出又从A国产品移回B国产品。当这个过程持续到足以抵消支出离开B国产品的最初自发移动时，就完全恢复新的均衡，并且没有其他变化。

但如果在变化发生之前，存在着从A国到B国和从B国到A国相当大的资本流动，B国通货的降值，意味着A国对B国一定数量的贷款现在值更多的B国通货；或者用另一种方式来说，以B国通货表示的B国对A国一定数量的贷款，现在只值较少的A国通货。由于这个缘故，B国通货的降值可以使从A国到B国的资本净流量出现增加。这意味着B国的通货不需要降值那么大。贸易条件不利于B国的变化没那么大。B国的贸易赤字不会完全消失，有一部分被 A 国对 B 国的资本净流动弥补了。然而，A 国不得不采取紧缩性的货币政策和提高利率，来减少 A 国的国内支出，抵消 A 国贸易盈余的膨胀影响。反之，尽管 B 国贸易差额为赤字，为了保持内部平衡，B 国需要降低利率和提高国内支出水平[①]。

---

① 当干扰因素是(1)一国对另一国的转移；(2)需求从一国产品到另一国产品的转移时，观察调整过程的区别是很有意思的。在第 2 种情况下，如果要保持充分就业，均衡主要取决于"古典的"价格调整机制，即降低相对于盈余国来说的赤字国的货币价格和成本。但在第 1 种情况下，存在两个其他的均衡因素：第一，赤字国利率持久地上升，盈余国利率持久地下降，引起资本从后一个国家流向前一个国家。第二，赤字国以实物表示的国内支出将持久地减少，盈余国的国内支出将持久地增加。在价格不变的条件下，实际需求的这种变化有助于恢复均衡。确实，如果两国的边际进口倾向的总和等于 1，均衡可以在价格不变的条件下得到恢复。这也许有助于解释何以在某些情况下，我们发现均衡可以在没有失业而且几乎没有"古典的"价格调节机制作用下得到恢复。

16 有效价格调整所必需的条件

我们已经详细地描述了诸如工资韧性和可变汇率这样的机制可望发挥作用的方式。现在，我们从这个讨论推断，如果这些方法要有效地保持内部平衡和外部平衡，需要满足什么条件。我们将在 5 个主要标题下来考虑这些条件。

条件 1：实际工资率的韧性

我们已经看到，为使金本位机制能以同时保持内部平衡和外部平衡这样一种方式发挥作用，工资必须有足够的韧性。其含义是只要经济内存在过度的劳力供给（或需求），货币工资率的总水平必然是持续下降（或上升）的。

这样的工资韧性是一个程度的问题。在某些经济里，劳动力市场的构成形式使货币工资率极有韧性。例如，存在 5% 的总失业率（那里劳力流动性很大，没有什么工人或雇主的垄断组织来规定工资率，政府也不规定货币工资率）并持续下去，就足以促使货币工资总水平每年下降譬如说 5%，并同样持续下去。在劳动力市场的各种制度因素使得失业的巨大压力也只能引起工资率小量和缓慢调整的地方，情况也许相反，20% 的失业率所带来的货币工资率下降或许每年小于 5%。

这样,没有一个绝对的标准能够决定工资是否有足够的韧性,以成功地发挥金本位机制的作用。这取决于采用金本位机制需要工资率调整到什么程度。而工资率的调整程度又取决于其他因素,本章将在条件 2、3、4、5 中进行讨论。如果断定工资率的韧性不足以适应金本位机制可能产生的需求,那么在这里就不得不选择其他的调整机制(如可变汇率)[①]。

但是,除非实际工资率有足够的韧性,否则选择可变汇率机制是没有用处的。这是因为要达到新的均衡,任何自发干扰因素都需要改变 A、B 两国之间的实际贸易条件,而这又可能需要改变 A、B 两国的实际工资率。例如,需求从 B 国产品到 A 国产品的移动(如果要通过价格调整而又不干扰内部平衡来实现外部平衡),将要求贸易条件所发生的不利于 B 国的变动足以令需求又从 A 国产品移回到 B 国产品(参看第 15 章)。不利于 B 国的贸易条件的这种

---

① 如果我们能够发现其他合适的并不取决于工资韧性的一般性调整机制,也不要认为工资韧性无关紧要。相反,要解决纯粹的国内经济问题,货币工资率的韧性是十分需要的。在前三章中,我们主要关心的货币工资率总水平的韧性,只能从各个特定工资率的韧性的总和得来。这就是说,当整个劳动力市场发生过度的供给(或需求),仅仅如果在不同的地区和职业的各种特定的劳动力市场都是这样时,货币工资率的总水平才下降(或上升)。要解决许多国内经济问题,需要的正是个别工资率的韧性。例如,在任何国家内,如果需求从 X 产品移到 Y 产品,在货币工资率不变的情况下,会导致生产 Y 产品的工业出现劳力短缺,生产 X 产品的工业出现劳力过剩,因而生产 X 产品的工业发生失业。除非任由这种不尽人意的生产 X 产品的工业存在失业的情况继续下去,或者除非对劳力或需求采取独裁式的命令,否则通过使 Y 工业的工资上升(以及成本和价格上升)和 X 工业的工资率、成本和价格下降,来引起劳力(和需求)移动的方法是必须采用的。这意味着对 X 和 Y 来说的个别劳动力市场具有某种程度的工资韧性。因此,某种程度的工资韧性在某些方面是十分需要的。但它们作为国内经济政策理论的主题将更为适宜。

移动意味着1单位B国产品现在只能交换更少的A国产品。因此，在工资收入者消费进口商品的情况下，B国的实际工资率将下降。

在金本位条件下，劳动实际工资率必要的下降，一部分是由B国对劳力需求的减少所引起的B国货币工资率的下降所造成的[①]，一部分是由对A国产品需求的增加所引起的A国产品货币价格的上升和B国进口商品货币成本的上升所造成的。在可变汇率条件下，B国实际工资率的下降是由B国通货价值的降值，使以B国货币表示的A国产品更为昂贵所造成的。B国的货币工资率和B国产品的货币价格将保持不变，但来自A国的进口商品的价格将更高。

现在，如果可变汇率的机制要有效地发挥作用，必须认可B国实际工资率的这种下降。B国货币工资率的任何抵消性的上升（例如，由于B国货币工资率与B国生活费之间的关系）将阻止国际贸易条件不利于B国的变动，因而消除了使需求从较昂贵的A国产品又移回较便宜的B国产品的诱因。整个调节机制的作用受到阻碍。

因此，我们可以得到下述结论：要使金本位机制有效地发挥作用，货币工资率必须有"足够的"韧性；而要使可变汇率机制有效地发挥作用，生活费的变动和货币工资率的变动之间必须有"足够的"分离。为了实现"足够的"调整，应该让实际工资率发生多大幅度和多快的变动，取决于调整发生的其他条件。我们现在便将转

---

① 当然，B国货币工资率的下降伴随着B国产品价格同等幅度的下降；而且在B国工人购买本国产品的情况下，B国的货币生活费也会下降。实际工资率的下降仅仅是由于实际国际贸易条件变得对B国不利所造成，即局限于B国货币工资率和A国产品货币价格之间的相对变动。

向考察这些其他的条件，它们都被看做是为了对付一定的失衡，每单位时间所需要的最低限度的价格调整幅度的条件。

条件2：赤字国和盈余国之间对价格调整的分担

让我们假设发生某种自发干扰因素（如需求从B国产品移向A国产品），因而需要贸易条件发生10%的不利于B国的变动，以恢复内部平衡和外部平衡。在金本位机制作用下，如果A国的货币价格和工资率保持不变，B国的货币工资率不得不下降10%；或者换一种说法，如果B国的货币价格和工资率保持不变，A国的货币工资率就必须提高10%。但如果A国的货币工资率提高5%，B国的货币工资率就只需要下降5%。

如果价格调整由两国分担，每一个国家要承担的价格调整的绝对数量将大大减少。因此，我们可以得到下述结论：使有效的金本位制易于发挥作用的第二个条件是所有国家，不论是赤字国还是盈余国，都应该对必要的价格调整作出贡献。这包括什么内容呢？

首先，它意味着两个国家的工资都有韧性。对A国产品的总货币需求的增加，一定引起A国货币工资率的上升，就像对B国产品的总货币需求减少，一定引起B国的货币工资率下降一样。

第二，两个国家都必须遵守金本位规则3（参看第14章）。得到黄金的盈余国当局必须让黄金储备的增加充分发挥对国内货币供给量的膨胀作用，这样就会引起普遍性的国内支出膨胀。而黄金流失的赤字国当局必须让黄金的流失充分发挥对国内支出的紧缩作用。为了实现内部平衡,不应该"抵消"黄金的流失或"封存"黄金的增加。

对于得到黄金的盈余国货币当局来说,为了实现本国的内部平衡,总有可能采取行动来"封存"新增加的黄金,即阻止它充分发挥对增加本国国内货币供给量的影响。例如,假设需求从 B 国产品移向 A 国产品。这将导致对 A 国产品总需求的增加,使 A 国的产量、就业、价格和货币工资率都趋于上升。再假设 A 国的货币当局决定最好避免出现这种高涨局面。尽管存在黄金正在流入本国这个事实,它仍可采取行动限制本国的货币供给量。它们是能够做到这一点的。例如,如果 A 国银行出售它们持有的证券或其他资产,以回笼本国公众持有的纸币或存款,然后销毁这些纸币或存款,A 国当局就可以做到限制本国的货币供给量。通过这些手段①,A 国的货币当局可以"封存"流入本国的黄金,并能抑制本国的货币价格和成本的上升。但如果货币当局这样做,B 国要恢复均衡,就不得不更大幅度地降低它的货币价格和成本。

反之,为了实现内部平衡,B 国的银行体系会力图扩大本国货币供给量(如用新发行的纸币或存款货币购买证券或其他资产),以扩大本国国内总支出,消除对 B 国产品需求减少所致的向下的紧缩压力,来"抵消"紧缩影响。当然,赤字国当局要无限期地实行这样一项政策以抵消黄金流失所产生的内部紧缩效应,要难于盈余国当局采取政策来抑制黄金增加所产生的内部膨胀效应。因为如果黄金继续流失,赤字国当局会实际上耗尽黄金储备;而盈余国所面

---

① 这需要在《国内经济政策理论》中作详细的讨论。

临的不过是新增黄金储备不断的积累①。但是，一个国家的当局抵消黄金流失或封存流入黄金的行动越做下去，最终就越多地把价格调整的责任推给对方国家。

上述讨论，当然不是意味着任何一个实行金本位的国家的货币当局，决不应采取任何积极的步骤来扩张或收缩国内货币总供给量。先来考虑 A 国的情况，当 A 国的国际收支由于诸如从 B 国到 A 国资本转移自发增加而出现盈余时，国内支出碰巧出现了自发减少。如果 A 国当局容忍国内支出低落的恶化，对 A、B 两国的价格和货币工资率都会产生紧缩压力②。如果对价格存在普遍的紧缩压力，同时如果 B 国的货币工资率和价格相对于 A 国的货币工资率和价格必须下降，以产生有利于 B 国的贸易差额，来弥补从 B 国到 A 国转移资本的增加，那么 B 国所受到的紧缩影响非常剧烈。

假定为产生筹措从 B 国到 A 国的资本转移所需要的有利贸易差额，B 国产品的价格必须相对于 A 国下降 10%。如果 A 国产品的价格能够同时上升 5%，B 国就只需要 5% 的紧缩。但如果因为 A 国国内同时发生衰退，A 国产品的价格下降了譬如说 10%，那么为完成所需要的调整，B 国产品价格的下降一定不少于 20%。

在金本位条件下，要使价格调整顺利进行所需要的条件是：盈余国必须允许或在必要时采取积极的方法去促使国内货币供给量

---

① 确实，如果赤字国采取"信用发行原则"，当局不能抵消黄金的流失，就要不得不比信用发行原则的要求更广泛地采取特别措施，来减少国内货币供给量，参看第 14 章。

② 参看第 15 章的论述。它说明在金本位条件下，一个国家国内支出的自发增加会引起本国和其他国家的货币工资和价格的上升。

的增加以及货币工资率和价格的上升，而赤字国应该允许或采取积极方法来促使国内紧缩。

在可变汇率机制的作用下，这些相同条件中的某些部分还很重要。这样，盈余国当局应该采取国内金融政策，可以有效地防止国内货币工资率、收入和价格的下降。这一点很重要。再假设从B国到A国的转移资本自发增加，为了产生所需要的有利于B国贸易差额的变动，B国产品的价格需要相对于A国产品价格下降10%。如果A、B两国保持内部平衡（即以本国通货表示的A、B两国的价格不变），可以通过使B国通货按A国通货计算降值10%来促使B国产品相对价格下降。但如果A国当局同时听任国内萧条恶化，从而使A国产品价格下降10%，那么B国通货需要降值20%才能使B国产品价格相对于A国产品价格来说降低10%。正如在第17章将要说明的，尽可能地在一个狭窄的范围内进行汇率的必要调整是很重要的。由于这个缘故，在可变汇率制度下，盈余国当局必须有效地采取国内金融政策，防止对本国产品按本国货币计算的总需求出现下降。由于同样的缘故，赤字国当局应该有效地防止对本国产品按本国货币计算的总需求出现上升。

如果通过自由外汇市场来实行可变汇率体系，那么对于盈余国和赤字国应该分担价格调整责任这个原则，就再没有什么更多可说的了。在各国采取谋求内部平衡的金融政策的条件下，各国通货之间的汇率将自动地自我调节，使每一种通货的供给等于需求。如果说盈余国应该使本国通货升值来承担调整的责任，赤字国应该通过使本国通货降值来承担调整的责任，就没有什么意义了。

然而，如果可变汇率制度是通过"可调整的钉住汇率"（参看第

12章）来实行，这个条件就含有某种意义。得到黄金的盈余国货币当局，可以降低以本国通货表示的官方黄金买卖价格（即本国货币的黄金价值提高），其幅度可以和赤字国的货币当局提高它的官方买卖价格一样。初看起来，以A国通货表示的B国通货的必要降值，是仅仅通过使以黄金表示的B国通货贬值来实现，还是仅仅通过以黄金表示的A国通货升值来实现，或是部分由其中一种而部分由其中另一种方法实现，并没有什么差别。一般说来，根据我们目前只有A、B两个国家的假定，这种说法是正确的。但是，如果有更多的国家，盈余国应该往上变动它们的可调整的钉住汇率，赤字国则应该向下变动它们的可调整的钉住汇率，就变得十分重要了。当我们在第27章中讨论多国世界的价格调整机制时，上述说法的道理就会更为清楚。

条件3：需要有足够的国际支付手段的储备

任何特定的价格调整，如果并非急于奏效，将更易于实行。就我们目前的讨论来说，这意味着每一个赤字国的当局一定要有足够的黄金储备或其他可以支付给盈余国的手段，使它有可能在相当长的时间里弥补连续发生的国际收支赤字，让必要的价格调整得以进行并且更为有效。

就金本位机制来说，这一点和第14章对百分之百货币制度和百分比储备制度之间所作的划分密切相关。正如我们在那里所见到的，在前一种情况下，国际收支，譬如说每年1亿英镑的赤字，将导致每年1亿英镑黄金的流失。结果国内货币供给量每年只减少

1亿英镑，但如果国内货币总供给量只有10%黄金储备的支持，每次为了弥补国际收支赤字而流失1亿英镑的黄金，在黄金储备对国内货币供给量的比率保持固定的条件下，将使国内货币总供给量必须减少10亿英镑。在前一种情况下，国内价格和货币工资率的紧缩不必像第二种情况那么快。

假设B国的国内货币总供给量是100亿英镑，国际收支赤字每年是1亿英镑，要恢复外部平衡，B国的货币总供给量（以及货币工资率和价格）必须减少20%，或者从100亿英镑减少到80亿英镑。如果B国持有100亿英镑的黄金来支持100亿英镑的国内货币，B国可以在20年内每年出口1亿英镑黄金。在达到新的外部平衡时，B国的国内货币总供给量是80亿英镑，黄金储备是80亿英镑。货币的供给量每年减少1亿英镑，或每年减少1%[①]。

但是，如果B国仅仅持有10亿英镑的黄金来支持100亿英镑的货币总供给量，调整就不可能以从容不迫的速度进行。如果黄金储备以每年1亿英镑的速度不断流失，国内货币供给量每年仅收缩1亿英镑，那么到十年结束时，黄金储备一定荡然无存了，尽管B国的国内货币供给量只减少到90亿英镑而不是必需的80亿英镑，B国当局将被迫加快紧缩。事实上，如果B国当局希望把黄金储备与货币总供给量的比率保持在10%的水平上，它必须以10倍于以前的速度来实行紧缩。这是因为在每一年里，B国当局不得不减少的货币总供给量是当年流失黄金的10倍（即需要减少的货币总供

[①] 事实上，调整可以比所说的要慢。上述数字例子是假设B国国际收支赤字保持不变，每年为1亿英镑，直到20年后，B国完全实现20%的收缩，国际收支赤字完全消失为止。事实上，在整个期间里，赤字随着紧缩的进展会逐渐变得越来越小。

给量等于当年国际收支赤字的 10 倍)。如果在 20 年的期间内使货币工资率下降20%,还可以忍受;但如果必须在两年内实现,那就不大可能了。确实,实际差别比这里所说的更为显著。假设由于 B 国的生产力每年持续不断地增加,可以预期到货币工资率的总水平每年会上升 2%。B 国为了摆脱国际收支的赤字,需要使本国的货币工资率与正常情况相比下降 20%。如果用 20 年完成货币工资率的削减,那么 B 国的货币工资率每年只能上升 1% 而不是 2%。但如用两年完成调整,则意味着 B 国的货币工资率应该每年下降 8%,更不是每年上升 2% 了。

因此,用黄金或各国可以接受的其他国际性支付手段作为保证的国内货币总供给量所占比例越大,任何一个国家的当局在金本位机制作用下进行必要的国内价格调整的步调也就越从容。因为过快的价格调整是不可能的,而在较长的时间内完成同样的价格调整则是可行的。所以金本位要成功地发挥作用,取决于潜在的赤字国在开始时所持有的黄金储备(或其他国际支付手段)是否充足。

在可变汇率的情况下,也会发生相似的问题。假定 B 国需要进行的调整,是使本国通货降值 20%。如果降值在汇率的变动中瞬时发生,由于来自 A 国的进口商品价格大幅度上升,B 国的实际工资率会发生剧烈的大幅度下降。如果可以用 20 年来完成调整,B 国的通货每年只要降值 1%,它对 B 国的影响只是使实际工资率每年上升 1%,而不是像 B 国通货没有发生降值时那样每年上升 2%。这就需要 B 国货币当局用黄金或各国接受的其他国际支付手段来弥补赤字。或者,用另一种方式来表达,B 国国际收支的赤字,会在外汇市场上引起为向 A 国支付而形成的对 A 国通货的需求过度,使 B 国通货立即降值 20%。如果 B 国当局希望防止发生这种情况，它必须有自己可以支配的 A 国通货（或黄金，或 A 国货币当局可接受的可兑换 A 国通货的其他手段）的储备，以便在外汇市场上卖给那些希望购买 A 国通货的 B 国人。B 国货币当局按照适当的汇率在外汇市场上出售这些国际货币储备，将能提供弥补 B 国国际收支赤字和限制 B 国通货的降值[①]。

价格调整机制还有另一个特征，使赤字国当局持有足够的国际支付手段储备成为必不可少的。我们有理由认为（参看第 6 章），A、B 两国的进口需求对它们产品相对价格变化的反应，在过一段时间让需求和供给状况进行调整以适应新的关系之后，会比变化刚发生后马上表现出来的反应要大得多。当 B 国产品价格下降而 A 国产品价格上升时，购买者越是充分地了解到价格的变化，越来越知道用 B 国产品来替代 A 国产品，以及在他们打算依赖于 B 国产品而不是 A 国产品的条件下有越来越多的时间使生产设备发生必要的长期变化，他们就会越来越大规模地从 A 国产品转向 B 国产品。

尽管在较长的时间里，A、B 两国的进口需求弹性的总和远大于 1；但在很短的时间里，这个总和却甚至有可能小于 1。这意味着，尽管在较长的时间里，B 国的贸易差额会变得更为有利，但 B 国工资率相对于 A 国的下降，或以 A 国通货表示的 B 国通货价值的降值，其即时影响却是 B 国的贸易差额变得更为不利。在这种情况下，赤字国的当局必须拥有黄金，或盈余国的通货，或各国接受的国际支付手段的足够的储备，以度过价格调整发挥作用的时期。总

---

① 外汇市场的投机会把汇率的调整分布在整个时期，参看第 17 章。

会有这样一个时期,价格调整机制是不能单独有效地发挥作用的。

条件4:容许贸易渠道易于改变的商业政策

根据我们已经详细考察过的原因,如果A、B两国的进口需求弹性的总和很大,价格调整的方法就更易于发挥作用。确实,正如我们所看到的,除非两国的进口需求弹性的总和大于1,否则不能期望价格调整会充分发挥作用。如果弹性总和越大,要促使支出从A国产品移向较便宜的B国产品以消除B国国际收支赤字所需要的B国贸易条件的变化(从而工资率或汇率的变化)就越小。

但是,就像我们在前面第6章所看到的,最直接地影响这些需求弹性大小的因素之一,是A、B两国所采取的商业政策。影响国际商业往来的障碍的存在,妨碍了需求从一个国家的产品转移到另一个国家的产品,从而大大降低这些弹性。例如,用严格的进口限制来控制贸易,不管商品价格发生什么变化,都阻碍了A国进口商购买更多的B国产品;或A国对购买进口商品征收很重的从量进口税,妨碍了B国生产成本的下降对A国消费者支付的进口商品价格所产生的同等影响,或用签订国际商品协定的方法制定进口配额,不管B国商品的生产成本发生了什么变化,都限制B国生产者出口的商品数量;或商品生产者之间签订卡特尔协议,有效地防止B国生产者扩大商品的出口;或A国实行由国家进行贸易,从而限定了进口商品数量或得到某一数量进口商品的来源,而根本不充分考虑价格的变化;或A国制定法律,要求商品必须由A国船只来运输,而不考虑成本的高低;或A国实行生产补贴或出口补贴;或A

国对进口商品征收关税,并经常调整以抵消不利于A国国内生产的价格和成本的变化——所有这些,都能有效地阻止需求从较昂贵的A国产品转向较便宜的B国产品。对物品和劳务的国际贸易流量的限制越小,通过国内价格和成本的调整或通过汇率的变化来运行的调节机制,就越能顺利地发挥作用。

条件5:不存在固定的货币债务

有利于依靠价格调整的制度能有效运行的最后一个条件,是不存在过度的以货币表示的固定债务结构。

就可变汇率的方法来说,A国或B国有国内债务并不很重要。在这个制度下,两国的当局都可以利用保持对本国产品的货币总需求,从而多少保持本国货币价格和成本水平稳定的金融政策,来维持内部平衡。这样,以本国通货表示的固定的国内债务的真实价值将不会变化。

但在采用金本位方法的条件下,情况有很大的区别。在这种条件下,均衡的保持也许要使B国货币价格和成本的总水平以本国通货表示下降,譬如说10%。B国这种做法的效果,在很大程度上受到该国本金和利息都固定以货币表示的债务结构的影响。如果这种债务是内部的国债,即使价格、货币国民收入、因而政府的税收和其他形式的政府支出以货币来衡量,都或多或少地出现同等幅度的下降,从国家预算中支付的固定利息不会减少。随着价格的下降,以货币表示的固定国债利息以实物衡量将越来越大,为支付国债利息而需要征收的直接税和间接税的税率就越来越高。

如果私人债务数量庞大，在私人工商业中也会出现同样的现象。让我们考虑一下某一家厂商的情况。它用固定利息的债务购置了相当大的一部分资本设备。在赚得净利润以分配给股东或进一步扩大企业以前，它不得不从总利润中支付固定的债务利息。如果作为普遍货币紧缩的结果，这家厂商对劳力和原料支付的价格，和它出售产品的价格发生相同比率的下降，这家厂商的总利润也会发生相同比率的下降。但由于它从总利润中支付的固定利息不会下降，它的净利润就以更大比例下降。因为在普遍紧缩以后，对这家厂商产品的需求一定百分比的下降，会使它的净利润与以前相比发生更大百分比的下降。所以无论如何，厂商的风险大大增加了。这种情况可以用下表表示。如果普遍的需求紧缩幅度很大，这家厂商所剩下来的净利润很容易变成净亏损，并在货币紧缩和固定债务的联合影响下，甚至会走向破产。

普遍的货币紧缩对厂商利润的影响

	在紧缩以前（美元）	在全部价格发生20%的紧缩以后（美元）	变化的百分比（%）
总收入	1 000	800	−20
流动支出	800	640	−20
总利润	200	160	−20
固定利息	150	150	0
净利润	50	10	−80
总收入2%的下降（20美元），在支出不变的情况下，使净利润从50美元下降到30美元		总收入2%的下降（16美元），在支出不变的情况下，使10美元的净利润变成6美元的净亏损	

由于这些原因，不论是公共或私人都没有大量的固定债务，同时工资具有韧性，是成功地采用金本位所需要具备的条件。庞大的国内债务重担的存在也许是各国当局宁可采用可变汇率而不采用金本位机制的一个重要原因。

以货币表示的固定国际债务的存在既影响金本位的运行，也影响可变汇率的运行。正如在第1章所解释的那样，我们把A国为B国居民以前投资的资本而向B国支付的利息或红利，看做是A国居民现期使用B国资本的服务所作出的现期支付。因此，我们要问的是A国对进口这种来自B国的服务有多大的需求弹性，以及就B国居民也有利息和红利付给A国来说，B国对进口来自A国资本的服务又有多大的需求弹性。这些需求弹性越大，利用价格调整方法来保持A、B两国之间国际收支的均衡就越容易。

现在，这些需求弹性的大小取决于一个国家对另一个国家的资本服务是按照借款国货币表示的固定债务支付，还是按照贷款国货币表示的固定债务支付，或是按照持有无固定收入证券的方式支付，即债务人仅仅支付一定比例的由资本投资不时赚得的利润。这些区别都在表14中体现。

让我们假定B国出现赤字，恢复均衡需要使国际贸易条件发生10%的不利于B国的变化。我们进一步假定，在金本位的机制作用下，这种调整使B国的货币工资率、货币价格和货币收入(自然也包括B国各个工业所获得的货币利润)下降$7\frac{1}{2}$%；同时，A国的货币工资率、货币价格和货币收入都上升$2\frac{1}{2}$%。换句话来说，

表 14 国际债务的使用对国际收支的影响

	红利和利息的支付	相当于劳务进口 进口国	需求弹性
	第(1)部分：投资于新企业的资本红利		
金本位	A 国对 B 国	A 国	1
	B 国对 A 国	B 国	1
可变汇率	A 国对 B 国	A 国	1
	B 国对 A 国	B 国	1
	第(2)部分：固定以 A 国通货表示的债务利息		
金本位	A 国对 B 国	A 国	$\frac{3}{4}$ *
	B 国对 A 国	B 国	$\frac{1}{4}$ *
可变汇率	A 国对 B 国	A 国	1
	B 国对 A 国	B 国	0
	第(3)部分：固定以 B 国通货表示的债务利息		
金本位	A 国对 B 国	A 国	$\frac{3}{4}$ *
	B 国对 A 国	B 国	$\frac{1}{4}$ *
可变汇率	A 国对 B 国	A 国	0
	B 国对 A 国	B 国	1

* 假定 A 国承担必要的国内价格调整额的 1/4，B 国承担 3/4。

B 国的紧缩占必须完成的变化的 3/4，A 国的膨胀占必须完成的变化的 1/4。最后，我们还假定在可变汇率机制的作用下，A、B 两国的货币工资率、价格和收入都保持不变，但以 A 国通货表示的 B 国通货降值 10%。

现在，我们来看看表 14 中的各个部分。在第(1)部分里，我们讨论的是投资于新企业的资本。在金本位条件下，A 国向 B 国支付无固定收入资本的红利，等于 A 国居民进口 B 国的劳务；他们对这种劳务的需求弹性等于 1。理由是很明显的。当调整发生时，A 国的货币价格和货币收入上升了 $2\frac{1}{2}$%。所以，由于 A 国工业的利润上升了 $2\frac{1}{2}$%，A 国居民付给 B 国居民的红利也上升了 $2\frac{1}{2}$%。但是 A 国产品的价格也上升了 $2\frac{1}{2}$%，因而 A 国付给 B 国的红利对 A 国产品的购买力和以前一样。这相当于需求弹性等于 1。B 国产品的价格相对于 A 国下降了 10%。A 国的购买者用 1 单位 A 国产品可以交换得到的 B 国产品增加了 10%。但就 A 国居民向 B 国居民借入投资于新企业的资本从而要向 B 国支付红利来说，以 A 国产品计算的红利支付额没有变化。当 B 国产品的价格相对 A 国产品的价格下降了 10% 时，上述情况就好像 A 国的进口商多购买了 10% 的 B 国产品，因而 A 国进口商的支付额以本国产品来计算没有发生改变。

B 国向 A 国投资于新企业的资本所支付的任何红利，情况相似。B 国的货币收入（包括利润）下降了 $7\frac{1}{2}$%，因此 B 国向 A 国支付的红利（以货币表示）减少了 $7\frac{1}{2}$%。但 B 国产品的价格也下降了 $7\frac{1}{2}$%，因而尽管 A 国产品的相对价格上升了 $2\frac{1}{2}$%，以 B 国产品表示的 B 国向 A 国支付的红利没有变化。这又相当于 B 国进口需求弹性等于 1。

在可变汇率的机制作用下，同样也很明显，对投资于新企业的资本支付红利相当于进口需求弹性等于 1。假设 A 国向 B 国支付红利，由于 A 国的国内货币价格和收入保持稳定，不管 A、B 两国通货之间的汇率发生什么变化，也不管 B 国产品在 A 国的价格发生什么变化，A 国付给 B 国的以货币表示的红利数额没有变化，它对 A 国产品的实际购买力也没有变化。这相当于 A 国对 B 国产品的进口需求弹性等于 1。这是因为当 B 国产品的价格以 A 国产品表示下降 10% 时，进口 B 国资本服务到 A 国的人，将继续增购 B 国的资本服务，使总购买额以 A 国产品表示保持相同。根据同样道理，尽管 A 国产品价格在 B 国上升 10%，B 国企业继续向 A 国居民支付他们拥有的 B 国投资于新企业的资本的红利，其数额以 B 国货币表示没有变化，对 B 国产品的实际购买力也没有变化。这相当于 B 国对资本服务的需求弹性等于 1。

如果我们转向讨论以货币确定的债务，情况就有很大差别。如果我们考虑的是金本位机制，因为以 B 国通货表示的 A 国通货价值也是固定的，所以债务是以 A 国通货表示还是以 B 国通货表示，没有什么两样。这样我们可以一起来分析这两种情况（即表 14 中第 2 部分的前半部和第 3 部分的前半部）。让我们首先看看 A 国对 B 国支付固定的货币利息总额的情况。现在所有 B 国产品的价格以货币表示都下降了 $7\frac{1}{2}$%，以致 A 国向 B 国支付的固定货币额，对 B 国产品的购买力增加了 $7\frac{1}{2}$%。换言之，当 B 国产品价格相对于A国产品价格下降10%时，A国居民支付他们欠B国居民债务的利息额所能购买的B国产品增加了$7\frac{1}{2}$%，这相当于A国进口需求弹性等于3/4；因为只是如果B国产品价格下降1%导致A国居民购买B国产品数量增加$\frac{3}{4}$%，B国产品价格下降10%才能导致A国居民购买的B国产品增加$7\frac{1}{2}$%。

相反，如果B国向A国支付固定的利息，A国产品价格以货币计算上升$2\frac{1}{2}$%，B国债务人付给A国债权人的利息额所能购买的A国产品就要减少$2\frac{1}{2}$%。这好像当A国的产品价格以B国产品表示上升10%时，B国进口商所购买的A国产品减少了$2\frac{1}{2}$%。这相当于需求弹性等于1/4。这个原理是很显然的。A国向B国支付固定利息表示债务国A国对进口的资本服务的需求，而A国的需求弹性等于债权国B国所承担的总价格调整的比例。

在可变汇率机制的作用下，债务固定以哪一种货币表示有很大差别。让我们首先来考虑一下固定以A国通货表示的债务（表14第2部分后半部）。因为A国产品价格以A国通货表示保持不变，债务利息固定以A国通货表示，所以利息的支付对A国产品的购买力保持不变。如果是A国对B国支付利息，A国债务人付给B国债权人的总额以A国产品来表示保持不变，尽管B国产品价格以A国产品表示下降了10%，这相当于A国对进口资本服务的需求弹性等于1。然而，如果是B国对A国支付利息，尽管A国产品价格以B国产品表示上升了10%，B国债务人付给A国债权人的货币额仍能购买同样数量的A国产品。这相当于B国对进口资本服务的需求弹性等于零。

根据同样的道理，我们可以看到（表14第3部分后半部），如果所支付的利息固定以B国通货来表示，它对B国产品的购买力将保持不变。如果是A国向B国支付固定利息，这相当于A国的进口需求弹性等于零；如果是B国向A国支付固定利息，这相当于B国的进口需求弹性等于1。

现在从表14里可以清楚地看到，如果国际投资采取投资于新企业的资本的形式，债务人按照它实际赚到的货币利润来支付红利，那么一个国家向另一个国家支付红利实际上相当于支付国的进口需求弹性等于1。不论调节机制是金本位还是可变汇率，不论是赤字国支付还是盈余国支付，情况都是这样，因为——正如我们所看到的——任何价格调节机制的运行，所需具备的根本条件是：两国的进口需求弹性的总和必须大于1；所以这样的支付有助于实现均衡的过程，而不是妨碍这个过程。这里的情况是其中一个国家对进口需求的特定部分的弹性等于1。

从表14还可以清楚地看到：按照我们目前的观点，没有其他形式的国际投资能够比这种形式的投资更可取。然而，在两种特殊的情况下，其他形式的国际投资也一样好。

第一，如果采用可变汇率，如果支付的利息是按照支付国的通货固定的，这又表示债务国进口需求弹性等于1。但如果支付的利息是按照债权国的通货固定的，进口需求弹性降为0。而在可变汇率制度下，因为债权国希望保护自己，防止债务国通货降值——如果债务国采取听任国内膨胀的政策，当然通货降值的程度难以预料——所以这种情况更有可能出现。

第二，如果采用金本位制度，如果国内价格调整的责任全部落在债权国身上，这又表示债务国的进口需求弹性等于1。但是，这显然是一种很例外的情况。在另一种相似的情况下，国内价格调整的责任全部落在债务国身上，它对进口资本服务的需求弹性降为0。

因此，我们可以很稳妥地得出这样的结论：从有利于价格调整方法发挥作用以保持外部平衡的观点看，国际投资应该尽可能多地采用投资于新企业的资本的形式，尽可能少地采用固定货币债务的形式。

17　投机的作用[①]

在自由的外汇市场里，重要的外汇买卖也许是出于投机的原因而成交的。这些交易说明了国际收支中还有某些因素，至今我们还没有予以适当的考虑。

假定人们预期以美元（A 国通货）表示的英镑（B 国通货）价值不久要发生大幅度的升值。现期的汇率 2 美元 =1 英镑，预期下一年的汇率是 3 美元 =1 英镑。美国持有者把每 200 美元兑换成英镑，现在可以得到 100 英镑，而他预期下一年可以用这 100 英镑兑换回 300 美元。如果他的预期是正确的，他现在会购买英镑，到将来再把英镑换回美元，而从 200 美元中赚得 100 美元。如果他在预期的英镑升值之前，以英镑形式持有他的货币长达一年，那么一年里从他的货币得到 50% 的收益，即从用于投机的资本每年得到的收益率为 50%。如果他在按照升值后的英镑价值把英镑换回美元以前，以英镑形式持有他的货币仅有 4 个月，那么他在一年的 1/3 时间里，用他的货币就赚得 50% 的收益，那就相当于年利率不低于 150%。

[①] 本章的讨论有一部分是以我的一篇论文的观点为基础的。这篇论文题为 Degrees of Competitive Speculation，载于 *Review of Economic Studies*，Vol.17（3）。在撰写该论文时，我得到曼彻斯特大学亨德森（A.Henderson）教授和洛麦斯（Lomax）先生很大的帮助。

17 投机的作用

这样的投机可以采取很多种形式。它可以是在外汇市场里多少有点像职业投机商所进行的投机。这就是说，是由持有一定数量的资本，并审慎地把这些资本从一种通货转变为另一种通货，从汇率的变化谋取利润的人所进行的投机。另一方面，它也可以是贸易商稍微间接地进行的投机。如果一个要向 B 国支付的 A 国进口商，或者出口商品后得到 A 国通货的 B 国出口商，考虑到 B 国通货快要升值，就会比通常快得多地出售 A 国通货，以获得 B 国通货。同时，一个出售商品后得到 B 国通货的 A 国出口商，或者一个需要取得 A 国通货来购买商品的 B 国进口商，如果预期到 B 国通货在外汇市场上快要发生大幅度升值，就会尽可能地拖延这些用 B 国通货购买 A 国通货的正常交易。正常外汇交易中的预期和拖延，和资本资金直接从一种通货到另一种通货的投机性移动，都出于相同的原因并有相同的影响。

有三种因素可以限制这种投机的移动规模。

第一个因素是：如果 A 国借款者必须支付的利率比 B 国贷款者所能得到的利率高得多，这将抑制从 A 国到 B 国的资本移动，包括投机性的资本移动。正如我们在上面列举的例子中已清楚地说明的，如果人们预期在很短的时间里将发生大幅度的外汇降值，这个因素不会有什么重要的实际意义。投机者以美元的形式借入资金时，每年也许不得不支付譬如 5% 的利息，他利用这些资金对外汇价值将会上升的英镑进行投机。当他把这部分美元资金贷放到 B 国货币市场上以等待 B 国通货升值时，每年所得到的收益譬如说只是 2%。如果投机者预料因 A 国通货会降值而获得 50% 甚至 150% 的利润率时，上述借款和贷款利率的差别对投机者就只是微不足道的限制了。但如果预期到汇率变化是渐进的并且和缓得多，资本移动的投机动机就没有那么突出了。预期的外汇利润和对投机资金支付的净利率之间的比较，就有某种重要的意义。

限制投机资金规模的第二个因素，是这样的投机其本质就是不确定的。投机者预料英镑会升值，但他不能完全精确地知道升值将有多少和多快。他认识到他的预期也许是错误的，英镑实际上可能降值，这样他的投机冒险将遭受很大的损失。由于这个缘故，在一定的时间里，投机者在任何方向上进行投机的程度便受到了限制。他们不会把自己的全部钱财都投放到也确实会造成损失的冒险上去。

限制投机的第三个因素对我们的分析来说具有十分重要的意义。假定目前的汇率是 2 美元 =1 英镑，人们预期它会变成 3 美元 =1 英镑。正如我们所看到的，这会引起资本资金从美元到英镑的投机性移动，意欲待过一段时间英镑实际发生升值时，把英镑换回美元。但是，用美元换取英镑的投机倒买，现在就会引起英镑立即升值，因为这在现期的国际收支中代表自发购买英镑的添加部分。如果投机者认识到，他们自己和其他投机者都抱着待英镑升值时把英镑换回美元的目的而持有过多的英镑，他们就会改变对英镑未来价值的预料。他们会认识到，将来把投机性的英镑拿去换回美元，会减少未来的英镑需求，从而英镑的升值不会像预料的那么大。英镑的立即升值与英镑未来前景的恶化联系在一起，将会抑制投机刺激。投机者现在要用譬如说 2.25 美元（而不是 2 美元）购买 1 英镑，而预期下一年用 1 英镑只能换回 2.75 美元（而不是 3 美元）。由于一定的投机性移动本身的作用,就会使投机的刺激消除了一半①。

正如我们所看到的,投机本身带来的现期汇率和预期汇率之间差距的缩小,产生三个重要的结果。

第一,它趋于消除投机者的利润。确实,如果有足够多的投机者愿意并且有能力进行投机,如果汇率的变化被准确地预料到,投机者之间的竞争将完成消除反常的投机利润。在不存在投机的情况下,今年的汇率会是2美元=1英镑,而下一年会是3美元=1英镑,每年50%的投机利润是可取的。但只要能得到反常的利润,新的投机者总是蜂拥而至,投机将会继续下去,直至所有的投机者现在买进英镑都不得不付出较高的价格,下一年买进美元也不得不付出较高的价格,以致他们从投机中实际上得不到反常的过高利润。能产生大量投机利润的是投机太少而不是太多。

第二,上面所描述的那种投机,有助于消除大幅度的价格变动。在不存在投机的情况下,今年的汇率会是2美元=1英镑,明年的汇率将会跃为3美元=1英镑。但作为投机的结果,今年的汇率会提高到譬如说2.25美元=1英镑,明年的汇率就减低到譬如说2.75美元=1英镑。这样汇率就更为稳定。它变化较小而且较慢。

这在制度上具有很重要的意义。例如,假设A国的生活费用在很大程度上取决于进口商品的价格。这样,汇率突然从2美元=1

---

① 投机性差价的缩小,与投机的利息成本加大相联系。投机发生并使英镑的现值从2美元上升到2.25美元。如果这对改善A国现期贸易差额有影响(两国进口需求弹性的总和大于1),它对A国产生膨胀压力,对B国产生紧缩压力。如果两国当局都采取谋求内部平衡的货币政策,A国的利率将会上升,B国的利率将会下降。这样,作为投机资金朝着一个方向移动的间接结果,投机资金从A国到B国的移动的利息成本将提高。

英镑跃为3美元=1英镑,将引起来自B国的以美元表示的A国进口商品价格的突然跃升,因而造成A国的生活费用的突然增加。汇率的变化较小和较慢,将使生活费用的调整也可以较小和较慢。这可以大大简化A国的工资政策问题。

第三,我们在上面所分析的那种投机,会直接使价格调节机制易于发挥作用,以恢复国际收支的均衡。

让我们举一个例子来说明。假设在汇率为4美元=1英镑的条件下,A、B两国都处于内部平衡和外部平衡。假设发生了某种没有预料到的自发干扰因素(如需求从B国产品转向A国产品),使B国汇率发生必要的降值以恢复均衡。从长期来看,B国汇率降值到3美元=1英镑,会通过使B国产品相对于A国产品更为便宜,从而使需求重新转回B国产品,并足以恢复均衡。但是,正如我们所看到的(第6章),这种移动依赖于A、B两国的进口需求弹性。进口需求弹性在短期可能比在长期要小。在较长的期间里,生产者和消费者有时间使自己适应相对价格较低的B国产品。在B国外部状况恶化以后,要立即弥补B国国际收支缺口,B国通货所需要的暂时降值要大得多,譬如说降到2美元=1英镑。因此,如果不存在投机,在最初的时期中汇率是4美元=1英镑;紧随着B国情况恶化之后是一个极为困难的国际收支失衡时期,汇率是2美元=1英镑;最后是一个新的长期均衡时期,汇率是3美元=1英镑。

我们所考察的这种投机,也许使困难的中间时期所遇到的各种问题变得十分容易解决。当B国的外部状况发生了没有预料到的恶化时,汇率有变坏到2美元=1英镑的危险。但到了一定的时候,当各种调节力量有时间来发挥作用时,人们会认识到英镑的价值低得反常,汇率可能恢复到 3 美元 =1 英镑。在汇率变动的刺激下,投机者暂时把投机资金由美元换成英镑,从而阻止了英镑价值下降到譬如说 2.80 美元 =1 英镑以下。稍后,当各种调节力量充分发挥作用时,英镑的价值会进一步恢复,投机者又把资金从英镑换回美元。在这个期间,如果没有投机资金流动,汇率可能是 3 美元 =1 英镑;但是投机资金从英镑变回美元,将使汇率降低到譬如说 2.9 美元 =1 英镑。只有在投机资金都已转移回来时,汇率才会形成新的均衡汇率 3 美元 =1 英镑。

这种投机还有助于缓和汇率的波动幅度。如果没有投机,汇率会是第一年 4 美元 =1 英镑,第二年 2 美元 =1 英镑,第三年及以后的年份 3 美元 =1 英镑。如果有投机,则是第一年 4 美元 =1 英镑,第二年 2.8 美元 =1 英镑,第三年及以后数年 2.9 美元 =1 英镑,随后所有年份 3 美元 =1 英镑。但投机的作用还不止这些。它使 B 国的国际收支问题很容易解决。在 B 国国际收支最为困难的时期,A 国把资本资金暂时贷往 B 国,因而 B 国在这个时期里造成如此大的有利贸易差额,而这在没有投机的条件下是必需的。当价格调节机制有时间发挥作用时,B 国因而更易于扩大所需要的有利的贸易差额,可以在稍后的日子里偿还这些贷款。

上述分析以下述假定为前提:投机者多少能够正确地预料到汇率未来的变动趋势。在这种情况下,正如我们所表明的,不受限制的竞争性投机能够带来很多重要的社会利益。但投机者能够正确地预测未来并不是总能肯定的。如果预测出现严重错误,投机就加重了而不是减轻了国际收支调整的困难。

当投机者对价格变化的预测发生错误时,有两种投机比完全没有投机更坏事。第一种类型我们称为"反常"的投机,它发生在投机者预料汇率升值但它实际上却降值,或投机者预料汇率降值但它实际上却升值的时候。在这种情况下,他们在错误的方向上进行投机。第二种类型我们称为"过度"的投机,它发生在投机者对汇率变动的预料在方向上正确,但在幅度上比实际过大的时候。

让我们用前面的例子来说明这两类投机的有害的影响。假设自发干扰因素使 B 国的外部情况恶化;在没有投机的情况下,汇率在第一年从 4 美元 =1 英镑降到 2 美元 =1 英镑,但以后当价格调整充分发挥作用时又回升到 3 美元 =1 英镑。现在,如果汇率最初从 4 美元 =1 英镑降到 2 美元 =1 英镑,使人们感到这么悲观,以致认为 B 国的外部情况要越变越糟,以后也不会改善到 3 美元 =1 英镑,那么投机者不会按 2 美元 =1 英镑的汇率把投机资金从美元转为英镑,而是按这个汇率把投机资金从英镑转为美元。这样,汇率会暂时降到譬如说 1.5 美元 =1 英镑。当投机者认识到自己的错误,各种调节力量充分发挥它们的作用时,汇率将最终恢复到 3 美元 =1 英镑。但是,投机已经(1)增大而不是降低汇率波动的幅度和速度;(2)增加而不是减少国际收支调整的困难,因为它在 B 国国际收支最困难的时期造成额外的资本从 B 国到 A 国的投机性移动。

过度的投机也会以不同的方式产生类似的有害影响。再假设某个自发干扰因素造成 B 国外部情况的恶化,在没有任何投机的情况下,汇率最初从 4 美元 =1 英镑降到 2 美元 =1 英镑,然后在各种调节力量的作用下,恢复到 3 美元 =1 英镑。但假设当最初的汇率降值眼看着就要发生时,投机者对英镑的未来价值是这么过于乐观,以致投机资金大规模地从美元移向英镑,使汇率远不是降到

2美元=1英镑,而仅仅是微不足道地降到3.9美元=1英镑。在这一段时间里,资金以这样的规模从美元移向英镑,实际上完全弥补了因自发干扰因素而造成的B国国际收支缺口。价格调节机制几乎没有发挥作用。消费和生产不必进行广泛的调整。由于3.9美元=1英镑的汇率仅仅是由投机资金不断从美元流向英镑来维持的,投机者到某个时候就会发现自己的错误。这时,投机资金流动消失,汇率立即下降到大约2美元=1英镑。为要展开充分的价格调整,暂时需要这个汇率。但事情还不仅如此。当投机资金的本金已经从美元移向英镑时,汇率为2美元=1英镑。投机并没有在这个汇率上支持英镑,由于部分投机资金又从英镑流向美元,这时英镑的降值会进一步加剧(或者降到1.75美元=1英镑)。价格的波动又一次加剧了。处于最困难时期的B国国际收支又增加了额外的负担。

怎样才能对付这种消息不灵的投机的危险,而又不会抑制[①]有益的和反社会的投机形式呢?

达到这个目的的最直接的方法,是这一个或那一个国家,或两个国家的货币当局,用反方向的政府资金移动,来抵消这种不需要的从一种通货到另一种通货的私人投机资金移动。这样,在我们上面所提到的"反常"投机的例子里,当投机者应该把资金从美元移向英镑时,他们却从英镑移向美元。货币当局可以按照这样一个规模把政府资金从美元移向英镑,使它不仅足以抵消在错误方向上的投机资金移动,而且还形成在正确方向上的数量合适的资金移动。

---

① 例如,对资本移动实行外汇管制。第22章将加以讨论。

或者，在我们上面所提到的"过度"投机的例子里，私人投机者在正确方向上把资金从美元移向英镑，但投入资金的规模过大了。在这种情况下，货币当局可以努力按照这样一个规模把政府资金从英镑移向美元，使它刚好抵消在另一个方向上流动的私人资金的过量部分。

货币当局利用这样的手段，可以使外汇市场接近于假如存在对汇率未来变化有正确预测的自由竞争投机所形成的局面。在这种情况下，货币当局必须努力去做的是比私人投机者更加正确地预期汇率的未来趋势。如果货币当局这样做，它将得到效益，而私人投机者则遭受损失[1]。

然而，货币当局也可以使汇率更为稳定，并利用具有正确预测的完全竞争的私人投机来实现这个目的。再回到前面提及的例子。假设（参看本章前面的部分）这种投机不是使英镑价值暂时从 4 美元降到 2 美元然后恢复到 3 美元，而是使英镑价值从最初的 4 美元降到 2.8 美元，然后先恢复到 2.9 美元，再恢复到 3 美元。货币当局可以按照这个汇率，以足够大的规模和在足够长的时间里，用美元购买英镑，努力阻止汇率降到 3 美元 =1 英镑以下，使汇率能够在这个水平上形成新的均衡[2]。这会实现汇率更高度的稳定。由此

---

[1] 在我们提到的第一个关于反常投机的例子里，当英镑价格跌向 1.5 美元时，货币当局可以进入外汇市场，用美元向私人投机者购买英镑，以便日后按照约 3 美元 =1 英镑把英镑反售给投机者。在我们所提到的第二个关于过度投机的例子里，当英镑价格升向 3.9 美元时，他们可以进入市场，把英镑出售给私人投机者，以取得美元，随后按大约 3 美元 =1 英镑再买回英镑。

[2] 为了最终使 B 国出现有足够的收支差额，让货币当局能在过一段时间后用英镑换回美元，选择的汇率实际要比 3 美元 =1 英镑低一些（譬如说 2.95 美元 =1 英镑）。

17 投机的作用

带来的价格稳定具有某些制度上的好处。但是,如果资金从一种通货向另一种通货的移动还有什么利息和其他成本,那么它实际上会是无利可图的[①]。

为能进行这种投机的资金移动,货币当局必须运用外汇平抑基金。这项基金必须有 A、B 两国的货币金额。如果货币当局希望(例如)支持 B 国的汇率,它可以在外汇市场上出售一部分 A 国通货来换取 B 国通货,以增加它所持有的 B 国通货,代价是它所持有的 A 国通货的某些减少;反过来说也是这样。

这项外汇平抑基金可以是国家基金。这就是说,它可以分别由 A 国或 B 国持有和运用。它也可以是一项国际基金。这就是说,它可以由某一个代有 A、B 两国当局或在某些方面位于国家当局之上的组织持有和运用[②]。如果国际外汇平抑基金能被有效运用,它至少具有超过各个国家基金的两个重要的好处。

第一,国家基金会用完它所持有的外国通货,但是,例如,B 国的国家外汇平抑基金要支持 A 国的汇率,其范围在技术上是没有限制的。B 国银行体系创造新的 B 国货币的供给,用来在外汇市场上购买更多的 A 国通货,在技术上总是可能的。这样,B 国基金的负责当局如果希望支持 A 国通货,它行动的范围在技术上也是没有限制的。但 B 国基金的负责当局却只能够出售现在持有的 A 国通

[①] 在第二卷里,我们将会看到,这种做法之所以无利可图正好表示对社会的一种真正代价。

[②] 就我们的目的来说,我们对基金的合法所有权不像对基金实际使用方法那么感兴趣。如果 A、B 两国的当局都在法律上持有各自的外汇平抑基金,但在实际联合决定在什么时候,在哪个方向以及在什么程度上运用各自的基金,那么就我们目前的目的来说,这就构成一个单一的国际外汇平抑基金。

货，以取得资金购买B国通货，以此来支持B国通货。当B国基金中的A国通货用完时，这种行动就要停止，除非B国基金负责当局能够在A国市场上借入更多的A国货币；B国的银行体系不能创造新的A国通货的供给量。但是，获得A、B两国当局支持的真正的国际外汇平抑基金没有这样的技术限制。B国的银行体系总能无限制地创造B国的货币供给量，以支持A国的汇率；A国的银行体系也总能无限制地创造A国的通货供给量以支持B国的汇率。如果两国当局同意某个它们愿意支持的汇率，对这个汇率的支持就不会有什么技术上的困难。

第二，国家外汇平抑基金还可能被滥用。正如我们在上面（第11章）所看到的，一个国家的当局，通过造成过大的有利贸易差额，来医治国内的失业问题，就是说，不是采取谋求内部平衡的金融政策，而是通过对别的国家的市场进行"违背人道"的侵害来增加国内就业，总是可能的。如果这样的政策获得成功，它将以减少对别的国家产品和劳动的需求为代价，增加对本国产品和劳务的需求。在普遍的世界萧条时期，这将造成别的国家失业的增加。国家外汇平抑基金便成为达到这种目的而被滥用的手段。这样，A国基金的负责当局可以用A国通货购买B国通货，但这样做不是因为认为私人投机者对B国通货的未来价值过于悲观，以致A国通货在外汇市场上的价值与实现外部平衡所需求的汇率相比过高，而只是以牺牲B国市场为代价来扩大A国产品市场，以增加A国劳动的就业机会，而不管是否会给本国国际收支造成盈余。但国际外汇平抑基金则用于支持两国货币当局或超国家的组织所同意的"正常"汇率。这个事实将能避免把资金滥用到不正当的目的上。

除了适当利用国家或国际外汇平抑基金来增强汇率的稳定性外，还有另一种手段有助于消除由错误的投机所造成的汇率波动过剧所产生的危险。这个手段就是期货外汇市场。这种机制本身不能消除判断错误的投机资金移动所造成的主要弊害；它仅能消除投机资金流动，使贸易商不得不忍受的汇率变动的不确定性。但是另一方面，它又不仅能够消除判断错误所造成的不确定性，而且还能够消除汇率调节方法不可避免的必要调整所产生的不确定性。

在自由外汇市场上，贸易商一定常常遇到可能的汇率变动所带来的重大风险。例如，B国的某个生产者在A国出售物品，A国进口商承诺在未来某个确定的日期用A国通货（美元）支付一定的进口金额。B国的生产者要用这个金额去清偿主要按照B国通货（英镑）签订合同的各项费用。在物品销往A国与收到A国货币并把它换成B国货币的时间间隔里，如果A国通货的外汇价值下降，B国出口商将蒙受生产上的严重损失。

这种外汇风险可以用期货外汇市场来消除。B国出口商知道下一年将收到譬如说200美元，他希望现在就能确定他在下一年把200美元换成英镑的汇率。于是他去找外汇交易商，商定在一年时间里用200美元换取100英镑。在这项交易中，我们说外汇交易商买进"一年期货"美元，贸易商售出"一年期货"美元。2美元=1英镑的汇率是现在确定但在一年后的交易中才采用的汇率，我们称为"期货"汇率，以与现在确定并在现在完成的交易中采用的"现货"汇率相区别。

如果外汇交易商愿意，他也可以使自己免受风险。当他买进一年期货美元时（例如，在下一年用100英镑交换200美元），他自己总可以同时买进现货英镑(即现在用美元买进100英镑,将在下一年交付给贸易商)。在这种情况下,他确切知道自己的处境。他已经用一定数量的美元换取100英镑,并知道他在下一年以这100英镑一定能换取200美元。

现货汇率和期货汇率之间的关系,在很大程度上取决于A、B两国短期贷款利率之间的关系。假设外汇贸易商现在按照譬如说1%的利率借进200美元,并按照2美元=1英镑的现货汇率买进现货英镑。这样他立即得到100英镑。再假设他在B国贷放一年期的英镑,可得10%的利息。到一年结束时,他将拥有110英镑可以换回美元。他一定要按照能使他得到至少202美元的汇率换回美元,这样他才能偿还所借入的200美元本金和1%的利息(即2美元)。如果期货汇率现在和2美元=1英镑的现货汇率相同,他在下一年可以用110英镑从贸易商那里换取220美元,从而获得18美元的利润。在现货汇率为2美元=1英镑,年利率在B国高达10%,在A国却低到1%的条件下,外汇交易商所索取的英镑期货汇率可以低到1.84美元=1英镑(即202美元/110英镑)而不受损失。

由此可见,如果有一个组织良好的期货外汇市场,贸易商总可以现在确定他将把英镑换成美元或将美元换成英镑的汇率,以避免外汇风险。在某国货币市场里,如果通货的利率相对较高,那么以现货汇率表示的期货汇率将较便宜。这就是说,外汇交易商愿意买进这种通货的现货,卖出这种通货的期货,由此他能够赚到较高利率的利息,因而他能够按相对低的期货汇率把通货出售给贸易商。

自由外汇市场上存在这么多问题。如果汇率变动被用作恢复均衡的手段,而且市场机制不是通过自由外汇市场而是通过可调整的钉住汇率来发挥作用(参看第 12 章),问题的表现将有很大的不同。

再假设 B 国的外部状况发生某种程度的自发恶化,最后需要该国货币从 4 美元 =1 英镑降到 3 美元 =1 英镑。直到钉住汇率实际发生变动以前,投机者都受到强烈刺激把资金从英镑转为美元。他们看到 B 国国际收支的赤字仍然存在,因而认识到钉住汇率的变动迟早是不可避免的。当投机者把投机资金从 B 国移到 A 国时,这本身不会导致 B 国通货降值。B 国通货的降值要在钉住汇率本身进行调整时才会发生。投机资金未来从 A 国转回 B 国的前景,也不会使投机者预期 B 国的通货会升值到超过钉住汇率往新的长期均衡水平作必要调整发生以后所达到的程度。换句话来说,从预期汇率调整中所得到的利润,不仅是确定的,而且对可获得利润的投机资金的数量也没有限制。结果人们可以预料到,大量的投机资金由 B 国移往 A 国,并从中可以获得利润。

这种投机却没有什么用处。汇率是钉住的,所以这种投机对汇率没有影响。它只意味着投机者以损害货币当局为代价从几乎无限大的投机资金中获得确定的利润。当投机者在钉住汇率变化之前把资金从 B 国移向 A 国时,为了维持 B 国通货的价值,货币当局不得不按照 B 国通货以 A 国通货表示的原来价值,购买 B 国通货。过了一段时间,当投机者在钉住汇率变化之后,把资金从 A 国转移回 B 国时,为了维持 A 国通货的价值,货币当局又要按照 B 国通货新的和降低了的以 A 国通货表示的价值,出售以前买进的 B 国通货。

由于这个缘故,只有对投机资本在有关通货之间的移动实行某种直接的管制，可调整的钉住汇率机制才能成功地发挥作用。正如我们在后面（第22章）将会看到的，这包括建立对所有交易实行外汇管制的机构，也提出了怎样确定什么是和什么不是投机资本移动的难题。这无疑是这种调节机制的一个严重的缺点。

余下的问题就是在金本位条件下投机的作用。在金本位条件下，汇率除了可在黄金点范围以内波动外，是严格固定的。根据前面提到的理由（第14章），假如平价汇率是譬如说4美元=1英镑，那么实际汇率只能在譬如说4.05美元=1英镑到3.95美元=1英镑的范围内变动。在这个狭窄的范围内，我们在上面所讨论的那种投机仍然有活动的余地。让我们假设B国的外部状况恶化，B国通货的价值降低到B国的黄金输出点3.95美元=1英镑。在黄金输出点上，投机者知道英镑不会再进一步降值；但在进行必要的调整和恢复外部平衡时，英镑也许发生某种程度的升值，也许升到B国的黄金输入点4.05美元=1英镑，但不会超过这一点。如果汇率超出了3.95美元=1英镑到4.05美元=1英镑这个范围，投机者有可能得到外汇利润，而不可能蒙受损失。所以，在调整期间，投机性资金可能以适度的规模从美元移向英镑，这有助于弥补在向新均衡调整的最困难时期中存在的B国部分国际收支缺口。

但在这种情况下，并不是汇率的变化，而是货币工资率和价格在B国的绝对下降和在A国的绝对上升，带来了最终的调整。从理论上说，与自由外汇市场情形一样，存在着有益的投机资金移动的可能性。但在实际上，这种投机的范围是极有限的。

由于国际需求对相对价格变化的敏感程度在短期里可能远比在长期里小，B国产品价格在相对价格变化以后应该立即下降的幅度(以及 A 国产品价格应该立即上升的幅度),比长期里要实现需求的必要调整所需要的幅度要大。投机者将会预料到 A 国产品价格会长期下降,B 国产品价格会长期上升。于是他们从存货中拿出 A 国产品出售,用得来的钱购买 B 国通货,再利用 B 国通货购买 B 国产品储备起来,从而由持有 A 国产品(它的价格将来会下降)变为持有 B 国产品(它的价格将来会上升)。

但是,由于某些原因,这种情况不可能大规模发生。

首先,这种情况的出现是建立在下述假定之上的:就像汇率在自由市场上具有韧性一样,A、B 两国的国内价格和工资率在金本位条件下也具有韧性。但众所周知,货币工资率是粘性的。即使 B 国通货的价值在自由外汇市场上一年内由 4 美元下降到 2 美元,然后再回升到 3 美元,B 国的周工资率却未必会在一年内从 4 英镑降到 2 英镑,然后再回升到 3 英镑。即使最终产品的价格可能比工资率更有韧性,但它们都不大可能有自由市场汇率那样的韧性。

所发生的情况可能是在最初的自发干扰因素发生以后,由于 B 国失业的压力导致货币工资率的下降,B 国的价格将逐渐下降;同时,由于 A 国货币需求增加的压力导致货币工资率的上升,A 国的价格将逐渐上升。但如果发生这样的情况,投机者在变化实际发生以后的一个相当长的时期里,将对 B 国产品价格的下降和 A 国产品价格的上升进行投机,把资金从 B 国产品移向 A 国产品。这只会增加调整的困难,使 B 国工业出现更为严重的暂时性失业,并使 B 国黄金流往 A 国。

但是,在 A、B 两国产品之间的投机实际上会不会大规模发生,仍有疑问。不管怎样,它一定比在自由外汇市场上在 A、B 两国通货之间的投机规模小得多。除了预测错误的投机可能造成的外汇损失，在A、B两国通货之间的投机的代价相对较小。但在A、B两国产品之间进行投机，除了预测错误可能造成的损失外，还包括储存价格或将上升的那个国家的产品的实际成本，以及减少预料价格要下降的那个国家产品正常贸易的存货所带来的实际不便。如果储存的产品是庞大笨重或容易腐烂的东西，储存成本可能非常高。

我们可以得出这样的结论：在金本位条件下，不管是对社会有利还是有害，投机的范围总是比较有限的。在可调整的钉住汇率机制作用下，投机的范围却十分广阔；但是，私人投机活动可能不会给社会带来利润，却只会使货币当局将来遭受严重损失，而仅仅对投机者自己才是有利的。确实，钉住汇率如果缺乏有效的外汇管制简单地消除投机，将难以维持下去。在自由外汇市场上，投机的范围广阔，投机者的利益总的来说和社会的利益相一致。但信息不灵的投机会给社会带来严重损失。如果适当加以控制，投机能够对社会有所贡献。从这个观点来看，似乎有很多理由赞成与组织良好的期货外汇市场及由国际控制的外汇平抑基金相结合的自由外汇市场[1]。

---

[1] 除了避免有害的投机性资金移动的理由之外，如果为了其他理由要控制资本转移，就会产生进一步的问题：是选择金本位机制、可调整的钉住汇率，还是自由外汇市场。在第22章中将讨论这些问题。

18 对外贸易与国内贸易的产品[1]

到现在为止,我们按照把 A 国产品看做是一组同质的物品,把 B 国的产品看做是另一组同质的物品(参看第 4 章)的假定,考察了 A、B 两国之间的国际收支的调节机制。由于这个缘故,我们在考虑汇率调整或工资率调整的影响时,仅提及由此所产生的价格调整导致作为一组产品的 A 国产品在什么程度上替代作为一组产品的 B 国产品。

这当然不完全是现实的。A 国生产许多不同的产品,B 国也生产许多不同的产品。部分 A 国产品只在 A 国消费,完全不会与 B 国产品直接竞争。这些产品所以不直接与 B 国竞争,是因为它们在 A、B 两国之间的运输既极为困难,而且成本非常高。它们可能是容易腐烂的物品(像牛奶),或者是过于庞大笨重的物品(像房屋),或者是需要实际生产者和最终消费者直接接触的物品(像理发师的劳务)。当然,这实际上不过是程度的问题。产品的排列次序可以在下述范围内几乎连续不断地变化:一端是有些产品的运输成本相对于它们自身的价值来说非常低;另一端是有些产品的运输成本如此之高,以致在所有能够想象到的情况下都无法运输。然而,我们

---

[1] 本章的主题在另编数学附录第 8 节(6)中讨论。

将根据一个简化的假定来进行我们的分析：A、B 两国中的每一个国家的产品都可以分为两大类，一类是"国内贸易"产品，它的国际运输成本高到几乎无法运输；另一类是"对外贸易"产品，它的国际运输成本低到几乎可以忽略不计。

这样，就把每一个国家的产品分为两类："国内贸易"产品和"对外贸易"产品。为了某种目的，我们需要再把每一个国家的"对外贸易"产品分为两小类："产品出口"和"与进口竞争"的产品。

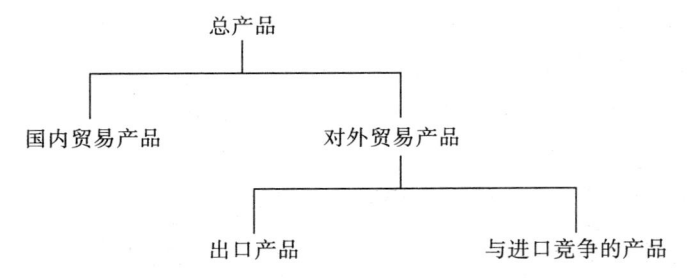

```
                    总产品
           ┌──────────┴──────────┐
       国内贸易产品          对外贸易产品
                         ┌────────┴────────┐
                      出口产品        与进口竞争的产品
```

一个国家的出口产品是指既出口到其他国家也在国内消费的产品，与进口竞争的产品是指在国内消费而不出口，但与进口产品极为相似的产品。还有，当我们想把产品划分为一方是一个国家的出口产品，另一方是它的国内贸易产品和与进口竞争的产品时，我们就说它的"出口"产品和"非出口"产品；当我们想把产品划分为一方是一个国家的与进口竞争的产品，另一方是它的国内贸易产品和出口产品时，我们就说它的"与进口竞争"的产品和"非进口竞争"的产品。

这样，在我们所说的两个国家中，每一个国家的生产者就生产三组产品：国内贸易产品、出口产品和与进口竞争的产品；每一个国家的购买者就购买四组产品：本国生产的三组产品和其他国家的出口产品。

现在,让我们按照这些更为现实的假定来重新考虑第 7 章所提出的问题。我们假定 B 国的汇率发生一定幅度的下降。我们的问题是:根据 A、B 两国的货币工资率保持不变,两国当局都采取谋求内部平衡的金融政策的假定,B 国汇率下降对 B 国的贸易差额以及 A、B 两国之间的实际贸易条件将产生什么影响?

这个问题当然只是我们以新的假定为基础所选择讨论的许多问题中的一个特别问题。但它却是一个核心的问题,而且在某种意义上可以说它概括了全部问题。如果我们假定不论发生什么自发干扰因素,A、B 两国当局都采取谋求内部平衡的金融政策,那么剩下的唯一问题就是外部平衡的问题。所以我们要问:假定在某国国内和世界其余国家的货币工资率保持不变,各国都采取谋求内部平衡的金融政策,该国的通货贬值对于它的国际收支以及它和世界其余国家的实际贸易条件将产生什么影响?如果赤字国通货的降值改善它的国际收支而又没有使贸易条件发生使它无法忍受的不利变化,那么这种调节方法,即谋求内部平衡的金融政策和谋求外部平衡的汇率变动相结合,在面临各种自发干扰的情况下,仍然能够有效地发挥作用。

以 A 国通货表示的 B 国通货降值,将提高 1 单位 A 国货币在 B 国的价格,从而将提高 A 国产品在 B 国的价格。同样,B 国通货降值将降低 B 国货币在 A 国的价格,从而降低 B 国产品在 A 国的价格。

B 国通货降值的结果,是 B 国所有对外贸易产品在本国的价格相对于 B 国国内贸易产品的价格来说趋于上升。因为以 B 国通货表示的 A 国出口商品在 B 国的价格上升，使人们对 B 国的与进口竞争的产品的需求增加，从而抬高了它们的价格，所以 B 国的与进口竞争的产品的价格将上升。因为以 A 国通货表示的 B 国产品的价格的下降，使 A 国对它们的需求增加，从而抬高了它们以 B 国通货表示的卖价，所以以 B 国通货表示的 B 国出口商品的价格将上升。在 A 国的情况也一样。因为来自 B 国的进口商品以 A 国通货表示更为便宜，从而压低 A 国的与进口竞争产品的价格，所以 A 国所有对外贸易产品相对于国内贸易产品来说趋于下降。B 国对 A 国出口商品（它们的价格以 B 国通货表示将上升）的需求将下降，因而以 A 国通货表示的 A 国出口商品价格也将下降。

现在，A、B 两国之间贸易差额的重新调整过程，基本上可以看做是 A、B 两国对外贸易产品和国内贸易产品之间需求和供给关系随之发生的转变。例如，在 B 国，对外贸易产品的价格相对于国内贸易产品的价格来说出现上升。因此，需求将离开较为昂贵的对外贸易产品。这包括 B 国对进口商品需求的减少以及对要不然会出口到 A 国的本国产品的需求的减少。生产资源将同时发生转移，以增加对外贸易产品的供给。这将增加对 A 国出口商品的供给，也将增加 B 国购买者用以替代来自 A 国的进口商品的产品的供给。

在 A 国的情况也一样。对外贸易产品的价格相对于国内贸易产品的价格来说所出现的下降，使需求从后者转向前者。这包括 A 国对进口商品需求的增加，以及对要不然可以出口到 B 国的 A 国产品需求的增加。同时，A 国的生产者将从生产对外贸易产品转向生产国内贸易产品。而这又包括由 A 国出口的产品供给的减少和 A 国购买者用以取代进口产品的那些产品供给的减少。

这样，B国的需求从对外贸易产品转向国内贸易产品，以及供给发生的反方向移动，将减少B国的进口和增加B国的出口。同时，A国的需求从国内贸易产品转向对外贸易产品，以及供给所发生的反方向移动，将增加A国的进口和减少A国的出口。通过这种机制的作用，只要A国或B国的对外贸易产品和国内贸易产品之间不论在消费上还是在生产上有足够大的替代性，B国通货的降值将使B国的贸易差额发生有利的变动。

上述机制是指B国对外贸易产品价格相对于国内贸易产品价格来说发生某种程度的上升，A国对外贸易产品价格相对于国内贸易产品价格来说发生一定程度的下降。正是这些价格关系的变化，在这两大类产品之间无论是消费方面还是生产方面都有足够大的替代性的条件下，带来贸易差额的调整。但实际贸易条件（即B国出口商品价格和A国出口商品价格的比率）就上述分析而言会向两个方向变动。

我们在第12章已经看到，在每一个国家的产品都可以看做一组同质的产品，并且在它们的价格或多或少一起上升和下降的情况下，B国通货的降值总是使实际贸易条件变得对B国不利；但如果A、B两国的进口需求弹性的总和大于1，将导致B国贸易差额的改善。现在，我们把每一个国家的产品划分为国内贸易的产品和对外贸易的产品，B国通货的降值除了改善B国的贸易差额外，还可能使贸易条件变得对B国有利。

这种情况在什么条件下才会发生呢？让我们假设B国通货降值的即时影响，是使B国的进口商品价格上升的百分比与以B国通货表示的B国出口商品价格上升的百分比相同。随之而来的将是 A 国出口商品价格下降的百分比，等于以 A 国通货表示的 A 国进口商品价格下降的百分比。由于所有对外贸易产品的价格都按相同的方式变动，因此实际贸易条件并未发生变化。如果随后发生的 A、B 两国对外贸易产品和国内贸易产品之间的需求和供给的移动，可维持 B 国出口商品价格的稳定但降低 A 国出口商品的价格，实际贸易条件最终将变得对 B 国有利。

要调整 B 国的需求和供给以降低 B 国相对于出口商品来说的进口商品价格，B 国必须满足两个条件。

第一，当 B 国的需求从对外贸易产品转向国内贸易产品时，在形式上一定是需求从 B 国的进口商品和与进口竞争的产品转移出去，而不是从 B 国出口商品转移出去。否则，B 国出口商品价格的下降速度与它的进口商品价格的下降速度相同。

第二，当 B 国的供给从国内贸易产品转向对外贸易产品时，在形式上一定是 B 国的与进口竞争的产品的供给增加，而不是 B 国出口产品供给的增加。否则，B 国出口商品价格的下降和它的进口商品价格的下降一样快。

同样，要使 A 国出口商品的价格相对 A 国进口商品价格来说保持在较低的水平，A 国必须满足两个条件。

第一，A 国的需求从国内贸易产品转向对外贸易产品，一定是转向 A 国的进口商品和与进口竞争的产品，而不是转向 A 国的出口商品。否则，A 国出口商品的价格不会低于它的进口商品的价格。

第二，由于同样的缘故，A 国的供给从对外贸易产品转向国内贸易产品，一定是从与进口竞争的产品转移出去，而不是从出口商品转移出去。

相对价格的这些变化可以用表15来说明。以A国通货表示的B国汇率下降。正如我们所表明的,降值的冲击性效应造成A国对外贸易产品价格相对于国内贸易产品的价格下降。B国的情况相反。这种情况在表15第1行用正、负号表现出来。然而还没有理由说明,A国或B国的进口商品和与进口竞争的产品的价格,相对于出口商品价格来说发生了变化。

我们现在讨论表15的事例1。它表明贸易条件最有可能发生有利于B国的变化。在A国,国内贸易产品的价格相对于对外贸易产品的价格上升,使需求转向较便宜的对外贸易产品,供给则离开利润较少的对外贸易产品。但需求转向的和供给离开的,主要是进口商品和与进口竞争的产品,而不是出口商品。这样,进口商品的价格相对于出口商品的价格来说趋于上升。同时,在B国,对外贸易产品价格的上升使需求离开对外贸易产品,供给移向对外贸易产品。但需求离开的和供给移向的,主要是进口商品和与进口竞争的产品,而不是出口商品。结果是B国出现进口商品价格相对于出口商品价格来说趋于下降。因此,A、B两国各种力量的作用,使贸易条件变得对B国有利。

表15的事例2表示相反的可能性。A国国内贸易产品价格和B国对外贸易产品价格的相对上升又使得A国的需求转向对外贸易产品,B国的需求离开对外贸易产品。由于同样的缘故,A国对外贸易产品相对供给将减少,B国对外贸易产品相对供给将增加。但这一次A国需求转向的和供给离开的,主要是出口商品,因而A国出口商品的价格相对于它的进口商品的价格来说趋于上升。在B

国，需求离开的和供给转向的，也主要是出口商品，因而 B 国的出口商品价格相对于 B 国进口商品价格来说趋于下降。在这种情况下，贸易条件显然变得不利于 B 国。

在事例 1 里，B 国需求离开对外贸易产品，主要是离开与进口竞争的产品，而供给转向的对外贸易产品主要是转向与进口竞争的产品。但这些移动的结合仅仅是以另一种方式表示 B 国向 A 国出口商品的供给弹性很小，即 A 国进口商对 B 国出口商品所提出的以 B 国通货表示的价格上升，将不会引起 B 国输往 A 国的商品供给大幅度增加。这是因为：(1) 当 B 国出口商品价格上升时，额外的经济资源不能轻易地从非出口商品生产移向出口商品生产，因而总供给没什么增加；(2) B 国出口商品价格的上升，不会使 B 国的购买量大幅度地从这些相对昂贵的出口产品转移到相对便宜的国内贸易产品，所以在不变的出口产品总供给量中，没有更多的产品用于向 A 国出口[①]。

同样，在表 15 事例 1 里，A 国需求转向对外贸易产品主要是转向与进口竞争的产品，供给的离开主要是离开与进口竞争的产品，但这些移动的结合只是以另一种方式来表示 A 国对 B 国的出口商品的供给弹性将很小。当 B 国的购买者对 A 国出口商品以 A 国通货表示的出价下降时，A 国输往 B 国的产品供给量不会大幅

[①] 这样，B 国对 A 国的出口供给弹性较小必须与 B 国出口商品的供给弹性较小仔细地加以区别。如果 B 国出口商品价格上升只能引起这种商品的总产量很小的上升，后一种供给弹性将很小。但是，如果 B 国出口商品价格的上升使 B 国购买者大量减少对这些商品的购买，从而使一定的产量中有更大部分的产品可以出口到 A 国，那么 B 国对 A 国的出口供给弹性将很高。

表15 B国汇率下降对贸易条件的影响

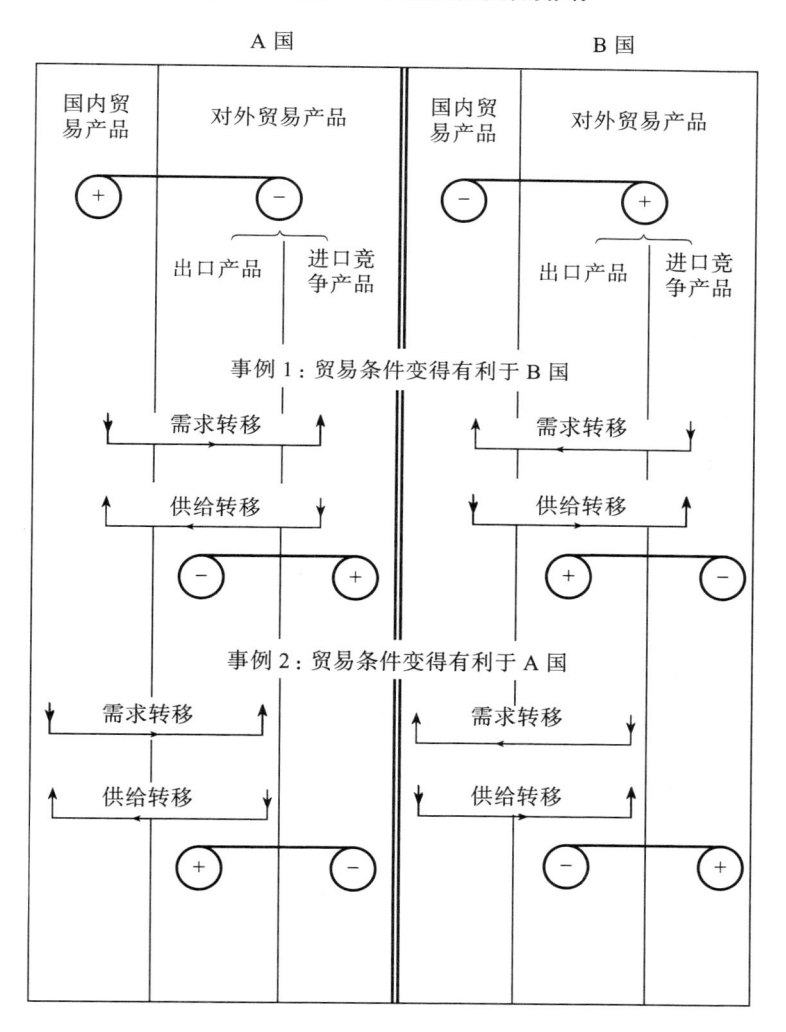

A国		B国	
国内贸易产品	对外贸易产品	国内贸易产品	对外贸易产品
⊕	⊖	⊖	⊕
	出口产品　进口竞争产品		出口产品　进口竞争产品

事例1：贸易条件变得有利于B国

A国：需求转移、供给转移 → ⊖ ⊕

B国：需求转移、供给转移 → ⊕ ⊖

事例2：贸易条件变得有利于A国

A国：需求转移、供给转移 → ⊕ ⊖

B国：需求转移、供给转移 → ⊖ ⊕

注：相对价格的变化用圆圈中的正负号表示

度减少，原因是：(1)在 A 国没有大量的资源从生产出口商品的工业流出，和(2)在 A 国不会因这些出口商品价格的下降而大量增加对它们的消费。

因此，如果一个国家的出口商品和非出口商品之间，在消费和生产上都没什么替代性，那么这个国家的出口供给弹性很低。如果不论在生产或在消费上，这种替代性都很高，那么出口供给弹性将很高。我们得到的这个结论实际上应该和我们在第 12 章里所得到的结论相同。当时的情况是我们把每一个国家的产品看做是一组同质的产品。

这样，假定就所谈及的这个国家的商品消费而言，出口产品和非出口产品之间很容易相互替代。我们来举一个例子。假定 B 国的汇率降低，这就降低了以 A 国通货表示的 B 国出口产品的价格。A 国将购买更多的 B 国出口产品。这就增加了对 B 国出口产品的需求，它们以 B 国通货表示的价格将上升。由于 B 国当局正在实行谋求内部平衡的金融政策，为防止 A 国对 B 国出口商品需求的增加引起 B 国的通货膨胀而采取的政策，造成 B 国国内支出的减少（包括对 B 国非出口产品、出口产品和其他商品支出的减少），B 国的非出口产品价格将下降。这样，B 国出口产品价格相对于 B 国非出口产品在国内的价格来说出现上升。但是，当 B 国出口商品的价格相对于 B 国非出口产品的价格来说上升时，如果 B 国的购买者非常迅速地把消费从 B 国的出口产品转向 B 国的非出口产品，那么对 B 国出口产品的需求再次下降，而对非出口产品的需求则增加。结果，B 国出口产品价格相对于非出口产品价格来说，只发生小幅度的净上升。B 国消费在出口产品和非出口产品之间易于转移,意味着以B国通货表示的所有B国产品的价格,或多或少一起上升或下降。由于这个缘故,我们可以把B国产品看做单独一组产品。如果A国的情况也是一样,我们需要考虑的仅仅是A国产品(作为单独一组产品)用于替代B国产品(作为单独一组产品)的程度。由于B国的出口产品和非出口产品在本国消费中很易于相互替代,由于A国的出口产品和非出口产品在本国消费中也很易于相互替代,我们现在需要考虑的仅仅是B国出口产品和A国出口产品在A国和B国的消费中相互替代的程度——即A、B两国对彼此产品的进口需求弹性的总和是多大。

我们可以把每一个国家的产品看做一组同质的产品的第二种情况,是每一个国家的生产者都可以轻易地从出口产品的生产转向非出口产品的生产。我们仍用上面的例子。B国汇率下降,结果A国对B国出口产品的需求增加了。以B国通货表示的B国出口产品价格上升了。B国非出口产品的价格不但没有同样上升,反而下降了。其原因是B国为防止A国对B国产品需求的增加引起B国的普遍膨胀,而实行国内支出的政策性紧缩。在这种情况下,如果B国非出口产品的生产者能够迅速地转向现在更有利可图的出口产品的生产,非出口产品的价格将随着供给的减少而上升,而出口产品的价格将随着供给的增加而下降。如果生产资源在这两种工业之间的移动是大量的,最终B国出口产品的价格相对于非出口产品的价格来说,将不会大幅度上升。如果A国的情况也是这样,我们又可以把问题简化为前面提到的简单情形。由于B国出口产品和非出口产品可以通过国内生产的转移而彼此转换,由于A国的出口产品和非出口产品也可以通过国内生产的转移而彼此转换,我们现在需要考虑的仅仅是 A 国和 B 国出口产品在 A、B 两国的消费中相互替代的程度——即 A、B 两国对彼此的出口产品的需求弹性的总和是多大①。

在这些情况下（在两个国家里，由于非出口产品和出口产品这两类产品在消费上，或生产上，或同时两者都可以转换，因而非出口产品的价格和出口产品的价格或多或少会一起上升和下降），第 12 章的分析无需修改。贸易条件不利于 B 国的变动或多或少与 B 国汇率的下降程度成比例。因为采取谋求内部平衡的金融政策将使每一个国家的产品以本国通货表示的价格将或多或少保持稳定，为交换 1 单位 A 国产品所必须支付的 B 国产品数量，将以等于 B 国为了交换 1 单位 A 国货币所必须支付的 B 国货币数量的增长率增加。还有，如果 A、B 两国对彼此产品的需求弹性的总和大于 1，贸易条件不利于 B 国的变动将与有利于 A 国的变动结合在一起。

然而，如果出口商品的供给弹性较低，结果也许有很大的差别。

让我们先来看看当 B 国通货降值 10% 时，B 国出口商品的价格会发生什么变化。B 国通货的降值使 B 国产品以 A 国通货表示变得较为便宜，因而 A 国对 B 国出口商品的需求将上升。这使得以 B 国通货表示的 B 国出口商品价格出现某种程度的上升。最后，它们的价格以 A 国通货表示将有某些下降，以 B 国通货表示则有某

---

① 这当然是这一段和上一段所讨论的各种因素的综合影响。这里要紧的是出口产品和非出口产品在生产和消费中的替代程度。当 B 国出口产品的价格相对于 B 国非出口产品价格上升时，价格比率将部分因出口产品供给增加和非出口产品供给减少，部分因 B 国对相对昂贵的出口产品的需求减少和对相对便宜的非出口产品的需求增加，而得到恢复。其中出口产品供给增加和非出口产品供给减少，又因为生产资源转向更有利可图的出口生产所致。

些上升。以A国通货表示的B国出口商品价格下降的下限是10%。在这种情况下，以B国通货表示的B国出口商品的价格不会有明显的变化，因为B国的出口商出口1单位B国商品所得到的A国通货减少了10%，但他们用一定数量的A国通货交换到的B国通货却增加了10%。以A国通货表示的B国出口商品价格变化的上限则是没有下降。在这种情况下，以B国通货表示的B国出口商品价格上升10%，因为B国的出口商出口1单位B国商品取得同样多的A国通货，但用一定数量的A国通货可以交换到的B国通货增加了10%。事实上，B国通货降值10%，造成B国出口商品价格在以B国通货表示和以A国通货表示之间10%的差距。如果以A国通货表示的价格降低3%，那么以B国通货表示的价格一定升高大约7%，如此等等。

  在B国出口商品的供给弹性很小的情况下，价格调节将主要采取以B国通货表示的价格上升的形式。B国通货降值10%将使出售给A国购买者的B国出口商品以A国通货表示的价格发生某些下降。这将使A国对B国出口商品的需求增加，并引起对它们的出价以B国通货表示的某些上升。但因为它们在B国的供给弹性很小，所以没有更多的商品出口到A国。因此，A国对B国出口商品需求的增加将使它们以B国通货表示的价格大幅度上升。但B国出口商品在A国市场上的供给没有什么增加，它们以A国通货表示的价格不会怎么下降。在这个限度内，如果B国对A国的出口商品的供给完全没有增加，是因为A国购买者按照以A国通货表示的相同的价格购买相同数量的产品，所以以A国通货表示的这些产品的价格完全不会下降。这样，B国通货降值10%的结果只是使 B 国出口商品以本国通货表示的价格上升了 10%，但向 A 国供给的数量保持不变①。

如果 A 国出口商品的供给弹性同时也很小，B 国通货降值的形式主要是以 A 国通货表示的 A 国出口商品价格下降，而不是以 B 国通货表示的 A 国出口商品价格上升。B 国通货降值 10% 又使 A 国出口商品以 B 国通货表示更为昂贵。B 国购买者对 A 国出口商品的需求减少。但随着 B 国购买者购买量的减少，A 国出口商品以本国通货表示的价格将因为 A 国向 B 国供给的数量没什么减少而大幅度下降。在 A 国对 B 国的出口供给完全没有减少的限度内，以 B 国通货表示的 A 国出口商品的价值完全不会上升（因为投放到 B 国市场的商品数量没有变化），因而以 A 国通货表示的 A 国出口商品价格将与 B 国通货的降值一样，足足下降 10%②。

在 A、B 两国出口商品供给弹性都很低的情况下，B 国通货的降值将引起(1) B 国贸易差额的有利变化，即使 A、B 两国的进口需求弹性的总和小于 1；(2) B 国贸易条件的同时改善。我们在上面已经看到，在两国出口商品供给弹性等于 0 的少有情况下，以 B 国通货表示的 B 国出口商品价格的上升幅度与外汇降值的幅度一样，同时以 B 国通货表示的 A 国出口商品价格将完全不会上升。换句

---

① 根据我们的 B 国正采取谋求内部平衡的金融政策的假定，B 国的非出口产品的价格，通过某种程度的内部政策性紧缩或政策性膨胀而保持不变。由于 B 国出口商品的实际供给弹性等于 0，这种产品价格的上升将不会为出口工业提供新增的就业。因此，B 国的内部平衡意味着生产非出口商品工业的就业量没有变化。但是，由于货币工资率保持稳定，这需要对非出口商品的货币支出（以及对非出口商品的货币需求价格）保持稳定。

② 在这种情况下，A 国谋求内部平衡的金融政策涉及 A 国总需求的调整以使对 A 国非出口产品的总支出（以及非出口产品以 A 国通货表示的价格）保持稳定。

话来说，B国通货的降值将使贸易条件发生有利于B国的变动，而且变动的幅度与汇率下降的幅度相等。况且，在这种少有的情况下，因为B国出口商按照以本国通货表示的因本国通货降值而变得较高的价格，把数量没有变化的出口商品卖给A国购买者；B国进口商则按照以B国通货表示的没有变化的价格，购买数量没有变化的A国出口商品，所以贸易差额变得有利于B国。换句话来说，由于B国进口商品的价值保持不变，B国出口商品的价值则按照B国汇率下降的相同比例增加，B国的贸易差额将得到改善。

当然，出口供给弹性为零只是一种罕见的情况。事实上，每一个国家的出口供给弹性大概是多少大于零和小于无穷大。况且，每一个国家各种出口供给弹性也许和每一个国家各种进口需求弹性相结合[①]。现在让我们简略地探讨四种可能的结合：(1)两国的进口需求弹性和出口供给弹性都高；(2)进口需求弹性高而出口供给弹性低；(3)进口需求弹性低而出口供给弹性高；(4)进口需求弹性和出口供给弹性都低。读者可以自己去探讨需求或供给弹性在一个国家高而在另一个国家低的情况。

(1) 使A、B两国之间贸易差额得到广泛的调整而贸易条件承受的压力较小的最有利条件，是每一个国家的高进口需求弹性应该与高出口供给弹性相结合。B国通货的降值总会使以A国通货表示的B国出口商品的价格更为便宜，使以B国通货表示的A国出口

[①] 我们已经看到，如果，而且仅仅如果，一个国家的出口和非出口产品之间，同时在生产和消费中都没有什么替代性，它的出口供给弹性才大概会是低的。同样，如果并且只是如果，一个国家的进口产品为一方和与进口竞争的产品为另一方之间，同时在生产和消费中都没有什么替代性，它的进口需求弹性才大概会是低的。

商品的价格更为昂贵（如果 A、B 两国的进口需求弹性的总和大于 1），这一定导致 B 国贸易差额的改善。如果 A 国的进口需求弹性很高，B 国通货的降值将导致 A 国对 B 国产品的需求大幅度增加。如果 B 国的出口供给弹性很高，需求的增加不会导致 B 国出口商品以本国通货表示的价格大幅度上升。结果，以 A 国通货表示的 B 国出口商品的价格因降值而保持在低水平上，这样 A 国的需求仍大量增加。因此，在 A 国对 B 国出口商品的需求弹性高而 B 国对 A 国的出口供给弹性也高的情况下，B 国出口商品的价值将增加得最多。

同样，如果 B 国对 A 国出口商品的需求弹性高，因 B 国通货降值所造成的以 B 国通货表示的 A 国出口商品价格的上升，将使 B 国对 A 国出口商品的需求大幅度下降，从而使 B 国购买者对进口商品的支出大幅度下降。如果 A 国对 B 国的出口供给弹性也高，对 A 国出口商品需求的下降将不会使以 A 国通货表示的 A 国出口商品价格发生大幅度下降，因而以 B 国通货表示的 A 国出口商品价格仍维持在相对高的水平，同时 B 国的需求仍大幅度下降。这样，如果 B 国对 A 国出口商品的需求弹性高，而且 A 国对 B 国的出口供给弹性也高，B 国进口商品的价值将减少得最多。

在这种情况下，B 国的贸易差额因本国通货降值而发生较大的有利变动；同时，贸易条件则发生不利于 B 国但较为缓和的变动。B 国出口供给弹性高意味着当对 B 国出口商品的需求增加时，B 国出口商品价格以本国通货表示不会大幅度上升。A 国出口供给弹性高意味着当对 A 国出口商品的需求减少时，A 国出口商品价格以本国通货表示不会大幅度下降。结果，当 1 单位 B 国通货因降值而只能交换到更少的 A 国通货时，1 单位 B 国出口商品也只能交换到更少的 A 国出口商品。

(2) 我们接着可以探讨进口需求弹性大而出口供给弹性低的情况。进口需求弹性仍大的事实，意味着 B 国通货的降值必然导致 B 国贸易差额的改善。B 国通货降值 10%，一定带来以 A 国通货表示的 B 国出口商品价格的某些下降。如果 A 国对 B 国出口商品的需求弹性高，以 A 国通货表示的 B 国出口价值势必上升。因为 B 国通货降值 10%，以 B 国通货表示的 B 国出口商品价值的上升幅度，与以 A 国通货表示的出口商品价值相比，要大 10%。B 国出口供给弹性低仅意味着 B 国出口商品的价值以 A 国通货表示的上升幅度，要大于其他情况下的上升幅度。A 国需求弹性高意味着以 A 国通货表示的 A 国进口商品的价值的上升幅度，要小于在其他情况下的上升幅度。因而以 B 国通货表示的 B 国出口商品的价值的增加幅度，小于 B 国供给弹性高时的增加幅度。

同样，我们可以看到，B 国通货的降值会引起以 B 国通货表示的 A 国出口商品的价格的某些上升。如果 B 国的需求富有弹性，那么当 B 国进口商品的价格上升时，以 B 国通货表示的 B 国购买者对进口商品的总支出将下降。但如果 A 国对 B 国的出口供给弹性小，那么以 A 国通货表示的 A 国出口商品的价格会大幅度下降，因而以 B 国通货表示的 A 国出口商品价格不会大幅度上升。在这种情况下，因为 B 国对 A 国出口商品的需求弹性高，B 国购买者对来自 A 国的进口商品的支出的下降，没有 A 国对 B 国的出口供给弹性大时那么多。因此，以 B 国通货表示的 A 国出口商品的价格也较高。

这样，由于进口需求弹性高，当 B 国通货降值时，贸易差额在任何情况下都变得有利于 B 国。但是，由于出口供给弹性低，随着 B 国通货降值而发生的 B 国贸易差额的改善程度，没有像在前述供给弹性和需求弹性都大的情况下那么大。

另一方面，降值国贸易差额的改善会伴随着贸易条件很小幅度的不利变动。确实，如果供给弹性足够小，贸易差额和贸易条件都会得到改善。在供给弹性足够小的情况下，以 B 国通货表示的 B 国出口商品价格的上升幅度将接近于 10% 的汇率降值幅度。如果 A 国的供给弹性足够低，以 A 国通货表示的 A 国出口商品价格的下降幅度，较接近于 10% 的 B 国汇率下降幅度，因而以 B 国通货表示的 A 国出口商品价格没有多大的上升。在以 B 国通货表示的 B 国出口商品价格上升的幅度较接近于 10% 的程度，并且以 B 国通货表示的 A 国出口商品价格上升很少的情况下，B 国的贸易条件将有显著的改善。

（3）我们现在来讨论 B 国通货降值导致 B 国贸易差额恶化而不是改善的情况。在这种情况下，出口供给弹性高而进口需求弹性低。如果任何一个国家的出口供给弹性高，又如果这个国家采取谋求内部平衡的金融政策，那么它以本国通货表示的出口商品价格不可能有多大的变化。如果这个国家的出口和非出口的产品之间，在生产或消费中都有相当大的转换性，它的出口供给弹性就会大。在这种情况下，正如我们在上面（本章）所看到的，出口产品价格的变动不可能和非出口产品价格的变动有很大的差别。谋求内部平衡的金融政策意味着该国产品的价格总水平以本国通货表示保持稳定。如果每一个国家的出口产品价格以本国通货表示都保持稳定，贸易条件对B国不利的变动幅度等于B国通货降值的幅度。在这种情况下,如果进口需求弹性的总和小于1,贸易差额将变得不利于B国(参看表8)。我们事实上又回到了第12章的分析。

(4) 还有这样的情况:所有弹性——供给弹性和需求弹性——都小。在这种情况下,如果需求弹性相对于供给弹性来说较小,B国通货降值将导致B国贸易差额发生不利的变动;如果供给弹性相对于需求弹性来说较小,则导致B国贸易差额的改善。

让我们先考虑供给弹性低但需求弹性更低的情况。在这种情况下,当B国通货降值时,以A国通货表示的B国出口商品价格将大幅度下降(因为A国的进口需求弹性极低),因而以B国通货表示的B国出口商品价格的上升幅度将很小,即使B国的供给弹性也是较低的。事实上,A国的需求并没有足够的增加可以引起以B国通货表示的B国出口商品价格的明显上升。因此,以B国通货表示的B国出口商品价格上升很少;B国出口商品的数量实际上没有变化。结果,以B国通货表示的B国出口商品的价值上升很少。同时,如果B国对A国出口商品的需求弹性很低,因为当进口商品的价格上升时,B国购买者没怎么减少进口商品的购买量,B国通货的降值将造成以B国通货表示的A国出口商品价格的大幅度上升。因此,A国出口商品的供给者面临着B国的需求几乎不变的情况,因而以A国通货表示的A国出口商品价格难以下降,即使它们的供给弹性稍低。结果,以B国通货表示的B国出口商品价格和总值将上升很少,而以B国通货表示的B国进口商品的价格和总值则上升很多。贸易条件和贸易差额因B国通货降值都变得不利于B国。

情况也许是这样：需求弹性都很低，加起来还小于1，而供给弹性甚至都更低。在这种情况下，当以A国通货表示的B国出口商品价格因B国通货降值而下降时，B国需求足够大的上升引起对B国出口的供给明显的压力。但B国出口商品的供给是这样的缺乏弹性，以致以B国通货表示的价格上升很多，结果以A国通货表示的价格下降很少。同时，当以B国通货表示的A国出口商品价格因B国通货降值而上升时，B国需求的下降导致了A国出口商品的供给明显过剩。但A国出口商品的供给是这样缺乏弹性，以致以A国通货表示的价格下降很多，结果以B国通货表示的价格上升很少。

因为B国的需求缺乏弹性，并且以B国通货表示的B国进口商品价格有某些上升，所以以B国通货表示的B国进口商品的价值有少许上升。但因为以B国通货表示的价格上升幅度很小，B国的进口商品价值的上升幅度只能很小。又因为A国的需求缺乏弹性，并且以A国通货表示的B国出口商品价格有某些下降，以A国通货表示的B国出口商品的价值有少许下降。但因为以A国通货表示的价格只有小幅度下降，B国的出口商品价值下降幅度很小。因此，以B国通货表示的B国出口商品的价值，以几乎与B国通货降值相同的百分比上升。结果，B国出口商品价值的上升幅度，大于B国进口商品价值的上升幅度，并且贸易差额变得对B国有利。

况且，在这种情况下，如果供给弹性足够低，B国的贸易差额和它的实际贸易条件同时都会得到改善。由于B国出口供给弹性很低，以B国通货表示的B国出口商品价格将比较接近于10%的B国通货降值幅度上升。同时，由于A国出口供给弹性很低，以A

国通货表示的 A 国出口商品价格也将以接近于 10% 的 B 国通货降值幅度下降。而以降值后的 B 国通货表示 A 国出口商品价格则只能上升一个很小的数额。结果，以 B 国通货表示，B 国出口商品价格的上升，多于 A 国出口商品的价格；而贸易条件变得对 B 国有利。

概括起来可以得到下述结论：(1)高进口需求弹性和高出口供给弹性相结合，将使通货降值的国家的贸易差额发生较大的有利变动，而贸易条件则有少许的不利变动。(2)如果需求弹性仍高而供给弹性低，贸易差额对通货降值的反应仍然是有利的。但由于低的供给弹性消除了高的需求弹性的一部分影响，贸易差额没有以前那么有利。但贸易条件的变动对通货降值国来说没有以前那么不利，也许实际上是有利的。(3)如果需求弹性加起来小于 1，而且总是足够地相对小于供给弹性，那么我们就面对一种反常的情况：通货降值将导致贸易差额发生不利的变动，而且贸易差额的不利变动与贸易条件的不利变动交织在一起。(4)然而，如果供给弹性相对地足够小于需求弹性，通货降值将导致贸易差额发生有利的变动，尽管需求弹性的总和小于 1。如果供给弹性足够小，贸易差额的有利变动就与降值国贸易条件的改善交织在一起。

因此，就像我们在第 12 章所论述的那样，只要该国和世界其余国家的进口需求弹性的总和大于 1，一个国家的通货降值就确实仍然能够改善它的贸易差额。况且，如果出口供给弹性高，就像我们在第 12 章所做的那样，我们可以加上：如果需求弹性的总和小于 1，某国通货的降值将使它的贸易差额恶化。但是如果出口供给弹性相对低于进口需求弹性，则外汇降值将导致该国贸易差额的改善，尽管进口需求弹性的总和小于 1。在供给弹性低的情况下，贸易差额的改善要求实际贸易条件的不利变动要小,它实际上也许还要和贸易条件的改善结合在一起。

我们从上面的分析已经看到,低供给弹性的"价格"效应怎样引起一个国家的通货降值,带来该国贸易差额的改善与贸易条件的改善。我们可以考虑一下两国谋求内部平衡的金融政策的"收入"效应也会有助于带来这种可喜的结合方式,从而结束本章。

假定 B 国通货的降值导致 B 国贸易差额的改善,要实现内部平衡就应该紧缩国内支出,以抵消 B 国贸易差额的改善所产生的国内膨胀效应。与 B 国相反,A 国必须对国内支出实行政策性的膨胀。

就 B 国国内支出的减少导致对进口商品需求的减少,以及 A 国国内支出的增加导致对进口商品需求的增加而言,这会造成 B 国对 A 国出口商品需求的减少,以及 A 国对 B 国出口商品需求的增加,从而使贸易差额变得更有利于 B 国。因为需求的变化使 B 国出口商品的价格多少高于其他情况下的价格,使 A 国出口商品的价格多少低于其他情况下的价格,所以它也是改善 B 国贸易条件的一个因素。

但这个因素当然不可能恢复这两个国家的内部平衡。相反,A 国对 B 国出口商品需求的增加只是加剧了 B 国的膨胀,而 B 国对 A 国出口商品需求的减少只是加剧了 A 国的紧缩。仅仅在 B 国国内支出的政策性紧缩造成对本国产品需求的减少,而 A 国国内支出的政策性膨胀则造成对本国产品需求的增加的情况下,两国的内部平衡才能恢复。换句话来说,仅仅在 B 国国内支出的减少和 A 国国内支出的增加造成对 B 国产品需求的净减少和对 A 国产品需求的净增加的情况下，内部平衡才能恢复[①]。

当一个国家的出口和非出口产品多少可以互换并形成多少是同质的一组产品（因为它们在生产或消费上都有密切的替代关系）时，这些政策性的膨胀和紧缩如果能成功地恢复内部平衡，虽然有助于改善 B 国的贸易差额，但将使贸易条件变得不利于 B 国。因为 B 国国内支出的紧缩所造成的 B 国购买者对本国产品需求的下降幅度，大于 A 国政策性膨胀所带来的 A 国购买者对 B 国产品需求的上升幅度，所以对 B 国产品的需求发生了净减少。结果，B 国产品的价格发生某种程度的下降。B 国出口产品的价格或多或少与 B 国非出口产品的价格以同一幅度下降。同时，因为 A 国的政策性膨胀对 A 国产品需求的影响大于 B 国的政策性紧缩对 A 国产品需求的影响，所以对 A 国产品的需求出现净增加。A 国出口产品的价格与 A 国产品价格总水平一道上升。这样，作为保持内部平衡所需要的国内支出的政策性变化的结果，B 国出口商品的价格趋于下降，而 A 国出口商品的价格趋于上升。这将使贸易条件转为对 B 国不利。同时，因为 B 国国内支出紧缩使 B 国购买者对来自 A 国的进口商品的支出减少，A 国国内支出膨胀使 A 国购买者对来自 B 国的进口商品的支出增加，所以需求的这些转变当然也趋于改善 B 国的贸易差额。

如果一个国家的出口产品与非出口产品之间，无论在消费或在生产上都难以互换，那么谋求内部平衡的金融政策在很特殊的情况下，才会使贸易差额和贸易条件变得有利于 B 国。如果每一个国家

[①] 即两国的边际进口倾向的总和必须小于 1（参看第 15 章）。

对本国出口商品的边际消费倾向都很小，情况将是这样。例如，假定B国为了实现内部平衡，对国内支出实行政策性的紧缩，那么在减少的需求中，有一部分代表对来自A国的进口商品需求的减少，其余部分实际上全都代表对B国非出口产品需求的减少，没有任何一部分代表对B国出口产品需求的减少。再假定就B国对本国非出口产品需求的减少造成这类产品的价格下降（因为它们的实际供给弹性不是无穷大）来说，这也导致B国购买者把他们的支出从来自A国的进口产品转移到B国相对便宜的非出口产品，但它不会导致B国对本国出口产品需求的明显减少。

同样，让我们假定A国国内支出的"政策性"增加带来对B国出口商品需求的某些增加，以及对A国非出口产品需求的某些增加，但对A国出口产品的需求很少或没有增加。让我们再假定，随之而来的A国非出口产品价格的上升，会使A国购买者转向购买来自B国的进口产品，而不是购买A国的出口产品。

在这些特殊情况下，B国国内支出的紧缩和A国国内支出的膨胀将导致下述后果：(1)恢复两国的内部平衡，因为它所引起的B国对本国非出口产品需求的下降大于A国对B国出口产品需求的上升，A国对本国非出口产品需求的增加大于B国对A国出口产品需求的减少。(2)使B国的贸易差额得到进一步的改善，因为B国国内支出的减少和造成B国需求离开进口商品的B国非出口产品价格的下降，使B国对进口商品的支出发生净减少；也因为按同样的理由，A国对进口商品的支出发生净增加。(3)使B国的贸易条件趋于改善，因为B国出口商品价格将由于A国对这些产品的需求已经增加但B国对这些产品的需求没有减少而上升，也因为A

国出口商品价格将由于 B 国对这些产品的需求已经降低但 A 国对这些产品的需求没有增加而下降。

然而，这些结论是建立在下述假定之上的：一个国家的出口与非出口产品之间无论在生产或在消费上都没有多大的替代性。在某些情况下，这也许是正确的。但如果需求和供给的变动有充分的时间去适应新的价格比率——使消费者了解用较便宜的产品替代较昂贵的产品的新的可能性，并相应地调整他们的习惯；使生产者掌握在其他生产行业取得更多利润的新的可能性，并对他们的资本设备进行必要的调整——那么在长期中，在大多数的情况下，出口产品与非出口产品无论在生产或在消费上都有更多的机会相互替代。假如情况就是这样，我们的分析又接近第 12 章更为简单的分析，当时我们把每一个国家的产品都看做是单独一组同质的产品。

19　区际调整与国际调整的比较①

人们常常问道：同一个国家里两个不同地区之间的收支问题，是否不同于同一个世界里不同国家之间的收支问题？如果是这样，又在哪些方面不同？

我们事实上已经论及使这两个问题有所不同的三个重要因素。

(1) 首先，同一个国家的两个地区具有共同的货币和银行制度。在这个国家的任何时间里，货币（硬币、纸币和银行存款）总供给是一定的，它可以通用于这个国家的任何地区。由于这个缘故，当同一个国家内某一个地区对另一个地区进行支付时，支付地区货币供给所减少的数量等于收入地区货币总供给所增加的数量。如果多塞特的一个人向约克夏的一个人支付100英镑，或加利福尼亚的一个人向马萨诸塞的一个人支付100美元，或诺曼底的一个人向普鲁文斯的一个人支付100法郎，那么英国、美国或法国的货币总供给大概是保持不变的。但无论如何，支付地区的货币供给将下降，收入地区的货币供给将上升，其数额等于转移的数额。

在这方面，同一个国家的两个地区之间的支付机制相当于百分之百货币制的支付机制（参看第16章）。正如当时所说明的那样，

---

① 本章所讨论的主题在另编数学附录第8节(7)中讨论。

这一种机制使调整过程比在百分比储备制度下更为渐进，因而也更为容易。在后一种制度下，每一个国家国际支付手段的储备仅仅是它的国内支付手段总额的一小部分。因此，如果在 A、B 两国，国内货币总供给量只有 10% 是以黄金（或者其他国家所接受的用作支付手段的其他资产）作保证，如果 B 国对 A 国的国际收支每年有 1 亿美元的赤字，那么为了保持储备与国内货币总供给之间的固定比率，B 国的银行体系必须按照每年 10 亿美元的速度收缩它的国内货币供给量。单独一个国家的一个地区的居民，在他们现有的货币存量全部流失到别的地区以前，是不可能用完别的地区所接受的支付手段的。但如果一个国家的居民持有 100 亿美元的国内货币供给量，而黄金储备只有 10 亿美元，那么当他们向另一个国家支付 10 亿美元时，就用完了国际支付手段的储备。在这个时候，除非银行体系采取步骤以 9 倍于黄金流失的速度收缩国内货币供给量，否则国内货币存量仍然是 90 亿美元。

因此，同一个国家的两个不同地区使用共同的货币这个事实，意味着当它们之间发生收支失衡时，能以较为从容和渐进的方式进行必要的调整，尽管它本身并不能减小为恢复均衡所需要的相对价格和相对收入的最终调整的规模。

（2）地区之间和国家之间的调整还有第二个区别。它将影响到必要的相对价格和相对收入的最终调整。由于各国政府可能采取保护性的政策，在国际贸易中物品和劳务的移动，可能比地区间的贸易受到更多的限制。

我们已经看到（参阅第 16 章），进口障碍的存在可能降低任何一个国家的进口需求弹性。如果 A 国对进口数量实行限制，直截了当地阻止 A 国购买者购买更多的 B 国产品；如果 A 国对进口产品征收很重的特别进口税，以致对 A 国购买者来说，B 国产品价格的下降幅度不能达到 B 国生产者提供产品时价格下降的幅度，那么 B 国生产者向 A 国购买者提供的产品价格下降，也不会导致 A 国对 B 国产品需求有相应那么大的增加。

第四篇一个不变的论题是：如果 B 国国际收支出现赤字，那么价格调整的方法（或者通过 B 国通货的降值，或者通过 B 国货币工资率和货币成本相对于 A 国来说的内部紧缩）通常要求 B 国产品价格相对于 A 国产品价格下降，以促使 A、B 两国购买者从购买 A 国产品转向购买 B 国产品。如果 A、B 两国的进口需求弹性都高，这样的转移更容易实现；如果 A、B 是同一个国家中的两个不同地区，相互间没有贸易限制，不像 A、B 是两个分开的国家那样相互间存在贸易障碍，那么情况就很相似了。

另一方面，贸易障碍的消除当然能防止利用商业政策达到恢复国际收支均衡的目的。这种可能性将在第五篇中分析。例如，我们将讨论这样一种可能性：B 国的国际收支赤字可能通过专门为恢复国际收支均衡这个目的而加强对进口的限制来消除。采取这种商业政策在一个对内实行自由贸易的国家的两个地区之间是不可能的，而在彼此实行针对对方的商业政策的两个不同国家之间则是可能的。

（3）我们已经注意到，两个不同国家之间的调整机制还有第三个特点。不同的国家与相同国家不同的地区相比，更有可能实行不同的金融政策或其他重要的经济方面的制度安排。我们在这里不可能再重复对这个问题所说过的话，但一个简单的例子也许对我们有所帮助。例如，B国是我们所称做的中性经济（包括劳动市场的制度安排，这多少能够导致严格固定的货币工资率），而A国可以实行第14章所述的那种类型的金本位。在这种情况下，自发的干扰因素（例如，B国需求从B国产品转向A国产品）可以使B国在货币工资率不变的情况下发生失业（对劳力的需求下降），但可使A国的就业量在货币工资率较高的情况下保持不变（对劳力的需求上升）。如果A、B仅仅是同一个国家的不同地区，在它们的制度安排中不会有这么明显的区别。

然而，国际间和地区间的调整过程还有另外一种我们所未提到的差别。这种差别产生于诸如劳动力和资本等生产要素在同一个国家的不同地区之间，和在同一个世界的不同国家之间流动的自由程度的差别。事实上，古典经济学家就是在这个简单的基础上把国际贸易理论和国内贸易理论区分开来。一般来说，他们假定劳动力和资本在同一个国家中的不同行业和不同地区之间具有完全的流动性，但在一个国家和另一个国家之间没有流动性。

当然，劳动力和资本在一个国家里从报酬低的地区流向报酬高的地区，在通常情况下确实比从报酬低的国家流向报酬高的国家更容易得多。就劳动力的移民来说，从一个国家到另一个国家的流动，较之一个国家内的流动来说距离较长，因而耗费也较大。这更有可能牵涉向说外国话的地方流动，从而更广泛地说，它可能牵涉"爱国主义的"和其他情感上的抵触。

同样，资本从一个国家到另一个国家的流动，涉及对企业或厂商的资金投资，而投资者对外国厂商总不如对本国厂商那么熟悉。由于要把本国通货兑换成外国通货进行投资，就可能要冒汇率调整的风险。况且，如果在国内贷款，贷款人对借款人的任何违约行为更有信心获得合法的赔偿。更广泛地说，投资者通常可望从本国当局得到较外国当局更为有利的对待。

由于这些缘故，不说政府对国际流动的限制，当劳动和资本希望通过流动而获得工资率或利率（或资本的其他报酬）一定程度的增加时，它们在一个国家内流动要比在两个国家之间流动迅速。

到这里为止，我们只讨论了生产要素在别的地方可供选择的就业机会给予它们的报酬有增加时的流动程度。但在一定的地方付给一定的生产要素的净报酬当然与这一要素在这地方的实际生产力有很大的差别。这种差别在国家与国家之间可能要比地区与地区之间显著得多。例如，假设 B 国对利润和其他财产收入征收很重的税，用来支付本国居民的失业救济金、儿童补贴、疾病救济金和养老金等；但 A 国则没有这样的财政措施。这将刺激资本所有者把资金由 B 国转移到 A 国，以避免 B 国的赋税（即使资本在 A 国的实际生产力低于在 B 国）。同时，劳动力受到强烈刺激从 A 国转移到 B 国，以得到 B 国优厚的社会保险救济（尽管劳动的实际生产力在 A 国较高）。由于这种原因，需要阻止资本从 B 国向 A 国流动，以抑制 B 国大量资本资金的不经济的转移而给 B 国国际收支造成沉重的压力。我们在本书第五篇中将研讨这一问题。而且，为了使世界总产量达到最大，需要阻止劳动力从 A 国流到 B 国以及资本从 B 国流到 A 国，因为这两种流动都降低了每一种生产要素的实际生产力。

但这些情况对于我们目前的问题没有多大关系。我们现在所要探讨的，不是劳动和资本在两国之间较大的流动性是否会导致更有效地利用这些资源。我们的问题是：劳动力和资本从报酬相对恶化的地方到报酬相对改善的地方的较大的流动性，会使为对付任何干扰的国际收支调整过程更容易些还是更难些？

让我们假设A、B两国之间存在着商品的自由贸易，A、B两国都用适当的货币政策来避免国内失业，保持了内部平衡；也都用自由外汇市场的可变汇率的方法，来保持它们之间的外部平衡[①]。

在这些条件下，我们将考察A、B两国之间国际收支的各种自发干扰因素的影响，以探索是(1)资本从利率下降的地方到利率上升的地方有更大的流动性，还是(2)劳动力从实际工资率下降的地方到实际工资率上升的地方有更大的流动性，会使国际收支的调整过程更为容易。

我们可以把注意力放在实际贸易条件的变动是调整难易的一个最好的指标这一点上。如果某个自发干扰因素造成A、B两国之间国际收支失衡，正如我们所看到的，价格调整方法通常意味着实际贸易条件变得不利于赤字国。在金本位机制下，赤字国将流失黄金，因而不得不收缩国内的货币价格、货币成本和货币收入；而盈余国不得不扩张国内的货币价格、货币成本和货币收入，直至赤字国产品价格相对于盈余国产品价格的下降产生足够的从盈余国产品到赤字国产品的需求转移。如果重新调整很困难，贸易条件将变得更不利于赤字国。在可变汇率机制下，情况也一样。赤字国通货的外汇价值将下降。赤字国产品相对于盈余国产品来说变得更便

---

① 金本位的调整机制事实上会导致和我后面得出的相同的结论，读者可以利用本书第15章的分析以及另编数学附录第8节(7)的分析去得到一个事实：劳动力和资本的流动对调整难易程度的影响，类似于金本位和可变汇率的价格调整机制。

宜。如果调整很困难，赤字国通货会发生大幅度降值，实际贸易条件变得很不利于赤字国。

让我们首先考虑资本的流动性。事实上，我们不可能说资本的较大的流动性就一定使 A、B 两国之间国际收支调整过程更容易或更困难。答案取决于调整需要对付的自发干扰因素的性质。作为解释，列举三种可能的自发干扰因素已足够了：首先是资本的高度流动性将使调整过程更为困难；其次是资本流动对调整过程没有影响；第三是资本的高度流动性使调整过程更为容易。

假定 A 国的国内支出发生自发减少，这会造成 A 国对物品和劳务总需求的紧缩，从而使 A 国的内部平衡受到破坏。为了恢复内部平衡，A 国的银行体系增加货币供给量，降低利率，以再刺激 A 国的国内支出。如果资本在 A、B 两国之间完全没有流动性，A 国利率的下降将不会使 A 国对 B 国的贷款增加。A 国的利率继续下降，直到它降至足够低的水平，使 A 国的国内支出上升到以前的均衡水平。在均衡水平上，A 国利率不需要进一步下降。由于 A 国的国内支出最终不低于变化以前的水平，A 国对进口商品的需求没有发生净减少。这样，B 国完全没有发生变化。A、B 两国的产品价格没有变化，A、B 两国之间的贸易条件和贸易差额也没有改变，唯一不同的是 A 国的利率比变化以前降低了。

但如果资本在 A、B 两国之间有某种程度的流动性，结果将会不同。A 国利率的下降将促使 A 国的财产所有者把更多的钱贷放给 B 国的借款者，B 国的财产所有者减少对 A 国借款者的贷款。B 国的国际收支变得有利；以 A 国通货表示的 B 国通货将升值。如果 A、B 两国的进口需求弹性的总和大于 1，需求从 B 国产品到 A 国产品的转移有助于恢复国际收支的均衡。但因为对 B 国产品的净需求减少将对 B 国经济造成紧缩性压力，所以不利于 B 国的贸易差额的变动将破坏 B 国的内部平衡。相反，有利于 A 国的贸易差额将给 A 国带来膨胀性压力。为了保护内部平衡，B 国的银行体系不得不降低利率，A 国的银行体系不得不把利率提高到在没有 A 国向 B 国贷款的情况下利率会下降到的水平之上。接踵而至的 B 国国内支出的增加，本身就会多少增加 B 国对进口商品的需求。而 A 国国内支出的减少多少会减少 A 国对进口商品的需求。这有助于产生有利于 A 国的贸易差额。它对于抵消从 A 国到 B 国的资本转移是必需的。但是，假设 A、B 两国的边际进口倾向的总和小于 1，A 国贸易差额的改善本身不足以弥补从 A 国到 B 国的资本转移，换句话来说，如果资本从 A 国向 B 国流动以取得 B 国相对高的利率所带来的好处，那么将不得不使贸易条件变得多少对 A 国不利，以产生必要的贸易盈余来弥补从 A 国到 B 国的资本转移。这就存在需要 A 国的贸易条件恶化才能解决的国际收支问题。而如果资本完全没有流动性，那么就完全不需要国际收支的调整[①]。

让我们再考虑资本的流动性对调整过程没有影响的情况。假设存在自发的从 A 国产品到 B 国产品的需求移动，这会使以 B 国通货表示的 A 国通货的价值下降，直到以 A 国产品表示的 B 国产品价格上升到使消费者支出按相同的程度又从 B 国产品转移回到 A 国产品。国际收支将因需求从 B 国产品又转回 A 国产品而恢复

[①] 这当然不能说明资本流动由于这个缘故而会停止。资本向最高收益的地方流动，将能增加世界的总产量。它当然与下述事实相对立：在资本不流动的情况下使国际收支的调整更为容易。

平衡。这样，每一个国家的贸易平衡没有受到破坏。在 A 国或 B 国都没有净膨胀或净紧缩的因素发生作用。因此，A 国或 B 国的银行体系没有理由改变国内的利率，因而也没有资本流动的机会。这样，不得不使贸易条件变得对 A 国不利，以恢复平衡。但资本在两个地方之间流动还是不流动，这种变动都是一样的。

最后，让我们举出一个资本的流动一定使调整过程更为容易的例子。假定发生从 A 国到 B 国的无报酬的资金转移，例如，A 国政府向 B 国政府支付赔款。为了保持两个国家的内部平衡，它们必须实行这样的财政政策：A 国政府筹集资金不允许导致国内支出的净下降，B 国政府使用资金不允许导致国内支出的净增加。A 国的国际收支所出现的赤字等于无报酬的转移。此外别的事情都没有变化。

A 国国际收支的赤字将使以 B 国通货表示的 A 国通货价值下降。这将使贸易条件变得不利于 A 国。在 A、B 两国的进口弹性的总和大于 1 的情况下，购买者将把支出从 B 国产品转向 A 国产品。这引起 A 国的贸易差额发生有利的变化，从而弥补了从 A 国到 B 国的无报酬转移。然而，A 国贸易差额的有利变化将对 A 国经济施加膨胀压力。而相应的 B 国贸易差额的不利变动则对 B 国经济施加紧缩压力。为了保持内部平衡，A 国银行体系不得不限制货币供给和提高利率，以抑制国内支出。B 国的银行体系则不得不因相反的原因采取货币扩张的政策和降低利率①。在 A、B 两国之

---

① A 国国内支出随之发生的紧缩，使 A 国的购买者购买更少的进口商品。而 B 国国内支出随之发生的膨胀，使 B 国的购买者购买更多的进口商品。这本身就有助于使 A 国产生有利的贸易差额，以弥补 A 国对 B 国的无报酬转移。但如果 A、B 两国的

间资本资金不流动的情况下,这种利率的变化不能直接有助于外部的调整,但就 A 国较高的利率和 B 国较低的利率使资本从 B 国流往 A 国来说,这本身有助于筹集 A 国对 B 国的无报酬转移。只有较少的无报酬转移为 A 国的贸易盈余所弥补,因而 A 国通货的降值和不利于 A 国的贸易条件的变动没有那么显著,资本的流动使国际收支的再调整过程更为容易。

在上面所有三个例子——A 国国内支出的自发减少;需求从 A 国产品到 B 国产品的自发转移;从 A 国到 B 国的自发无报酬的转移中,贸易条件发生不利于 A 国的变动①。国际收支的调整存在某些困难,这本身就表现在贸易条件不利于 A 国的变化上。在所有这些例子里,倘若劳动在 A、B 两国之间可以流动,贸易条件对 A 国不利的程度会减少。

实际贸易条件不利于 A 国产品的变动意味着 A 国的实际工资率与 B 国的实际工资率相比发生下降。由于 A、B 两国保持内部平衡,A、B 两国的就业和产量没有变化。由于就业和产量没有变化,A、B 两国劳动的边际实物产量②也没有变化。因此,以 A 国产品表示的 A 国劳动所得到的实际工资没有变化,以 B 国产品表示的 B 国劳动所得到的实际工资没有变化。但由于 1 单位 A 国产

边际进口倾向的总和小于 1,这本身不足以使 A 国产生有利的贸易差额能够补偿 A 国对 B 国的无报酬转移。A 国产品的价格需要相对于 B 国产品价格的下降,以使需求从 B 国产品转移到 A 国产品,使 A 国产生足够大的有利的贸易差额。

① 在 A 国国内支出自发减少的情况下,除非资本完全不能流动,或在 A 国对 B 国自发的无报酬转移的情况下,除非资本完全可以流动,否则,情况就是这样。在这两种情况下,A 国贸易条件的变化并不需要。

② 这就是说,在该国的工业中多使用 1 单位劳动所引起的产量的增加。由于在每一个国家中,劳动总就业量和总产量都不变,每一个国家的劳动边际实物产量也不变。

品现在所能换得的 B 国产品减少了，A 国进口商品的成本将上升，而 B 国进口商品的成本将下降。这样，A 国的实际工资率相对于 B 国的实际工资率将下降。

如果劳动力可以流动，现在工人将从 A 国流向 B 国。由于 A 国就业的工人人数减少，为了保持 A 国的内部平衡，A 国的国内支出必须有所下降。相反，为了保持 B 国的内部平衡，B 国的国内支出必须有所增加，以吸收更多的工人就业。但 A 国国内支出的下降会在一定程度上减少 A 国对进口商品的需求，而 B 国国内支出的上升将增加 B 国对进口商品的需求。这样，从 A 国到 B 国的劳动力的流动，本身就带来了对 A 国贸易差额有利的变动。因此，不需要使实际贸易条件发生较大的不利于 A 国的变动以消除 A 国的国际收支赤字。在上面的三个例子中，消除 A 国国际收支赤字都是造成贸易条件变得不利于 A 国的主要原因。

通过这种机制的作用，劳动力的流动性在所有例子中都能使国际收支的调整过程变得容易。确实，如果劳动力的流动性是完全的——这就是说，如果劳动力持续地从 A 国流向 B 国，直到 A、B 两国的相对实际工资率恢复到以前的水平——那么不需要有其他的机制来调整国际收支。只要 A 国的贸易条件不利于本国，它的实际工资率相对于 B 国工资率来说就较低。因此，劳动力继续从 A 国流向 B 国。B 国对进口商品的需求因该国产量和需求的扩张而上升；而 A 国对进口商品的需求因该国产量和需求的收缩而继续下降。这个过程将继续下去，直到在不变的实际贸易条件下，B 国总需求因本国人口增加而出现的扩张，以及 A 国总需求因本国人口的减少而出现的收缩，带来了所需要的国际收支的变化为止。

如果 A、B 两国产量的实际供给弹性都无穷大,这个结论是正确的。这就是说,如果 B 国就业的扩张没有导致 B 国劳动边际实物产量的减少,A 国就业的收缩没有导致 A 国劳动边际实物产量的增加,那么这个结论是正确的。但随着 A 国劳动人口规模的减少,单位数量的人口能够利用更多的自然资源以及其他形式的实物资本设备从事工作。例如,农业劳动只需在较肥沃或位置较好的土地上进行。这样,A 国劳动的边际实物产量将增加。由于相反的原因,随着使用自然资源和资本设备的 B 国劳动人口数量的增加,B 国劳动的边际实物产量将下降。

由于这个缘故,随着劳动力从 A 国流向 B 国,A 国劳动力有可能得到更高的以 A 国产品表示的实际工资率;相反,B 国劳动力得到的以 B 国产品表示的实际工资率将下降。从 A、B 两国工人生活标准的角度来看,这抵消了 A 国产品以 B 国产品表示的贸易条件某些不利的变动。A 国其余工人所得到的以 A 国产品表示的报酬增加了;而 B 国工人所得到的以 B 国产品表示的报酬则减少了。但同时,1 单位 A 国产品所能交换到的 B 国产品比以前减少了。当这两种变化彼此平衡时,劳动力就不再受到刺激而从 A 国流向 B 国。

我们可以得到这样的结论:劳动力从 A 国流向 B 国总能使国际收支的再调整过程变得容易。如果 A、B 两国的实际供给弹性大,使调整变得容易,所采取的形式是大量劳动力从 A 国流向 B 国,导致 B 国对进口商品需求的大量增加和 A 国对进口商品需求的大幅度减少,从而带来 A 国国际收支所需要的改善,而不利于 A 国的贸易条件的变动很小,甚至完全没有。另一方面,如果实际供给弹性小，劳动力流动的规模就不会这么大，B国对进口商品需求的增加以及A国对进口商品需求的减少也不会这么大。因此，A国国际收支所需要的改善，很大一部分将采取因A国产品价格相对于B国产品价格的下降，而造成的需求从B国产品转向A国产品的形式来实现。但贸易条件不利于A国产品的变动，不会引起B国工人实际工资率的不利变动，因为随着A国每一个工人装备更多的资本和使用更多的自然资源，劳动力流出A国工业将使A国工人的实物生产力显著提高，从而使A国以本国产品表示的实际工资显著提高。B国的情况则相反。

第五篇

直接控制

20　直接控制的类型：金融控制

在第三篇和第四篇中，我们考察了某些影响一个国家国际收支的政策，即影响需求水平从而影响进口商品需求和出口产品供给的国内金融政策（第三篇），和利用普遍的国内货币成本的膨胀或紧缩的方法或利用改变外汇汇率的方法来调整一个国家相对于另一个国家的价格和成本（第四篇）。所有这些措施都有一个共同的特点。它们都构成改变一个国家和另一个国家的经济之间一般关系的主要政策行为。它们对国际收支的影响，取决于货币价格和货币收入的一般机制对进出口商品的供给和需求以及对转移支付的间接影响。

我们现在转向讨论那些目标直接在于控制国际收支中特定因素的政策。我们所关心的是一种十分广泛而内容丰富的控制类型。直接以增加或减少国际收支中某些特定类别的支出或收入为目标的政府干预措施，我们都包括在第五篇所要论述的"直接控制"的范围之内。

在某些情况下，这些"直接控制"和第三、四篇中所讨论的较一般的措施的区别是很明显的。例如，可以比较一下改善一个国家国际收支的方法：完全禁止进口某些奢侈品，实行普遍的紧缩性金融政策以降低该国货币收入总水平与价格总水平。前一种方法是直接干预国际收支中的一个小项目；后一种方法是不那么直接地对一般经济形势施加影响。前者是一种数量控制，它不管价格机制的作用；后者则通过对相对货币价格和货币收入的影响来发挥作用。

我们可以在另一端把下述两个方法加以比较：一方面是一个国家的通货降值10%，另一方面是对所有进口商品征收10%的从价关税与对所有出口商品给予10%的按价补贴相结合。从商品贸易来说，不管英镑在外汇市场上所能买到的美元是否减少10%，抑或汇率是否保持不变，英国贸易商没有感到有什么重大差别，他必须对购自美国的进口商品支付10%的从价关税，从销往美国的出口商品得到10%的补贴。但对特定产品的进出口征收关税和给予补贴，就是我们在本篇中所要考察的"直接控制"的例子。况且，单独对进口商品普遍征收10%的从价关税，或单独对出口商品普遍给予10%的补贴，都可以构成"直接控制"。这些方法不是在第四篇中所讨论的那种确实是普遍的价格调整的例子，因为它们直接影响到进口商品的价格，但对出口商品的价格没有影响，或者相反。然而把这两种"直接控制"结合起来，很接近于改变汇率的一般价格机制的作用。

因此，我们不得不承认"直接控制"的分类是十分广泛而又相当含混的。在一端，它包括了对国际收支中的特定项目的数量干预；在另一端，它包括以无差别方式影响国际收支广泛范围的税收或补贴措施。事实上，第五篇应该包括第三篇和第四篇没有包括的一切补救措施，尽管我们所能做到的当然只是讨论各种直接控制的一些重要例子。

在本章和下一章中，我们将列举用于直接控制的一些主要行政机制。对于利用任何在行政上最便于实行的直接控制方法,来直接影响国际收支中这个或那个项目而产生的结果所作的严格的经济分析,则留待以后各章讨论。作为行政手段,我们把直接控制划分为"金融控制"和"商业控制";前者又包括"货币控制"和"财政控制"。我们所说的"货币控制"包括外汇管制和多重汇率;"财政控制"则包括对国际收支中特定项目的普通税收和补贴。"商业控制"则意味着把数量管理和国营贸易作为影响一个国家的进出口的方法。

让我们先看看金融控制的各种类型。

20.1 外汇管制

赤字国当局恢复国际收支均衡的一个重要手段,就是用外汇管制的方法来限制对其他国家的支付。要使外汇管制体系能够有效运行,外汇管制国居民所进行的外汇买卖,除非通过中央当局的代理机构,否则将被视为非法。由于这个缘故,我们把中央当局的代理机构称为"外汇管制当局"。当这个国家的每一个居民希望支付外国通货时,他必须向外汇管制当局(或该当局所授权的代理机构)按照官方汇率购买外国通货,不能有其他来源。当该国每一个居民得到外国通货时(例如,把物品出口到世界其余国家而获得收入),他必须按照官方汇率把外国通货出售给外汇管制当局,或出售给当局授权的代理机构,不能以其他方式来卖掉外国通货。

如果外汇管制当局或它授权的代理机构对外汇买卖的垄断能有效地实行,那么该国当局可以通过把外国通货分配给需要对外支付的人，从而把外国通货的需求限制在现期从该国出口和其他外国货币收入来源所得到的外国货币的数量之内。所有这些收入都要按照官方汇率出售给外汇管制当局。为了购买进口商品以及进行其他对外支付所需要的外汇，必须向外汇管制当局申请。如果申请的数量超过现期出售给外汇管制当局的外汇总额，那么当局将要按照多少有点武断的方式来决定哪些申请可以批准和批准多大的数量。直接控制可以通过这种手段从数量上把对外支付总额限制在保持国际收支均衡所允许的数量之内。

我们的目的不是详细讨论使外汇管制体系有效运行所涉及的技术问题。要使这个体制有效运行，需要很庞杂的官僚管理机构。我们用四个例子来说明将会遇到的问题，以及解决这些问题所涉及的某种控制就足够了。为了便于阐述，我们假定通货是英镑的 B 国且是赤字国，该国当局不允许英镑降值。它制定了外汇管制制度，在既定的汇率下限制对 A 国的支付。这里 A 国代表世界的其余国家，它的通货是美元。

（1）除了通过 B 国外汇管制当局从事许可的外汇购买外，必须防止 B 国居民取得 A 国的通货。例如，希望进口 A 国商品的居民以邮寄的方式把 B 国纸币交给 A 国居民，是必须禁止的。否则，没有得到外汇管制当局许可购买某些进口商品的 B 国进口商，可以把 B 国纸币邮寄给希望购买 B 国产品的 A 国居民，作为交换得到了 A 国纸币，然后再用 A 国纸币获得他在法律上不允许获得的进口商品。B 国居民几乎一定按降低了的 B 国通货的外汇价值进行这种 A 国纸币的"黑市"买卖。因为 B 国进口商没有获准通过官方途径按照官方汇率得到他所需要的进口商品，就很可能准备在黑市上按更高的以 B 国通货表示的价格来换取他所希望得到的 A 国纸币。这意味着 A 国进口商在"黑市"上做交易而不是按照官方汇率与 B 国的外汇管制当局做交易，是有利可图的。因为他们在黑市上按照以 A 国通货表示的更加便宜的价格取得 B 国通货。这样，B 国的外汇管制当局将会发现事实上并没按照官方汇率获得出售本国出口商品本可以获得的全部外汇，B 国出口商品的一部分是由 A 国进口商用 B 国纸币购买的，而这些 B 国纸币是 A 国进口商通过邮寄方式从 B 国黑市进口商那里获得的。

为了防止这种交易的发生，有必要实施邮政控制，防止在 A、B 两国之间邮寄 A 国或 B 国纸币。还必须确保往返于 A、B 两国间的旅客不得携带 A 国或 B 国货币(除了十分有限的数额以外)。一旦 A 国货币和 B 国货币在两国都能直接进行交换，B 国居民就能够从事为 B 国外汇管制当局所禁止的在黑市购买外国通货支付给 A 国。

(2) 当然，限制的措施不止这些。假定 B 国居民希望从 A 国得到进口商品，但没获得 B 国外汇管制当局准许向 A 国付款，而他事实上愿意以高于官方汇率的以 B 国通货表示的价格购买 A 国通货。如果 B 国进口商能找到打算购买 B 国产品的 A 国进口商，他可以提出如下建议："如果你在 A 国购买我所需要的价值 300 美元的 A 国产品运送给我，我就在 B 国购买你所需要的价值 100 英镑的 B 国产品运送给你"。实际上，A 国的进口商用 300 美元换取他所需要的 100 英镑，以购买他所希望得到的来自 B 国的进口商品；而 B 国的进口商则用 100 英镑换取他所需要的 300 美元，以购买 B 国外汇管制当局不准许付款的进口商品。官方汇率可能是譬如说 4

美元：1英镑，但B国进口商出于非法的目的按照降值了的黑市汇率3美元：1英镑取得300美元。所发生的这一切都完全不需要实际的外汇交易。要防止这种"物物交换"的蔓延，必须在港口进行大规模的官方调查，检查每一宗进出口是以什么方式进行支付的。

(3) 还有另一个原因需要对实际的进出口贸易实行严格的限制。假定B国进口商得到外汇管制当局的准许，购买一定数额的A国通货，以从A国购买一些特别的生活必需品。这样，有必要确保这笔资金确实用于这个目的，而不是用于从A国购买某些禁止进口的奢侈品，或用于其他的非法目的（如在A国股票交易所中购买A国证券）。这意味着必须根据指定的物品已经进口或即将进口的事实，来决定向B国进口商实际提供外汇。

但问题还不止这些。B国进口商也许实际上进口了物品，为此他获准得到了外汇，但他可以高报要向外国出口商支付的进口商品的价格。B国进口商得到400美元的外汇，以按每单位4美元的价格购买100单位的A国产品。但他事实上支付的价格却只是每单位3美元，因而他有100美元可在A国用于非法的目的。所以，外汇管制当局有必要不仅确保这些物品实际上已进口到B国，而且还要确保进口商申报购买这些物品的价格不是人为提高的价格。

B国出口商品也一样。如果B国出口商按照每单位4美元的价格把100单位的B国产品卖给A国，但他申报1单位商品只收到3美元，这样他就得到了不必出售给B国外汇管制当局的100美元，可以在A国用于非法目的。当任何一宗物品从B国出口到A国时，不仅有必要确保相应于他们申报价值的外汇交售给外汇管制当局，而且还有必要确保他们所申报的价值不是人为降低了的价值。

（4）A 国的商人通常以 B 国银行存款的形式持有一定数量的货币，A、B 两国之间的进出口贸易大部分可以用 B 国的通货来进行。如果 B 国通货在世界贸易中是一种重要通货，就像英镑一样，那么很有可能就是这样的情况。而 B 国在国际收支账面上收入一定数量的银行的或相似的手续费，这些手续费是 B 国个人和机构从事国际贸易中的金融业务时所得到的。但是，如果 A 国居民希望把存在 B 国银行的部分存款兑换为本国通货，不一定得到 B 国外汇管制当局的准许，那么在 B 国外汇管制机构的控制下，这样的业务是不可能兴旺的。在这种情况下，B 国的外汇管制当局有必要把这些存在 B 国银行的"非居民"的存款余额，看做为了任何目的随时可以轻易地按照官方汇率转换为 A 国通货的余额。

但这意味着必须对 B 国银行体系内部资金从 B 国居民持有的账户（"居民"账户），转移为 A 国居民持有的账户（"非居民"账户）加以控制。B 国产品的出口商也许从他的销售中没有取得 A 国通货而是从"非居民"账户中得到英镑。因此，B 国产品的出口商必须向 B 国外汇管制当局证实他已把出口所得的外汇交售给管制当局，或者他的出口货款的支付已通过在 B 国的银行体系把 B 国通货从"非居民"账户转移到"居民"账户来完成。A 国产品的 B 国进口商也许没有得到 A 国通货以购买他所需要的物品。A 国的出口商也许只希望从 B 国进口商得到 B 国通货，以增加他（A 国出口商）在 B 国银行所持有的"非居民"账户，在他需要的时候自由使用这些存款。然而，在这种情况下，资金在 B 国银行体系内从"居民"账户转为"非居民"账户，就像 B 国居民购买实际外国通货一样，必须由 B 国外汇管制当局加以严格的控制。

20.2 多重汇率

如果 B 国的外汇管制当局有效地垄断了外汇的买卖，正如我们所看到的，它可以运用它的控制，按照单一的官方汇率来直接分配所得到的外汇。它可以简单地决定现有外汇中有多少可以用于这个目的，有多少可以用于那个目的，然后相应地分配外汇。

但是外汇管制当局也可以采用不同的方式来行使它的垄断权力。它可以不再用单一的官方汇率为基础来买卖外汇。它可以在某项用途需要 A 国通货时，对以 B 国通货表示的 A 国通货索取的价格，高于在其他用途需要 A 国通货时所索取的价格。

让我们举一个简单的例子。假设 B 国居民出售出口商品或从其他来源所得到外国通货（美元），必须按 4 美元：1 英镑的汇率交售给 B 国外汇管制当局，换取 B 国通货（英镑）。再假设为了从 A 国进口生活必需品（小麦），B 国外汇管制当局愿意按照相同的 4 美元：1 英镑的汇率把美元出售给 B 国进口商。假设为了从 A 国进口奢侈品（汽车），B 国外汇管制当局则决定按照较高的以英镑表示的价格，把美元售给 B 国进口商，使得 B 国出口商只能按照 3 美元：1 英镑的汇率换取美元以进口汽车。

这样的措施实际上等于向进口到 B 国的汽车征收 $33\frac{1}{3}$% 的从价关税。如果 B 国外汇管制当局按照单一的 4 美元：1 英镑的汇率来买卖美元，但对汽车进口征收 $33\frac{1}{3}$% 的从价关税，将得到基本相同的效果。在这个例子中，价值400美元的汽车将花费B国进口商$133\frac{1}{3}$英镑，其中100英镑是按照4美元：1英镑的汇率购买所需要的外汇的成本，$33\frac{1}{3}$英镑则是对价值100英镑的汽车征收$33\frac{1}{3}$%的从价关税。但$133\frac{1}{3}$英镑是按照3美元：1英镑的汇率购买400美元的成本，因而B国外汇管制当局为这个用途在这个汇率下对美元的索价，等于4美元：1英镑的汇率和$33\frac{1}{3}$%的从价关税相结合。在一种情况下，B国当局从进口关税得到收入；在另一种情况下，B国当局按照4美元：1英镑买进美元，而按照3美元：1英镑卖出美元，从中得到了收入。

这种措施可以和B国外汇管制当局继续把现有外汇分配给B国各个进口商的方法结合使用。另一方面，它也可以用以完全代替外汇分配的方法。外汇管制当局对B国居民由于出口等等所得到的每4美元支付1英镑，然后准许所有希望进口小麦的B国进口商按照4美元：1英镑的汇率得到他们所需要的全部美元。外汇管制当局可以按照足够高的汇率把剩下的美元卖给希望购买A国进口汽车的B国居民，使剩下的美元的供给与需求相等。如果按照3美元：1英镑的汇率，为进口汽车所形成的美元需求正好等于剩余美元的供给，那么这个汇率（等于有33-%的从价进口关税）正好能出清市场。这样，对B国进口商所要进口的小麦或汽车数量没有限制，对B国进口商为进口小麦或汽车而需要的美元数量（如果他要支付价款）也没有限制。这就好像对进口汽车征收进口关税，并且逐渐向上调整，直到最后达到的水平（即 $33\frac{1}{3}$% 的从价关税）能够使B国对进口汽车的需求被限制在恢复B国国际收支平衡所必需的程度。

我们到此为止所考虑的只是最简单的情况：除了进口某一类商品（汽车）所需要的美元，由外汇管制当局按照3美元：1英镑的汇率供给以外，所有外汇的买卖都是按照4美元：1英镑的汇率进行买卖。我们已经看到，这等于对汽车的进口征收进口关税。

但外汇管制当局可以通过对B国出口商出口商品所得到的美元支付优惠的英镑价格的方式，转让它以高价向汽车进口商出售美元所得到的利润。假定B国外汇管制当局按照4美元：1英镑的汇率出售美元，让进口商支付进口的小麦；同时按照3美元：1英镑的汇率出售美元，让进口商得以进口汽车；但却按照 $3\frac{1}{2}$ 美元：1英镑的汇率从B国居民买进美元（来自B国的出口和其他外国通货收入）。如果B国进口小麦的英镑价值等于进口汽车的价值，按照 $3\frac{1}{2}$ 美元：1英镑的汇率流入外汇管制当局手上的美元，有一半可以按照4美元：1英镑的汇率出售（用于进口小麦），另一半按照3美元：1英镑的汇率出售（用于进口汽车）。这种制度相当于维持4美元：1英镑的汇率与对汽车进口征收 $33\frac{1}{3}$% 的从价进口关税相结合，从关税得到的收入用于对所有出口商品给予 $12\frac{1}{2}$ %[①] 的从价出口补贴。

但是，没有理由说明为什么 B 国外汇管制当局希望按照同样的比率对 B 国所有的出口商品给以补贴。正如我们在第 23 章中所要论述的，有必要降低那些 A 国需求的很有弹性的 B 国出口商品的外汇价格（价格小幅下降造成 A 国进口数量大幅度增加，因而使 B 国得到的 A 国通货收入大量增加），而对于那些 A 国的需求缺乏弹性的 B 国出口商品，不但不降低它们以外国通货表示的价格，甚至还提高它们的价格（A 国支付的价格大幅度上升，只造成 A 国的进口数量的少量减少，因而当 B 国出口商品价格提高时，B 国从出口商品所得到的总收入增加了）。为了应付这种局面，B 国外汇管制当局根据赚取外汇的方式，对交售给它的外国通货提出不同的汇率。

这样，假定 B 国对 A 国的出口商品包括橡胶（A 国对它的需求可以认为缺乏弹性）和机器（A 国对它的需求可以认为有弹性）。B 国外汇管制当局可以按照 4 美元：1 英镑的汇率出售美元，买进英镑，以用于进口小麦；又按照 3 美元：1 英镑的汇率出售美元买进

---

① 成本为 100 英镑的 B 国出口商品，在汇率为 4 美元：1 英镑而又没有出口补贴的情况下，花费 A 国进口商 400 美元，汇率降到 $3\frac{1}{2}$ 美元：1 英镑会使 A 国进口商的成本从 400 美元减少到 350 美元，共减少 50 美元，这等于对 400 美元的成本价格补贴 50 美元，即 $12\frac{1}{2}$ % 的从价补贴。

英镑,以用于进口汽车(相当于征收 $33\frac{1}{3}$ % 的从价进口关税)。同时,按照 5 美元:1 英镑向本国橡胶出口商买进美元(相当于征收 25% 的从价出口税),按照 $3\frac{1}{2}$ 美元:1 英镑的汇率以英镑向 B 国机器出口商买进美元(相当于给予 $12\frac{1}{2}$ % 的从价出口补贴)。

显然,进出口关税和补贴无数种组合都可以用这样的多重汇率来安排。如果多重汇率的安排在这样一种规模上,造成 B 国进口商品的美元价值下降和 B 国出口商品的美元价值上升,以消除 B 国的国际收支赤字,那么外部平衡即使没有对进口或支付加以任何数量限制,也能够实现。如果关税和补贴的绝对比率的安排,使得补贴的总成本等于关税的总收入,那么这种安排对 B 国的预算没有任何净影响。

实质上这就是多重汇率制度的性质。然而,还有许多方法实施这个制度。这个制度可以是我们上面提过的那种直接的类型:外汇管制当局垄断了全部外汇买卖,但用不同的汇率出售用于不同用途的外汇,同时用不同的汇率购买不同来源得到的外汇。但这个制度也可以用其他的方式运行。例如,所有出口商都获许把他们出口所得到的外汇的一部分拿到自由外汇市场出售,或者只是某些特定产品的出口商才获许这样做[①]。某些产品(如生活必需品)的进口商能

[①] 或者更重要的是,当我们考虑到在一个世界里有两个以上的国家时,那么 B 国可以向"硬通货"和"软通货"市场出口。某些市场的出口商也可获许把他们出口所得到的外汇收入全部或部分拿到自由外汇市场上出售。这些问题将是第六篇所讨论的主题。

够按官方汇率向外汇管制当局购买外汇,而为了别的用途希望得到外汇的其他人则获许在自由外汇市场上取得他们所需要的外汇。

只要官方汇率把 B 国通货以 A 国通货表示的价值定得过高,以致普通的价值机制不能消除 B 国的国际收支赤字,在自由外汇市场上的 B 国通货价值将低于官方市场上 B 国通货的价值。因此,这样的制度表示这样一种组合:(1) 对获许把他们的出口所得到的外汇全部或部分可在自由外汇市场上出售的出口商给予出口补贴。(2) 对不得不在自由外汇市场上购买外汇的进口商,征收进口关税。由于这是自由外汇市场,所以对这些进口商品所征收的进口税税率将自动地自我调整,以使因进口商品而产生的对外国通货的需求,等于现有的外国通货的供给。这部分外国通货,是外汇管制当局以强制方式按照官方汇率从出口商买进的外国通货数量,减去为满足进口优先考虑的生活必需品按照官方汇率形成的对外国通货需求的数量以后而可以动用的余额。

上面所说的只是无限多种可以设想的多重汇率的一个例子。然而,所有的多重汇率都可以归入这样的一般类型:每一种多重汇率都相当于用单一的汇率对国际收支中某些特定种类的支付和收入征收关税和给予补贴的制度。

20.3　财政控制

"财政控制"指的是利用税收和补贴来达到影响一个国家的国际收支的各个项目的目的。这种财政控制最明显的例子就是征收进口税以减少外国产品的购买量,从而减少对进口商品的外国通货总支出，以及征收出口税（如果认为外国的需求弹性小于1）或给予出口补贴（如果认为外国的需求弹性大于1），以从有关的出口增加外汇总收入。

上面说的已很清楚，对进出口征收关税或给予补贴的"财政控制"和多重汇率的"货币控制"，是达到相同经济效果的两种不同的行政方法。在这两种方法之间的选择主要考虑如下。

要实行多重汇率制度，没有广泛而有效的外汇管制制度，由一个外汇管制当局和它的代理机构垄断外汇交易，是不可能的。否则，将会发生套汇交易，人们将在外汇比较便宜的市场买进外汇，然后在外汇比较昂贵的市场再出售外汇[①]。当然，对某些特定的进出口商品征收关税——特别是对有形的进出口商品征收关税——而并没有广泛的外汇管制制度，是可能的。因此，普通的进出口关税或补贴，在没有广泛的外汇管制制度中，也是可行的。

---

① 事实上，为了使多重汇率制度可行，不仅要有完整的外汇管制制度，而且这个制度还要是某种特定类型的制度。我们来考虑一下B国居民要对A国居民支付的情形。如果他为某个用途而支付，B国外汇管制当局将根据某种汇率提供外汇；如果他为另一个用途而支付，外汇管制当局将根据另一种汇率提供外汇。如果A国居民在B国银行没有B国通货存款，而且始终要求付给他本国通货，这个制度应能很好地发挥作用。在这种情形下，外汇管制当局将以和特定的支付相适应的汇率向B国居民出售A国通货。但假设B国通货在国际交易中被人普遍接受，A国居民在B国银行有B国通货存款，B国外汇管制当局按照本章前面所描述的方式，不仅通过管理B国居民购买外国通货来实施控制，而且也通过管理从B国"居民账户"到"非居民账户"的资金支付来实施控制（即从B国居民在B国银行持有的B国通货存款，到A国居民持有的类似账户的资金转移）。在这种情况下，如果要实行多重汇率制度，如果转移是为了支付，而外国通货的价格高于正常的汇率，那么外汇管制当局有必要对B国银行体系内部这种从"居民"账户到"非居民"账户的转移按适当的税率征税。如果转移是为了支付，而外国通货的价格被固定在正常汇率以下，外汇管制当局有必要给予补贴。这显然使多重汇率制度的运行复杂化。

然而，在国际收支中有些项目在行政上很难用普通的财政手段来征收关税或给予补贴。旅游者在外国的支出就是一个例子。假定B国外汇管制当局希望对B国居民在A国度假时的支出征收10%的从价税。要达到这个目的，掌握每个旅游者实际上在国外花了多少钱是基本的条件。如果实行完全的外汇管制，分配给旅游者一定数量的外汇以用于在A国的支出，而且确保旅游者没有其他来源获得外汇以用于在A国的支出，就可以精确地知道旅游者在A国的支出数额。对分配给旅游者用于国外支出的外汇征收10%的从价税，实际上是一种多重汇率。这部分外汇售价要比外汇管制当局向其他购买者出售外汇的价格高10%。

"有形的"商品进出口是最容易实行简单的征税或补贴的事情。它们是看得见的东西，当它们进入或离开某国而通过边境时，就可以征收关税或给予补贴。有些"无形的"项目如旅游者的支出，正如我们所看到的，对它们很难使用普通的财政手段。另一些"无形的"项目，如向外国人出售船运服务或购买外国人的船运服务，则处于中间状态。如果外国船只运走本国出口商品或运来本国进口商品，它们一定来到本国港口，而本国船只通常也来往于本国港口。这就提供了控制它们的地点，使管制当局可以实行征税或补贴制度。如果依靠有效管理全部船运服务的收入和支出的外汇管制，就可以更加有效和完全地实行这个制度。

除非有有效的外汇管制来强化税收或补贴的财政手段，否则财政手段会完全失效，这种事例就是资本流动。例如，假定B国当局希望对所有从B国到A国的资本转移征税，和(或)对所有从A国到B国的资本转移给予补贴。财政手段也许能够影响这方面的某些因素。这样，A国一家公司在B国设立分厂就有资格获得补贴。在这种情况下，B国的财政当局能够很容易很明确地证实各种事项。或相反，B国一家公司在A国设立分厂将被征税，而征收这种特别税不比征收普通的公司利润税难。在任何情况下，税收利润税也必须以对公司账目的广泛了解为基础。或者，对B国居民从位于A国境内的财产所赚得的利息、红利和租金等收入征收特别税，有可能制止资本向A国转移。这些措施实行起来也不比征收正常的所得税难，因为征收所得税要由税收当局检查从各种来源得到的收入。但所有这些财政措施在没有完整的外汇管制的条件下，难以堵塞许多不正当的途径。结果资金通过这些途径从B国转移到A国或从A国转移到B国而没有被纳入较为明显的征税范围[1]，要对转移出B国的资本征收一般的税，只有通过非常接近于外汇管制制度的一种制度才能实行。外汇管制制度对B国居民为经常交易（非资本交易）以外的交易所要购买的外汇索价特别高。要对转移到B国的资本给予补贴，也只有通过非常接近于外汇管制制度的一种制度才能实行。外汇管制制度对A国居民为向B国转移资本而交售给它的所有外汇可以支付特别高的价格[2]。我们所讨论的事情接近于多重汇率的货币制度和税收与补贴的财政制度，但相比之下更接近于前者。

---

[1] 例如，B国的出口商可以把他在A国市场上销售产品的收入存入A国的银行。
[2] 资本交易与经常交易之间的区别在第22章中讨论。

21 直接控制的类型：商业控制

我们现在来讨论商业控制。

21.1 数量控制

一个国家国际收支的总支出或总收入，会受到限制某种产品进出口数量（或价值）的商业措施的影响。这种直接控制的形式，最有可能运用于"有形"商品的进出口，因为当有形商品经过国界时，可以很容易地实现这种控制。

让我们先考虑对输入 B 国的进口商品实行数量限制的情形。这种进口数量限制既可以是限制输入 B 国的产品数量（例如，本年度购入的外国汽车不得超过 4 辆），也可以是限制输入 B 国的商品价值（例如，本年度进口的外国汽车总值不得超过 400 美元，这既可以是较多的廉价汽车，也可以是较少的贵重汽车）。这种进口数量限制可以通过"公开的"或"全球的"限额来实行（例如，一旦有 4 辆汽车越过边境进入 B 国，本年度的其余时间里边境将关闭，不再允许汽车进口），或者也可通过发放许可证给个人，允许他们进口汽车来实行（例如，发给 W、X、Y、Z 先生每人一张准许本年进口 1 辆汽车的许可证）。在后一种情况下，许可证可以规定，也可以不规定从什么地方进口商品（例如，允许 W、X、Y 先生每人从美国进口一辆汽车，允许 Z 先生从法国进口一辆汽车）。

这种进口数量限制的目的，是把这种商品的进口价值减少到一定的数额。如果进口数量限制采取的形式是限制某类进口商品的总价值，那么肯定能做到这一点。但如果它采取的形式是限制某类商品的进口数量，即使有效实行，仍无法确定能否达到这个目的。

让我们回到前面的例子。A 国生产的汽车每辆值 100 美元[①]。B 国消费者按照这个价格购买 5 辆汽车，造成在汽车进口上 500 美元的总支出。但当局在行政上只允许 4 辆汽车进口到 B 国。B 国[②]的消费者在只能得到 4 辆汽车的情况下，愿意以每辆汽车支付 $133\frac{1}{3}$ 美元的稀缺价格，对 4 辆汽车的总支出是 $533\frac{1}{3}$ 美元。但 A 国生产者准备按照每辆 100 美元的价格提供 4 辆汽车，总额是 400 美元。这样，在 B 国消费者准备对这 4 辆汽车支付的价格和国外供给商准备对这 4 辆汽车索取的价格之间，总额有 $133\frac{1}{3}$ 美元的差额，每辆汽车的价格有 $33\frac{1}{3}$ 美元的差额。

如果使用征收进口税的财政手段或多重汇率的货币手段来限制进口。供给价格和需求价格之间的"差额"问题不会发生。对进

---

① 因为我们在全章里都假定固定的汇率，所以我们只提出以 A 国通货（美元）表示的价值，而不按照这个固定的汇率把它转变为 B 国通货（英镑）。

② 原文为 A 国，疑有误。——译者

口的限制总是导致消费者愿意支付的价格上升到外国出口商所愿意提供商品的价格之上。但这种"差额"在征税的情况下以关税收入的形式为进口国当局所有，在多重汇率的情况下以外汇管制当局外汇买卖的形式为进口国当局所有。

但如果外汇管制只限制对特定进口商品的支出，或进口数量所限制的只是特定进口商品的价值或数量，那么就会发生供给价格和需求价格之间的差额问题。假定利用外汇管制或价值限额把汽车的进口限制在价值为 400 美元（为此 A 国的生产者愿意供给 4 辆汽车），或利用数量限制把汽车的进口限额定为 4 辆（这会使 A 国生产者花费 400 美元来生产）。那么，B 国消费者对每辆汽车愿意支付 $133\frac{1}{3}$ 美元，而 A 国生产者生产每辆汽车只花费 100 美元。谁得到每辆汽车 $33\frac{1}{3}$ 美元的差额呢？

我们至少要考虑 5 种可能性。

(1) 在允许进口一定数量的汽车或允许支付一定价值的汽车的许可证发给个别商人的情况下，这 $33\frac{1}{3}$ 美元的一部分也许用作贿赂有权批准 X 先生或 Y 先生的申请的官员。X 和 Y 先生正请求外汇管制当局批给 100 美元以购买 1 辆汽车，或在申请进口许可证以从 A 国进口 1 辆汽车或价值 100 美元的汽车。每一个这样的批文或许可证在商业上本身就值 $33\frac{1}{3}$ 美元。如果 X 或 Y 先生得到这样的许可证，他就能用 100 美元买进 1 辆汽车，并可卖得 $133\frac{1}{3}$ 美元。

X 和 Y 先生也许准备把这个差价的一部分用来促使官员决定谁得到这个有价值的许可证。

(2) 在不发给个人许可证的情况下，或者在管理机构非常公正和胜任的情况下，贿赂将不会发生。但是，受到限制在进口商品的供给价格和需求价格之间的差额仍然存在。这个差额也许为某些幸运的中间商所有。他们碰巧得到所需要的批文或许可证，或者由于某种原因碰巧经营有限数量的汽车进口。他们按 100 美元买进一辆进口的汽车，按 $133\frac{1}{3}$ 美元在国内市场出售[①]。

(3) 然而，行政措施可以防止中间商在合理的商人利润差额之外提高售给最终消费者的进口汽车价格。这需要有价格控制制度。这意味着最终消费者的需求不可能在控制的价格下全部得到满足。在我们的例子里，消费者按照每辆进口汽车 100 美元的控制价格希望购买 5 辆汽车，但进口的汽车只有 4 辆。要么实行把供应商品配给或分配给最终消费者的官方制度，不然就出现商品短缺、排长龙、后门交易等现象。况且，即使不是不可能，也很难阻止最终消费者

---

① 新的供给价格和需求价格之间的 $33\frac{1}{3}$ 美元的差额，有一部分也许要弥补新增加的分配成本。如果以减少每一个贸易商的买卖为基础实施进口限制（例如，把许可证分配给每一个进口商，以使进口商的进口商品减少一定百分比），那么每个进口商的营业变得很小以致到了不经济的程度。在这种情况下，可以想象，完成每个单位贸易的成本的增加，吸收了新的供给价格和需求价格之间的全部差额。但这是不可能的。况且，如果以更经济的贸易规模代替较不经济的贸易规模为基础实施进口限制（例如，拍卖进口许可证，参看本节末尾），分配成本的上升就不大可能发生。我们下面将继续简单提及新的供给价格和需求价格之间的差额。这应该解释为净差额，即扣除完成每单位贸易成本的增加后的差额。但在所有例子中，我们都假定分配成本的上升并没大到使净差额减小到零的地步。

再出售那些产品。排在前头的顾客可以按 100 美元的控制价格买进汽车，然后再按 $133\frac{1}{3}$ 美元的价格售给排在后尾的顾客。

（4）在某些情况下，A 国的出口商可能得到在 B 国出售限定数量的汽车时的高需求价格和出口商在正常竞争情况下准备提供这些汽车的较低的供给价格之间的差额。

（5）还有这样一种可能性：外汇管制当局或进口许可当局用行政命令来规定输入 B 国的汽车的价值或数量，同时进口国的财政当局采取征收进口费的措施，保证有限的进口商品需求价格和供给价格之间的差额能由进口国政府获得。

我们不必详细讨论上面所说的第 1 种情形和第 3 种情形。就第 1 种情形来说，如果政府机构并非坚强到足以抵制贿赂，那么在发出批文或许可证时，幸运地得到许可证的人所获得的额外利润的一部分实际上将由负责分配许可证的政府官员分享。只要我们在将来讨论这种来自批文或许可证的收入的特殊利润时，记住这个事实，我们不必特别深入分析这种可能性。

第 3 种情形也只需简略地加以讨论。如果实行某种价格控制制度，使某些享有特权的最终消费者能够按低于自由市场的价格获得产品，从而得到某种特殊利益，这就好像把进口许可证发放给这些享有特权的消费者。如果我们记住把许可证发放给进口商可以采取这种特殊形式，那么下面的讨论也就包括了这种情况。

这样，我们还剩下 3 种可能性尚未讨论。进口国政府通过同时征收某种特别进口税或进口费的方式，可以自己得到需求价格和供给价格之间的差额（第 5 种情况）。如果不采取这种行动，差额或者为 A 国生产者和出口商所有(第 4 种情况),或者为 B 国的进口商所有(第 2 种情况)。从进口限制对进口国 B 的国际收支和贸易条件的影响的观点来看,这两种人谁得到差额具有关键性的重要意义。

让我们考虑对汽车实行进口数量限制的情形。以前曾进口 5 辆汽车,每辆售价 100 美元(或 5 辆共 500 美元)。这是 A 国生产者的收入,刚好弥补了他们的成本。但现在只能进口 4 辆汽车。B 国消费者现在愿意对每辆汽车支付 $133\frac{1}{3}$ 美元,或对 4 辆汽车支付 $533\frac{1}{3}$ 美元。然而 A 国的生产者仍准备每辆汽车收取 100 美元,或 4 辆汽车收取 400 美元。如果需求价格和供给价格之间的差额被 B 国进口商所得到,B 国的进口商品价值,从而 B 国的国际收支赤字从 500 美元减少到 400 美元。但如果差额被 A 国生产者得到,B 国进口商品价值将从 500 美元(即按每辆汽车 100 美元的价格购买 5 辆汽车)上升到 $533\frac{1}{3}$ 美元(即按每辆汽车 $133\frac{1}{3}$ 美元的价格购买 4 辆汽车)。因为 B 国对汽车的需求弹性小于 1,所以 B 国消费者对数量较小的汽车所支付的总额大于以前。因为买价和卖价之间的差额全部被 A 国出口商所得到,所以 B 国的国际收支赤字比以前恶化了。况且,当差额被 B 国进口商得到时,因为 B 国进口商付给 A 国出口商的价格仍是每辆汽车 100 美元,B 国的实际贸易条件保持不变。但当差额被 A 国出口商得到时,因为 A 国的出口商每辆汽车现在得到 $133\frac{1}{3}$ 美元的较高价格,B 国的贸易条件比以前恶化了。简而言之，如果差额被 A 国进口商得到，贸易条件会保持不变[①]，但 B 国的赤字将减少；如果差额被 A 国的出口商得到，贸易条件就要变得不利于 B 国，B 国国际收支赤字的减少幅度小于第 1 种情形；如果 B 国对进口商品的需求弹性小于 1，B 国的国际收支赤字实际上会增加。

上面说的都是对进口数量限制而言的。我们现在应该考虑进口的价值限制。如果差额被 B 国进口商得到，对上面的分析没有什么可补充的了。但如果差额被 A 国出口商得到，情况就有所不同。在这种情况下，如果输入 B 国的商品价值受到有效的限制，即使 B 国对进口商品的需求缺乏弹性，结果一定是减少了 B 国的进口商品价值。但贸易条件仍发生不利于 B 国的大幅度变动。

我们回到前面的例子。A 国汽车出口商发现他们仅出口了 400 美元而不是 500 美元的汽车到 B 国。由于他们减少对 B 国的供给，B 国市场上每辆汽车的价格将上升。由于他们必须使销售额不超过 400 美元，致使他们在 B 国市场上的供给量进一步减少。假设 B 国对进口汽车的需求弹性是这么小，以致当汽车供给从 5 辆减少到 2 辆时，价格从每辆汽车 100 美元上升到每辆汽车 200 美元。按照这个价格，对仅仅 2 辆汽车的进口总共支付 400 美元。确实，B 国进口商品的价值有效地从 500 美元（即按照每辆汽车 100 美元的价格购买 5 辆汽车）减少到 400 美元（即按照每辆汽车 200 美元的价格购买 2 辆汽车）。但由于 B 国进口商品的价格加倍了（每辆从 100 美元增加到 200 美元），贸易条件显然变得不利于 B 国。B 国贸易

[①] 事实上，因为 B 国对汽车的需求减少，使 A 国生产者愿意以低于以前的价格供给汽车，所以贸易条件变得多少有利于 B 国。

差额的改善是以实际贸易条件不利于 B 国的大幅度变动为代价来实现的。外国出口商现在得到的特别差额每辆汽车不少于 100 美元。他们从 B 国购买者那里取得的收入,两倍于他生产向 B 国出口的汽车所耗费的成本。

所以,最重要的问题在于决定是 B 国进口商还是 A 国出口商得到买价和卖价之间的差额。这个结果取决于两个主要因素:实行进口限制的方法和使用这些方法的市场组织。我们必须逐个来考虑这两个因素。

表 16 以表列形式描述运用进口限制的 12 种不同的方式。

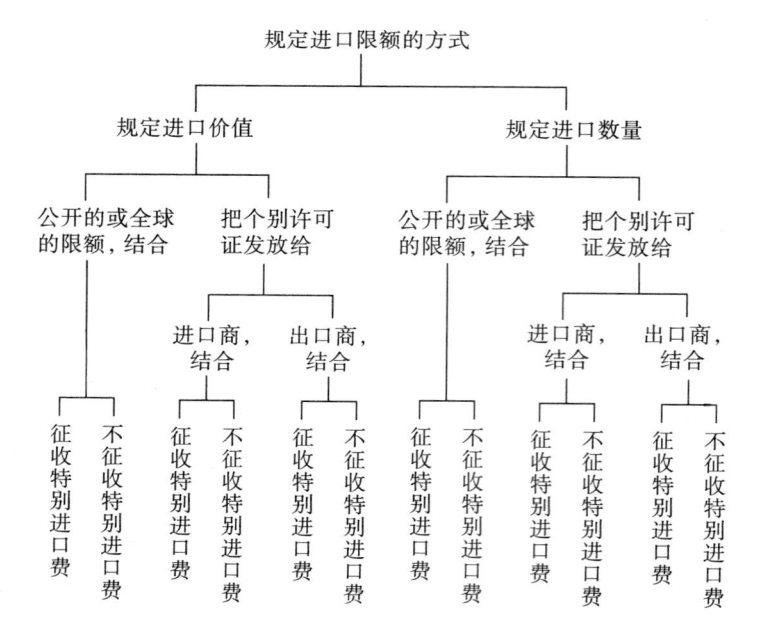

表 16 进口定量限制的实行

```
                          规定进口限额的方式
                         ┌──────────┴──────────┐
                    规定进口价值              规定进口数量
                    ┌────┴────┐              ┌────┴────┐
              公开的或全球  把个别许可      公开的或全球  把个别许可
              的限额,结合  证发放给        的限额,结合  证发放给
                          ┌────┴────┐                  ┌────┴────┐
                       进口商,    出口商,            进口商,    出口商,
                        结合       结合                结合       结合
```

| 征收特别进口费 | 不征收特别进口费 | 征收特别进口费 | 不征收特别进口费 | 征收特别进口费 | 不征收特别进口费 | 征收特别进口费 | 不征收特别进口费 | 征收特别进口费 | 不征收特别进口费 | 征收特别进口费 | 不征收特别进口费 |

首先，正如我们已经看到的，可以用规定输入本国的最高进口价值或最大进口数量的方式来实行限制。

其次，可以利用公开的或全球的限额方式，或者利用把进口许可证发放给个别商人的方式实行进口限制。在实行公开的或全球的限额条件下，按照，"先到先得"的原则允许进口商品进入进口国，直到输入的进口商品达到限定的数量或价值为止。在实行配额时期的其他时间里，则不允许这种商品进入国境。按照这样一种制度，不可能知道谁得到了买价和卖价之间的差额。因为任何人都可以自由地进口商品，直到达到限额为止，所以大家都为取得进口商品而涌向国境。某些交易商很幸运，赶在别人前头到达边界。他们将得到这部分不正常的利润。在这以前我们没有理由认为得到差额的一定是 A 国的出口商而不是 B 国的进口商，或者相反。

当然，即使实行公开的或全球的限额，如果同时对商品的进口征收特别进口税或其他进口费，差额也可以为进口国的政府所有。如果很好地调整特别进口费，使它不多不少地吸收了卖价和买价之间的差额，可以避免人们涌向边境以求得到限额的情况。征收特别进口税有助于限制需求，使它与进口限额所允许的供给相适应，结果是全体进口商不再认为供给多于市场所能吸收的商品是有利可图的。事实上，限额在很大程度上变得不起作用，进口限制是以征收进口税的方式实现的。

为了避免公开的或全球的限额所带来的混乱，通常要把进口许可证发给个人，允许他们进口一定数量或价值的某种商品。所有这些个别许可证加总起来，等于允许进入该国的该商品的总数量或总价值。

我们在这里应该考虑使用这些许可证的市场结构。市场在结构上可以是竞争的，也可以是垄断的。让我们先考虑这样的情形：在实行进口限制以前，市场是竞争的；在实行进口限制以后，市场仍然是竞争的。如果是把小额的进口许可证发给众多不同的单个贸易商，这完全可能。在这种情况下，单个贸易商不可能以不使用分配给他的进口许可证的方式，来影响他向生产者购买产品要付的价格，或影响他把产品出售给消费者所索取的价格。但每一个贸易商都受到限制，他所能进口的数量少于他按照差额希望进口的数量。结果很简单，差额被得到进口许可证的贸易商得到：如果许可证发放给 B 国进口商，差额被 B 国进口商得到；如果许可证发放给 A 国出口商，差额被 A 国出口商得到[①]。

同样的分析也可应用到这样的情况：一两个大贸易商垄断了这种商品的市场，他们多少以签订协议的方式来规定他们的售价，以获得最大利润。除非进口限制所规定的限额低于垄断者的进口水平，否则进口限额显然无效。由于现有的进口水平已经是一个使垄断者获得最大利润的进口水平，进口许可证对他的进一步的限制，将使垄断者失去一部分利润。但这种限制会使垄断者对消费者所索取的价格发生某种程度的上升，或许使垄断者从生产者得到商品供给时所付的价格发生某种程度的下降。这部分增加了的每单位

[①] 唯一麻烦的是许可证规定了进口商品的价值并发放给 A 国的出口商。由于出口商不能从 B 国得到大于许可证批准的支付总值，他将按批准进口的总价值向 B 国出售最小数量的商品。我们实际上得到和本章前面所得到的一样的结果。B 国的进口价值将受到充分限制，但贸易条件则会变得不利于 B 国，因为对进口数量的限制继续实行下去，直到进口数量如此之少，以致 B 国的需求价格大大提高。A 国出口商品的总价值则仍限制在限额所准许的价值内。

产品的价格差额将被得到许可证的垄断者得到。因此，这个差额按照垄断贸易商是出口商或进口商而归于出口国或进口国。如果他是一个出口商，贸易条件将变得不利于进口国；但贸易差额不可能变得不利于进口国。这种情况只有当进口国的进口需求弹性小于 1 时才会发生，因而通过投放较少的商品到进口国市场上，可以使进口总值增加。但如果情况是这样，垄断出口商已受到刺激而进一步限制出口，不需要通过进口限制来促使他这样做。

到目前为止，我们已经讨论了市场以前是竞争的现在仍然是竞争的，以及市场以前是垄断的现在仍然是垄断的这两种情形。但事实上，发放许可证制度可能把竞争市场变为垄断市场。如果所有进口许可证都发放给一个贸易商，就显然会有这种结果。如果以前贸易商知道他们形成的任何垄断都会受到新加入的贸易商的竞争，因而不打算联合起来形成垄断以剥削消费者（也可能剥削生产者），上述情况也会发生。但如果他们成为得到有权进口的许可证的仅有的贸易商，他们就会受到保护而联合起来，形成有效的垄断。

在这种情况下，进口限制会把进口商品的总数量（或总价值）限制在低于发放的进口许可证实际上允许进口的水平上。假设当局把许可证发放给某些贸易商，使他们得以形成垄断，但许可证所规定的进口总量大于使垄断者得到最大利润的进口数量。那么，这些贸易商会联合起来，把进口数量限制在许可证上标明的数量以下。进口商品的买价和卖价之间的差额（单位进口商品的差额和总差额），将大于别的情况下的差额。另一方面，如果进口许可证上标明的进口数量等于或小于使垄断者得到最大利润的进口数量，进口数量只限于许可证所规定的数量。但是，在两种情况下，买价和卖价之间的差额都被垄断贸易商得到，即按照垄断贸易商是 A 国的出口商或是 B 国的进口商而被出口国或进口国所得到①。

事实上，发放许可证对贸易垄断的影响，不可能像上面所说的那样清楚。最终结果不仅取决于进口许可证发放给什么人，而且还取决于进口许可证发放的条件。例如，许可证也许发放给进口商（例如，英国居民 W、X、Y 和 Z 先生每人得到进口 1 辆汽车到英国的许可证），但发放许可证的条件是必须从规定的来源购买一定数量的商品（这样，W、X 和 Y 先生不得不进口 1 辆美国汽车，Z 先生则进口 1 辆法国汽车，以保证把 3 辆汽车的配额分配给美国，1 辆汽车的配额分配给法国）②。这个条件把出口商分为互不相干的供给地区。法国的汽车出口商不再能够以压低价格的方式把美国生产者挤出市场，反之亦然。法国保证得到 1 辆汽车的市场，美国保证得到 3 辆汽车的市场。以前在美、法两国供给商之间的竞争可行时，法国和美国的汽车出口商需要组成一个国际卡特尔以开发英国市场。现在互相分离的法国卡特尔和美国卡特尔也能产生同样的后果。无论如何，在英国市场上只能有 4 辆进口汽车，1 辆法国车和 3 辆美国车。法国的卡特尔可以保留着它所供给的汽车，直到法国汽车的价格相当于英国市场上汽车的稀缺价格为止。英国进口商不能以转向购买美国供给商的汽车相威胁。对于美国出口卡

---

① 如果进口限制是对进口价值的限制，垄断贸易商是 A 国的出口商，那么 A 国的出口商品价值，不超过与在 B 国市场上所赚得的价值相一致的数量限制所允许的进口水平。这意味着 A 国的出口量很小，贸易条件不利于 B 国的变动则很大。

② 当局经常采取这种措施，保证平等对待各个出口国。关于这一点，参看后面第 28 章的讨论。

特尔来说也一样。

当某种商品的买者垄断所面对的是这种商品的卖者垄断时,买价与卖价之间的差额的分配在经济上是无法决定的。它取决于诸如恐吓的做法。因此,我们只能说在许可证制度下,如果许可证是按照不限定供给来源的条件发放给进口国居民,买价和卖价之间的差额更有可能被进口国得到。相反的条件将使这个差额更有可能被出口国得到,从而影响我们在上面所考察过的贸易差额和贸易条件。

我们可以把上面的讨论概括为下面的结论:进口限制所造成的需求价格和供给价格之间的差额在下述条件下不大可能被出口国的居民得到:(1)如果进口许可证发放给进口国的贸易商或消费者,而不是出口国的贸易商或生产者;(2)如果得到进口许可证的进口商不限制自己使用许可证;(3)如果在任何情况下出口商彼此之间处于高度竞争状态。相反的条件将使差额有可能被出口国的居民得到。

当然,如果政府在发给许可证的同时,征收等于这个差额的某种进口税或许可费[①],买价和卖价之间的差额也可能被进口国的政

[①] 观察一下下述情况是有意思的:如果获得许可的贸易商是竞争性的,不管许可费是对每单位进口商品征收的等于买价和卖价之间的差额的费用,还是按总数征收的等于每个贸易商从事许可的交易所得到总的超额利润的费用,对结果没有什么影响。但如果贸易商是垄断者,他能够改变交易额以影响消费者对每单位商品所付的价格或他付给生产者每单位商品的价格。在这种情况下,如果许可费是按照每单位交易计算而不是不管实际交易量而只按总数计算,贸易商就会把交易量限制在进口限额允许的交易量以下。对垄断贸易商来说,与竞争贸易商不同,买价和卖价之间的差额也许大于他的边际收入和边际成本之间的差额,因而对每单位商品征收的税等于商品的买价和卖价之间的差额,会造成垄断贸易商限制他的销售量。

府得到。当局可以设法调整所征收的费用，使它正好等于买价和卖价之间的差额。在这种情况下，进口限制所产生的效果实质上与关税相同。

要把进口费调整到适当的高度，同时又保证平等地和有效地在各个竞争的进口商之间分配进口许可证，一个方法是以拍卖的方式把进口许可证卖给出价最高的人[①]。这可以使效率较高和交易成本较低的贸易商的出价高于那些效率较低的贸易商，以淘汰低效率贸易商的方法来扩张自己的营业。这样可以使进口许可证制度造成贸易垄断的危险减至最小。出口国的出口商、进口国的最终消费者和进口国的批发商——不论是商品的来源国，或是一个国家的不同个人，都可以不受歧视地在拍卖中投标。政府将得到稀缺价格所产生的全部"差额"。事实上，这种办法相当于自动地对进口税进行调整，以把进口商品的需求减少到事先决定的一定进口数量或价值的水平上。

可以用这种拍卖进口许可证的办法，逐渐把对特定的进口商品实行严格数量控制的制度，转变为具有韧性的财政机制——能够把进口商品限制在恢复国际收支均衡所需要的限度之内。假定我们

---

① 进口许可当局事先说明在未来一个时期里允许进口某种商品的总量，然后对这个有限的进口权利指标，请所有可能的进口商向中央办公机构申报他们按规定的不同的许可证价格希望购买的进口许可证数量。例如，如果每辆汽车的进口许可证费是100美元，X先生希望购买1 000辆汽车的进口许可证；如果每辆汽车的进口许可证费是150美元，X先生只希望购买800辆汽车的进口许可证；如此等等。中央办公机构把每一种许可证费水平上所形成的对许可证需求汇总，确定使许可证总需求与事先决定在该时期允许进口的数量相等的费用。每个进口商按照这个价格得到他申请的进口许可证。为了防止对许可证的"垄断"，当局对已获得许可证但没有使用的人给予惩罚。进口许可证应当可以自由买卖，但受到上述条件的约束。

原来有许多不同的方案，可以限制许多种商品的进口数量。现在我们把这些数量限额改为价值限额，然后分别进行拍卖，出售一定价值的每一种特定商品的进口权利。在每一种情况下所征收的许可费，都表明在每一种情况下需要征收多少从价进口税才能使进口值不超过允许进口的水平。我们可以扩大这种分类。例如，我们不必分两次拍卖价值200美元的原棉和价值100美元的原毛的进口权利，而是一次拍卖价值300美元的原棉或原毛的权利。扩大分类可以不断进行下去，直到所有进口商品都属于同一类型，那么我们实际上是对用于购买所有进口商品的外汇进行一次性拍卖。或者我们也可用另外一种不必把全部进口商品归入一种类型的方法来取得同样的结果。在由于拍卖而带来的许可费相对于进口商品来说过高的情况下，我们可以逐渐增加允许进口的数量。在由于拍卖而带来的许可费相对于进口商品价值来说较低的情况下，逐步减少允许进口的数量。不管采取哪种方法，我们都应对所有进口商品实行严厉程度基本相同的基本没有差别的限制。对所有商品来说，所征收的进口许可费与进口商品价值之间的关系都相同。这说明需要用什么样的从价进口税率或外汇降值才能把进口商品限制在同样的数量上。在这条道路上不需要走完全程。当价格机制运用到一定程度，把这些方法引入到原来多少有点武断的数量控制制度时，就可以停住不走了。

我们到现在为止只考虑进口限制的问题。当然，可以用许可证来限制某种特定商品的出口数量（或价值）。如果出口许可证发放给本国的出口商，同时不把它和特定的进口市场联系起来，受到限制的出口商品在国外市场上的价格应该上升。以外国通货表示的出口商品总值将随着外国需求弹性是小于1还是大于1而上升或下降。出口商品的价格差额是由于受到限制的出口商品在国外市场上的价格超过供给商打算在本国提供这种商品的价格而产生的。这个"差额"可能以贿赂的形式归许可当局所有，可能以超额利润的形式归中间商或出口商所有，可能以超额利润的形式归产品生产者所有，可能以低价的形式归进口国的购买者所有，也可能在当局征收某种形式的出口许可费（以拍卖或其他方式确定）以吸收买价和卖价之间的差额的情况下，归出口国政府所有。实际结果取决于与我们讨论进口限制的情况相类似的考虑。

21.2 关税限额

利用"关税限额"也能够得到普通进口数量限制所产生的同样的结果。关税限额方法是指在某个限制性数量之内进口某种商品免缴关税或只缴纳很低的进口关税，但超过这个数量进口商品必须缴纳很高的关税。额外的进口商品所征收的进口关税是如此之高，以致贸易商发现超过低关税限额进口商品是无利可图的，因为商品的买价和卖价之间仍然存在的差额低于额外进口商品征收的关税。在这种情形下，与关税限额相联系的问题没有哪个方面与普通进口数量限制产生的问题不同。确实，普通的进口数量限制也只是对额外进口商品所征收的关税高到禁止进口的程度的一种关税限制。

如果对额外进口商品所征收的关税少于进口限额所造成的买价和卖价之间的差额，某个数量的额外进口商品仍然会输入该国。

在进口国市场上额外提供产品会造成市场上消费者所付的价格发生下降。从出口国生产者购买额外数量的产品会造成他们所得的价格发生某种程度的上升。在任何一种情况下，买价和卖价之间的差额将因更多的商品投放到进口国市场而减少，直到差额不再超过对额外进口商品所征收的关税为止。

在这一点上，进口数量限制十分相似于征收与额外进口关税相等的关税所造成的限制，唯一的例外是我们必须决定谁从低关税或没关税的"限额"部分得到超额利润所带来的利益。这里所产生的问题和我们在前一节就普通进口数量限制所讨论的问题完全相同。谁实际负责进口这些受到优惠的数量呢？对这些低关税进口商品是实行公开的抑或全球的限额，还是发给进口许可证？如果发给进口许可证，那么发给谁？在什么样的市场条件下发放？就像以前一样，结果取决于对这些问题的答案。

21.3　国家对贸易的垄断

通过国家对贸易的垄断，同样也可以得到通过发放有限数量的进口或出口许可证来实施的数量控制所产生的结果。假定禁止私人进口某种特定商品，国家对进口该商品的贸易实行垄断。国家贸易组织现在可以限制它所进口的产品总量，以减少本国商品的进口总值，从而减少本国国际收支的赤字。在这种情况下，外国供给商准备供给产品的相对低的价格，和进口国的国内市场上供给减少而实际得到的相对高的价格将出现差额。但在这种情况下，这个差额将以国家贸易机构赚取超额利润的形式，直接归进口国政府所有。

国家对出口垄断的情形也一样。国家可以购买数量有限的产品用于出口,按照稀缺价格把它卖给外国,这本身就以国家贸易机构的交易得到高额利润的形式,吸收相对低的国内供给价格和相对高的国外需求价格之间的差额。

在这方面,国家对贸易的垄断通过限制进出口数量,以及通过自己吸收由限制贸易造成的垄断利润所产生的结果,就减少贸易量来说,与把进出口许可证出售给私人贸易商的制度所产生的结果,实质上是相同的;与把进出口税调整到可对进出口贸易造成同样影响的高水平的这样一种制度所产生的结果,实质上也是相同的。

国家贸易机构(在这个例子中,即使它们不是合法的垄断组织)也可以用支付进口和出口补贴的方式,以达到扩大进出口贸易的目的①。例如,国家出口机构可以购买多于私人贸易商所能出口的本国产品用于出口。如果外国对本国出口商品的需求弹性大于1,由于外国市场上本国出口商品价格的下降比例小于出口数量的增加比例,出口商品所得到的外国通货总额将增加。但在任何情况下,外国市场上本国出口商品的价格将由于投放的数量增加而发生某种程度的下降。国家出口机构的出口将出现亏损。这项亏损相当于在私人贸易的条件下为促进出口增加所必需的出口补贴。

国家进口机构的情况也一样。它所购买的进口商品数量可以大于普通竞争条件下贸易商所购买的数量。它在国内市场上出售

---

① 这个结果当然不可能以向私人贸易商发放进口和出口许可证的方式取得。这种方式只能用来限制贸易,而不能用来扩大贸易。

进口商品时可能有亏损。这项亏损相当于要促进进口数量的增加所必需的进口补贴[①]。

[①] 在上面的段落里，不言而喻，我们假定国家对进口的垄断是在完全自由竞争的世界市场上购买，国家对出口的垄断也是在完全自由竞争的世界市场上出售。在这种情况下，我们可以假定买价和卖价之间的反常差额都归国家贸易机构所有。但在 B 国的国家进口垄断机构必须和 A 国的国家出口垄断机构做交易时，当然不能假定这一"差额"更有可能归 B 国当局所有，而不是更有可能归 A 国当局所有。

22 对资本流动的控制

我们已经考虑了各种类型的控制。一个国家的当局利用这些控制手段,对国际收支中的某些特定项目施加直接的影响。我们现在应该来考虑在什么样的条件下以及出于什么样的目的,需要对国际收支中的各个项目实行直接的控制。在本章中,我们将考虑赞成和反对对资本流动实行直接控制的论述。在下一章中,我们将考虑赞成和反对对经常交易实行直接控制的论述。

让我们先从控制资本流动的问题开始。如果 B 国出现赤字,A 国出现盈余,其中一个国家或两个国家的当局是否有特殊的理由采取特殊的措施,来限制从 B 国到 A 国的资本净支付,或者鼓励从 A 国到 B 国的资本净支付?

在我们分析这个问题以前,我们应该多少限制一下分析的范围。首先,A、B 两国之间的资本流动,随着 A、B 两国采取的政策不同而明显不同。A 国当局可能采取中性政策(参阅第 4 章),也可能采用一项谋求内部平衡的金融政策或一项谋求外部平衡的金融政策来改变中性政策(参看第 9 章)。A 国也许同时有或也许没有工资韧性(参看第 13 章),或者 A 国当局也许同时采取或也许不采取可变汇率制度(参看第 12 章)。同时,B 国当局也许采取用这些不同的砖瓦所构筑的许多可能政策组合中的任何一种组合。A 国任

22 对资本流动的控制

何特定的政策组合也和 B 国的另一种特定的政策组合交织在一起,以致就有关政策原则来说,在一个只有两个国家的世界中,也有着许许多多的形式。

A、B 两国之间的资本转移所产生的影响,取决于两国当局用来对付经济条件变化的特定经济政策。为了充分考虑是否有特殊理由把控制资本流动作为顺利地调整 A、B 两国之间的国际收支的手段,我们不得不分别考虑许多可能的政策组合中的每一种组合。

这样的工作显然是难以做到的。因此,我们限于根据两个假定来考虑问题。首先,我们依据的假定是:A、B 两国都有像我们在第 14 章里所描述过的金本位机制在发挥作用。一般来说,这个假定是指如果 B 国的国际收支存在赤字,(1)汇率保持不变;(2)B 国的国内总支出发生紧缩,A 国的国内总支出发生膨胀;(3)由于 B 国对劳动力的需求不足而 A 国对劳动力的需求过度,B 国的货币工资率、成本和价格的总水平迟早都会出现下降,而在 A 国则会上升,因而在两国的进口需求弹性的总和大于 1 的条件下,B 国的贸易差额得到改善。

我们考察对 A、B 两国之间资本转移的控制问题的第二个假定是:A、B 两国当局都采取前面第 12 章里所描述的那种政策。这就是说,A、B 两国都采取谋求内部平衡的金融政策,因而不管出现什么干扰因素,每一个国家以本国通货表示的总需求保持不变。在这个国内背景下,A、B 两国之间国际收支的失衡将通过汇率的变化来消除。如果 B 国的国际收支出现赤字,B 国的汇率要降值,从而使 B 国产品以 A 国产品表示相对便宜,因而——仍在两国的进口需求弹性的总和大于 1 的条件下——B 国的贸易差额得到改善。

在通过价格和收入的调整能够同时保持两个国家的内部平衡和外部平衡的意义上,上述两种制度是"完全的"。我们现在探讨一下对资本流动实行直接控制是否会改变这两种制度的作用。然而我们必须小心记住,这并不包括赞成或反对在"不完全的"制度的情况下,对资本流动实行直接控制的意思(例如,中性经济只会被谋求内部平衡的金融政策所改变,参看第9章)。在"不完全的"制度下,如果没有某些直接的干预,同时要保持两个国家的内部平衡和外部平衡是不可能的。

例如,假定A、B两国当局都采用中性经济,并采取谋求内部平衡的金融政策,结果A、B两国都实现了充分就业,但B国的国际收支出现严重的赤字。B国的黄金储备不断流失到A国。这种情况不可能无限期地继续下去。B国当局会被迫放弃谋求内部平衡的扩张性的金融政策,而采取谋求外部平衡的紧缩性金融政策,造成就业和收入足够的下降并从而对进口商品的需求足够的下降,来阻止黄金储备的流失。在这种条件下,如果B国当局对从B国流往A国的资本实行直接控制以制止黄金的流失,将好于采取谋求外部平衡的紧缩性的金融政策而结果导致B国出现失业和紧缩。

但这并不是我们在本章里要讨论的问题。B国当局总能通过价格调整恢复外部平衡:可以凭借工资韧性(在这种情况下,当B国的收缩性政策起作用而降低B国的国内支出时,B国货币工资率和货币成本总水平将下降,B国对A国的出口将扩大,B国从A国的进口将收缩),此外也可凭借可变汇率(在这种情况下,B国谋求内部平衡的金融政策不必放弃,但B国的汇率应降低,使B国产品能够削价与A国产品竞争,以制止B国黄金储备的流失)。我们在本章打算讨论的问题是对资本流动实行直接控制的方法是不是好于价格调整的方法。

在我们进行分析以前,有一个更为基本的问题需要弄清楚。资本从 B 国到 A 国的转移,也许会也许不会直接附带发生或直接造成 B 国国内支出的减少和 A 国国内支出的增加。例如,B 国的私人资本家决定不把 100 英镑用在 B 国建造工厂,而是把这笔钱兑换成 400 美元用在 A 国建造工厂。这个决定同时导致:(1) B 国国内支出一定数额的下降;(2) A 国国内支出相同数额的上升;(3) 相同数额的资本资金通过外汇市场从 B 国通货转变为 A 国通货。或者,举一个很不同的例子。假定某人以 B 国通货的形式持有闲置的资金。他现在决定代之以 A 国通货的形式持有相同数量的闲置资金。他用 100 英镑 B 国银行的存款购买 400 美元存放到 A 国银行,虽然他决定通过外汇市场转移 100 英镑的资本资金,但与此同时 A、B 两国并没决定改变本国的国内支出。国内支出仅仅十分间接地譬如说因下述原因而发生变化:B 国银行体系流失黄金储备和 A 国银行体系得到黄金储备,导致 B 国利率的上升和 A 国利率的下降,从而对两国的国内支出产生某些影响。

因此,资本从 B 国转移到 A 国也许直接和 B 国国内支出的下降相联系,B 国国内支出的下降幅度从转移总量的 0 到 100% 不等。它也可能直接和 A 国国内支出的上升联系在一起,A 国国内支出的上升幅度从转移总量的 0 到 100% 不等。这两个百分比是各自独立地决定的。

在许多情况下,资本转移的影响主要取决于它直接引起 A、B 两国国内支出变化的程度。但我们所要考虑的,只是这一点和我们提议研究的两种特定的"政策组合"的关系。侥幸的是，在这两种情况里，这种考虑并不重要。

在金本位条件下和均衡状态中，资金持续从 B 国转移到 A 国，将使 B 国的黄金流失到 A 国[①]。要阻止黄金的流失，B 国的国内支出必须收缩，A 国的国内支出必须膨胀，以使 B 国的货币工资率和成本相对于 A 国下降[②]。如果资本从 B 国到 A 国的转移没有直接与 A 国或 B 国国内支出的变化相联系，必须通过下述方法使 B 国发生必要的收缩和 A 国发生必要的膨胀：或者是抑制 B 国高利率所带来的新的资本开发，而 B 国的高利率又是由储备的流失和货币的稀缺造成的（A 国则相反）；或者是有意识地实行收缩 B 国国内支出和扩张 A 国国内支出的财政政策。如果资本从 B 国到 A 国的转移直接与 B 国国内支出的收缩和 A 国国内支出的膨胀联系在一起，那么 B 国必要的紧缩和 A 国必要的膨胀有一部分将自行发生，因而作为 B 国黄金储备流往 A 国的第二轮引致影响所带来的 B 国紧缩和 A 国膨胀的幅度会减小。在这两种情况下，恢复均衡所需要的 B 国的总紧缩和 A 国的总膨胀将相同。

在 A、B 两国当局都采取谋求内部平衡的金融政策的情况下，资本从 B 国到 A 国的转移是不是直接和 B 国国内支出的紧缩和 A 国国内支出的膨胀相联系，同样没有什么差别。在其中任何一种情况下，每一个国家的国内支出都需要达到一定的水平以保持内部平

[①] 除了下述非常例外的情形：资本转移与 B 国国内支出的大幅度下降和 A 国国内支出的大幅度上升直接联系在一起，并且两国边际进口倾向的总和小于 1（参阅前面表 9 中的事例 2）。我们不考虑这种可能性。

[②] 假定边际进口倾向的总和小于 1。

衡。不论资本转移带来了什么"自发"变化,都将简单地和不同的"政策性"变动结合在一起,以达到避免国民收入变化所必要的国内支出水平。

因此,我们在下面的讨论中,将忽略 A 国或 B 国国内支出的自发变化是否直接与资本资金从 B 国到 A 国的转移联系在一起。我们仅仅假定,在金本位条件下,B 国国内支出的紧缩幅度和 A 国国内支出的膨胀幅度足以恢复外部平衡,不管国内支出的这种变化本身是自发地伴随资本转移而产生,还是为了恢复均衡而采取的"政策性"变化。我们还假定在可变汇率的条件下,两国国内支出的调整是为了使它们的国民收入保持不变。这就是说,也许和资本转移联系在一起的国内支出的任何"自发"变化,都被保持国民收入不变所必需的国内支出的"政策性"变化所抵消。

让我们转向讨论是不是有理由用直接控制资本流动来干预价格调整机制的问题。让我们先考察短期资金突然和大规模地从一种通货转变为另一种通货的情况——即通常所知道的"热币"问题。

在 B 国银行里以 B 国通货存款的形式持有大量货币[①]的个人或私人机构,不管是 A 国的还是 B 国的居民,由于这样或那样的原因,会决定突然大量地把这部分货币从 B 国通货转变为 A 国通货。有很多原因会造成这种从 B 国通货到 A 国通货的资金外逃。害怕 B 国通货降值,或者 B 国社会将发生动荡,或者 B 国对资本征税,或者 A、B 两国之间会发生战争而 A 国将获胜——在一个政治不稳

---

① 或者投资于 B 国的短期资产(如 B 国政府发行的国库券)。这些资产只要预先通知便可以在很短时间内转换为 B 国通货现金。

定的世界这些预料将会盛行，会引起从 B 国通货到 A 国通货的多少带恐慌性的资金流动。

让我们先考虑在金本位运行情况下所发生的事情。资金由 B 国逃往 A 国，将引起 B 国的黄金储备流失到 A 国。这是不能放任不管的[①]。应该采取 3 种政策中的一种来加以制止：

(1) 可以让金本位机制与 B 国需求、货币工资率、成本和收入的紧缩及 A 国这些变量的膨胀一起发挥自己的作用，直到 B 国产品能削价与 A 国产品竞争，而且削价的幅度足以使 B 国的贸易差额产生可以充分应付从 B 国到 A 国持续的资金外逃的盈余。

(2) B 国当局可以建立外汇管制制度，以阻止资金从 B 国流向 A 国。

(3) B 国当局(也许还有 A 国当局)通过把 A 国通货出售给那些要把资金转变为 A 国通货的人，买进 B 国私人为获得 A 国通货而出售的 B 国通货，以抵消私人资金由 B 国到 A 国的外逃。

方法(1)有两个严重的缺点。由于资金外逃是突然的和暂时的，这种方法需要 B 国实行急剧的紧缩(A 国实行膨胀)，而在最近的将来又需要反转过来。工资韧性总是程度的问题。而现实中，急

---

① 如果资金的外逃只是把所持有的闲置的 B 国通货转变为闲置的 A 国通货，如果 A、B 两国都实行百分之百的货币本位(参看前面第 14 章)，那么资金移动可以放任不管。B 国货币供给的减少额，不会多于从 B 国到 A 国的闲置资金的流动额。由于 B 国的国内货币供给有百分之百的黄金支持，而且黄金是 A 国的实际货币，B 国的黄金储备与货币的比率将不会下降，A 国的这个比率也不会上升。这样只简单地存在闲置资金从 B 国到 A 国的移动。B 国不存在货币稀缺的情况，A 国也不存在货币过剩的情况。B 国的储备率不会下降，A 国的储备率也不会上升。这又再次表明百分之百货币制度相对于百分比储备制度来说有很多优点。

剧和突然的紧缩,在 B 国的货币价格和成本进行必要的向下调整之前,总会造成大量的失业。

但即使这种必要的调整能够迅速进行而不会引起任何社会摩擦,这种对付"热币"外逃的方法也有严重的不足。在任何情况下, B 国国内的紧缩和 A 国国内的膨胀所引起的以 A 国产品表示的 B 国产品价格的下降,要经过一段时间才能使 A 国的或 B 国的需求大规模地离开 A 国产品而转向 B 国产品。由于这个缘故,B 国价格和收入的即时紧缩幅度要很大才能使 B 国的贸易差额发生足够有利的变动,以立即筹集资金应付突然的大规模的和持续的恐慌性"热币"从 B 国通货外逃到 A 国通货。这会使贸易条件发生不利于 B 国的暂时但剧烈的变动。为了应付在经济上毫无用处的从 B 国到 A 国的资本流动,B 国的生活水平会严重和急剧降低。

方法(2)即外汇管制方法可以避免这种弊端。然而,这种方法需要建立广泛的行政机构,按照第 22 章里所描述的方式,管理 A、B 两国之间的收支。

方法(3)可以避免方法(1)和方法(2)的弊端。如果 A 国或 B 国或两国的当局利用相反方向的公共的资金交换,来抵消私人的从 B 国通货到 A 国通货的资金交换,无需建立广泛的官僚控制机构,也可以避免 B 国不必要的紧缩和 A 国不必要的膨胀。当然,如果关于 B 国通货会降值,或者 A 国所有者在 B 国所拥有的资金将被没收,或者任何引起资金外逃的恐慌被证实是有根据的,那么按这种方式行事的当局会遭受损失。但因为引起资金外逃的恐慌通常是对当局本身未来行动的恐慌,所以在许多情况下,管制当局可以采取比私人所有者更为合理的看法。按照方法(3)采取有效的行动,通常需要 A 国当局充分的合作,因为这涉及向那些抛售 B 国通货的私人出售 A 国通货的数量,大于 B 国货币储备本身所能提供的数量。另一方面,正如我们在第 17 章所看到的,在 B 国当局会用完 A 国通货储备的时候,在技术上总有可能使 A 国当局创造和提供无限数量的 A 国通货,让外汇市场的私人交易者去持有。

到此为止,我们已经按照金本位机制正在运行的假定来考虑"热币"从 B 国到 A 国的外逃。现在,我们必须按照另一个假定来考虑这个问题,即 A、B 两国的当局都采取谋求内部平衡的金融政策,在两国的通货之间实行可变汇率制度。这里又有 3 种方法可以对付从 B 国到 A 国的资金外逃:

(1)可以让价格机制自己发挥作用而不加干预。在这种情况下,应该允许资金从 B 国到 A 国的移动引起 B 国汇率下降到或者足以使 B 国的贸易差额产生的盈余,以支付从 B 国外逃到 A 国的资金;或者使人们形成认为 B 国的通货的价值被过分低估并即可回升的强烈预期,以引起从 A 国到 B 国的投机性资金流动,从而有助于从相反方向抵消资金外逃。

(2)就像前一种情况那样,B 国可以实行用外汇管制的方法阻止 B 国的资金外逃。

(3)就像前一种情况那样,A、B 两国当局可以利用从 A 国到 B 国的抗衡资金流动来阻止 B 国资金外逃。

为了比较这些方法相对而言的优点,我们必须区分两种情况:一种是通过可调整的钉住汇率来引起汇率的变化,另一种是利用可能受到国家的或国际的外汇平抑基金干预的自由外汇市场来引起汇率的变化(参看第 17 章)。

在可调整的钉住汇率条件下,很难避免用严格的外汇管制来对付"热币"的外逃。假定投机者正确地预料到,为了保持B国和A国之间的外部平衡,需要B国通货降值,从而引起"热币"从B国外逃到A国。或者假定由于某种其他的原因,资金开始从B国流向A国,但投机者正确地看出,A国资金的必要储备将不能使当局用从A国到B国的抗衡资金移动来对付它。在这些条件下,如果没有外汇管制,可调整钉住汇率要使B国汇率降低的未来变动眼看就是不可避免的了。

我们现在已经看到(第17章),如果可调整的钉住汇率在A、B两国通货之间的外汇市场上发挥作用,那些正确预料到钉住汇率变化的投机者就能得到大量和肯定的利润,使得A国或B国的货币当局遭受损失,但他们的投机并没有发挥任何有益的作用。当然,如果货币当局愿意向那些抛售B国通货的人提供他们所希望得到的A国通货,就会有能力避免用外汇管制来阻止"热币"从B国外逃到A国。但是,如果B国通货投机性外逃是以钉住汇率终将改变这种确定的事实为根据,这将成为代价很大的解决方法。因为在这种情况下,从投机者向货币当局出售以换取A国通货的B国通货总额中,投机者将得到收益,而货币当局将受到损失。

在自由外汇市场上,这种特殊困难不会发生。方法(1)可以立即发挥作用。"热币"从B国通货外逃到A国通货,将引起B国通货立即降值。当降值发展到某种程度时,投机者又开始预期B国通货将会升值,从而他们就不希望再把资金由B国移向A国。

但这又引起另一个问题。如果投机者对B国通货未来价值的预期很悲观,"热币"突然大量地从B国通货转称为A国通货,将立即引起B国通货的大幅度降值。因为要使B国产品价格相对于A国产品价格下降，以引起A国或B国的需求从A国产品到B国产品的大量转移，需要一段时间，所以B国通货立即很大幅度的降值才能使B国的贸易差额产生足够有利的变动，从而才能应付"热币"从B国通货外逃到A国通货所需要的资金。这会使实际贸易条件发生暂时不利于B国的巨大变动，从而严重和剧烈地降低B国的生活水平。

实行外汇管制当然可以避免这个弊端。但这又需要有庞大的官僚体系对A、B两国之间的所有收支进行管理。

由于这些原因，官方的"反投机"方法又成为最好的解决方法。为此A国、B国或两国当局就要按照不致十分不利于B国通货的汇率向私人投机者提供他们希望得到的A国通货。至少在达到某种程度前，这是货币当局应该做到的合理而又经济的事情。如果热币从B国通货外逃是由于私人投机者对未来情况的发展持过分悲观的看法，货币当局可以按照投机者（错误地）认为B国通货相对于它的未来的价值仍然高估，而当局（正确地）认为B国通货已经低估了的汇率，向投机者出售A国通货，或从投机者手中购买B国通货，以投机者的损失为代价而获利。

正如我们在第17章所看到的，在B国货币当局耗尽A国通货储备的同时，A国货币当局可以向私人投机者提供无限量的A国通货让他们持有，从技术上说这总是可能的。如果不能立即得到A国的货币当局的必要合作，B国当局将不得不回过来使用外汇管制的方法。

到现在为止，我们仍把注意力集中在"热币"外逃的控制上。

当然，也存在不同类型的重要的资本流动。由于在 A 国的资本投资比在 B 国能够得到较高的净收益，长期资本就会持续和稳定地从 B 国流往 A 国。

资本从 B 国到 A 国的这样一种稳定的流动，会使 B 国的国际收支不断出现紧张局面。这就产生一个问题：是否应该用外汇管制的方法阻止这种流动？利用价格调整的方法应有可能消除持续的资本流动所造成的 B 国国际收支赤字。如果 B 国实行金本位，B 国货币工资率、成本和价格的紧缩能够使 B 国产品价格相对于 A 国产品价格下降。或者，如果 B 国实行可变汇率制度，B 国通货的降值也能够使 B 国产品价格相对于 A 国产品价格下降。只要 A、B 两国的进口需求弹性的总和大于 1，B 国产品相对价格的下降能够改善 B 国的国际收支。另一方面，如果用直接管制的方法来制止资本从 B 国到 A 国的流动，可以避免 B 国产品价格相对于 A 国产品价格的下降，即避免价格调整机制通常所引起的实际贸易条件不利于 B 国的变动。

当然，有一个原因可以说明为什么大量而又突然的"热币"惊慌外逃的情况与更为稳定和持续的长期资本流动的情况相比，我们更赞成使用外汇管制来限制资本转移，或使用外汇平抑基金来加以抵消。前一种类型的资本流动可能引起非常急剧而又大规模的重新调整，过一段时间以后又需要急剧地倒转过来。另一方面，稳定和持续的资本流动在时间上允许进行更为适度的价格调整，以充分发挥它对贸易差额的影响。由于这个缘故，要反对用价格调整方法来对付这种更为平缓的可能延续更长时间的变化，其论据是不充分的。

然而，下述说法仍然是正确的：如果 B 国当局实行外汇管制来阻止从 B 国到 A 国的资本转移，可以在贸易条件不发生不利于 B 国的变动的情况下，保持它的外部平衡；而如果不对资本转移加以限制，要用价格调整的方法为保持它的外部平衡，贸易条件发生不利于 B 国的变动是必然的。

这个结论当然有某些限制条件。至少有三个理由可以说明，即使单从 B 国的观点来看，不能立即得到这样的结论：对资本流动的控制是有利的。

第一，如果同时存在从 A 国到 B 国的资本资金转移，而且不能肯定 A 国当局不用控制从 A 国到 B 国的这种资本转移来进行报复，那么这种论述当然缺乏根据。事实上，在任何一段时间里，都会有大量资金从 B 国流到 A 国，同时也会有大量资金从 A 国流到 B 国，在某一个方向或相反方向的净流量是轻缓的[①]。如果 B 国当局用外汇管制的方法来使 B 国对 A 国的贷款每年减少 1 亿英镑，这仅仅在 A 国当局不用外汇管制的方法来减少本国对 B 国 1 亿英镑或更多的贷款以进行报复的情况下，才有助于改善 B 国的国际收支和贸易条件。

第二，B 国向 A 国贷放资本将使 B 国的国际收支和贸易条件出现紧张局面，在未来 A 国对 B 国支付利息和偿还本金也会使 A 国的国际收支和贸易条件出现紧张局面。因此，如果 B 国当局现在允许资本转移，那么当偿还的借款和利息就像它现在所流失出去的

[①] 如果资本市场是完全的，可以假定资金主要向某个方向或另一个方向流动。但即使这样，由于在不同的地区里，不同的投资的风险也不同。风险分散的原则意味着 A 国的所有者会把部分资金投放在 B 国，同时 B 国的所有者也把部分资金投放在 A 国。

那么多(可能还更多些)时,B国的贸易条件将会得到改善①。当然,这不否认现在对资本出口的限制可以缓和B国目前的国际收支问题。这里只是指出B国贸易条件未来的缓解程度与现在必须承受的负担一样大。

第三,当然不应忘记:如果资本从B国流向A国,B国的贷出者在A国得到的利率高于在B国投资的资本的实际生产率,因而B国的贸易条件所受到的某种程度的净损失,也会被从A国得到的较高收益所抵消且还有余。

---

① 结果将取决于:(1)资本转移集中在某一年而本息偿还分散在多年的程度,或另一方面,资本转移分散在多年而本息偿还集中在某几年的程度;(2)大额支付与小额支付相比,对实际贸易条件产生更为显著的影响的程度。例如,假设以B国产品表示等于C的资本总额,在第一年里从B国贷往A国,贷款的本金永远不偿还,但从第二年起每年收取以B国产品表示等于i的利息。假设从B国到A国C的转移造成B国实际贸易条件的恶化。当以B国产品表示的贸易周转额(总进口或总出口)为T时,恶化程度为t_1。再假设当A国向B国支付利息时,贸易条件变得有利于B国,程度为t_2。在第一年里,B国放弃了$C+t_1T$;在以后的各年里,每年获得$i+t_2T$。$\frac{i}{C}$是贷款的名义报酬,$\frac{i+t_2T}{C+t_1T}$是考虑到贸易条件影响的情况下B国的实际收益。按照$\frac{t_2}{t_1} \gtreqless \frac{i}{C}$,$\frac{i+t_2T}{C+t_1T} \gtreqless \frac{i}{C}$,假设在某一年里产生足以弥补$C$的大规模转移的贸易盈余所需贸易条件的变动,在比例上大于以后为筹集相对小于利息支付i而产生的较小贸易赤字所需贸易条件的变动(即$\frac{t_2}{t_1} < \frac{i}{C}$)。这样,在贷款贷放时的贸易条件的不利变动,将大于在收付利息时贸易条件的变动。B国从它的贷款所得到的实际收益小于贷款的名义收益(即$\frac{i+t_2T}{C+t_1T} < \frac{i}{C}$)。但如果贷款是以较小的数额分散在许多年里贷放。本息在期满时一次偿还,B国从最终贸易条件有利于本国的大幅度变动中所得到的利益,大于B国在早年因贸易条件的不利变动所受到的损失。如果贸易条件的变化总是和两个方向的转移成比例(即如果$\frac{t_2}{t_1} = \frac{i}{C}$),那么即使在第一个例子里,B国在利息偿还时最终所得到的利益和它在最初转移资本时所受到的损失相同。

尽管有这三个限制条件,出于国家利益的考虑,B 国仍会限制资本外流以在贸易条件没有恶化的情况下恢复外部平衡[①]。

在某些情况下,国家利益和世界利益是一致的。因为资本的名义收益在 A 国高于 B 国,所以资本会从 B 国流向 A 国。但私人财产所有者所得到的名义收益,也许和整个世界所得到的实际收益不相一致。例如,假定 B 国当局对资本或者资本收益征收特别重的税,把这作为重新分配收入和财产的总的财政措施的一部分。但 A 国当局没有采取这种做法。那么资金也许大量和持续地从 B 国流往 A 国,以利用两国财政措施的差别所带来的好处。如果 B 国当局不对放置在 B 国的不管是谁所有的财产或财产收入征收重税,而是对 B 国居民所拥有的不管置在哪里的财产或财产收入征收重税,B 国富有的居民将携带着他们的财产移民到 A 国,以避免 B 国的税收。这显然会减少从 B 国到 A 国的资本流量。

但不管财产所有者是否一定携带他们的财产移民,在 B 国积累并投资在 B 国通货里的资金,年复一年地以稳定的规模在市场上出售,以转换成 A 国通货。而且应当注意到,从整个世界生产的观点看,从资本在 B 国所生产的实际收益(除了特殊税收措施以外)也许高于它在 A 国得到的实际收益,因而资本从 B 国转移到 A 国意

[①] 从解除 B 国国际收支目前所受到的压力的观点来看,如果 A 国当局对从 A 国流往 B 国的资金给予特别鼓励,这当然会产生同样的效果。例如,A 国当局利用财政措施来给予鼓励(A 国当局对 A 国居民在 B 国投资所得到的收入可能给予免税优待),或者利用直接的政府干预给予鼓励(A 国当局自己向 A 国的私人储蓄者借钱,并把它以各种形式在 B 国投资)。但这种行动就像对 B 国贸易条件产生有利影响一样,对 A 国贸易条件将会立即产生不利影响。因此,除了特殊情况以外,这不大可能被 A 国当局所接受。

味着从资本资源更有生产力的世界的一部分转移到较低生产力的另一部分的意义上来说,资金的流动是不经济的。

倘若由于上述任何一种原因而需要控制资本移动,能不能用外汇管制去限制资本交易,但同时又不影响经常性的交易呢?

首先,除非外汇管制的范围扩大到所有对外支付,否则要想严格限制资本流动是不可能的。例如,除非出口商被迫把他们出口所得到的全部外国货币都交售给货币管制当局,否则出口商就可以把出口所得到的款项投资于外国证券或者其他资产。为了限制资本流动,必须对所有对外支付实行外汇管制。

其次,外汇管制当局要实际上区分资本支付和经常支付是极为困难的。由于对它们很难给予清楚确切的定义,一项特定的支付应该看做是资本支付还是经常支付,管制当局的决定常带有某种程度的武断。我们举一个例子就足以说明问题。假设当局允许经常支付而不允许资本支付,旅游者的支出应该怎样看待呢?一位真正的旅游者在国外度假时的支出,显然是经常支出。他只是决定在国外消费物品和劳务,而不是在国内消费物品和劳务。但如果某人向外汇管制当局申请1亿美元以用于在国外一周的度假,那么很有可能有一部分货币不是在这一周里用于物品和劳务的消费,而是以某种资本形式投资于外国。但是管制当局除非派遣政府官员跟随着每一位旅游者,才能够证实有多少钱打算用于真正的现期消费。这就必定有多少是武断的规则。

然而,如果外汇管制当局准备制定多少是武断的规则以决定什么是经常支付,如果外汇管制当局有权监督所有对外支付,那么就无法阻止当局运用权力去禁止所有资本流动,但对所有为现期目而支付的款项不加限制。在这种意义上，运用外汇管制来限制资本流动而不限制经常交易，在技术上并没有什么困难。

然而还有一个问题。在前几章里，特别是在第17章里，我们有理由相信在许多情况下，实现外部平衡最适当的机制也许是让汇率在自由外汇市场上变动，而这个外汇市场是组织得很好的期货外汇市场。把这样一种筹措现期支付的自由外汇市场和严格的限制资本支付的外汇管制结合起来，从技术上说可能吗？

乍一看来，这两种制度似乎是不相容的。正如我们刚刚所看到的，对资本流动实行外汇管制，意味着外汇管制当局对所有经常支付实行严格管制，以及对所有外汇交易实行垄断。另一方面，正如我们在第17章里所论述的，一个组织良好的期货外汇交易的自由外汇市场，包括短期投机资金自由流入或流出某种通货，以形成竞争的远期汇率。

虽然这样，这两种迫切需要的制度，在按下述总线索的安排下是可以协调的：

(1)外汇管制当局向众多的相互竞争的外汇交易商发放许可证，准许他们作为当局的代理人来进行外汇交易。每一个得到许可的外汇交易商可以为外汇交易的目的持有一定的资金，并可以把这些资金自由转入或转出任何一种通货。

(2)非外汇管制国的居民或机构，可以以外汇管制国通货的形式持有"非居民"余额。外汇管制当局准许这种"非居民"余额在任何时候为任何目的转换为外国通货，而不仅仅限于筹措经常交易。

(3)外汇管制国的所有居民，在向特许的外汇交易商购买外国通货以前，或者在把他们的货币从"居民"账户转入外国人的"非居民"账户以前,必须先得到外汇管制当局的准许。

(4)外汇管制国的所有居民必须向外汇管制当局出示证据,说明他们已把所获得外国货币(例如,在外国市场上出售出口商品所得到的外国货币)出售给某个特许的外汇交易商。

(5)外汇管制当局批准本国居民因筹措经常交易的目的而提出的购买外国通货的要求,或因同样目的把余额从"居民"账户转入"非居民"账户的要求,但拒绝批准本国居民因筹措资本交易的目的而提出的要求。

在这样的一个体系下,如果在我们这个只有两个国家的世界里,另一个国家没有实行外汇管制,按照第一种安排,特许的外汇交易商可以持有的自由资金,和按照第二种安排,非居民可以得到的资金,会形成一个有限的但自由竞争的市场,可以对外汇管制国的通货的未来价值进行投机。以这个市场为基础,理应发育出该国通货的自由波动的"现货"汇率和"期货"汇率。但上述(3)、(4)、(5)种安排保证那些希望筹措经常交易的人进入这个外汇市场(除了上述第(1)、(2)点所提及的资金外)。所以,在没有资本继续从外汇管制国输出的情况下,所形成的汇率是使国际收支达到均衡的汇率。

因此,要组织一个自由外汇市场,用外汇管制的方法把主要的和持续的资本交易从这个市场排除出去,在技术上不是不可能的。

23 对进出口的控制[1]

我们已经指出,就对贸易的影响而言,B 国通货降值 10% 相当于对 B 国进口商品征收 10% 的关税,然后把关税收入给予 B 国出口商品 10% 的补贴。它也相当于对 A 国的出口商品征收 10% 的税收,然后给予 A 国进口商品 10% 的补贴。事实上,两个国家的当局可以采取不同的 4 种财政行动来使它们之间的国际收支形成均衡:

(1) 赤字国当局可以对进口商品征税,或以其他方法抑制进口。

(2) 赤字国当局可以给予出口商品补贴,或用其他方法鼓励出口。

(3) 盈余国当局可以给予进口商品补贴,或用其他方法鼓励进口。

(4) 盈余国当局可以对出口商品征税,或用其他方法抑制出口。

在本章里,我们将逐一考察这 4 种行动在消除 A、B 两国之间国际收支失衡方面的效力。我们先根据下述假设进行分析:有关当局对所有进口或出口实行同等程度的普遍的抑制或鼓励。有关这方面的最简单的例子是:赤字国当局对所有进口商品征收 10% 的从价关税,或对所有出口商品给予 10% 的补贴;或者,盈余国当

---

[1] 本章和下一章的主题,在另编数学附录第 9 节 (8)、(9) 和第 10 节 (2) 中讨论。

局对所有出口商品征收10%的从价关税,或对所有进口商品给予10%的补贴[①]。但在考虑到这种普遍干预的影响以后,我们将考虑当赤字国当局对某些特定进口商品的限制比对其他商品的限制更为严厉时,或对某些特定出口商品给予特定比率的补贴时所发生的可能性。同样,我们也将考虑当盈余国当局对某些特定进口商品或出口商品采取特殊的鼓励或抑制措施时所发生的可能性。

在本章里,我们的目的是对直接控制和全面的价格调整进行比较,看哪一种措施从技术上说是恢复国际收支均衡的有效机制。这是一个很有限的目的。普遍的价格调整方法和直接控制方法最重要的区别是它们使(1)两国之间的贸易条件发生不同的变化;(2)贸易流量背离所谓"自由贸易位置"的程度不同。

现在,这两件事情是最重要的。一种特定的调整方法对两国之间的贸易条件所产生的影响,将对两国之间实际收入的分配产生影响。对某个国家来说,贸易条件越有利,该国居民在一定的世界实际收入中所得到的比例与其他国家居民相比就越大。一种特定的调整方法对"自由贸易位置"所产生的效果,也会对可以在两个国

[①] 事实上我们从进出口关税和补贴这个方面来进行这个部分的分析。但是我们的分析也打算包括用其他方法来限制或促进贸易。例如,我们不打算把进口限制的讨论限于进口关税的影响。我们也希望讨论利用进口限额或外汇管制制度来实行的普遍进口限制的影响。但是,正如我们在第21章所指出的,利用进口税实行的进口限制和利用数量限额实行的进口限制之间,存在实质性差别。前者一定会减少因限制进口而支付给外国供给商的总金额,而后者只有在下述情况下才有同样程度的影响:进口国采取的措施可以确保外国供给商得不到因限制进口的市场供给而产生的卖价与需求价格差额的任何一部分。从我们现在的观点来看,对进口商品全部征收10%的从价进口关税相当于通过发行数量有限的进口许可证来限制进口。这些许可证(1)准许进口一定价值(不是数量)的进口商品;(2)准许自由选择特定的进口商品;(3)在市场上发行的价值等于准许输入本国的物品价值的10%。

家中进行分配的实际收入水平产生影响。当然,这并不意味着"自由贸易位置"一定会使世界实际收入最大化。在第二卷中,我们将详细讨论要使世界实际收入达到最大化,应离开这种"自由贸易位置"。但是,把直接控制而不是普遍的价格调整作为消除国际收支失衡的方法使用,必然引起趋向或离开自由贸易位置的变动,从而对世界实际收入最大化的问题产生关键性的影响。

这些问题是第二卷的主要论题。我们在本章里将尽可能地把直接控制和可变汇率(作为普遍价格调整的一个最简单的例子)加以比较,看看哪一种方法是影响国际收支的有效的技术手段。但对直接控制的讨论,不可能完全撇开它对贸易条件的影响,和它对趋向或离开自由贸易位置的变动的影响。因此,我们将从下述方面进行讨论。在本章里,我们将依次讨论直接贸易控制作为影响国际收支的技术措施时的主要形式。但在每一种情况下,我们都将论及这种控制对贸易条件以及对趋向或离开自由贸易位置的变动所产生的影响。在下一章里,我们将简略地提及第二卷的某些分析,以说明在直接控制和普遍价格调整之间进行最后选择所依据的基础。

我们在本章里将假定当局在实行直接控制以实现外部平衡的同时,也采取谋求内部平衡的金融政策。例如,我们可以考虑赤字国的情况。B国当局已经采取谋求内部平衡的金融政策,因而不会让因国际收支赤字而造成的黄金流失导致国内支出的紧缩。这样的紧缩可以通过本国进口的紧缩和出口商品货币成本相对于A国下降,来恢复该国的外部平衡。B国当局也没有让外汇紧张的状况造成以A国通货表示的B国通货降值,而是利用对A国输入本国的进口商品实行全面限制,或对输往A国的出口商品实行全面的补贴，来恢复它的外部平衡。

当然，这种做法应该明确地与把进口限制和出口补贴作为金融政策的一种可选择的手段来使用，以实现内部平衡区分开来，也就是与使需求从外国产品转向本国产品，以增加国内就业区分开来。假定B国处于外部平衡，但蒙受国民收入紧缩和国内失业严重之苦，B国当局也许试图用进口限制或出口补贴的方法来恢复内部平衡。这种干预将使B国的贸易差额发生有利的变动，B国贸易差额的改善所带来的膨胀效应（通过A国或B国购买者的需求从A国产品转向B国产品），有助于恢复B国就业和内部平衡。然而，这样做当然会对A国产生紧缩影响，因为A国的贸易差额随着A国向B国出售的商品减少和从B国购买的商品增加而变得不利。即使A国当局成功地实行谋求内部平衡的金融政策，通过国内支出的"政策性"紧缩来制止贸易差额的不利变动造成失业的净增加，A国的国际收支仍将出现赤字，因为正是B国贸易差额的有利变动恢复了B国的内部平衡[①]。

如果B国当局不是用进口限制或出口补贴，而是用国内支出的"政策性"膨胀来摆脱失业，那么情况将明显不同。但是，如果B国当局用这种方法恢复内部平衡，因为B国国内需求的膨胀将增加对进口商品的需求，并通过增加对本国可出口商品的需求和提高本国可出口商品的价格，降低了本国的出口总值，所以B国将面临国际收支赤字。在这种情况下，如果B国限制进口或补贴出口以恢复外

---

① 这种形势类似第11章里所讨论的情形。在那里曾讨论把价格调整的方法用作"输出失业"的手段。

部平衡,它没有对 A 国施加紧缩压力,以把它作为解决本国内部困难的手段。相反,它只是防止 B 国的膨胀造成对 A 国的膨胀压力,从而破坏 A、B 两国之间的外部平衡。

当然,B 国当局实行的直接贸易控制,只有在 A 国当局不采取报复行动的情况下,才能有效地改善 B 国的国际收支。如果 A 国当局同时采取同样严厉的进口限制或出口补贴,以作为对 B 国的进口限制或出口补贴的回答,那么就没有理由预料两国之间的贸易差额或国际收支会发生什么变化。如果 B 国当局的行动很有效,A 国当局不应采取其他的"政策性"措施进行报复,诸如审慎地收缩 A 国的国内支出,审慎地降低 A 国通货的外汇价值。这些措施将会抵消 B 国直接贸易控制对贸易差额,从而对两国之间的国际收支的影响。

即使 A 国当局不采取任何审慎的措施来抵消 B 国实行的直接贸易控制的影响,B 国国际收支因直接控制而得到的改善程度仍然会受到 A 国采取的一般政策的影响。如果 A 国当局采取谋求内部平衡的金融政策,我们有理由相信,就改善 B 国国际收支来说,B 国实行任何程度的进口限制或出口促进,将比 A 国当局采取我称做的中性政策更为有效。至少有两个理由可以说明这一点。

(1)B 国当局用限制进口或补贴出口来消除本国的国际收支赤字。这会使 A 国的贸易差额发生不利的变动,从而对 A 国产生紧缩性压力,就像它对 B 国产生膨胀性压力一样。要保持内部平衡,B 国当局必须采取紧缩性的金融政策,A 国当局则必须采取膨胀性的金融政策,这本身会使 B 国购买者对来自 A 国的进口商品以及对 A 国可供出口的商品的需求减少。这又会增强进口限制或出口补贴对 B 国国际收支的直接影响。同样，A 国的膨胀性金融政策也会增强它对 A、B 两国之间的国际收支所产生的影响。它将使 A 国对 B 国产品以及对本来可以售往 B 国的本国可供出口产品的需求减少。然而，如果 A 国采取中性政策，B 国贸易控制对 A 国经济所产生的紧缩性影响，将加剧 A 国的普遍萧条。这样就不是增强而是部分抵消 B 国贸易控制对国际收支的影响，因为 A 国购买者对来自 B 国的进口商品以及对本国可供出口商品的需求，不是增加而是减少。

（2）如果 A、B 两国当局实行谋求内部平衡的金融政策，所采取的是货币政策而不是财政政策，这些考虑将进一步得到证实。因为在这种情况下，B 国的利率将提高，对 B 国产生紧缩压力；A 国的利率将降低，对 A 国国内支出产生膨胀压力。利率的这些变化将鼓励贷款从 A 国流向 B 国，从而增强 B 国国际收支的有利变动。如果 A 国采取中性政策，A 国利率并不下降，这种影响将会失去一半。

在下面的分析中，我们将假设 A、B 两国当局都采取谋求内部平衡的金融政策。在这些条件下，作为抵消 B 国贸易差额改善所产生的膨胀影响的手段而实行的 B 国国内总支出的紧缩，将使 B 国购买者减少购买来自 A 国的进口商品。另外，为了抵消 A 国贸易差额恶化的紧缩影响而实行的 A 国国内总支出的膨胀，将使 A 国购买者购买更多的来自 B 国的进口商品。如果 A、B 两国的边际进口倾向的总和等于 1，A、B 两国国内支出的政策性膨胀和紧缩，本身足以弥补整个国际收支缺口，不需要对贸易实行直接控制（参看第 7 章表 9 事例 1）。假设两国边际进口倾向的总和小于 1，但只要边际进口倾向不是 0，A 国国内支出的膨胀和 B 国国内支出的紧缩（当 B 国贸易差额的改善足以消除该国国际收支的赤字时，要保持内部平衡，这是必要的），本身就能使 B 国贸易差额得到部分所希望的改善。仅仅是剩下的部分才需要用直接贸易控制这种独立的行动来改善。

现在，我们可以更加详细地讨论直接贸易控制的每一种主要形式会以什么方法发挥作用。

23.1 赤字国当局采取的行动

(1) 赤字国征收进口税或取消进口补贴。赤字国 B 国的当局可以通过提高进口税率或降低进口补贴率（如果有补贴）来抑制进口。从 B 国购买者的观点来看，这样做有双重影响。

首先，B 国提高进口关税而得到收入（或 B 国进口补贴预算支出的节约）意味着 B 国的购买者有更大的自由购买力用于支出。要么由于 B 国当局因进口关税收入的增加或进口补贴支出的减少而减少了其他税收，B 国的私人购买者有更多的纳税后货币收入用于各种物品和劳务的支出；要么 B 国当局有更多的税收净收入可以用于增加对物品和劳务的公共支出。其次，B 国购买者的自由货币购买力总额增加的数额等于进口关税增加的数额（或进口补贴减少的数额），但同时进口商品的市场价格当然也会上升相同的幅度。这样，因为货币购买力的增加正好被进口商品价格的提高所抵消，总购买力和总供给之间的平衡没有改变。

净影响将是进口产品市场价格相对于国内产品市场价格的上

升。如果本国产品与进口产品之间有替代的可能，B 国购买者将把需求从 A 国产品转向 B 国产品。这将导致 B 国贸易差额和国际收支的改善。

这种机制和 B 国通货外汇价值下降的机制之间的主要差别是，外汇降值降低了 B 国出口商品在 A 国市场上的价格，而征收进口关税或取消进口补贴则做不到这样。如果 A 国对进口商品的需求弹性大于 1，B 国产品在 A 国市场上的价格下降，将使 A 国购买者对 B 国产品的支出总量增加。在这种情况下，B 国通货外汇价值下降的方法，作为消除 B 国的国际收支赤字的手段，将比进口限制更有效，因为它增加了 B 国的出口总值，也减少了 B 国的进口总值。但如果 A 国对进口商品的需求弹性小于 1，B 国产品在 A 国市场上的价格下降将导致 A 国购买者对 B 国产品的支出总额减少。在这种情况下，B 国的进口限制在某种意义上是比外汇降值更有效的手段，因为在前一种情况下，B 国进口总值的减少没有被出口总值的减少抵消。确实，正如我们在前面第 12 章所看到的，如果两国进口需求弹性的总和小于 1，B 国通货外汇价值下降将使 B 国的贸易赤字恶化。但即使在这些条件下，B 国实行进口限制仍会改善 B 国的贸易差额。

就贸易条件来说，B 国的进口限制与 B 国通货外汇价值下降相比可能给 B 国带来更为有利的结果[①]。如果 B 国各种产品彼此之间的相对价格没有变化，A 国各种产品彼此之间的相对价格也没有

---

① 正如我们将在第 24 章看到的，这并不意味着进口限制即使从 B 国观点来看一定更为可取。我们必须考虑到进口限制对世界实际收入大小的影响和对 A、B 两国之间的收入分配的影响。

变化，情况就一定是这样。两国采取谋求内部平衡的金融政策，意味着 B 国产品以 B 国通货表示的价格保持不变，A 国产品以 A 国通货表示的价格也保持不变。因为 B 国在进口限制条件下并没改变两国通货之间的汇率，所以在这种情况下实际贸易条件保持不变。但如果以 A 国通货表示的 B 国汇率下降，B 国产品价格将相对于 A 国产品价格下降，实际贸易条件变得不利于 B 国。

但如果 A 国或 B 国（或两国）的出口产品的供给对其他国家来说特别缺乏弹性，因为出口国的出口产品和其他产品之间无论在生产方面或在消费方面很少或者没有替代的可能（参看前面第 18 章），上述结论也许需要进行某种程度的修改。例如，假设 A 国出口产品的供给对 B 国来说很缺乏弹性，这是因为当 A 国出口产品的价格相对于其他产品的价格发生下降时，A 国生产者不容易转向生产其他产品，A 国的购买者也未能轻易地从 A 国其他产品的消费转向 A 国出口产品的消费。这样，B 国的进口限制与外汇降值相比可能使它的贸易条件变得更有利。只要 A 国购买者对进口商品的需求弹性大于 1，对输入 B 国的进口商品直接限制与 B 国通货降值相比更能限制 B 国的进口。如果 A 国出口商品的价格因 B 国限制 B 国购买者购买而大幅度下跌，进口限制将使贸易条件变得很有利于 B 国。另一方面，假设 A 国出口产品的供给对 B 国来说很有弹性，但 B 国出口产品的供给对 A 国来说很缺乏弹性。这种情况更适宜把外汇降值作为使贸易条件变得有利于 B 国的手段，因为 B 国通货外汇价值的下降不像 B 国的进口限制，它会刺激 A 国对 B 国出口商品的需求，从而在 B 国向 A 国的商品供给缺乏弹性的情况下，造成 B 国出口产品的价格与 B 国其他产品的价格相比发生显著的上升。

最后，我们观察到，由于进口商品很少得到补贴，赤字国所采取的抑制进口的方法更有可能采用增加进口税的形式（或其他积极性的进口限制），而不是采用取消进口补贴的形式。因此，很可能按照对贸易数量实际更严格的限制的方法，采用离开"自由贸易位置"的形式。

（2）赤字国实行出口补贴或取消出口税。赤字国当局也许试图用鼓励出口的方法来改善贸易差额。为达到这个目的，它可以补贴出口① 或取消现有的出口税。我们看到，只有在 A 国对进口商品的需求弹性大于 1 的情况下②，这种做法才能改善 B 国的贸易差额。因为只有在这种情况下，B 国产品在 A 国市场上的价格下降才能使 A 国购买者对 B 国产品的支出总额增加。

如果 A 国对进口商品的需求弹性大于 1，B 国的出口补贴机制按照下述方式发挥作用：B 国当局增加额外的收入（例如，提高 B 国的所得税）以筹集资金用于支付出口补贴。为了保持内部平衡，必须要这样做。当 B 国生产者向 A 国出口产品时，当局向他们支付补贴。这种补贴是对 B 国产品需求的净增加。这样，要防止 B

---

① 正如我们在前面第 21 章所看到的，如果 B 国国家出口机构购买本国出口产品，然后按这样的数量出售以造成贸易中的亏损。这种做法所产生的影响和出口补贴相同。

② 严格说来，这并不正确。即使 A 国对进口商品的需求弹性仅等于 1，B 国的贸易差额仍然可以得到一点改善。为了支付出口补贴（或者弥补出口税的损失），如果想避免破坏 B 国产品的总供给和总需求之间现有的平衡，B 国当局不得不从其他税收中取得更多的收入，或者削减政府支出。B 国对物品和劳务的需求普遍减少，导致对进口商品需求某种程度的减少。因而即使 B 国的出口总值没有增加，B 国的贸易差额仍然得到改善。

国国内膨胀，当局必须提高其他税收以抑制 B 国的国内支出[①]。税收的增加本身不仅导致 B 国对本国产品的需求减少，而且导致 B 国对来自 A 国的进口商品需求的减少，还有助于减少 B 国的赤字。除此之外，B 国产品在 A 国市场上的价格将下降。由于 A 国的需求弹性大于 1，这会引起 B 国向 A 国出口价值的增加。

这种机制和 B 国通货降值机制的主要差别，是它仅仅取决于 A 国对进口商品的需求弹性。这种机制不像外汇降值，它不会造成 A 国产品在 B 国市场上的价格上升，因而不存在减少 B 国进口的这种影响。由于这个缘故，只有在 A 国对进口商品的需求弹性很大的情形下，B 国当局的出口补贴才是有效的调节手段。即使这样，如果 B 国对进口商品的需求弹性大于 0，就减少以 A 国通货表示的 B 国赤字来说，出口补贴与外汇降值相比是效力较小的手段。

要消除国际收支赤字，B 国出口补贴的方法与 B 国通货降值的方法相比，有可能造成贸易条件不利于 B 国的更大幅度的变动。后者将减少 B 国的进口价值（以 A 国通货表示），增加 B 国的出口价值（以 A 国通货表示）——因为我们假设 A 国对进口商品的需求弹性大于 1；而前者仅仅增加 B 国的出口价值。因此，如果 B 国通货 10% 的降值可以消除 B 国的赤字，我们需要更高的——譬如说 20%——补贴率，才能产生相同的影响。如果 B 国产品彼此之间的相对价格保持不变，如果 A 国产品的价格也是这样，那么在外汇降值方法意味着贸易条件发生 10% 的不利于 B 国的变动的同时，出

[①] 这当然是在国内支出的紧缩之外。当 B 国的贸易差额减少时，不管是用什么方法导致的，B 国当局为了保持内部平衡，一定要收缩国内支出。

口补贴方法意味着贸易条件发生 10% 的不利于 B 国的变动的同时，出口补贴方法意味着贸易条件发生的不利变动为 20%。因为在这两种情况下，我们都假定谋求内部平衡的金融政策的作用，使 A 国产品和 B 国产品分别以 A、B 两国通货表示的价格（没得到补贴的价格）保持不变。这样，给予 B 国产品价格 20% 的补贴意味着贸易条件发生不利于 B 国的 20% 的变动。而 B 国通货降值 10% 则意味着贸易条件发生不利于 B 国的 10% 的变动。如果 A 国向 B 国出口的产品的供给弹性特别低，出口补贴对 B 国来说的这种相对不利要更大。在这种情况下，通过限制 B 国从 A 国进口和推动 B 国向 A 国出口的外汇降值，会压低 A 国出口产品相对于 A 国其他产品来说的价格，从而使贸易条件更有利于 B 国。

出口税实际上并不常见。因此，赤字国用鼓励出口的方法来恢复国际收支均衡的企图，都可能涉及出口补贴的增加，而不是现行出口税的降低。换言之，这可以带来对世界贸易的过度刺激，产生离开自由贸易位置的变动。

（3）赤字国对出口商品征税或取消出口补贴。如果 A 国对进口商品的需求弹性大大低于 1，B 国当局的出口限制将增加 B 国的出口价值，因此，B 国当局应该征收出口税而不是给予出口补贴。

这种调整方法的机制如下：B 国当局从征收新的出口税得到净收入，这吸收了一部分 A 国进口商准备用于 B 国产品支出的货币。为了防止它造成对 B 国产品总需求的净下降，B 国当局必须减少其他形式的税收，或把从出口税得到的收入用来增加政府对物品和劳务的需求。但在这种情况发生时，B 国购买者对进口商品的需求发生某种程度的增加，增加的数量则取决于 B 国的边际进口倾向。

这本身会造成B国贸易差额的不利变动。但征收出口税将使B国产品在A国的价格更为昂贵。由于A国对进口商品的需求弹性小于1，这将增加A国购买者对B国产品的支出总量。如果A国对进口商品的需求弹性足够小，由于B国出口价值的增加大于它的进口价值的增加，B国的贸易差额得到改善。

当然，这种机制不同于B国通货降值的机制。实际上，它的影响相似于B国通货升值对B国出口的影响。B国通货升值使B国出口商品以A国通货表示的价格更加昂贵了，在这里，我们必须区分两种情况，一种是A、B两国对进口商品的需求弹性的总和也小于1，另一种是两国的弹性总和不同于A国一个国家的弹性，它大于1。

（a）如果A、B两国对进口商品的需求弹性的总和小于1。为了改善B国的贸易差额，B国通货的外汇价值需要上升而不是下降（参看前面第12章）。但在这种情况下，作为改善B国国际收支的手段，B国征收出口税比B国通货升值更有效。因为后者（不像前者）将使A国产品在B国市场上的价格更为便宜，从而导致A国向B国出口的商品数量（以及以A国通货表示的价值）发生某种程度的增加。在外汇升值的情况下，B国向A国出口价值的增加将有一部分被B国从A国进口价值的增加所抵消（全部都以A国通货表示）。但在B国出口限制的情况下，B国向A国出口的商品价值（以A国通货表示）的增加没有伴随着B国所购买的A国出口商品的增加。[1]

---

[1] 在A国对进口商品的需求弹性小于1的情况（这是其中一种情况）下，最有效的政策是进口限制（如征收进口税）和出口限制（如征收出口税）的组合，这样将增加B国的出口总值，减少B国的进口总值。

（b）然而，如果 A 国对进口商品的需求弹性小于 1，同时 A、B 两国对进口商品的需求弹性的总和大于 1，那么我们应该把 B 国出口限制同 B 国外汇降值相比较。在这种情况下，这两种方法作为改善 B 国贸易差额的相对效力，取决于 A 国对进口商品的需求弹性小于 1 的程度，以及两国对进口商品的需求弹性总和大于 1 的程度。例如，假定 A 国对进口商品的需求弹性小于 1 很多，而两国对进口商品的需求弹性的总和刚大于 1，那么 B 国对出口的直接限制对改善 B 国贸易差额有很大的和决定性的影响，而 B 国通货外汇价值下降对 B 国的贸易差额没有什么有利的影响。在相反的条件下，即 A 国对进口商品的需求弹性略小于 1，而两国对进口商品的需求弹性的总和远远大于 1，B 国对出口的直接限制对改善 B 国的贸易差额没有什么影响，而 B 国通货外汇价值下降则产生很大的和决定性的影响。

当我们考虑对贸易条件的影响时，我们也应该把这两种情况区分开来。在情况（a）里，A、B 两国对进口商品的需求弹性的总和小于 1，B 国对出口的直接限制和 B 国通货的升值都使贸易条件变得对 B 国有利，但前者所能达到的程度可能小于后者。由于 B 国通货升值刺激了 B 国购买 A 国产品的数量，而仅仅对 B 国出口商品征税则不会这样。因此，要消除 B 国一定的国际收支赤字，B 国通货的升值需要较大（譬如说 20%）于 B 国对出口商品征收的税率（譬如说 10%）。但当两国都采取谋求内部平衡的金融政策，来稳定以本国通货表示的各自的产品价格时，前者将使贸易条件发生有利于 B 国的 20% 的变动，后者只能使贸易条件发生有利于 B 国的 10% 的变动。

在情况（b）里，A、B 两国对进口商品的需求弹性的总和大于 1，我们应该把 B 国对出口的限制和 B 国通货降值加以比较。如果每一个国家的产品以本国通货表示的价格（未征税的）保持稳定，因为 B 国产品在 A 国市场上的价格的上升幅度等于 B 国征收的出口税，前者将使贸易条件变得对 B 国有利。如果每一个国家的产品以本国通货表示的价格保持不变，但要用更多的 B 国货币才能换取一定数量的 A 国货币，后者将会使贸易条件变得对 B 国不利，即产生相反的影响。在这种情况下，出口限制与外汇降值相比，能对 B 国的贸易条件产生更有利的影响。

B 国在开始时可能实行某种程度的出口补贴，它既可以减少也可以取消这些补贴。但可能的结果是 B 国采取限制出口的方法，依靠积极地征收出口税（或其他限制），而不是取消现行的出口补贴。因此这种方法按照人为的限制贸易方向形成脱离自由贸易位置的变动。

（4）赤字国对特定的进出口商品的控制。到现在为止，我们已考虑了不怎么符合现实的情况：赤字国当局限制全部进口商品，或者促进或限制全部出口商品。但事实上，直接控制不同于全面价格调整（诸如汇率的变动）的一个明显的特征，就是它使当局能够有区别地对特定产品的进出口进行控制[1]。确实，正是这个事实使直接控制的方法在某些方面作为调整国际收支的手段特别有效，因而对赤字国特别有吸引力。

---

[1] 又及，如在后面第六篇中将看到的，对来自特定外国的进口商品或输出到特定外国的出口商品。

例如,假定——大概会的——B 国向 A 国出口一些 A 国的需求弹性很高(远超过 1)的商品,但也向 A 国出口一些 A 国的需求弹性低(稍少于 1)的商品。如果 B 国当局补贴所有的出口商品,或者降低 B 国通货的外汇价值,A 国进口的前一种商品的价值将增加,但 A 国进口的后一种商品的价值将下降。另一方面,如果 B 国当局对所有出口商品都征税,或者提高 B 国通货的外汇价值,A 国进口的前一种商品的价值将下降,后一种商品的价值将上升。但如果 B 国当局对后一种出口商品自由征税,并把征税收入用于补贴前一种出口商品,那么两种出口商品的价格都将上升。通过限制那些外国购买者缺了它不行的商品的出口,补贴那些与外国生产者已经生产出来的产品激烈竞争的商品的出口,赤字国的当局比用任何同等地影响全部出口商品的方法,能够容易得多地得到大得多的出口总值的增加。

况且,这种区别对待的方法,不仅能最有效地增加 B 国的出口,而且还能对 B 国的贸易条件产生最有利的影响。在索取高得多的价格也不会失去 A 国购买者的生意的情况(A 国的需求弹性小)下,B 国可以大幅度提高向 A 国购买者出口的商品价格。在 A 国的需求弹性大的情况下,需要稍为降低 B 国出口商品在 A 国的价格。

在选择对哪些出口商品征税和给哪些出口商品补贴时,B 国当局可以考虑这些商品在 B 国的供给条件。如果 B 国的某种商品不只在 A 国缺乏需求弹性,而且在 B 国富有供给弹性,那么对这种商品就特别适合于采用出口限制。因为 B 国对 A 国的供给富于弹性意味着,当 B 国这种产品的价格因出口税相对于 B 国其他产品的价格下降时,或者 B 国生产者可以轻易地和有效地把他们的资源转移到其他产品的生产，或者 B 国的最终购买者可以轻易地和有效地消费更多这种商品。这意味着 B 国的调整进行得更为顺利，而且贸易条件变得对 B 国更为有利。由此 B 国的商品价格（征税前）可以较好地维持，因而它在 A 国市场上的价格（征税后）也能维持不变。

同样，如果 B 国的某种产品不只在 A 国的需求弹性大，而且由 B 国对 A 国的供给弹性也大，那么给予这种商品补贴，将特别容易导致 B 国贸易差额的改善。随着 A 国购买量因出口补贴而增加，这种商品在 B 国的价格（没得到补贴）将趋于上升。如果这要求生产要素从其他用途大量流入这种产品的生产，或者造成 B 国的最终购买者大量减少这种产品的消费量，可以向 A 国出口的供给量将大量增加。由于 A 国的需求弹性按照假定大于 1，B 国出口量增加越多，向 A 国购买者出售这种产品的总值就越大[①]。

就 B 国进口来说，情况也很相似。B 国当局可以选择那些 A 国对 B 国供给弹性特别低的特定商品实行进口限制。这样的商品是 A 国不可能轻易地和有效地把资源撤出去用于其他产品生产的商品，也是 A 国购买者不可能轻易地和有效地消费更多的商品。如果 B 国当局限制购买来自 A 国的这类商品的数量，将引起 A 国这类商品的价格相对于 A 国其他商品价格来说持续的下降。B 国的贸易差额不仅因 B 国对这些特定产品的进口数量减少而得到改善，而且也因 B 国购买这些产品所付价格的急剧下降而得到改善。B 国当局

[①] 确实，这种情况与 B 国的供给弹性很低的情况相比，贸易条件也许变得更不利于 B 国。因为在后一种情况下，B 国产品的价格将因 A 国对这种产品需求的增加而迅速上升。但如果贸易条件是主要的考虑，那么最好是对 A 国的需求弹性小于 1 的全部出口商品征税，对 A 国的供给弹性小的全部进口商品征税。

用这种方法有选择地限制那些 A 国供给弹性特别小的商品的进口,能够最有效地降低 B 国进口商品的价格,从而使贸易条件变得对 B 国有利[①]。

况且,如果能够发现这样的商品,即它在 B 国的需求弹性特别高,在 A 国的供给弹性特别低,那么 B 国对这些商品实行限制是特别合适的。B 国需求弹性高意味着 B 国购买者没有这些进口商品也行,或者能够轻易地转向某些国产商品的消费。在这种情况下,要使 B 国对这些进口商品的需求发生足够的下降,以造成这些进口商品在 A 国的价格急剧下降,只要适度地提高它们在 B 国的价格就可以了。这不会给 B 国带来什么困难。B 国的进口价值将大大减少,贸易条件变得对 B 国有利。

我们可以想象,在 B 国实行这样一种直接贸易控制制度:对那些在 A 国特别缺乏需求弹性的本国出口商品征税,对那些在 A 国特别富有需求弹性的本国出口商品给予补贴,对那些在 A 国特别缺乏供给弹性的 A 国产品的进口加以限制,对那些在 B 国特别富

[①] 对 B 国进口商品的数量实行一定百分数的限制,在 A 国的供给弹性最小的情况下,使 B 国进口商品总值(征税前)下降得最多。但不能由此得到这样的结论:对进口商品征收一定的从价进口税,在 A 国供给弹性最小的情况下,一定使 B 国进口商品总值(征税前)下降得最多。如果 B 国需求弹性大于 1,那么任何维持 B 国进口商品价格的因素都将加剧 B 国购买者对进口商品的支出的下降,从而在不变的从价税率条件下,将加剧 B 国进口商品总值(征税前)的下降。只有在 B 国购买者对进口商品的需求弹性小于 1 的情况下,任何保持 B 国进口商品价格的因素才能保持 B 国进口商品总值不变。因此,只有在后一种情况下,如果 B 国从价关税税率保持不变,A 国供给弹性较低才有利于 B 国的贸易差额。但所有这些都意味着为了使 B 国的进口数量减少一定的百分数,如果 B 国的需求弹性或 A 国的供给弹性较低,需要征收较高的从价进口税率。而在后一种情况下,从价关税税率一定相对较高,这是因为对 A 国生产者支付的价格下降幅度很大,而不是因为向 B 国最终购买者索取的价格上升幅度很大。

有需求弹性的 A 国产品的进口也加以限制①。在对方不报复的情况下,这是 B 国当局利用混合的贸易控制方法来消除国际收支赤字的最明显的方式。但读者在这里应当想起,我们假定 A 国当局并没有任何商业上的对抗措施进行报复。当然,只有按照这个假定,B 国当局才能利用这些手段简单地解决国际收支问题;同时,按照上述方式用剥削 A 国消费者和生产者的方法来使贸易条件变得对本国有利。

23.2 盈余国所采取的行动

在现实世界里,通常是赤字国当局采取直接贸易控制的方法来消除国际收支赤字。但实质上,没有什么东西会阻止盈余国当局为消除国际收支盈余的目的而运用直接贸易控制的方法。为了逻辑上的完整,我们将简略地列举一些在这方面的可能性,但是讨论的目的并不仅仅是逻辑上的完整,因为当我们考虑为了世界利益应

---

① 人们经常议论,赤字国当局不应把稀缺的外汇浪费在购买奢侈品上。他们认为应该允许进口必需品(如小麦),不应该允许进口奢侈品(如汽车)。这是错误的。因为随着进口的减少和出口的增加,必须减少国内支出才能保持内部平衡,所以消除国际收支赤字将降低赤字国的生活水平。该国的生活水平下降以后,该国居民很可能会放弃汽车的消费(无论是进口的还是国产的)而继续消费小麦。但如果当国际收支再度平衡时,人们仍然继续消费汽车和小麦,我们就没有更多的理由认为应该进口小麦但在国内制造汽车,而不是应该进口汽车但在国内生产小麦。假定(1) A 国汽车的供给弹性很大,以致如果 B 国购买者不购买它的汽车,汽车的价格也不会大幅度下降;(2) A 国对 B 国出口的小麦供给弹性很小,以致 B 国减少小麦的进口数量会使 A 国生产者索取的小麦价格大幅度下降;(3) 如果 B 国限制小麦的进口导致 B 国小麦价格上升,B 国生产者可以轻易地从汽车的生产转向小麦的生产。那么,B 国当局如果限制小麦的进口而不是汽车的进口,可以更轻易地完成国际收支的调整,并使贸易条件变得更有利于本国。

该采取什么行动来消除国际收支失衡时,我们将看到在直接贸易控制受到重视的情况下,盈余国当局采取行动也许比赤字国采取行动更好。

(1)盈余国对进口商品给予补贴或取消进口税。这类行动有助于消除 A 国国际收支的盈余。A 国当局可以通过增加额外收入(例如,提高所得税)来取得资金,以支付进口补贴或补偿因降低进口税而失去的资金。由于 A 国的购买者因所得税的提高而降低的购买力,正好被因进口商品价格的下降而提高的购买力所抵消,他们的实际购买力没有变化。净影响是降低相对于 A 国国内产品来说的 A 国进口商品的价格,A 国的购买者因此而在某种程度上转向购买 B 国的产品。

A 国通货的升值既降低了 B 国产品在 A 国市场上的价格,也提高了 A 国产品在 B 国市场上的价格。A 国当局实行进口补贴能达到前一种效果,但达不到后一种效果。因此,如果我们考虑以 B 国通货表示的 A 国盈余的大小,如果 B 国对进口商品的需求弹性大于 1,要消除 A 国的盈余,A 国通货的升值比 A 国实行进口补贴更有效。但如果 B 国对进口商品的需求弹性小于 1,A 国的通货升值将引起以 B 国通货表示的对 A 国出口商品的支出总额增加,因而对消除 A 国盈余不如实行进口补贴有效。

如果以 A 国通货表示的所有 A 国产品的价格都保持稳定,同时以 B 国通货表示的 B 国产品的价格也保持稳定,A 国通货升值将使贸易条件变得对 B 国不利,而且变动程度相当于汇率变动的程度。另一方面,A 国实行进口补贴并没有改变贸易条件,因而就贸易条件来说,从 B 国的观点来看,这个做法比 A 国通货升值更有利。

如果B国向A国出口的产品的供给弹性特别低，这一点更为重要；因为A国实行进口补贴，单单用增加A国对B国产品的需求，来消除A国的国际收支盈余，在这种情况下就导致B国产品价格急剧上升，因而使贸易条件变得对B国有利。另一方面，如果A国向B国出口的产品的供给弹性特别低，A国汇率上升（一部分是通过提高A国产品向B国购买者出售的价格，从而导致B国对A国产品需求的减少来发挥作用的）使A国出口商品（以A国通货表示）的价格急剧下降，从而使贸易条件变得对B国有利。

由于许多国家通常采用进口关税和其他进口限制的方法，A国直接鼓励进口的办法意味着移向自由贸易位置。

(2)盈余国征收出口税或取消出口补贴。只有在B国对进口商品的需求弹性大于1的情况下，A国产品在B国市场上的价格因征收出口税而上升，将导致B国购买者对A国出口产品支出额的减少。在这种情况下，这种机制通过下述方式发挥作用并减少A国的盈余：A国的购买者发现他们的购买力因其他税收（如所得税）的减免而增加；而其他税收的减免所以可能，是由于A国增加了出口税的收入。A国购买者购买力的增加本身，刺激了A国对B国产品的需求，从而有助于消除A国的国际收支盈余。与此同时，A国产品在B国市场上的价格也上升。由于B国对A国产品的需求弹性大于1，B国的最终购买者对来自A国的进口商品的总支出减少了。

A国通货的升值比A国普遍征收出口税更容易减少以B国通货表示的A国的盈余。降低以A国通货表示的B国产品价格的前一种方法，将使A国对B国产品的需求发生某种程度的增加，从而导致以B国通货表示B国向A国出口总值的增加。这种机制在A

国征收出口税的情况下，有一部分作用没有发挥。对于以 B 国通货表示的 A 国出口总值来说，征收出口税与 A 国通货升值有相同的影响。

由于 A 国征收出口税对 B 国的出口不会产生这种有利影响，出口税率的上升幅度要大于 A 国通货升值的幅度，才能消除 A 国国际收支既定的盈余。如果以 A 国通货表示的所有 A 国产品的价格（征税前）都保持稳定，同时以 B 国通货表示的所有 B 国产品价格也都保持稳定，贸易条件将变得不利于 B 国，它的变动幅度等于 A 国出口税的高度，或者等于 A 国通货的升值幅度。因此，从 B 国的观点来看，如果使用直接限制 A 国出口的方法而不是使用 A 国汇率上升的方法，贸易条件通常会变得对 B 国不利。

一个国家有可能实行出口补贴，并能取消它。这种方法意味着一种趋于自由贸易位置的变动。但这个国家更有可能提高新的出口税。这种方法意味着一种按照人为限制贸易量的方向离开自由贸易位置的变动。

(3) 盈余国对出口给予补贴或取消出口税。如果 B 国对进口商品的需求弹性大大小于 1，A 国当局必须补贴 A 国的出口以降低出口总值。如果 B 国的需求弹性大大低于 1，A 国实行出口补贴的方法将以下述方式消除 A 国的盈余：A 国当局必须征收附加税（如所得税）以取得资金，用以支付对本国出口商品的补贴，同时又不造成本国国民收入的净膨胀。所得税率的这种增加，将导致 A 国对所有种类的物品和劳务的需求的减少，其中包括来自 B 国的进口商品需求的减少。这本身又使 A 国盈余或多或少趋于增加。但 A 国产品在 B 国市场上的价格同时下降。如果 B 国对进口商品的需求弹性足够小，这将造成 B 国对进口商品的支出总额减少，还超过了 A 国对进口商品需求的减少。

如果 A、B 两国对进口商品的需求弹性的总和，正如 B 国一个国家对进口商品的需求弹性那样，都小于 1，那么我们应该把作为消除 A 国盈余手段的 A 国出口补贴和 A 国汇率下降加以比较。在这种情况下，要消除以 B 国通货表示的 A 国盈余，A 国出口补贴通常比 A 国汇率降低更有效。因为后者导致 B 国产品在 A 国市场上的价格发生某些上升，从而导致以 B 国通货表示的 A 国从 B 国进口的商品总值发生某种程度的下降。就降低以 B 国通货表示的 B 国进口总值来说，A 国出口补贴和 A 国汇率降低具有相同的影响。但在降低以 B 国通货表示的 A 国从 B 国进口的商品总值方面，A 国出口补贴却没有任何影响。由于这个缘故，要消除 A 国的盈余，A 国出口补贴不必像 A 国通货降值那么大。由此可以得到这样的结论：如果选择 A 国通货降值的方法而不是出口补贴的方法，那么贸易条件（不论采用哪一种方法对 B 国都有利）将会变得对 B 国更有利。

然而，尽管 B 国对进口商品的需求弹性小于 1，但是 A、B 两国对进口商品的需求弹性的总和有可能大于 1。在这种情况下，我们应该把作为消除 A 国国际收支盈余手段的 A 国出口补贴和 A 国通货升值加以比较。如果 B 国对进口商品的需求弹性小于 1 很多，但 A、B 两国对进口商品的需求的总和只稍微大于 1，A 国出口补贴比 A 国通货升值更有效。另一方面，如果 B 国对进口商品的需求弹性稍微小于 1，而 A、B 两国对进口商品的需求弹性的总和远大于 1，那么 A 国通货升值是消除 A 国盈余的更有效办法。

由于 A 国的出口补贴使贸易条件变得对 B 国有利,而 A 国的通货升值办法则使贸易条件变得对 B 国不利,所以由此看来,前一种办法无疑对 B 国有利。

与自由贸易的状态相比较,由于征收出口税实际并不常见,这种方法可能就是提高出口补贴的方式。这意味着 A 国按照过度刺激贸易的方向发生离开自由贸易状态的变动。

(4)盈余国对特定的进出口商品实行控制。盈余国当局有可能对特定的进出口商品实行直接的控制,以最有效地消除本国的盈余。这样,它可以选择那些在 B 国的需求弹性大大低于 1 的出口商品来给予出口补贴,选择那些在 B 国的需求弹性远大于 1 的出口商品来征收出口税。它也可以选择那些本国最终购买者的需求特别有弹性的进口商品来给予进口补贴。在后一种情况下,如果 A 国当局对于那些赤字国的供给很缺乏弹性的进口商品支付高比率的补贴,它一定可以增加赤字国的出口总值。通过这种堂吉诃德式的措施,A 国当局可以确信能够有效地消除本国国际收支的盈余,同时贸易条件也急剧地变得对赤字国有利。

24 直接控制、价格调整和经济福利

正如我们已经观察到的,我们不可能只根据直接控制和价格调整在影响国际收支方面的技术效力来决定采用哪一种方法。在进行最终选择以前,直接控制和价格调整机制至少有三个方面需要加以考虑:

(1) 它们对国际收支的影响。这个方面直接和本书有关,并且我们在以前各章里已进行了集中讨论。

(2) 它们对可供各国分配的实际总收入的大小的影响。

(3) 它们对一定的实际收入在各国间的分配的影响。

让我们先考虑第一个方面。从前面的分析中我们可以看到,在决定选择直接控制还是价格调整单独地作为影响国际收支的手段时,唯一最重要的考虑是有关国家对进口商品需求弹性的大小。价格调整是通过一部分产品相对于另一部分产品更便宜来发挥作用。如果需求对这样的价格变化是敏感的,那么这个机制可以较容易地调整国际收支,而又不会使贸易条件发生太大的变化。然而,如果需求弹性小,通常的价格调整不能轻易地消除国际收支的失衡,甚至还会使国际收支失衡恶化。在这种情况下,如果要同时保持内部平衡和外部平衡,直接干预以限制进口,或采取某些相似的直接控制,是不可避免的。

所以，一个重大的实际问题是这些弹性实际的大小。但根据两个条件，我们假定这些弹性都相当大。

第一个条件是国际贸易没有太多障碍会妨碍贸易流入经过价格调整使之变得有利可图的新渠道。价格调整是一种只能期望在没有太多保护措施的世界贸易中发挥作用的机制。否则，直接控制将不可避免。

第二个条件是应该有一段时间让价格调整充分发挥它的效力，因为如果有关国家有充分的时间让消费者和生产者调整他们的活动以适应新价格关系，需求从价格上升的产品转向价格下降的产品的幅度将大得多。

这第二个条件意味着，如果一个国家的经济受到极为激烈的、突然的和出乎意料的外部干扰，使用某些直接控制的方法是必要的。战争的爆发，或战争突然停止并恢复和平，或在一个重要的国家里发生来势凶猛的经济大萧条，都可使进出口商品的国际市场发生突然的、重大的灾害性变化。例如，一个主要国家发生经济大萧条，会造成该国对其他国家出口商品的需求十分突然的和大幅度的下降。其他国家的国际收支会出现较大的没有预料到的赤字，并迅速扩大。要对付这种局面所必需的价格调整，也许很大，并且需要有一段时间才能发挥它的作用。如果赤字国没有足够的黄金储备，或没有盈余国所接受的其他支付手段，以在进行价格调整来恢复外部平衡所需要的期间内弥补较大的赤字，那么暂时的进口限制或其他直接控制是难以避免的。

避免发生这种情况的最好方法，当然是避免国际市场本身发生灾难性的变化。如果继续我们的例子，能够避免主要经济中心发生无法控制的经济萧条，就不需要把直接控制作为应付国际需求灾难性变化的手段。也不应该认为对进口直接控制作为对付盈余国经济萧条影响的手段，一定比价格调整方法，如赤字国通货的外汇价值下降更加有效，这里还必须考虑其他的因素。

假设 A 国的经济大萧条导致对 B 国出口商品需求的减少，B 国的国际收支突然出现较大的赤字。B 国当局应该使本国通货降值，还是应该对输入本国的商品实行限制？如果利用外汇降值来弥补赤字，B 国向 A 国的出口又一次受到刺激，而 B 国从 A 国的进口则将受到抑制。现在，A 国的萧条可能引起 B 国的失业，特别是 B 国出口工业的失业。因为当 A 国的经济萧条结束，它对进口商品的需求又恢复时，B 国的结构性失业将会消失，所以 B 国的这一种结构性失业可能是暂时性的。因此，为了避免 B 国发生严重的结构性失业，为了使 B 国的经济活动方式尽可能地符合长期的需要，只要在 A 国的萧条可能持续的期间内，价格调整对 B 国的出口商品有重要影响，那么宁可利用 B 国通货降值而不是对 B 国进口实行限制来对付外部衰退，更是大有文章可做的。[①]

我们在任何情况下，都可以得到这样的结论：如果贸易渠道并没为原已存在的贸易障碍所封闭，如果激烈的经济条件的变化（例如，大规模战争和经济大萧条）可以避免，价格调整可能是保持外部平衡的完全合适的技术手段。

[①] A 国的萧条可能使 A 国产品以 A 国通货表示的价格发生某种程度的下降。因此，如果 B 国能够保持内部平衡和价格水平，如果 A、B 两国通货之间的汇率没有变化，贸易条件变得对 B 国有利。因此，B 国通货降值，对 B 国的实际贸易条件可能产生的部分不利影响，仅仅抵消 B 国实际贸易条件因 A 国萧条的影响而发生的改善。

关于直接控制和价格调整的选择的第(1)个方面就讲这么多。现在我们转入讨论前面所提出的第(2)个方面和第(3)个方面。这两个方面应该说是第二卷的主题。但是，它们和第(1)个方面交织在一起，在这里有必要谈论一下它们。第二卷再进行更充分的讨论。

我们可以说，当不可能使某个国家居民的境况更好而同时又不使另一个国家居民的境况恶化时，世界实际总收入达到了最大化。我们应该认识到，按照这个定义，世界实际总收入的最大化并不仅仅是一个物质产品生产最大化的问题，而且还是保证每一个国家所生产的东西都是适当的，各个国家之间交换的东西都是适当的这样一个问题。

当然，世界实际收入的最大化纯粹是从实物方面而言的。例如，假定 A 国用于生产 1 辆汽车的资源可以生产 1 单位小麦，而 B 国用于 1 单位小麦的资源可以生产 2 辆汽车。在这种情况下，显然，如果 A 国的资源从生产 1 辆汽车转到生产 1 单位小麦，而 B 国的资源从生产 1 单位小麦转到生产 2 辆汽车，那么 A、B 两国居民合在一起就有同样数量的小麦和多 1 辆的汽车。除非发生这样的变化，否则世界实际收入不可能达到最大化。

或者可以另举一个实物产量最大化的例子。假定 B 国的资本设备相对于其他经济资源（如劳动、土地、其他自然资源）来说是稀缺的。这样，如果在 B 国的工业进行投资，对资本设备投资价值 100 美元的物品，每年将得到价值 10 美元的商品净流量（即扣除资本设备的折旧和更新）；但如果向 A 国的工业进行投资，则只能得到 5 美元的商品净流量。在这种情况下，如果资本从 A 国贷往 B 国，因而是对 B 国的资本设备投资而不是对 A 国的资本设备投资，在 A、B 两国居民之间所能分配的实物总量将增加。一个国家居民的境况可以更好，而另一个国家居民消费的物品数量并没有减少。

现在让我们举一个例子来说明，在世界商品总产量不变的情况下，世界的实际总收入可以仅仅因为 A、B 两国之间的商品交换而增加。假定 A 国的消费者消费小麦和汽车。如果他们少 1 辆汽车但多 1 单位小麦，他们的境况和原来一样。再假定 B 国的消费者也消费小麦和汽车，但如果他们多 1 辆汽车而少 2 单位小麦，他们的境况也和原来一样。这样，如果 A 国向 B 国出口 1 辆汽车，B 国向 A 国出口 1.5 单位小麦，两国消费者的境况将更好。A 国消费者将少 1 辆汽车，尽管只需 1 单位小麦已足以弥补 1 辆汽车的损失，但是他们通过交换多了 1.5 单位的小麦。B 国消费者多了 1 辆汽车，尽管他们准备用两个单位的小麦来换取 1 辆汽车，但他们在交换中只放弃了 1.5 单位的小麦。

在第二卷中，我们的任务是考虑自由竞争的力量，在什么程度上促进各种类型的调整——即生产要素在一个国家内从一个工业到另一个工业的移动。生产要素从一个国家到另一个国家的移动和现有商品产量在各个国家之间的交换——要使世界实际收入最大化，这些都是需要的。我们在第二卷中将得到下述结论：在一个自由竞争的市场里，自由竞争力量通常促成这些移动；但在某些条件下，需要对自由市场进行某些干预，才能实现这些移动。我们把这种需要干预才能实现世界实际收入最大化的情况（但没有采取干预措施去单独地影响世界实际收入在各个国家之间的分配，或单独为了恢复国际收支均衡）下所达到的位置，称为"修正了的自由贸易位置"。

贸易条件有利于一个国家或另一个国家的变化,可以影响世界实际收入在不同国家之间的分配。但当然应该记住,任何改变贸易条件并使它有利于某个国家的因素(例如,利用进口限制而不是外汇降值来消除它的国际收支的赤字),也可能影响可供两国之间分配的世界实际收入的大小。假定赤字国实行进口限制,导致离开"修正了的自由贸易位置"的变动。赤字国实行进口限制而达到的位置,不是世界实际收入达到最大化的位置。两国居民的境况变得更好,从技术上是可能的。但这当然并不意味着赤字国以外汇降值来代替进口限制的做法,在事实上将使两国居民的境况更好。它却仅是趋于这样一个位置:使一个国家居民的境况更好而又不至于使另一个国家居民的境况变坏,在技术上不再是可能的。但是在这新的形势(外汇降值)下,盈余国居民的境况可以大大改善,但同时赤字国居民的境况与原来的形势(进口限制)相比明显恶化了。在技术上有可能使两国居民的境况更好的形势(进口限制)优于另一种情况,即在技术上不再可能使一个国家居民的境况更好而同时又不使另一个国家居民的境况恶化的形势(外汇降值),但前提条件是在前一种形势下,从较小的可供分配的总收入中拿出较大的绝对数量分配给较穷的国家。

然而还应该知道,干预自由市场以影响贸易条件,并不是在国际上实现收入再分配的唯一方式。这样,一个国家的当局总可以增加它的收入,并把它直接交给另一个国家的当局,结果使前一个国家居民的境况变坏(由于他们要缴纳较高的税率),而后一个国家居民的境况变好(由于他们的税收现在可以减免)。如果我们考虑到这种收入再分配的手段,可以避免形成离开"修正了的自由贸易位置"的某种位置(例如,赤字国通过进口限制而不是外汇降值所达到的位置)。我们总可以利用外汇降值而不是进口限制来调整国际收支,增加世界的实际收入。然后再由盈余国给予赤字国直接援助,来实现有利于赤字国的收入再分配。这就不会干扰"修正了的自由贸易位置"[①]。

让我们根据前面提到的三个方面来考虑如何使用直接控制和价格调整的方法。

从这三个观点来看,某些政策可以改善世界的状况。让我们举三个例子来说明:

(1)假定盈余国当局消除了人为障碍,使资本能转移到赤字国借款人手中;同时赤字国居民比盈余国居民穷。资本的转移有助于调整国际收支。因为它能使资本资源移向收益最高的国家,所以它会导致移向"修正了的自由贸易位置"的变动。最后,它能使赤字国当局避免通货降值的必然性,而通货降值将使贸易条件变得不利于较穷的赤字国,有利于较富的盈余国。

(2)同样,假定盈余国的当局取消在"修正了的自由贸易位置"上不需要的进口税或进口限制。同时赤字国居民比盈余国居民穷,

---

① 这种论述严格来说只有在下述情况下才是正确的:盈余国通过必要的税收增加收入以补助赤字国,同时又不会产生减少世界实际收入的抑制性影响,这就是说,文中的论述假定进口税会大幅度地减少世界实际总收入,但富裕国的所得税不会有这种结果。只有在这个极端的假定上,正文中这个武断的结论严格来说才是正确的。第二卷的一个重要目的,是探讨假如用直接所得税和补贴的方法进行收入再分配而不致产生严重的抑制影响这个假定被修改,反对直接控制的讨论应该怎样根据它们对收入分配的影响来加以修正。

这也有助于消除国际收支的失衡。它将形成趋向"修正了的自由贸易位置"的变动。它使相对较穷的赤字国当局避免了外汇降值,从而避免实际贸易条件的不利变动。

(3)假定赤字国利用通货降值的方法消除了国际收支失衡,赤字国居民比盈余国居民富(这种情况是可能的)。这有助于恢复国际收支的均衡。它不会形成离开"修正了的自由贸易位置"的变动。它将使贸易条件变得多少对富有的赤字国不利。

我们现在可以提出一些例子来说明某些政策,从前面所说的三个方面中的两个方面来说是需要的,从第三个方面来说是不需要的。

(1)假定赤字国当局用外汇降值的方法消除国际收支赤字;但赤字国居民比盈余国居民穷。这样可以调整国际收支,不会形成离开"修正了的自由贸易位置"的变动。但它将使贸易条件变得对较穷的国家不利。

(2)假定赤字国当局用限制资本贷放到国外或限制从国外进口的方法来消除国际收支赤字——这些限制在修正了的自由贸易位置上是不需要的——同时赤字国比盈余国穷。这样可以调整国际收支,也避免了贸易条件不利于穷国的变动。如果赤字国采取外汇降值方法,贸易条件将变得对较穷的国家不利。但这样会引起赤字国出现离开"修正了的自由贸易位置"的变动。在这种情况下,离开"修正了的自由贸易位置"的幅度如此之大,本来采用限制进口或资本移动的方法可以避免的贸易条件对赤字国不利的变动如此之大,以致如果使用外汇降值方法,赤字国居民(盈余国居民也一样)的境况可以绝对地更好,这当然是可能的。在各国中分配的世界蛋糕增大了，尽管赤字国所分到的份额减少了，但它从蛋糕的增大中所得到的超过它因份额的减少所失去的。只有赤字国从一个较小的蛋糕中分得一个较大的份额，从而绝对地得到利益时，利益的冲突才会发生。

(3) 假定赤字国当局取消进口或对外贷放资本的限制——在"修正了的自由贸易位置"上不需要这些限制——同时盈余国居民较赤字国居民穷。这就是趋于"修正了的自由贸易位置"的变动。这也使实际贸易条件变得对较穷的国家有利，但这当然会加剧国际收支的失衡。

要解决这些冲突只有一种方法：利用可变汇率的价格调节机制或韧性工资率的价格调节机制来调整国际收支，使国际收支恢复均衡而同时又不离开"修正了的自由贸易位置"。利用富国当局给予穷国当局直接补贴（即富国居民给予穷国居民间接补贴）的方式，可以使由此产生的世界收入的分配发生所需要的改变。

当然，只有到达这样一个国际经济合作的阶段：就像一个国家内个人之间的收入分配受到国家当局所实行的政策支配一样，各国间的收入分配开始受国际中央机构或超国家机构的决策支配，这样一种解决方法才是可能的。这不仅意味着较富的国家必须准备考虑这样一种各国同意的收入再分配的方法，而且意味着较穷的国家必须准备放弃使用纯粹是国家的手段（如进口限制）。这些手段能使它通过自己的行动来改善它的贸易条件。尽管这个主意现在看起来好像是一种乌托邦——不管最近也有诸如租借法案和马歇尔援助计划这样史无前例的慷慨举动——但朝着这一方向发展对各有关国家的好处不可低估。假定赤字国当局放弃进口限制，允许它的汇率降低到足以恢复国际收支均衡的程度，同时盈余国当局直接给予赤字国援助，弥补一部分的收支赤字，从而抵消贸易条件不利于赤字国的变动。在这种情况下，赤字国的居民将不会受到影响。如果经过适当估计，直接援助可以刚好抵消贸易条件的不利变动。但盈余国居民的境况将更好。因援助而产生的直接财政负担，将被贸易条件的有利变动抵消且有余。世界经济朝着"修正了的自由贸易位置"变动，每一个国家的境况同时都可以更好。

第六篇

世界支付网络

25 多个国家间的支付

尽管世界事实上是由许多大小不同、结构不同的国家所组成，并且在很大程度上各自独立地作出财政、货币、工资、外汇和商业政策，但迄今我们都把注意力集中在只有两个国家的世界中所发生的问题。然而，前面的分析并不完全是不现实的。对某些国际经济政策问题来说，它实际上已包括了全部所需要的分析。例如，我们希望只考虑某一个国家和世界其余国家之间的均衡的恢复，或者一组的国家（譬如说"美元"国家）和另一组的国家（譬如说"英镑"国家）之间的均衡的恢复，而他们合在一起就包括了世界贸易总额的大半。在这样的情况下，如果我们把分析限于本书第一篇至第五篇所包括的各个论点，也不会是太不恰当的。

但仍有不少涉及国际收支的政策问题，我们的分析还需要在一个很重要的方面进行补充。世界失衡的情况是常常出现的。一些国家有大小不同的赤字；另一些国家则有大小不同的盈余。我们感兴趣的是每一个国家的当局应该怎样做，才能在每一个国家的政策对其他国家的影响都考虑到的情况下，使我们能达到世界均衡的最终状态：每一个国家都同时实现内部平衡和外部平衡。

我们已经有机会见到，即使在只有两个国家的条件下，在各方面都存在相当复杂的情况：一个国家所采取的政策对另一个国家的经济产生影响，从而反过来又再对本国的经济状况产生影响。当我们考虑多个国家和多种独立的国家政策同时存在时，各种可能的复杂情况当然无穷无尽。A国采取的政策将对B、C、D、E等国的经济产生影响，而每一个国家对A国的影响都有不同的"政策"反应。因此，B、C、D、E中的每一个国家都可以对世界经济发出新的和不同的冲击，从而以不同的方式影响到其他国家的经济状况。显然，可能的结果是如此之多，以致不可能在一个多国的世界中概括各种情况、问题和政策——尽管各国实际面临的问题是极为有限的——而在两个国家的世界中，我们已经概括了这些情况、问题和政策。

因此，我们将按下述方式进行分析。我们首先以图表的形式概括多个国家的支付网络里主要的内在逻辑关系。接着我们按照每一个国家的当局都采取谋求内部平衡的金融政策的假定进行分析，考虑这个假定对世界支付网络所具有的含义，然后我们将探讨各国在使用工资政策、汇率政策和商业政策时应遵循的几套典型的和连贯的规则，以形成每一个国家都同时实现外部平衡的世界局面。

我们先来讨论在包括许多国家的世界支付体系里的一些内在的逻辑关系。我们还记得，在第3章里，当我们分析两个国家的世界时，重点是放在各国国民收入、国内支出和对外贸易相互间的核心关系上，即国内支出减去进口加上出口等于国民收入。我们争辩说这种关系在我们两个国家的世界中对双方来说都是正确的。由于一个国家的出口就是另一个国家的进口，结果存在表7所表示的基本的内在关系。

在我们现在多个国家的世界中，对于每一个国家来说，国内支出减去进口加上出口等于国民收入,仍然是正确的。但在这种情况下,每一个国家可以向很多国家出口,也可以从很多国家进口。我们所能说的就是:A 国向 B 国出口就是 B 国从 A 国进口,等等。由此产生的关系可以用表 17 表示。对这个表的解释如下:

我们的世界现在由五个国家 D_1、D_2、S_1、S_2 和 B 组成。D_1 和 D_2 的国际收支是赤字,S_1 和 S_2 的国际收支是盈余,B 的国际收支达到平衡。表 17 的数字表明了这些国家的国民收入、国内支出、有形和无形的进出口之间的关系。

表 17　有形和无形贸易的国内和国际收支网络　　　百万美元

			支　出　国				总　额,即国民收入	总额减去对角线的数字,即出口	贸易差额,即出口减进口
			D_1	D_2	S_1	S_2	B			
			(a)	(b)	(c)	(d)	(e)	(f)	(g)	(h)
收入国	D_1	(1)	1 000	8	56	16	5	1 085	85	−70
	D_2	(2)	65	500	5	23	12	605	105	−60
	S_1	(3)	60	47	1 000	40	83	1 230	230	+95
	S_2	(4)	5	82	53	500	5	645	145	+35
	B	(5)	25	28	21	31	700	805	105	0
总额,即国内支出		(6)	1 155	665	1 135	610	805	4 370		
总额减去对角线的数字即进口		(7)	155	165	135	110	105		670	

让我们以表 17 的 D_1 国为例来说明各种数字。如果我们考虑表中 a 栏的数字，第一个数字(1 000)表示 D_1 国个人和机构为用于私人或公共的消费或投资向本国的其他个人和机构支付 1 000 单位美元；第二个数字(65)表示 D_1 国的个人和机构向 D_2 国的个人和机构支付 65 单位美元，即 D_1 从 D_2 进口或——也就是——D_2 向 D_1 出口 65 单位美元；第三、第四、第五个数字分别表示 D_1 国从 S_1、S_2 和 B 国的进口是 60、5、25 单位美元。

(a)栏这头 5 个数字的总和——1 155 单位美元，列在 a 栏第 6 行——代表 D_1 国的个人和机构为私人和公共的消费或投资对 D_1、D_2、S_1、S_2 和 B 国产品的支出总额。因此，它代表的是我们称之为 D_1 国的国内支出总额。这个总额减去 D_1 国的购买者对本国产品支出的 1 000 单位美元，代表 D_1 国的购买者对来自其他国家的进口商品的支出，这个 155 单位美元用 a 栏第 7 行表示。

通过分析(a)栏中的贸易数字，我们已经考虑了 D_1 国的购买者对不管是本国生产还是外国进口的物品和劳务的支出，也就是我们已考虑了 D_1 国的国内支出和进口。现在我们如果转向表中第 1 行的数字，我们将考虑 D_1 国的生产者因向国内和国外购买者出售物品和劳务而得到的收入，这样我们将考虑 D_1 国物品和劳务的总产值(即 D_1 国的国民收入)和 D_1 国的出口。因此，表中第(1)行中第一个数字 1 000 表示 D_1 国的生产者因向本国购买者出售产品得到 1 000 美元的收入；第 1 行中 bcd 和 e 各栏的数字分别表示 D_1 国的生产者把他们的产品出售给 D_2、S_1、S_2 和 B 国的购买者而得到 8、56、16 和 5 单位美元。这样，第 1 行从 a 栏到 e 栏的数字的总和表示 D_1 国的总产值，或 D_1 国的国民收入。这在 f 栏表示为 1 085 单位美元。如果我们从这个总额中减去 a 栏代表 D_1 国生产者从国内销售中得到的 1 000 单位美元,就得到 g 栏的 85 单位美元,它代表 D_1 国的生产者向外国人的销售总额,即 D_1 国的出口。最后,如果我们把这个 85 单位美元的总额和 a 栏第 7 行的 155 单位美元的进口总额相比较,我们可以看到 D_1 国进口超过出口 70 单位美元。它在第 1 行 h 栏表示出来。

总而言之,在表 17 中,从 a 栏到 e 栏任何一栏的数字都代表各该栏排头的国家的购买者对各个国家产品的支出(包括在对角线的数字代表的是对本国产品的支出);从第 1 行到第 5 行的任何一行的数字,都代表那一行排头的那个国家的生产者把他们的产品出售给各国购买者所得到的收入(包括在对角线上的数字代表的是把产品出售给本国购买者所得到的收入)。由此得到这样的结论:每一栏的总和表示每一个国家的国内支出,每一行的总和表示每一个国家的国民收入;如果减去对角线上的数字,每一栏的总和表示每一个国家的进口值,每一行的总和表示每一个国家的出口值。

我们刚才描述的表 17 说明了在多国世界里,每一个国家的进口、出口、国民收入和国内支出之间的关系。因此,它关系到对贸易差额的考虑。但在我们希望考虑国际收支时,就像我们在第 1 章里所提出的,我们还要考虑另外两个因素。首先,我们必须考虑不同于有形和无形贸易的其他交易的收支。在第 1 章里,我们在"转移"的标题下列举了其他的收支。"转移"包括"无偿转移"(如赔偿支付、赔款、按马歇尔计划给予的援助、移民汇款等)和"资本转移"(如为了在未来得到相反方向的报酬而现在进行的转移)。其次,我们必须区分"融通"的和"自发"的交易。正如我们在第 1 章里所看到的，如果把所有收支用一个图表表示出来，每一个国家的总支出一定等于它的总收入，不会有国际收支净额。因此，我们采取的方法是在计算中略去融通的支出和收入，即略去货币当局或类似机构只是为了融通国际收支账目的其他项目的赤字或盈余而进行的所有贸易。这样，我们所得到的是一个国家自发贸易和转移账目上的国际收支。

在编制表 18 的数字时采用了同样的原则。这个表解释了在一个多国世界里各国的国际收支之间的关系。表中的第 1 部分表示自发贸易交易的国际收支网络。事实上，它仅仅是再现表 17 的数字，但却略去表 17 里的对角线的数字。换言之，仅仅为了方便起见，我们假定表 17 里的所有贸易交易都属于自发交易，都应当记入我们最终的国际收支账目。因为我们不再关心国际支付和每一个国家的国民收入及国内支出的关系，所以我们略去了表 17 对角线的数字。

表 18 的第 2 部分增加了数字，以说明有关国家之间的自发转移。在贸易账目上，也就是在第 1 部分 D_1 和 D_2 国出现赤字，S_1 和 S_2 国发生盈余。我们假定这种失衡有一部分由自发的转移来弥补。这样，在表中第 2 部分内，我们假定 S_1 和 S_2 国的居民对其他国家，特别是赤字国 D_1 和 D_2 的居民进行自发转移支付（例如，按商业原则的资本贷放）。这样，表中第 7 行 c 栏的 9 单位美元的数字表示 S_1 国的个人或机构对 D_1 国的个人或机构自发转移了 9 单位美元。表中第 2 部分的净结果是 D_1 国的居民从世界其余国家通过自发转移得到 10 单位美元的净额；D_2 国的居民得到 20 单位美元的净额；S_1 和 S_2 国的居民分别支付 15 单位美元的净额（参看表中第 2 部分

25 多个国家间的支付

表18 国际自发支付网络 (百万美元)

			支 出 国				总额： 1. 自发出口 2. 自发转移收入 3. 全部自发收入	余额：收入余额(+)，或支出余额(-)
		D_1	D_2	S_1	S_2	B		
		(a)	(b)	(c)	(d)	(e)	(f)	(g)
第(1)部分：自发贸易支付(参看表17)								
收入国	D_1	(1)		8	56	16	5	85	-70
	D_2	(2)	65		5	23	12	105	-60
	S_1	(3)	60	47		40	83	230	+95
	S_2	(4)	5	82	53		5	145	+35
	B	(5)	25	28	21	31		105	0
自发进口总额		(6)	155	165	135	110	105	670	
第(2)部分：自发转移的支付								
收入国	D_1	(7)		1	9	3	1	14	+10
	D_2	(8)	1		11	11	1	24	+20
	S_1	(9)	1	1		5	1	8	-15
	S_2	(10)	1	1	2		1	5	-15
	B	(11)	1	1	1	1		4	0
自发转移支付总额		(12)	4	4	23	20	4	55	
第(3)部分：全部自发支付								
收入国	D_1	(13)		9	65	19	6	99	-60
	D_2	(14)	66		16	34	13	129	-40
	S_1	(15)	61	48		45	84	238	+80
	S_2	(16)	6	83	55		6	150	+20
	B	(17)	26	29	22	32		109	0
自发支付总额		(18)	159	169	158	130	109	725	

的 g 栏)。

表中第 3 部分只是把第 1 部分的数字和第 2 部分的数字合起来。这样,表中 d 栏第 15 行的数字 45 单位美元表示 S_2 国居民对 S_1 国居民的自发总支付,或者说 S_1 国的居民在所有自发交易账目上从 S_2 国的居民得到 45 单位美元。这 45 单位美元不过是 S_2 国居民在自发贸易账目上支付给 S_1 国居民的 40 单位美元(d 栏第 3 行)和在自发转移账目上支付给 S_1 国居民的 5 单位美元(d 栏第 9 行)之和。这样,当我们考虑到所有的自发交易时,我们发现 D_1 国有 60 单位美元的赤字,D_2 国有 40 单位美元的赤字,S_1 国有 80 单位美元的盈余,S_2 国有 20 单位美元的盈余,B 国刚好平衡(参看表中第 3 部分 g 栏)。

我们可以观察到,世界总赤字(即 D_1 国的 60 单位美元加上 D_2 国的 40 单位美元)加起来等于世界总盈余(即 S_1 国的 80 单位美元加上 S_2 国的 20 单位美元)。只要任何一个国家的居民进行自发支出,这就是接受国的自发收入,所以结果一定如此。事实上,这是我们在表 18 中所作的假定,在本篇的其余部分也不言而喻地采用这个假定。事实通常也是这样。这个假定大大简化了分析,而又基本没有歪曲真理。

但是,正如我们在第 2 章里所说过的,情况并非必然如此。例如,假定 D_1 国是一个黄金生产国,S_1 国居民支付给 D_1 国居民的 65 单位美元中的 20 单位美元(表 18c 栏第 13 行)代表 S_1 国从 D_1 国进口的黄金。让我们进一步假定这部分黄金是由 D_1 国的黄金生产者出售给 S_1 国中央银行的。在这种情况下,就 D_1 国来说,这项交易似乎代表普通的商业出口或"自发"出口。但就 S_1 国来说,这项交易又似乎应该看做是"融通"的支付。这是因为它仅仅代表一种金融机制。通过这种金融机制，S_1 国的货币当局因本国从自发出口和其他自发交易中所得到的收入，超过它对自发进口和其他自发交易支出，而得到金融支付。就 D_1 国向 S_1 国出口黄金而言，因为出口的黄金来自现在生产的黄金，而不是来自货币储备，所以 D_1 国不会发生赤字，但因为 S_1 国进口的黄金已增加到货币储备中去，所以 S_1 国出现盈余。

要说明这种情况，我们应该在表 18c 栏第 13 行中写入两个数字而不是一个数字，一个是代表 D_1 国的出口和得自 S_1 国的其他自发收入的 65 单位美元，另一个是代表 S_1 国的进口和对 D_1 国的其他支付的 45 单位美元。当我们要把表中第 13 行的数字加起来以得到 D_1 国的自发收入时，我们应该使用 65 单位美元这个数字，而当我们要把表中 c 栏的数字加起来以求得 S_1 国的自发支出时，我们应该使用 45 单位美元这个数字，如下表所示。如果把这个表和表 18 的第(3)部分相比较，显然，全世界自发交易总收入(包括自发出口)仍然是 725 单位美元；由于 S_1 国从 D_1 国进口的黄金不再作为 S_1 国的自发进口，全世界自发交易支出(包括自发进口)现在只有 705 单位美元。结果，世界的盈余(S_1 国是 100 单位美元，S_2 国是 20 单位美元)超过了世界的赤字(D_1 国是 60 单位美元，D_2 国是 40 单位美元)。整个世界的国际收支盈余是 20 单位美元。

考察一下表 18 第 3 部分，可以进一步阐明在多国世界中关于国际收支的重要问题，即问题支付的多边特点。当我们考虑主要赤字国 D_1 和两个盈余国 S_1 和 S_2 之间的关系时，这个问题已十分突出。事实上，D_1 国在个别项目上对 S_1 和 S_2 国的收支是盈余的。但从整

百万美元

		支 出 国					自发收入总额	超过余额：收入(+)或支出(−)
		D_1	D_2	S_1	S_2	B		
收入国	D_1		9	45 / 65	19	6	99	−60
	D_2	66		16	34	13	129	−40
	S_1	61	48		45	84	238	+100
	S_2	6	83	55		6	150	+20
	B	26	29	22	32		109	0
自发支出总额		159	169	138	130	109	705 / 725	+20

体来说，D_1 国陷于赤字，而 S_1 和 S_2 国有盈余。这样，D_1 国的居民从 S_1 国的居民得到 65 单位美元，但支付给 S_1 国居民的只有 61 单位美元（c 栏第 13 行和 a 栏第 15 行），因而 D_1 国对 S_1 国有 4 单位美元的盈余。D_1 国的居民从 S_2 国的居民得到 19 单位美元，但支付给 S_2 国居民的只有 6 单位美元（d 栏第 13 行和 a 栏第 1 行），因而 D_1 国对 S_1 国有 13 单位美元的盈余。表 18 第 3 部分所描述的情况，是 D_1 国对盈余国 S_1、S_2 国都有盈余，但对另外两国 D_2、B 却是赤字（特别是对 D_2 国），而且赤字大于盈余，因而 D_1 国出现净赤字。D_2 国对 D_1 国有较大盈余，但对 S_1、S_2 国和 B 国（特别是对 S_1 国）有较大赤字。这样，从表的右方看到，D_2 国可以说是部分对 S_1 国有赤字（因为 D_2 国是净赤字国，而 S_1 国是净盈余国），部分对 D_1 国有赤字。D_1 国虽然是个净赤字国，但它对净盈余国 S_1 却有盈余。而这部分盈余被它对净赤字国 D_2 的较大赤字所抵消。D_2 国又把这

部分赤字转移到净盈余国 S_1。

现在，为了恢复所有国家的外部平衡，我们希望以某种方式改变表 18 第 3 部分的数字，使 g 栏中每一个国家的净余额降为 0[①]。做到这一点的方法很多，其中有一些方法将在本篇剩余各章中讨论。在这里，我们以发表初步意见的方式，请大家注意各种方法之间的基本区别，即双边的和多边的解决方法的区别。世界收支失衡的双边解决方法，是每一个国家都和其他每一个国家分别实现平衡，在这种情况下，每一个国家当然与世界其余国家处于均衡状态，即与作为整体的世界所有其他国家形成平衡。多边解决方法则指每一个国家都与世界其余国家形成全面平衡，但彼此之间并没分别形成平衡，只要某个国家对另一个国家有赤字，它就应对另一个国家有同样数量的盈余。

表 19 表明了解决世界收支最初发生的失衡的双边和多边方法。表 18 第 3 部分描述了这种失衡。表 19 的第 1 部分重现表 18 第 3 部分的数字。这就是世界收支网络的失衡，我们的任务就是消除这种失衡。

表 19 的第 2 部分表示一个可能的双边解决办法。在原来的均衡位置上，D_1 国对 D_2 国有赤字。D_1 国的居民向 D_2 国的居民支付 66 单位美元，但只从 D_2 国的居民得到 9 单位美元（a 栏第 2 行和 b 栏第 1 行）。现在，D_1 国对 D_2 国的差额可用下述方法得到平衡：

[①] 这当然是以下述假定为前提：一个国家的自发支出就是另一个国家的自发收入，反之也一样。如果我们面对着的是上表的数字，我们的目的就是减少上表中右边一栏的余额数字，直到加起来得到 20 单位美元的正数，世界自发收入必然超过世界自发支出 20 单位美元。

表 19　国际收支失衡的双边和多边的解决办法　　　（百万美元）

			支出国				自发收入总额	余额：收入余额(+)或支出余额(−)
			D_1	D_2	S_1	S_2	B	
			(a)	(b)	(c)	(d)	(e)	(f)	(g)
第(1)部分：原来的失衡（见表18第3部分）									
收入国	D_1	(1)		9	65	19	6	99	−60
	D_2	(2)	66		16	34	13	129	−40
	S_1	(3)	61	48		45	84	238	+80
	S_2	(4)	6	83	55		6	150	+20
	B	(5)	26	29	22	32		109	0
自发支出总额		(6)	159	169	158	130	109	725	
第(2)部分：双边解决办法									
收入国	D_1	(7)		$37\frac{1}{2}$	63	$12\frac{1}{2}$	16	129	0
	D_2	(8)	$37\frac{1}{2}$		32	$58\frac{1}{2}$	21	149	0
	S_1	(9)	63	32		50	53	198	0
	S_2	(10)	$12\frac{1}{2}$	$58\frac{1}{2}$	50		19	140	0
	B	(11)	16	21	53	19		109	0
自发支出总额		(12)	129	149	198	140	109	725	
第(3)部分：多边解决办法									
收入国	D_1	(13)		7	90	21	6	124	0
	D_2	(14)	51		22	39	13	125	0
	S_1	(15)	48	36		51	84	219	0
	S_2	(16)	5	61	76		6	148	0
	B	(17)	20	21	31	37		109	0
自发支出总额		(18)	124	125	219	148	109	725	

通过扩大 D_2 国对 D_1 国的支出（D_1 国向 D_2 国出口或从事其他的自发交易），或减少 D_1 国对 D_2 国的支出，来使 D_1 国对 D_2 国的特定收支差额形成均衡。如果用前一种方式实现平衡，b 栏第 1 行的数字必须由 9 单位美元增加到 66 单位美元。如果用后一种方式实现平衡，a 栏第 2 行的数字必须从 66 单位美元减少到 9 单位美元。在前一种情况下，世界贸易总量将会大幅度扩大；在后一种情况下，世界贸易总量将大幅度缩小。事实上，双边主义本身并没有什么特别是收缩主义者或扩张主义者这样的东西。不管世界收支失衡的双边解决方法造成世界贸易的收缩还是扩张，不管这种解决方法是好是坏，问题的答案取决于情况发生的环境。我们将在后面各章里考虑这些环境。

表 19 的第 2 部分中，我们假定部分通过赤字国缩减对盈余国的支出，部分通过盈余国扩张对赤字国的支出，使每一对国家之间的收支实现完全的平衡。事实上，关于每一对国家之间的交易，我们从第 1 部分取出支出和收入的数字，然后把这两个数字加以平均，再把所得到的支出和收入的答案写在第 2 部分里。这样，关于 D_1 国向 D_2 国的支出在第 2 部分写下 $37\frac{1}{2}$ 单位美元（a 栏第 8 行），关于 D_2 向 D_1 的支出我们在第 2 部分写下 $37\frac{1}{2}$ 单位美元（d 栏第 7 行）。这 $37\frac{1}{2}$ 单位美元是原来失衡的情况下 D_1 国向 D_2 国支出的 66 单位美元（a 栏第 2 行）和 D_2 国向 D_1 国支出的 9 单位美元（b 栏第 1 行）的平均数。同样，对表 19 第 2 部分每一对国家，我们都可以使它们收入等于支出。这个数字等于原来情况下收入和支出的平均数。

在第 2 部分里，因为任何一对国家之间的总支出和总收入没有发生净扩张或净收缩，世界贸易和支付的总值仍然是 725 单位美元。因为每一个国家分别与别的国家形成平衡，所以作为整体来看，每一个国家都处于平衡，即（g）栏的赤字和盈余消失了。

然而，在表 19 第 3 部分里，情况有所不同。就每一个国家和作为整体的所有其他国家的关系来说，每一个国家的支出和收入都实现平衡。但就每一个国家分别与其他国家的关系来说，它的支出和收入不一定实现平衡。这样，在表 19 第（3）部分里，D_1 国对 D_2 和 B 国有赤字，但对 S_1 和 S_2 国有盈余。个别的盈余正好抵消了个别的赤字。第 3 部分的数字通过下述方式取得。B 国原来处于平衡状态。因此 B 国对每一个其他国家的支出既不扩大也不缩小（即 e 栏第 13 至 17 行的数字与该栏第 1 至 5 行的数字一样），但 D_1 和 D_2 国原来处于赤字状态。因此，这两个国家对所有其他国家的支出缩小了。同样，盈余国 S_1 和 S_2 对所有其他国家的支出扩大了。况且，我们假定——仅仅是作为对一种多边解决办法的特殊解释——每一个赤字国对其他国家的支出都按相同比例缩减，每一个盈余国对其他国家的支出都按相同比例增加。这样，表 19 第 3 部分里，D_1 国分别对 D_2、S_1、S_2 和 B 国的支出都减少了约 22%；D_2 国分别对 D_1、S_1、S_2 和 B 国的支出都减少了约 26%；S_1 国分别对 D_1、D_2、S_2 和 B 国的支出都增加了约 39%；S_2 国分别对 S_1、D_1、D_2 和 B 国的支出都增加了约 14%。盈余国支出的全面扩张和赤字国支出的全面收缩，按照足以使每一个国家与作为整体的世界其余国家形成全面平衡的规模进行。但没有单独一对国家形成了双边平衡。

表 19 第（3）部分所描述的世界均衡的多边特征，可以用下述事

实来解释：D_1 国对 D_2 国的自发贸易和转移的支出超过收入；D_2 国对 S_2 国的支出大于收入；S_2 国对 D_1 国的支出超过收入。在物品交易方面，存在从 D_1 到 D_2 国、D_2 到 S_2 国、S_2 到 D_1 国这种多边支付环节。D_1 国的购买者也许从 D_2 国买进原材料，D_2 国的购买者也许从 S_2 国买进食品，S_2 国的购买者也许从 D_1 国买进机器上。这意味着每一对国家之间会发生相当大的贸易失衡。另一方面，D_1 国对 D_2 国的超额支出也许代表赔偿支出，或者代表资本缺乏因而在开发项目上可望获得高收益的发展中国家（D_2）从资本充裕而利率较低的发达国家（D_1）借款。但筹集这项支出的最经济的方法，也许是使 D_2 国的借款人不把贷款用在 D_2 国并不那么需要的 D_1 国的产品上，而是把它用在譬如说 S_2 国的机器上。S_2 国的购买者转过来又会从 D_1 国买进他们所需要的衣服。表 19 第（2）部分所解释的双边解决方法，不能用于分析这种多边贸易的情形。

26 多边收入效应

让我们再次简略地说明本章和以下各章所要讨论的问题。我们假定世界由五个国家——D_1、D_2、S_1、S_2 和 B——组成。这些国家在下述意义上处于内部平衡：每一个国家以本国通货表示的对本国产品的货币需求总水平，与该国的货币工资率和其他货币成本总水平相比，高到足以提供高水平的就业，但又没有高到引起货币价格和成本的不断膨胀。况且，不管外部的发展使内部发生什么情况，每一个国家的当局都企图（而且有行政能力）利用货币和财政政策来调整国内对物品和劳务的货币需求——即该国的国内支出——以保持内部平衡。但我们所说的国家没有处于外部平衡状态，这种情况就是表 18 描述的情况。我们的问题是在每一个国家的国内金融政策都这样进行调整，以保持内部平衡的假定下，讨论各国同时实现外部平衡的各种方式。

当然，仅仅通过使资金从盈余国到赤字国的特别转移的方法，也有可能实现外部平衡。盈余国当局可以按照马歇尔援助计划使资金流往赤字国，这项特殊资金流动阻止赤字国的黄金（或国际上所接受的其他形式的支付手段）外流。或者，赤字国也可以对资本出口实行外汇管制，以实现外部平衡。如果从每一个赤字国到盈余国有足够规模的资本自发总流量，那么每一个赤字国当局只用停止资本外流的方法就有可能恢复国际收支的平衡。与此同时，如果从盈余国到赤字国的现有资本流量仍能继续下去，结果从盈余国到赤字国的资本资金净流量会有足够大的增加，以弥补国际收支的全部缺口。

上述处理问题的方法可以实现外部平衡，同时又不改变任何国家的有形或无形进口，或贸易差额。调整全部落在"转移"项目上，而完全没有落在"贸易"项目上。但是，更有可能出现的情况是：大部分调整迟早会落在贸易项目上。为了实现外部平衡，赤字国的出口总值很可能利用这样或那样的手段扩张，同时或者利用这样或那样的手段使其进口总值收缩，而盈余国则要经受相反的经历。

但是倘若如此，而且如果每一个国家的当局都采取有效的金融政策以实现内部平衡，那么我们对每一个国家最后到达的均衡位置就可以立即得出某些结论。假定为了实现外部平衡，D_1 国的贸易差额的有利变动要达到 60 单位美元，D_2 国的贸易差额的有利变动要达到 40 单位美元，S_1 国的贸易差额的不利变动要达到 80 单位美元，S_2 国的贸易差额的不利变动要达到 20 单位美元[①]。对每一个国家来说，国内支出减去进口加上出口等于国民收入。根据我们的假定，每一个国家的当局为了内部平衡的利益，都在采取调整国内支出以保持国民收入稳定的国内金融政策。由此可见，D_1 国的当局不得不收缩 60 单位美元的国内支出，以抵消 D_1 国的 60 单位美元的贸易差额的改善对 D_1 国国民收入的膨胀影响。同样，为了内

---

① 换言之，我们假定表 18 第 3 部分 g 栏所表示的全部国际收支失衡，必须由贸易项目而完全不是由转移项目的调整来消除。

部平衡，D_2 国要收缩 40 单位美元的国内支出，S_1 国要扩大 80 单位美元的国内支出，S_2 国要扩大 20 单位美元的国内支出，才能抵消为保持外部平衡最终发生的贸易差额的调整对国内的影响。

为了内部平衡，实现贸易差额的调整有必要实行紧缩和膨胀。但是，赤字国国内支出的紧缩和盈余国国内支出的膨胀，本身能带来贸易差额所需要的调整吗？当 D_1 和 D_2 国当局采取步骤来收缩国内支出时，这不仅造成对本国生产的物品和劳务需求的减少，而且造成对进口商品需求的减少。当 S_1 和 S_2 国当局采取步骤来增加国内支出时，这不仅会造成对本国产品需求的增加，而且会造成对进口商品需求的增加。D_1 和 D_2 国需要实行紧缩来抵消它们贸易差额的改善对国内的膨胀影响，S_1 和 S_2 国则需要实行膨胀来抵消它们贸易差额的恶化对国内的紧缩影响。这些紧缩和膨胀本身有可能足以使 D_1 和 D_2 国的贸易差额得到所需要的改善，使 S_1 和 S_2 国的贸易差额恶化吗？如果情况是这样，要恢复外部平衡，而又不影响每一个国家现有的内部平衡，除了适当的国内金融政策之外，不需要进一步采取行动。D_1 和 D_2 国的国内支出的适当紧缩，S_1 和 S_2 国的国内支出的适当膨胀，将会产生所需要的双重效果：(1) 它将减少赤字国的进口，扩大盈余国的进口，并达到恢复外部平衡所必须的程度；(2) 它将立即使赤字国对本国产品的需求减少到这样一种必要的程度：它阻止外国对其产品需求的增加所引起它们国内的膨胀；同样它将使盈余国对本国产品的需求扩张到足以抵消它们失去出口市场对国内所产生的紧缩影响。

我们已经看到，在只有两个国家的世界里，如果这两个国家的边际进口倾向的总和等于 1，这个令人愉快的结果将发生。读者可

26 多边收入效应

看看表9（参看第7章）以及那里的论述。让表9里的A国代表赤字国，B国代表盈余国，赤字或盈余都达到100单位美元的程度。假定要恢复外部平衡，A国的贸易差额的增加要等于这个数额，B国贸易差额的减少也要等于这个数额。在预期到贸易差额调整幅度的情况下，A国当局为了实现内部平衡，开始收缩100单位美元的国内支出，以避免本国国民收入的膨胀；B国当局同样开始扩张本国的国内支出。在表9事例(1)里，我们假定A、B两国的边际进口倾向加起来等于1（即 $\frac{40}{100} + \frac{60}{100}$）。在这种情况下，A国国内支出收缩100单位美元，B国国内支出扩张100单位美元，这种行动显然不仅使贸易差额朝着有利于A国的方向正好变动了所需要的幅度（100单位美元），而且使A、B两国的国民收入保持不变。表9事例(2)解释了A、B两国的边际进口倾向的总和大于1这种十分反常的情况，结果A国国内支出的紧缩和B国国内支出的膨胀，使A国贸易差额的改善幅度大于100单位美元，并造成A国国民收入的膨胀和B国国民收入的紧缩。表9事例(3)表明了两国边际进口倾向的总和小于1这样一种正常的情况，结果A国贸易差额的改善幅度小于所需要的100单位美元。A国的国民收入发生相应的净紧缩；B国的国民收入发生相应的净膨胀。

在我们多国的世界里，什么情况相当于边际进口倾向的总和等于1这个临界点呢？在表9的两国世界里，事例(1)的特殊情况——（边际进口倾向的总和等于1）——是每一个国家的边际进口倾向等于1/2。在表20的事例1里，我们把这种特殊情况应用到我们的五国世界。我们假定，为了实现外部平衡，D_1国的贸易差额应该发生60单位美元的有利变动,D_2国的贸易差额应该发生40单位美元的有利变动,S_1国的贸易差额应该发生80单位美元的不利变动,S_2国的贸易差额应该发生20单位美元的不利变动。当这些变动发生时,内部平衡仅仅由于D_1国、D_2国的国内支出的紧缩和S1和S2国的国内支出相同幅度的膨胀而得到保持。因此,在表20第6、13、20和27行中,我们假定D_1、D_2、S_1和S_2国的国内支出分别发生了-60单位美元、-40单位美元、+80单位美元和+20单位美元的变动。

在表20的事例1里,我们假定每一个国家的边际进口倾向等于1/2。这样(事例1的a栏),我们假定D_1国国内支出减少的60单位美元中,有一半或30单位美元(a栏第1行)代表对D_1国国内产品需求的减少,另一半或12单位美元+12单位美元+1单位美元+5单位美元(a栏第2、3、4和5行)则分别代表对来自D_2、S_1、S_2和B国的进口商品的需求的减少。为说明起见,我们假定D_1国对进口商品需求30单位美元的减少,大体上按已从各国进口的产品的一定比例分布在D_2、S_1、S_2和B国的进口商品上——如同表17所解释的那样[①]。表20事例1中的b、c、d各栏数字,都是按同样方式确定的。我们假定在每一种情况下,国内支出的变化有一半表现为对本国产品需求的变化;另一半表现为对进口商品需求的变化。而进口的变化在各供给来源中的分配大体与已经从这些供给来源进口的产品成比例,就像表17所表明的那样。由于B国已经处于外部平衡,不需要使B国国内支出发生净变化来保持它的内部

---

① 这样,比例大致是 12∶12∶1∶5∶65∶60∶5∶25。

平衡，结果表 20e 栏中的数字没有变化。

把表 20 事例(1)中前 5 行中每一行的数字加起来，我们可以发现第 6 行的国内支出的变动对每一个国家的国民收入、出口和贸易差额所发生的影响。例如，如果我们把第 1 行的 a、b、c、d 和 e 栏的数字加起来，可以得到 D_1 国产品需求的净变化，不管这种需求的变化是来自国内的需求来源（a 栏），还是来自 D_2、S_1、S_2 和 B 国的出口市场（b、c、d 和 e 栏）。结果是对 D_1 国产品的需求净减少了 13 单位美元。因此，对 D_1 国国民收入的影响是 -13 单位美元。它由第 1 行 f 栏表示。如果我们把 b、c、d 和 e 各栏的数字相加（即第 1 行减去对角线在 a 栏内的数字），我们可以得到 D_1 国的出口变化。这个数字是 +17 单位美元，由第 1 行 g 栏表示[①]。最后，D_1 国的国际收支赤字最初是 60 单位美元，现在已得到改善而减至 13 单位美元。这是因为 D_1 国的出口增加了 17 单位美元（g 栏第 1 行），它的进口则减少了 30 单位美元（a 栏第 7 行）。D_1 国的国际收支

---

① 因为 S_1 和 S_2 国需求的增加大于 D_2 国需求的减少，所以 D_1 国的出口会增加。但对于另一个赤字国 D_2 来说，它对 D_1 国销售量很大，但对 S_1 和 S_2 的销售量则没有那么大，因而它的出口净减少了 9 单位美元（g 栏第 2 行）。同样，盈余国 S_1 发生了出口需求的净减少（g 栏第 3 行的 -14 单位美元）。因为 S_1 国是 S_2 国的重要顾客，所以另一个盈余国 S_2 经受了出口需求的净增加（表 17c 栏第 4 行）。在表 20 事例(1)里，虽然 D_2 国的出口下降了，因为 D_2 国的进口下降幅度更大，所以 D_2 国的国际收支得到改善。同样，S_2 国进口的增加大于出口的增加，因而 S_2 国的盈余减少了。但也并不是必然这样。例如，假定 D_1 国的购买者对 D_2 国产品的需求减少了 24 单位美元而不是 12 单位美元（如果他们对 S_1、S_2 和 B 国产品的需求分别减少了 2、0 和 3 而不是 12、1 和 5，我们能够做到这一点）。于是 D_2 国的出口减少 21 单位美元而不是 9 单位美元。它出口的减少超过进口的减少 1 单位美元。国内支出的调整使其中一个赤字国（D_2）的赤字增大了，因为另一个赤字国（D_1）对它产生的紧缩影响，明显大于盈余国（S_1 和 S_2）对它产生的总的膨胀影响。

表20 多国世界里国内支出的变动对国民收入和国际收支的影响

(百万美元)

		支出的增加(+)或减少(-)					国民收入	出口	国际收支盈余(+)或赤字(-)	
		D_1	D_2	S_1	S_2	B			变动前	变动后
		(a)	(b)	(c)	(d)	(e)	(f)	(g)	(h)	(i)
事例(1):每一个国家的边际进口倾向等于1/2,进口的变动和以前的进口成比例										
收入的增加(+)和减少(-)	D_1 (1)	-30	-1	+17	+1	0	-13	+17	-60	-13
	D_2 (2)	-12	-20	+1	+2	0	-29	-9	-40	-29
	S_1 (3)	-12	-6	+40	+4	0	+26	-14	+80	+26
	S_2 (4)	-1	-10	+16	+10	0	+15	+5	+20	+15
	B (5)	-5	-3	+6	+3	0	+1	+1	0	+1
	国内支出 (6)	-60	-40	+80	+20	0				
	进口 (7)	-30	-20	+40	+10	0				
事例(2):每一个国家的边际进口倾向等于1/2,进口的变化正好使所有国家实现完全的平衡										
收入的增加(+)和减少(-)	D_1 (8)	-30	0	+25	+5	0	0	+30	-60	0
	D_2 (9)	0	-20	+15	+5	0	0	+20	-40	0
	S_1 (10)	-25	-15	+40	0	0	0	-40	+80	0
	S_2 (11)	-5	-5	0	+10	0	0	-10	+20	0
	B (12)	0	0	0	0	0	0	0	0	0
	国内支出 (13)	-60	-40	+80	+20	0				
	进口 (14)	-30	-20	+40	+10	0				

26 多边收入效应

续表

			支出的增加(+)或减少(−)				国民收入	出口	国际收支盈余(+)或赤字(−)	
			D_1	D_2	S_1	S_2	B			变动前	变动后
			(a)	(b)	(c)	(d)	(e)	(f)	(g)	(h)	(i)
事例(3):每一个国家对来自其他国家的进口商品的边际倾向等于平均倾向											
收入的增加(+)和减少(−)	D_1	(15)	−52	0	+4	+1	0	−47	+5	−60	−47
	D_2	(16)	−4	−30	0	+1	0	−33	−3	−40	−33
	S_1	(17)	−3	−3	+70	+1	0	+65	−5	+80	−65
	S_2	(18)	0	−5	+4	+16	0	+15	−1	+20	+15
	B	(19)	−1	−2	+2	+1	0	0	0	0	0
	国内支出	(20)	−60	−40	+80	+20	0				
	进口	(21)	−8	−10	+10	+4	0				
事例(4):每一个国家的边际进口倾向小于1/2,进口的变化正好使某一个国家实现平衡											
收入的增加(+)和减少(−)	D_1	(22)	−35	0	+30	+5	0	0	+35	−60	0
	D_2	(23)	−10	−25	+5	0	0	−30	−5	−40	−30
	S_1	(24)	−5	−5	+45	0	0	+35	−10	+80	+35
	S_2	(25)	−5	−5	0	+15	0	+5	−10	+20	+5
	B	(26)	−5	−5	0	0	0	−10	−10	0	−10
	国内支出	(27)	−60	−40	+80	+20	0				
	进口	(28)	−25	−15	+35	+5	0				

从-60单位美元变为-30单位美元,这是表中第6行所表示的国内支出变化所带来的结果,它记入表20第1行h和i栏。第2、3、4和5行的f、g、h和i栏的数字,也以同样的方式求得。

表20事例(1)的主要结果是明显的。在每一个国家里,边际进口倾向都是1/2。在只有两个国家的情况下(表9事例1),这意味着国内支出的调整足以恢复外部平衡和内部平衡。但在五个国家的情况下,不再是这样。赤字国(D_1和D_2)仍然有赤字,它们的国民收入发生了紧缩。而盈余国(S_1和S_2)仍然有盈余,它们的国民收入发生了膨胀[①]。结果事实上相当于两个国家的情形:边际进口倾向的总和小于1(表9事例3),赤字国国内支出的紧缩主要是对赤字国产品需求的紧缩(因而它的国民收入严重紧缩,但它的进口并没有减少多少)。而盈余国国内支出的膨胀主要是对盈余国产品需求的膨胀(因而它的国民收入上升很多,但它的进口并没有增加

---

① 我们要注意,在整个表20中,(f)栏的数字和(i)栏的数字是相同的。换言之,国内支出的变化对一个国家的国民收入的影响,和该国国际收支剩余的赤字或盈余正好一样。理由非常明显,一个国家的国民收入的变化=它的国内支出的增加+它的出口的增加-它的进口的增加。它的国际收支所剩下的差额=它的最初的国际收支差额+它的出口的增加-它的进口的增加。但我们正在考察国内支出增加所产生的后果。根据假定它等于最初的国际收支差额。因此,随之而来的是,一个国家国民收入结果所产生的变化,应该等于该国所剩下的国际收支差额。这具有简单的但却重要的经济意义。例如,作为表20事例(1)变化的结果,D_1国的国民收入下降了13单位美元,剩下的国际收支赤字也是13单位美元。要使D_1国的国民收入恢复到以前的水平(即恢复内部平衡),也为了消除剩下的国际收支赤字(即恢复外部平衡),需要使13单位美元的需求从外国产品转向D_1国的产品。表20事例1的f栏和i栏描述了这一种情况:要使每一个国家实现内部和外部平衡,国际需求需要按一定规模转移(移向D_1国产品的需求量是13单位美元,移向D_2国产品的需求是29单位美元,从S_1国产品转移走的需求是26单位美元,从S_2国产品转移走的需求是15单位美元,从B国产品转移走的需求是1单位美元)。

26 多边收入效应

多少)。

很容易看到,在多国的世界里,所有边际倾向都等于 1/2 的情形,相当于在两国世界里,所有边际倾向都小于 1/2 的情形。在表 20 中,我们实际上正分析两组国家之间不平衡的问题:一方面是赤字国 D_1 和 D_2,另一方面是盈余国 S_1 和 S_2。当 D_1 国收缩国内支出时,D_1 国的进口商既购买更少的 S_1 和 S_2 国的产品,也购买更少的 D_2 国的产品。但只有 D_1 国减少从 S_1 和 S_2 国的进口,才有助于恢复外部平衡。然而在只有两个国家的情形下,赤字国减少它对进口商品的支出,都会通过减少盈余国的出口而全都有助于恢复外部平衡。在有多个国家的情况下,仅仅是赤字国减少来自盈余国的进口时,才有助于恢复外部平衡。在表 20 事例 1 里,D_1 国减少来自 D_2 国的进口 12 单位美元,仅带来 D_2 国赤字的增加。我们可以看到,在表 20 的事例 1 里,把 D_1 和 D_2 国合在一起,国内支出减少了 100 单位美元,来自所有来源的总进口减少了 50 单位美元(即 30 单位美元 +20 单位美元)。但来自 D_1 和 D_2 国以外的其他国家的进口只减少了 37 单位美元(即 12 单位美元 +1 单位美元 +5 单位美元 +6 单位美元 +10 单位美元 +3 单位美元)。换言之,D_1 和 D_2 国的边际进口倾向分别为 50%,但整个世界的全部赤字国对来自全部非赤字国的进口的边际倾向只有 37%。同样,S_1 和 S_2 国合起来,从包括这两个国家在内的所有来源的总进口是 50 单位美元(40 单位美元 +10 单位美元)。当 S_1—S_2 国的国内支出增加 100 单位美元时,从世界其余国家输入组合同 S_1—S_2 国的进口只有 30 单位美元(17 单位美元 +1 单位美元 +6 单位美元 +1 单位美元 +2 单位美元 +3 单位美元)。

即使不是像上面那样考虑赤字国和盈余国之间的关系,而是考虑以 D_1 国为一方,以世界其余国家即 D_2—S_1—S_2—B 国为另一方之间的关系,也能够观察到同样的情况。在表20的事例1里,D_1 国从 D_2—S_1—S_2—B 国进口的边际倾向是50%。当 D_1 国的国内支出减少60单位美元时,它的进口减少了30单位美元。但组合 D_2—S_1—S_2—B 国从 D_1 国进口的边际倾向只有17单位美元/60单位美元,或28%。当 D_2—S_1—S_2—B 国联合的国内支出上升60单位美元(D_2 国减少40单位美元,S_1 国增加80单位美元,S_2 国增加20单位美元,B 国保持不变)时,它从 D_1 国的进口增加了17单位美元(D_2 国从 D_1 国的进口减少了1单位美元,S_1 国增加了17单位美元,S_2 国增加了1单位美元,B 国保持不变)。尽管每一个国家从世界其余国家进口的边际倾向都是50%,但 D_1 国从 D_2—S_1—S_2—B 国进口的边际倾向和 D_2—S_1—S_2—B 国从 D_1 国进口的边际进口倾向的总和却小于1。在多国的世界里,为了使我们在本章所考察的收入效应足以恢复外部平衡,而同时又不影响内部平衡,每一个别的国家的边际进口倾向平均起来应该大于1/2。

这个条件还要作某种修改。表20事例2解释了这种情况,每一个国家从世界其余国家进口的边际倾向就像表中事例1一样等于1/2。但在这种情况下,赤字国 D_1 和 D_2 的购买者仅仅减少了来自盈余国 S_1 和 S_2 的进口商品的需求,而完全没有减少彼此之间的产品的需求。同样,盈余国 S_1 和 S_2 的购买者仅仅增加了来自赤字国 D_1 和 D_2 的进口商品的需求,而完全没有增加彼此之间的产品的需求。在这种情况下,D_1—D_2 国的国内支出紧缩100单位美元,而 S_1—S_2 国的国内支出膨胀100单位美元,将消除 D_1—D_2 国100

单位美元的赤字和 S_1—S_2 国 100 单位美元的盈余,而又不会造成 D_1—D_2 国或 S_1—S_2 国的国民收入的变化。事实上,可以选择表中事例 2 的数字以得到更不大可能的和偶然的结果。不仅 D_1—D_2 和 S_1—S_2 这两个组合国家由于国内支出的调整而形成内部和外部平衡,而且每一个国家即 D_1、D_2、S_1、S_2 都分别形成内部和外部平衡。这就是说,我们这样来挑选数字,使 D_2 国的购买者对 S_1 国产品和 S_2 国产品支出的节约,相当于 D_1 国的购买者对 S_1 国产品和 S_2 国产品支出的节约,因而 D_1—D_2 国的购买者对 S_1 国产品支出的节约总额,相当于 S_2 国的购买者对本国产品需求的增加额。例如,读者可以把 b 栏第 10 行的-15 单位美元和 b 栏第 11 行的-5 单位美元倒过来,估计一下这个附加条件的作用。在这种情况下,S_1—S_2 国结合起来仍然处于内部和外部均衡。但 S_1 国的国民收入现在是 +10 单位美元,S_2 国的则是-10 单位美元;而 S_1 国的国际收支有 10 单位美元的盈余,S_2 国的则有 10 单位美元的赤字。D_1—D_2 国和 S_1—S_2 国仍然处于完全的平衡。但作为 D_1—D_2 国紧缩的结果,它减少对 S_2 国产品的需求太大,减少对 S_1 国产品的需求太小,因而无法使 S_1 国和 S_2 国分别实现充分的内部平衡和外部平衡。

当然,表 20 事例 2 是一个极不可能的侥幸结果。事实上,每一个国家的边际进口倾向可能小于 1/2;并且每一个国家的进口的变动可能分布在所有其他国家上,而不管是赤字国还是盈余国。在表 20 事例(3)中,我们像以前那样假定 D_1、D_2、S_1 和 S_2 国调整它们的国内支出(第 20 行),调整的幅度足以抵消它们的国际收支所需要的最后变化(h 栏)。不过在这种情况下,我们假定每一个国家对本国所生产的物品和劳务的需求,以及对来自各个外国的进口商品的需求的变化，大体上与表17中所表明的原来对国内产品的需求和国外产品的需求成比例[①]。在这种我们可以看做是标准的情况下，正如我们所预料的那样，我们发现赤字国国内支出的紧缩以及盈余国国内支出的膨胀，能够在某种程度上减少前者的赤字和后者的盈余，但大部分赤字和盈余要用其他方法消除。同时，这势必意味着赤字国国内支出的紧缩和盈余国国内支出的膨胀，造成前一种国家国民收入明显的紧缩和后一种国家国民收入明显的膨胀。为了实现外部平衡而需要采取的使世界需求从盈余国的出口商品转向赤字国的出口商品的进一步措施，有助于通过限制对前一种国家产品的总需求，扩大对后一种国家产品的总需求而保持内部平衡[②]。

因此，在本篇的其余各章中，我们将假定：当赤字国当局收缩国内支出并使收缩的程度等于国际收支的赤字额时，当盈余国当局

[①] 这样，大致上是 52:4:3:0:1（表20事例3a栏）:1000:65:60:5:25（表17a栏）。

[②] 表20事例4表明多国世界中的一个更为特殊的情况。在这种情况下，每个个别的国家的边际进口倾向都小于1/2，在两国世界里（表9事例3），赤字国将仍然有赤字，同时国民收入下降；而盈余国也有盈余，同时国民收入上升。但在多国世界里，这对每个个别的国家来说，并非一定这样。在表20事例2里，尽管边际进口倾向小于1/2，国内支出的调整足以使 D_1 国恢复外部平衡同时又保持内部平衡。这个谜的线索是：尽管 D_2、S_1 和 S_2 国的边际进口倾向都小于1/2（分别是 $\frac{15}{40}$、$\frac{35}{80}$ 和 $\frac{5}{20}$）。但 D_2—S_1—S_2 组合国从 D_1 国进口的边际倾向却大于1/2，即 $\frac{35}{60}$。所以如此，是因为 D_2 国的购买者（他们必须减少进口）减少了从 S_1 和 S_2 国的进口，却丝毫没减少从 D_1 国的进口。同时，S_1 和 S_2 国的购买者（他们必须增加进口）所增加的进口几乎只来自 D_1 国。D_1—S_1—S_2 国对包括 D_2、S_1 和 S_2 国在内的所有来源的进口的联合边际倾向仅仅是 $\frac{25}{60}$（$\frac{-15+35+5}{-40+80+20}$），但 D_2—S_1—S_2 国对 D_1 国的进口边际倾向却是 $\frac{35}{60}$（$\frac{0+30+5}{-40+80+20}$）。

同样扩张国内支出时,赤字国需求的紧缩主要影响到对它们国内产品的需求,盈余国的膨胀主要也是影响对它们国内产品的需求。由此可见,虽然通过国内支出的这些调整多少能扩大盈余国的进口和收缩赤字国的进口,恢复外部平衡,但大部分外部失衡要用其他措施才能纠正。这些使需求从盈余国的产品转向赤字国产品的措施,以及赤字国和盈余国分别发生的国内支出的"政策性"紧缩和"政策性"膨胀结合在一起,即可以保持外部平衡,又可以保持内部平衡。

表 21 表明了我们现在所面临的情况。表中 a 栏到 e 栏的数字,是表 17a 栏到 e 栏的数字加上或减去表 20 事例 3 中 a 栏到 e 栏的数字。换言之,我们处于原来的情况。接着,我们假定为实现内部平衡,每一个赤字国的当局收缩本国的国内支出,每一个盈余国的当局都扩张本国的国内支出,而且收缩和扩张的幅度分别等于恢复外部平衡需要贸易差额发生的有利和不利变动的幅度。然后,我们在新的图表中记下在国内支出变化的影响下对每一个国家产品需求的水平。按照以往的方式,把前一栏中每行的数字加起来,开始时包括对角线上的数字,然后再排除掉,就可以得到表 21f 栏和 g 栏的数字。h 栏表示 g 栏的出口数字和第 7 行的进口数字之差。i 栏的转移支付直接由表 18 第 2 部分 g 栏的数字转过来。或者换句话来说,我们是在假定为带来国内支出必要调整而采取的金融政策,并没有给各国之间的自发性转移支付总量造成什么影响。我们的这个假定纯粹是为了简化的目的。这个假定对我们的分析不会有太大的影响。我们在表 21 j 栏列出的数字是 h 栏和 i 栏数字的总和。它代表一个国家国际收支在国内支出调整以后所剩下的赤字

或盈余。

表 21　国内支出调整以后的国民收入、贸易差额和国际收支

（百万美元）

<table>
<tr><th colspan="2"></th><th></th><th colspan="5">自发贸易的支出</th><th rowspan="2">国民
收入</th><th rowspan="2">出口</th><th colspan="3">赤字(-)或
盈余(+)</th></tr>
<tr><th colspan="2"></th><th></th><th>D_1</th><th>D_2</th><th>S_1</th><th>S_2</th><th>B</th><th>自发
贸易</th><th>自发
转移</th><th>自发
支出</th></tr>
<tr><td colspan="2"></td><td></td><td>(a)</td><td>(b)</td><td>(c)</td><td>(d)</td><td>(e)</td><td>(f)</td><td>(g)</td><td>(h)</td><td>(i)</td><td>(j)</td></tr>
<tr><td rowspan="5">自发贸
易的收
入</td><td>D_1</td><td>(1)</td><td>948</td><td>8</td><td>60</td><td>17</td><td>5</td><td>1 038</td><td>90</td><td>-57</td><td>+10</td><td>-47</td></tr>
<tr><td>D_2</td><td>(2)</td><td>61</td><td>470</td><td>5</td><td>24</td><td>12</td><td>572</td><td>102</td><td>-53</td><td>+20</td><td>-33</td></tr>
<tr><td>S_1</td><td>(3)</td><td>57</td><td>44</td><td>1 070</td><td>41</td><td>83</td><td>1 295</td><td>225</td><td>+80</td><td>-15</td><td>+65</td></tr>
<tr><td>S_2</td><td>(4)</td><td>5</td><td>77</td><td>57</td><td>516</td><td>5</td><td>660</td><td>144</td><td>+30</td><td>-15</td><td>+15</td></tr>
<tr><td>B</td><td>(5)</td><td>24</td><td>26</td><td>23</td><td>32</td><td>700</td><td>805</td><td>105</td><td>0</td><td>0</td><td>0</td></tr>
<tr><td colspan="2">国内支出</td><td>(6)</td><td>1 095</td><td>625</td><td>1 215</td><td>630</td><td>805</td><td></td><td></td><td></td><td></td><td></td></tr>
<tr><td colspan="2">进口</td><td>(7)</td><td>147</td><td>155</td><td>145</td><td>114</td><td>105</td><td></td><td></td><td></td><td></td><td></td></tr>
</table>

让我们简略地说明每一个国家处于原来情况（表 17 和表 18）和处于新情况（表 21）的若干要点。我们以 D_1 国为例来说明。同样的原则当然也适用于所有其他的国家。在原来的情况下，D_1 国的国际收支有 60 单位美元的赤字（表 18 第 3 部分 g 栏）。因此，D_1 国的当局收缩 60 单位美元的国内支出。这是因为它的贸易差额最后要改善 60 单位美元，国内支出也要收缩 60 单位美元才能保持内部平衡（表 21a 栏第 6 行的数字比表 18a 栏第 6 行的数字少 60 单位美元）。支出的减少按比例分布在对本国产品和进口商品的需求上（表 17a 栏的数字按大致相同的比例减少，得到表 21a 栏的数字）。

如果同时考虑到 D_2、S_1 和 S_2 国类似的国内支出的调整对 D_1 国出口的影响（参看表 17 和表 18 第 1 行从 b 栏到 d 栏的数字），我们得到 D_1 国的国民收入、出口、贸易差额和国际收支差额的新数字（表 21f、g、h、i 和 j 栏）。如果，在表 18 第 3 部分和表 21 第 3 部分之间，D_1 国的国际收支从 -60 单位美元改善为 -47 单位美元，但 D_1 国的国民收入也从表 18 的 1 085 单位美元降为表 21 的 1 038 单位美元，下降了 47 单位美元。换言之，对 D_1 国产品需求的增加超过对 D_2、S_1、S_2 或 B 国产品的需求 47 单位美元，是恢复 D_1 国的外部平衡所需要的，也是恢复 D_1 国的内部平衡所需要的。

下面我们将把表 21 作为我们所分析的情况的数据。这种情况是我们为同时实现每一个国家的内部平衡和外部平衡而需要国际需求转移的情况（有 47 单位美元的需求转到 D_1 国的产品，有 33 单位美元转到 D_2 国的产品，有 65 单位美元从 S_1 国的产品转走，有 15 单位美元从 S_2 国的产品转走）。现在，我们转向考虑导致需求转移的方式。

27 多边价格调整

我们在世界性国际收支的重新调整过程中,已经到达下述阶段:我们所有的国家在开始时都处于内部平衡,但并未实现外部平衡。D_1 和 D_2 国的国际收支有赤字;S_1 和 S_2 国的国际收支有盈余。因此 D_1 和 D_2 国的当局采取收缩国内支出的政策,而 S_1 和 S_2 国的当局则采取扩张国内支出的政策,从而在前者的贸易差额增加而后者的贸易差额减少时,保持内部平衡。这使 D_1 和 D_2 国的国民收入发生某种程度的紧缩而 S_1 和 S_2 国的国民收入发生某种程度的膨胀。它也引起 D_1 和 D_2 国的贸易差额某种程度的增加以及 S_1 和 S_2 国的贸易差额某种程度的减少。但贸易差额的这些变化不足以完全恢复外部平衡。为了用再次收缩 S_1 和 S_2 国的国民收入和扩张 D_1 和 D_2 国的国民收入的方法来恢复内部平衡,用进一步增加 D_1 和 D_2 国的贸易和国际收支差额和减少 S_1 和 S_2 国的贸易和国际收支差额的方法来完全恢复外部平衡,还需要国际需求从 S_1 和 S_2 国的产品转向 D_1 和 D_2 国的产品。

这种国际需求从 S_1 和 S_2 国的产品转向 D_1 和 D_2 国的产品的移动,可以用我们在第四篇的两国世界的例子中所详细讨论过的方法来实现。正如我们在那里所看到的,可以通过两种机制中的任何一种来进行价格调整。

首先，D_1 和 D_2 国的货币国民收入总额因它们国内支出的"政策性"紧缩而发生的下降，表示对这两个国家产品的货币总需求的净减少。这将引起产量某种程度的减少和失业某种程度的增加。对劳力需求的减少又引起 D_1 和 D_2 国货币工资率的下降，从而引起它们的货币成本和货币价格的下降。相反，对 S_1 和 S_2 国产品的货币总需求的膨胀导致这些国家的货币工资率、成本和价格上升。结果，D_1 和 D_2 国的产品相对于 S_1 和 S_2 国的产品来说变得便宜。这造成国际需求从较昂贵的 S_1 和 S_2 国产品转向较便宜的 D_1 和 D_2 国产品。如果需求转移的规模足够大，这将导致对 D_1 和 D_2 国产品的货币支出的净增加和对 S_1 和 S_2 国产品的货币支出的净减少。这样，D_1 和 D_2 国的贸易差额和国民收入将增加；同时 S_1 和 S_2 国的贸易差额和国民收入将减少。这就是我们所说的恢复内部平衡和外部平衡的金本位机制。

其次，不是通过 D_1、D_2、S_1 和 S_2 国的国内货币工资率和成本的调整，而是通过各国通货之间汇率的调整，也可以实现价格调整。正如我们在上一章里所论述的，甚至在赤字国 D_1 和 D_2 的国内支出开始向下调整，盈余国 S_1 和 S_2 的国内支出开始向上调整以后，在正常情况下，D_1 和 D_2 国的国际收支仍有赤字，S_1 和 S_2 国的国际收支仍有盈余。在外汇市场上，对 S_1 和 S_2 国的通货仍有过度需求，D_1 和 D_2 国的通货仍是过度供给。如果有自由的外汇市场，D_1 和 D_2 国的通货以 S_1 和 S_2 国的通货表示的价格将下降。但这将使 D_1 和 D_2 国产品相对于 S_1 和 S_2 国产品来说更为便宜。结果，国际需求将从 S_1 和 S_2 国的产品转向 D_1 和 D_2 国的产品。如果相对价格一定的变化引起足够大的需求移动，对 D_1 和 D_2 国产品的货币总支出将上升，对 S_1 和 S_2 国产品的货币总支出将下降。这就是恢复内部平衡和外部平衡的可变汇率机制。

在本章其余部分的讨论中，我们限于讨论可变汇率机制在多国世界里如何恢复平衡。我们将不重复第四篇中有关这种机制所提出的要点，而只讨论在多于两国的情况下有关这种机制作用的新要点。事实上，这些新要点不管是采用金本位机制还是采用可变汇率机制都存在。然而，读者在读完这一章以后，通过对金本位机制和在第 15 章所讨论过的可变汇率之间的全面比较，可以把新要点应用到金本位机制上去。

为了分析汇率变动对我们这个多国世界里各国贸易差额所产生的影响，我们必须决定打算用哪种通货作为衡量贸易差额和国际收支差额的单位。当汇率固定不变时，我们用什么货币来衡量贸易差额和国际收支差额无关紧要，因为每一种通货都可以按照固定的比率转移为其他国家的通货。但当各国通货之间的汇率可以变化时，以什么通货来衡量贸易差额和国际收支差额就很重要了。这时最重要的是确定一种特定的通货作为衡量单位，并在各个分析阶段对所有国家都坚持使用这个单位。

借助一个例子可以使这样做的理由变得更为明显。假定 D_1 国最初有 100 单位元的赤字，S_1 国最初有 100 单位元的盈余。假定 D_1 国的通货是 D_1 元，S_1 国的通货是 S_1 元。假定在最初的时候，D_1 元和 S_1 元平价，$1D_1$ 元 $=1S_1$ 元。D_1 国的赤字（等于 S_1 国的盈余）即 100 单位 D_1 元或 100 单位 S_1 元。假定以黄金表示的 D_1 元贬值 10%，S_1 元升值 10%，因而 $1.1D_1$ 元 $=0.9S_1$ 元。假定作为贬值或升值的结果，以 S_1 国的通货表示的 D_1 国的赤字和 S_1 国的盈余将从

100 单位 S_1 元变为 95 单位 S_1 元,于是以 D_1 国通货表示的赤字和 S_1 国的盈余将从 100 单位 D_1 元变为 $116\frac{1}{9}$ 单位 D_1 元(即 95 单位 S_1 元 $\times \frac{1.1}{0.9}$,以把 S_1 元转变为 D_1 元)。换言之,在这个特殊例子里,以外国通货表示的 D_1 国的赤字从 100 单位 S_1 元下降到 95 单位 S_1 元;但以本国通货表示的 D_1 国的赤字,则从 100 单位 D_1 元上升为 $116\frac{1}{9}$ 单位 D_1 元。

在下面的分析中,纯粹为了方便起见,我们将采取 B 国的通货或 B 元作为我们的衡量单位。B 国是在开始时处于外部平衡的国家。我们假定赤字国 D_1 和 D_2 的通货以 B 国通货表示降值,而盈余国 S_1 和 S_2 的通货以 B 国通货表示升值。我们将按照 B 国通货来衡量每一个国家的贸易差额和国际收支差额。

我们的首要工作是以很一般的说法来考虑,当以 B 国通货表示的 D_1 和 D_2 国的通货降值及 S_1 和 S_2 国的通货升值的时候,那种将会发挥作用并提高或降低我们 5 个国家中每一个国家以 B 国通货表示的进口总值和出口总值的影响。这些影响用表 22 说明。

让我们讨论一下当以 B 国通货表示的 D_1 和 D_2 国通货降值时,影响从 D_2 国输入 D_1 国的进口商品(以 B 国通货表示)总值的因素(表 22a 栏第 2 行)。我们先考虑出口国 D_2 通货降值的影响。这里有双重影响:第一,就 D_1 国的购买者现在按照以 B 国通货表示的较低的价格向 D_2 国购买同样数量的商品来说,D_1 国从 D_2 国进口的总值趋于下降(这就是 a 栏第 2 行的第一个符号——负号——的意义);第二,因为 D_2 国通货降值趋于降低以 D_1 国通货表示的 D_2

表 22　汇率变化对贸易网络的一般影响

			进口国				
			D_1 (a)	D_2 (b)	S_1 (c)	S_2 (d)	B (e)
事例(1)：一般情况							
出口国	D_1	(1)	＼	− +	− + +	− + +	− + ·
	D_2	(2)	− + −	＼	− + +	− + +	− + ·
	S_1	(3)	+ − −	+ − −	＼	+ − +	+ − ·
	S_2	(4)	+ − −	+ − −	+ − +	＼	+ − ·
	B	(5)	·	− ·	− ..	− ..	＼
事例(2)：所有需求弹性都等于1							
出口国	D_1	(6)	＼	·	·	+	+ ·
	D_2	(7)	·	＼	·	+	· + ·
	S_1	(8)	·	·	＼	·	+ ·
	S_2	(9)	·	−	·	＼	·
	B	(10)	·	·	− ·	+ ·	＼
事例(3)：所有需求弹性都大于1							
出口国	D_1	(11)	＼	+	+ +	+ +	+ ·
	D_2	(12)	+ −	＼	+ +	+ +	+ ·
	S_1	(13)	−	− −	＼	−	+ −
	S_2	(14)	−	−	− +	＼	·
	B	(15)	·	−	·	+ ·	＼
事例(4)：所有需求弹性都小于1							
出口国	D_1	(16)	＼	−	− +	− +	− ·
	D_2	(17)	− −	＼	− + −	+ −	·
	S_1	(18)	+ −	+	＼	+ +	+ ·
	S_2	(19)	+ −	+ −	+ +	＼	·
	B	(20)	·	−	·	+ ·	+ ＼

国产品的价格,所以 D_1 国购买者从 D_2 国买进的物品数量趋于上升(这就是 a 栏第 2 行的第二个符号——正号——的意义)。这两个符号可以一起考虑。如果 D_1 国对 D_2 国产品的需求弹性大于 1,那么以 B 国通货表示的 D_2 国产品价格的下降,将使 D_1 国的购买者购买更多的 D_2 国产品,以致以 B 国通货表示的对 D_2 国产品的总支出将上升。或者换言之,(a)栏第(2)行的第二个符号的重要性超过第一个符号。如果 D_1 国对 D_2 国产品的需求弹性小于 1,那么当 D_2 国产品的价格下降时,D_1 国的购买者只多买一点 D_2 国的产品。这时(a)栏第(2)行的第一个符号的重要性超过第二个符号。到现在为止,我们所考虑的只是以 B 国通货表示的 D_2 国通货价值所产生的影响。但我们现在必须考虑以 B 国通货表示的 D_1 国通货降值所产生的影响。这趋于提高以 D_1 国通货表示的 D_2 国产品的价格。而这又引起 D_1 国从 D_2 国进口商品数量下降,从而引起以 B 国通货表示的 D_1 国从 D_2 国进口的商品总值的下降(这就是 a 栏第 2 行的第三个符号——负号——的意义)[①]。

如果我们考虑任何一个国家对任何其他国家的产品的需求,我们需要考虑三种影响:第一,作为出口国的通货降值(或升值)的结果,以 B 国通货表示的进口商品的价格将下降(或上升)的事实;第二,作为出口国通货降值(或升值)的结果,进口商品的数量将增加(或减少)的事实;第三,作为进口国通货降值(或升值)的结果,进口数量将下降(或上升)的事实[②]。表 22 事例(1)的每一个方格里,

---

① 第三个符号的重要性超过第一个符号和第二个符号还是相反,取决于以 B 国通货表示的 D_1 或 D_2 国的通货哪一种降值幅度更大。

② 当然,这大大简化了。它完全没有考虑这样的事实:进口数量会随着第三国汇

三个符号分别表示这三种影响的方向：第一个符号表示以 B 国通货表示的出口国通货的变化对该国产品价格变化的直接影响；第二个符号表示这种价格变化对贸易数量的影响；第三个符号表示以 B 国通货表示的进口国汇率的调整对贸易数量的影响。

我们接着考虑这些影响的三种特殊情况（表 22 事例 2,3 和 4）。我们所说的特殊情况是按照每一个进口国对每一个出口国产品的需求弹性是等于 1,大于 1,还是小于 1 来划分的,即按照以 B 国通货表示的出口国通货降值使进口国的需求量发生适度的、大量的,还是小量的增加,以 B 国通货表示的进口总值是保持不变、增加,还是减少来划分的。如果需求弹性等于 1,表 22 事例 1 每一个方格内头两个符号将彼此抵消。这种情况用事例 2 表示。如果需求弹性大于 1,每一个方格内的第一个（价格）符号的重要性小于第二个（数量）符号。这种情况用事例 3 来表示。相反的情况,则用事例 4 来表示。

在事例 2 里,我们可以看到两个赤字国从每一个来源输入的进口总值（以 B 国通货表示）都下降了。除了输往国际收支平衡国 B 的出口总值不变,输往另一个赤字国的出口总值下降以外,它们输往每一个目的地的以 B 国通货表示的出口总值都上升了。共有 6 个因素有利于赤字国贸易差额的增加（从其他 4 个国家的进口减少,向两个盈余国家的出口扩大）,只有 1 个因素不利于它们的贸易差

率的调整而变化。这样第三国的产品价格多少变得更为昂贵,而且与所说的出口国的产品彼此竞争或彼此补充。我们在表 22 中省略了这些考虑,但在后面将再提及这些情况。我们现在认为 D_1 国对 D_2 国产品的需求仅仅取决于 D_2 国产品相对于 D_1 国产品来说的价格。完全不取决于 S_1 国产品的价格；等等。

额的增加（对另一个赤字国的出口减少）。显然，这种调整可能导致每一个赤字国国际收支的改善。

同样的分析也可以应用于盈余国家。每一个盈余国家都经历了从其他4个国家的进口增加，而向两个赤字国的出口减少的过程。唯一趋于增加盈余国盈余的因素是它向另一个盈余国出口的增加。这样，这种调整可能导致每一个盈余国的盈余减少。

况且，如果我们考虑以两个赤字国联合起来为一方，以两个盈余国联合起来为另一方的关系，即 D_1—D_2 "国"和 S_1—S_2 "国"之间的收支关系，那么前一组国家对后一组国家的收支赤字合起来一定减少。分析一下表22事例2中两个联在一起的大方格，可以看到这种情况。这两个大方格是用粗分界线区分的，即一方面其中一个大方格是由a栏和b栏以及第8行和第9行组成的，它表示 D_1 和 D_2 国的购买者减少从 S_1 和 S_2 国的进口；另一方面另一个大方格是由c栏和d栏以及第6行和第7行组成的，它表示 S_1 和 S_2 国的购买者增加从 D_1 和 D_2 国的进口。世界赤字国即 D_1 和 D_2 国与世界盈余国即 S_1 和 S_2 国之间的贸易差额一定会改善，唯有如果不利因素（即 D_1 国向 D_2 国出口下降）的作用是如此之大，以致超过其他有利因素的作用（即从 D_2、S_1、S_2 和 B 国输入 D_1 国的进口商品减少，D_1 国输往 S_1 和 S_2 国的出口商品增加），这种变化才会增加其中一个赤字国（例如 D_1 国）的赤字。但在这种情况下，D_2 国从 D_1 国进口的减少（这仅仅是有利于 D_2 国的国际收支的6个因素之一），本身将大于 D_1 国从 D_2 国进口的减少（这是不利于 D_2 国的唯一因素）。换言之，在 D_1 国的贸易差额发生净减少这种不大可能的情况下，D_2 国的贸易差额必然有更大的净增加。同样，如果在表

22 事例 2 里，其中一个盈余国的贸易差额发生净增加，那么另一个盈余国的贸易差额必然发生更大的净减少。

在事例 3 里，需求弹性都大于 1，每一个赤字国的贸易差额的增加和每一个盈余国的贸易差额减少的可能性更大。这样，有利于每一个赤字贸易差额（或不利于每一个盈余国）的因素不少于 12 个，而不利于赤字国的因素只有两个。例如，D_1 国从 B 国的进口总值将因一个因素的作用而减少，从 S_1 和 S_2 国的进口总值则因每一个国家都有两个因素的作用而减少；D_1 国向 B 国的出口总值将因一个因素的作用而增加，向 S_1 和 S_2 国的出口总值则因每一个国家都有两个因素的作用而增加。只有 D_1 国与另一个赤字国 D_2 的贸易是有疑问的。在这个例子里，有一个因素增加也有一个因素减少 D_1 国从 D_2 国的进口和 D_1 国向 D_2 国的出口。确实，只有在非常特殊的情况下，D_1 国的国际收支才会发生净恶化[①]。我们从表 22 事例 3 的两个粗线方格又可以看到，全体赤字国对全体盈余国的贸易差额一定得到改善。

表 22 事例 4 表明，汇率调整可以产生增加每一个赤字国的赤字和每一个盈余国的盈余的反常的作用。在这种情况下，每一个

[①] 这种情况在下述条件下可能发生：例如，如果 D_2 国是 D_1 国的主要供给来源，如果 D_2 国的产品在 D_1 国市场上是 D_1 国产品关系密切的替代品，如果 D_2 国通货降值大于 D_1 国通货，如果 D_2 国也向 D_1 国开放主要出口市场，这种情况就会发生。D_2 国产品价格相对于 D_1 国产品价格下降的事实（因为 D_2 国通货的降值幅度大于 D_1 国通货），可能使 D_1 国来自所有来源的进口总值发生相当大的净增加。D_1 国产品在 D_2 国市场上的价格相对于 D_2 国产品价格上升的事实，也可能使 D_1 国的出口总值发生相当大的净减少。

赤字（或盈余）国受到 7 种减少赤字（或盈余）的因素的影响。受到 7 种增加赤字（或盈余）的因素的影响。如果所有需求弹性都很小，赤字国通货的降值和盈余国通货的升值可能对整个世界的收支网产生反常的影响。

我们考虑一下表 22 a 栏第 18 行的符号。如果 D_1 国对 S_1 国产品的需求弹性很小，由于 D_1 国购买量相当大的减少，还不能抵消以 B 国通货表示的 S_1 国的产品价格因 S_1 国通货升值而发生的上升，在这个方格内的第一个符号可能是一个很大的正号。根据相同的理由，这个方格内的第二个符号可能是一个很小的负号。这是由于 S_1 国的产品以 D_1 国通货表示的价格，因 D_1 国通货降值而发生进一步的上升。在这种情况下很难引起 D_1 国进口数量的下降。这样，a 和 b 栏第 18 和 19 行的净符号也许都是重要的正号，而 c 和 d 栏第 16 和 17 行的净符号可能都是重要的负号。汇率调整造成赤字国从盈余国进口的总值增加，还造成赤字国向盈余国出口的总值减少。基本的世界失衡更恶化了。在这种情况下，每一个赤字国的赤字和每一个盈余国的盈余很可能因汇率的变化而增加。

当然，我们不应该由此得出这样的结论：在表 22 事例 4 里，一定会有这种反常的结果。如果需求弹性仅仅是稍小于 1 的话，那么在表中每一个方格内，第一个符号的重要性不如第二个符号。我们几乎应该回到事例 2 的那种有利的结果。要得到反常的结果，需求弹性小于 1 还不够，它们一定要小于 1 很多[①]。

---

① 比较一下两国世界的规则：为了得到反常的结果，这两个国家对进口商品的需求弹性的总和必须小于 1。

上面的讨论可以作为导论,说明在一个多国世界里决定汇率调整作用的一些更为重要的因素。但是,还要从几个很重要的方面补充这个导论。到现在为止,我们同时说到需求弹性大或小的情形。但在现实世界里,有些需求弹性可能很大,另一些需求弹性可能很小。况且,D_1 国的购买者从 D_2 国买进的商品数量不仅取决于 D_1 国和 D_2 国产品的价格,而且也取决于 S_1,S_2 和 B 国产品的价格,这样,如果 D_2 国产品是 S_1 国产品关系密切的替代品(如 D_2 和 S_1 国都出口谷物),那么 S_1 国产品价格的上升不仅会引起 D_1 国从 S_1 国进口的减少,而且还会引起 D_1 国从 D_2 国进口的增加。但如果 D_2 国的产品和 S_1 国的产品需要一起使用(如 S_1 国生产铁矿,它需要和 D_2 国的煤一道生产钢),那么 S_1 国产品价格的上升既可能使 D_1 国的购买者减少对来自 S_1 国的进口商品的需求,也可能减少对来自 D_2 国的进口商品的需求。

我们不大可能列举某种情况来对这样一个多国世界中所发生的各种可能性作出接近完整的描述:其中部分国家主要从某些国家进口,但主要却向另一些国家出口,需求弹性随着情况的不同而不同,各个国家出口商品之间的竞争关系和互补关系也相当复杂。我们所能做到的,是列举一两个特殊例子罢了。

为达到这个目的,我们用两个数字例子来说明汇率调整的影响。这两个例子都以下述假定为根据。我们从表 21(第 26 章)所表示的情况开始。这就是说,我们假定为保持内部平衡,已经实行最终需要的国内支出的调整。我们用 B 国的通货来衡量进出口总值以及贸易差额和国际收支差额的变化。我们假定以 B 国通货表示的赤字国通货降值,以 B 国通货表示的盈余国通货升值。完全为了方便起见，我们假定各国之间的转移支付不受汇率变化的影响，以 B 国通货表示保持不变，仍然是表 21 i 栏中所表示的数字。我们举例的目的是看看汇率调整在什么条件下，按照这些线索使表 21 j 栏中所表示的国际收支赤字和盈余降为零①。

---

① 我们（在第 26 章）已经表明，为什么若贸易差额和国际收支差额降为零，在一般情况下会使每一个国家恢复内部平衡和外部平衡。但如果恢复均衡的方法是汇率调整，严格说来就是不精确的。考虑一下表 17 所表示的 D_1 国最初处在的内部和外部的失衡的情况：D_1 国 1 085 单位元的国民收入等于 1 155 单位元的国内支出减去 70 单位元的国际收支赤字。让我们假定 D_1 国的通货（D_1 元）以 B 国通货（B 元）表示降值 20%，因而在新的情况下，$1D_1$ 元 $\times \dfrac{80}{100}$ =1B 元。这有助于消除 D_1 国国际收支的失衡。我们知道，在内外充分平衡的新的情况下，(1) D_2 国的国民收入仍保持在 1 085 单位 D_1 元的水平上，以保持 D_1 国的内部平衡；(2) 这样，D_1 国的 1 085 单位 D_1 元的国民收入在价值上等于 868 单位 B 元；(3) 但 D_1 国在新情况下的贸易差额将等于-10 单位 B 元，这是因为对 D_1 国仍有 10 单位 B 元的转移支付；(4) 因此 D_1 国的国内支出仍是 878 单位 B 元（即 D_1 国的国民收入加上 D_1 国的贸易赤字）；(5) D_1 国的国内支出转换为 D_1 元后，将等于 $1\,097\dfrac{1}{2}$ 单位 D_2 元；(6) D_1 国的贸易赤字将是 $12\dfrac{1}{2}$ 单位 D_1 元。这些变动可以表示如下：

		国民收入 （百万元）		国内支出 （百万元）		贸易差额 （百万元）
原来情况	D_1 元或 B 元	1 085	=	1 155	+	-70
新情况	D_1 元	1 085	=	$1\,097\dfrac{1}{2}$	+	$-12\dfrac{1}{2}$
新情况	B 元	868	=	878	+	-10

换句话来说，正如表 17 和表 21 所表示的，以 D_1 国通货表示的 D_1 国的国内支出减少了 $57\dfrac{1}{2}$ 单位 D_1 元（即从 1 155 单位 D_1 元减到 $1\,097\dfrac{1}{2}$ D_1 元）而不是减了 60 单位 D_1 元（即从 1 155 单位 D_1 元减到 1 095 单位 D_1 元）。理由很明显，由于 D_1 国接受的转移支付以 B 元计算，采取以 B 元表示的 D_1 国通货降值的方法与采用其他调整方法相比，以 D_1 元表示的 D_1 国的贸易差额变得更为不利。结果，当 D_1 国当局采用外汇降值方法时，以 D_1 元表示的 D_1 国的国内收支需要少许紧缩才能保持内部平衡。因而表 20 所表

我们的第一个数字例子用表 23 来表示。在这里我们假定每一个国家的产品都是其他每一个国家的产品很好的替代品。还有在这里,正如从表中可以看到的,汇率调整方法易于恢复均衡。

在我们的例子里,D_1 国开始有 47 单位 B 元的赤字(表 23g 栏第 1 行)。让我们假定 D_1 国的通货降值,其幅度足以消除这部分赤字。这种情况用表 23 调整 1 表示。D_1 国通货降值提高了 D_2、S_1、S_2 和 B 国产品以 D_1 国通货表示的价格。如果 D_1 国的购买者购买这些国家的产品的数量减少,他们对每一个这些国家的产品的支出将减少(a 栏第 1 到第 5 行)。由于 D_1 国通货降值,以 B 国通货表示的 D_1 国产品价格的下降,以 D_2、S_1 和 S_2 国通货表示的 D_1 国产品价格也下降。结果 D_2、S_1、S_2 和 B 国购买更多的 D_1 国产品。况且,由于 D_1 国产品很容易替代 D_2、S_1、S_2 和 B 国的产品,当 D_1 国产品价格适度下降时,这些国家的购买者相当大幅度地扩大 D_1 国产品的进口。因而他们从 D_1 国购买的以 B 国通货表示的产品价值将上升(b、c、d 和 e 栏第 1 行)。但由于 D_1 国的产品既是 D_2 国产品的良好替代品,也是 S_1、S_2 和 B 国产品的良好替代品,所以 D_2 国的购买者不仅在以 D_2 国通货表示的 D_1 国产品价格下降时购买更多的 D_1 国产品,而且他们也减少购买 S_1、S_2 和 B 国的产品,为购买较便宜的 D_1 国产品而放弃购买这些国家的产品(b 栏第 3,4 和 5 行)。S_1、S_2 和 B 国的购买者由于相同的理由也减少购买 D_2、S_1、S_2 和 B 国的产品(c、d、e 栏第 2、3、4、5 行)。

示的国内支出的调整严格说来不再是精确的了。但是,如果降值的幅度不太大,或者以 B 元计算的转移支付总额不太大,这个考虑的重要性可放在第二位——正如在上述的数字例子中事实上所表示的那样——我们在下面的讨论中将忽略不计。

表23 汇率变化的影响

事例1：所有产品之间高度替代　　　　　　（百万B元）

			贸易支出的增加(+)或减少(-)					国际收支赤字(-)或盈余(+)	
			D_1	D_2	S_1	S_2	B	总出口	变化前	变化后
			(a)	(b)	(c)	(d)	(e)	(f)	(g)	(h)
	调整1　D_1国的汇率降低									
贸易收入的增加(+)或减少(-)	D_1	(1)		+6	+6	+6	+6	+24	-47	0
	D_2	(2)	-6		-1	-1	-1	-9	-33	-45
	S_1	(3)	-6	-1		-1	-1	-9	+65	+53
	S_2	(4)	-5	-1	-1		-1	-8	+15	+4
	B	(5)	-6	-1	-1	-1		-9	0	-12
	总进口	(6)	-23	+3	+3	+3	-3	世界失衡额从80降到57		
	调整2　D_2国的汇率降低									
贸易收入的增加(+)或减少(-)	D_1	(7)		-6	-1	-1	-1	-9	0	-12
	D_2	(8)	+6		+6	+6	+5	+23	-45	0
	S_1	(9)	-1	-5		-1	-1	-8	+53	+42
	S_2	(10)	-1	-6	-1		-1	-9	+4	-8
	B	(11)	-1	-5	-1	-1		-8	-12	-22
	总进口	(12)	+3	-22	+3	+3	+2	世界失衡额从57降到42		
	调整3　S_1国的汇率升高									
贸易收入的增加(+)或减少(-)	D_1	(13)		+1	+6	+1	+1	+9	-12	0
	D_2	(14)	+1		+5	+1	+1	+8	0	+10
	S_1	(15)	-6	-5		-5	-5	-21	+42	0
	S_2	(16)	+1	+1	+5		+1	+8	-8	+2
	B	(17)	+1	+1	+5	+1		+8	-22	-12
	总进口	(18)	-3	-2	+21	-2	-2	世界失衡额从42降到12		

调整的结果是 D_1 国 47 单位 B 元的赤字消失了；但它多少同等地转移到 D_2、S_1、S_2 和 B 国。这样 D_2 国的赤字增加了 12 单位 B 元（即从 33 单位 B 元上升到 45 单位 B 元）。原来国际收支平衡的 B 国现在有 12 单位 B 元的赤字。在这个限度内（24 单位 B 元），D_1 国的赤字只不过变为 D_2 和 B 国的赤字。但 D_1 国剩下的赤字（即 23 单位 B 元）已转到盈余国 S_1 和 S_2，使它们的盈余减少。所以在这个限度内，调整消除了世界收支的失衡。

表 23 的调整 2 表明，当 D_2 国当局在本国赤字因 D_1 国通货降值而从 33 单位 B 元增加到 45 单位 B 元时，也按照足以消除本国的国际收支赤字的规模使 D_2 国通货降值。由于以其他国家通货表示的 D_2 国产品价格的下降和以 D_2 国通货表示的其他国家产品价格的上升，(1) 以 B 国通货表示的 D_2 国从其他每一个国家的进口总值减少（b 栏第 7、9、10 和 11 行）；(2) 因为出口数量的增加大于出口价格的下降，所以以 B 国通货表示的 D_2 国输往其他每一个国家的出口总值增加（a、c、d 和 e 栏第 8 行）；(3) 因为需求移向有竞争力的 D_2 国产品，所以其他每一个国家相互间的进口总值稍有减少（a、c、d 和 e 栏第 7、9、10 和 11 行）。净结果是 D_2 国 45 单位 B 元的赤字按多少同等的比例转移到 D_1、S_1、S_2 和 B 国——即 12 单位 B 元转移到 D_1 国，11 单位 B 元转移到 S_1 国，12 单位 B 元转移到 S_2 国，10 单位 B 元转移到 B 国。转移到 S_1 国的 11 单位 B 元和转移到 S_2 国的 12 单位 B 元中的 4 单位 B 元，有助于减少现有的盈余，从而减少 15 单位 B 元的世界收支总失衡。但是转移到 D_1 国的 12 单位 B 元，转移到 B 国的 10 单位 B 元，以及转移到 S_2 国的 12 单位 B 元中的 8 单位 B 元，只不过是增加已经有赤字的其

他国家的赤字,或者使已经处于平衡状态的国家变为赤字国。

但在表中调整 3 里,仍然有 42 单位 B 元盈余的 S_1 国的当局,按照足以消除盈余的规模使本国通货升值。结果,(1)因为 S_1 国进口商品以 S_1 国通货表示的价格下降了,所以 S_1 国从 D_1、D_2、S_2 和 B 国进口的商品在数量上增加了,以 B 国通货表示的价值也增加了(c 栏第 13、14、16 和 17 行);(2)D_1、D_2、S_2 和 B 国从 S_1 国进口的商品在数量上减少了,其幅度大于这些进口商品以 B 国通货表示的价格的上升幅度,因而以 B 国通货表示的进口总值减少了(a、b、d 和 e 栏第 15 行);(3)每一个其他国家彼此间的进口在数量上多少增加了,因而当这些国家的需求从较昂贵的 S_1 国产品转向彼此之间的产品时,以 B 国通货表示的进口总值多少增加了(a、b、d 和 e 栏第 13、14、16 和 17)。结果,S_1 国 42 单位 B 元的盈余以多少同等的比例转到 D_1、D_2、S_2 和 B 国去,其中 12 单位 B 元转移到 D_1 国,消除了 D_1 国 12 单位 B 元的赤字;10 单位 B 元转移到 B 国,减少了 B 国 10 单位 B 元的赤字,10 单位 B 元转移到 S_2 国,其中 8 单位 B 元消除了 S_2 国 8 单位 B 元的赤字。这样,S_1 国所减少的 42 单位 B 元盈余中的 30 单位 B 元转移到其他国家,使它们的赤字减少。世界收支的失衡也减少了 30 单位 B 元。转移的剩余部分不过使 D_1 国的国际收支出现 10 单位 B 元的新盈余,使 S_2 国的国际收支出现 2 单位 B 元的新盈余。

下一个调整是 D_2 国当局使本国汇率升高,以消除 10 单位 B 元的盈余。换言之,由于调整 3 里的 S_1 国通货升值紧接着带来了有利影响,在表 23 调整 2 里 D_2 国通货的降值幅度现在看来有点过大。D_2 国通货的升值趋向于减少 B 国的赤字,但增加了 S_2 国的盈余,

也给 D_1 国和 S_1 国带来小量的盈余。但很显然，在表23所描述的所有国家的产品彼此之间高度替代的条件下，汇率调整的过程可以很快地预测到，并易于消除世界收支的失衡。

在表24我们第二个数字例子所假定的条件下，汇率变化的影响大为不同。在这个例子里，我们假定赤字国 D_1 和 D_2 的产品彼此之间是良好的替代品，它们与国家收支平衡国 B 的产品也是良好的替代品，但与盈余国 S_1 和 S_2 的产品却不能相互替代，或只能在很低的程度上相互替代。同样，我们假定盈余国 S_1 和 S_2 的产品彼此之间是良好的替代品。它们与国际收支平衡国 B 的产品也是良好的替代品，但与赤字国 D_1 和 D_2 的产品不能相互替代，或只能在很低程度上相互替代。关于这种情况的例子是，D_1 和 D_2 国只生产初级产品，彼此之间不论在生产上还是在消费上都是良好的替代品。但 S_1 和 S_2 国只生产制成品。尽管制成品彼此之间不论在生产上还是消费上都是良好的替代品，但制成品和初级产品无论在生产上还是在消费上都无法互相替代。B 国可以代表既生产初级产品也生产制成品的世界其余国家。

让我们看看在这种条件下，正如表24调整1所表明的那样，D_1 国当局使本国汇率降低将会发生什么情况。因为 D_1 国的产品现在能够以较好的条件与 D_2 和 B 国所生产的关系密切的替代品竞争，所以 D_1 国的赤字几乎像在表23调整1里所表示的那么快地消失。为了解在这种情况下发挥作用的各种因素，我们将依次考虑表24的每一行（即每一个国家的进口的变化）。

就 D_1 国的进口商品而言（a栏第2、3、4和5行），因为以 D_1 国通货表示的进口商品的价格上升了，所以从其他每一个国家进口的数量和以 B 国通货表示的价值都下降了。但由于 D_1 国的产品不能轻易替代 S_1 和 S_2 国的产品，从 S_1 和 S_2 国的进口下降得很少。由于 D_2 和 B 国的产品和 D_1 国本身的产品彼此激烈竞争，从 D_2 和 B 国的进口下降很多。

表 24　汇率变化的影响

事例 2：赤字国产品和盈余国产品彼此之间只有较低程度的替代性

（百万 B 元）

			贸易支出的增加(+)或减少(-)					国际收支赤字(-)或盈余(+)	
			D_1	D_2	S_1	S_2	B	总出口	变化前	变化后
			(a)	(b)	(c)	(d)	(e)	(f)	(g)	(h)
调整 1：D_1 国的汇率降低									
贸易收入的增加(+)或减少(-)	D_1	(1)		+17	-5	-5	+17	+24	-47	0
	D_2	(2)	-11		-1	-1	-5	-18	-33	-63
	S_1	(3)	-1	·		·	·	-1	+65	+71
	S_2	(4)	-1	·	·		·	-1	+15	+21
	B	(5)	-10	-5	-1	-1		-17	0	-29
总进口		(6)	-23	+12	-7	-7	+12			
世界失衡额从 80 上升到 92									
调整 2：D_2 国的汇率降低									
贸易收入的增加(+)或减少(-)	D_1	(7)		-15	-1	-1	-5	-22	0	-38
	D_2	(8)	+21		-5	-5	+21	+32	-63	0
	S_1	(9)	·	-1		·	·	-1	+71	+77
	S_2	(10)	·	-1	·		·	-1	+21	+27
	B	(11)	-5	-14	-1	-1		-21	-29	-66
总进口		(12)	+16	-31	-7	-7	+16			
世界失衡额从 92 上升到 104									

续表

			贸易支出的增加（+）或减少（-）					国际收支赤字（-）或盈余（+）	
			D_1	D_2	S_1	S_2	B	总出口	变化前	变化后
			(a)	(b)	(c)	(d)	(e)	(f)	(g)	(h)
调整3：S_1国的汇率升高										
贸易收入的增加（+）或减少（-）	D_1	(13)	\	.	+1	.	.	+1	-38	-44
	D_2	(14)	.	\	+1	.	.	+1	0	-6
	S_1	(15)	+5	+5	\	-25	-24	-39	+77	0
	S_2	(16)	+1	+1	+18	\	+5	+25	+27	+72
	B	(17)	+1	+1	+18	+5	\	+25	-66	-22
总进口		(18)	+7	+7	+38	-20	-19			
世界失衡额从104下降为72										
调整4：S_2国的汇率升高										
贸易收入的增加（+）或减少（-）	D_1	(19)	\	.	.	+1	.	+1	-44	-50
	D_2	(20)	.	\	.	+1	.	+1	-6	-12
	S_1	(21)	+1	+1	\	+17	+5	+24	0	+42
	S_2	(22)	+5	+5	-22	\	-23	-36	+72	0
	B	(23)	+1	+1	+5	+17	\	+24	-22	+20
总进口		(24)	+7	+7	-18	+36	-18			
世界失衡额从72下降为62										

就D_2国的进口商品而言（b栏第1、3、4和5行），因为以B国通货表示的D_1国产品价格下降，以D_2国通货表示的D_1国产品价格也下降，所以从D_1国的进口数量大幅度上升。又因为D_1国产品与D_2国本身的产品激烈竞争，也与从B国输入D_2国的产品激烈竞争，所以从D_1国的进口数量大幅度上升。D_1国产品的进口数量的大幅度上升超过以B国通货表示的D_1国产品价格的下降，因而

从 D_1 国进口的总值大幅度上升。但由于变得便宜的 D_1 国产品是 B 国产品的良好替代品,伴随着 D_2 国从 D_1 国进口增加的是从 B 国的进口减少。另一方面,以 D_2 国通货表示的 D_1 国产品价格的下降,不改变 D_2 国对不与 D_1 国产品相竞争的 S_1 和 S_2 国产品的需求。完全相同的因素也影响 B 国的进口(e 栏第 1、2、3 和 4 行)。B 国购买者购买更多的 D_1 国产品,大幅度减少购买 D_2 国的产品。从 S_1 和 S_2 国进口的商品不论是数量还是价值都保持不变。

我们可以一起考虑 S_1 和 S_2 国的进口(c 和 d 栏第 1、2、3、4 和 5 行)。因为 D_1 国产品以 B 国通货表示的价格和以本国通货表示的价格都下降了,所以这两个国家的购买者多买一些 D_1 国的产品。但由于 D_1 国的产品与这两个国家的产品的竞争并不激烈,这两个国家并没有多买太多的 D_1 国产品以弥补 D_1 国产品价格的下降。结果,S_1 和 S_2 国从 D_1 国进口的总值发生净减少。但由于 D_1 国产品与 D_2 和 B 国产品相竞争,S_1 和 S_2 国购买者多少会把需求从 D_2 和 B 国产品转向 D_1 国产品。结果它们从 D_2 和 B 国的进口总值有所减少。然而 S_1 和 S_2 国彼此之间的进口数量保持不变。

这种贸易流量变化的结果,应该仔细地进行观察。D_1 国的赤字消失了,就像表 23 调整 1 D_1 国的赤字消失一样。但是 D_1 国赤字的减少中没有哪一部分来自 S_1 或 S_2 国盈余的减少。相反,由于这两个国家进口总值的下降(7 单位 B 元)大于出口总值的下降(1 单位 B 元),它们每一个国家的盈余增加了 6 单位 B 元。S_1 或 S_2 国的进口总值所以下降,是因为它们的购买者能够以较低的价格得到他们的需求缺乏弹性的 D_1 国的产品。S_1 或 S_2 国的出口总值所以下降,是因为 D_1 国的购买者现在减少购买它们的产品。结果,D_1 国 47

单位 B 元的赤字下降总额加上 S_1 和 S_2 国 12 单位 B 元的盈余增加，或者成为 D_2 国的赤字（从 33 单位 B 元增至 63 单位 B 元，增加了 30 单位 B 元），或者使 B 国出现新赤字（现在有了 29 单位 B 元的赤字）。D_1 国通货降值使它摆脱了赤字，但却使与 D_1 国激烈竞争但都不是盈余国的另外两个国家即 D_2 和 B 国，增加了更大的赤字。世界总失衡（即所有盈余国的盈余总额，或者所有赤字国的赤字总额）从 80 单位 B 元上升到 92 单位 B 元。

表中调整 1 的一个结果，是 D_2 国的赤字从 33 单位 B 元令人恐慌地上升到 63 单位 B 元。在表 24 调整 2 里，D_2 国的当局让本国通货降值，以消除这个赤字。降值的结果，是以 D_2 国通货表示的所有外国产品的价格都上升了：D_2 国从每一个外国进口的数量和以 B 国通货表示的价值都下降了。在来自 D_1 和 B 国的进口商品与本国产品竞争的情况下，D_2 国进口的数量和价值下降幅度较大。在来自 S_1 和 S_2 国的进口商品不与本国产品竞争的条件，D_2 国进口的数量和价值下降幅度较小（b 栏第 7、9、10 和 11 行）。D_1 和 B 国从 D_2 国进口的商品数量大幅度地增加。这是因为 D_2 国的产品和这两个国家的产品彼此竞争，结果，数量的增加超过了价格的下降，以 B 国通货表示的这些进口的商品价值大幅度地增加了。但 D_1 国从 D_2 国进口的增加是以 D_1 国从 B 国进口竞争产品的减少为代价的。同样，B 国从 D_2 国进口的增加是以 B 国从 D 国进口减少为代价的（a 和 e 栏第 7、8 和 11 行）。当 D_2 国产品价格下降的时候，S_1 和 S_2 国从 D_2 国进口的商品数量增加幅度很小，因而以 B 国通货表示的进口总值实际上下降了。但 S_1 和 S_2 国从 D_2 国进口的商品数量仍有某种程度的增加，其中有一部分是以减少从 D_1 和 B 国这些竞争性来源的进口为代价而得来的（c 和 d 栏第 7、8 和 11 行）。

作为这些变化的结果，D_2 国的赤字消失了。但这完全是以增加它的两个竞争者 D_1 和 B 国的赤字为代价而得来的。不仅是 D_2 国购买者，而且 S_1 和 S_2 国的购买者也看到了 D_2 国竞争性产品现在便宜了，因而停止购买 D_1 和 B 国的产品。确实，因为 S_1 和 S_2 国的购买者现在节约对来自 D_2 国的产品的支出，他们购买的数量只是稍有增加，但他们购买的价格则大幅度下降，所以 S_1 和 S_2 国的盈余现在还增大了。结果，D_2 国通货的降值不得不达到这样的规模，以便不仅把 D_2 国现有的 63 单位 B 元的赤字全部转移到 D_1 和 B 国，而且还把 S_1 和 S_2 国每国所增加的 6 单位 B 元的盈余全部转移到 D_1 和 B 国。世界失衡又增加了 12 单位 B 元，达到 104 单位 B 元。

在调整 3 里，我们考察 S_1 国汇率升高所产生的影响。结果，以 S_1 国通货表示的所有外国产品的价格都下降了。S_1 国的购买者小量增加对 D_1 和 D_2 国产品的需求（因为它们的产品与 S_1 国的产品竞争不激烈），但大量增加对 S_2 和 B 国产品的需求（因为它们的产品与 S_1 国的产品竞争激烈）（c 栏第 13、14、16 和 17 行）。由于 S_1 国产品的价格上升，D_1 和 D_2 国的购买者稍为减少对 S_1 国产品的购买数量，但对 S_1 国产品的购买总值增加了。但他们不论在数量上还是在价值上，都购买更多的与 S_1 国较昂贵的产品激烈竞争的 S_2 和 B 国的产品（a 和 b 栏第 15、16 和 17 行）。S_2 和 B 国的购买者大幅度减少对与本国产品激烈竞争的 S_1 国产品的购买量。尽管 S_1 国产品的单位价格上升了，他们对 S_1 国产品的购买总值仍减少了。由于 S_2 和 B 国的产品在彼此的市场上趋向于替代了较昂贵的 S_1 国产品，所以 S_2 和 B 国的购买者也彼此增加对方国家产品的购买量（d和e栏第15、16和17行）。结果，S_1国没有了盈余；它全部转移给与S_1国产品竞争的B国。确实，由于D_1和D_2国从S_1国进口的产品价格上升，同时这两国对这些产品又缺乏需求弹性，所以它们各增加了6单位B元的赤字。结果，S_2和B国的国际收支的改善幅度，要比S_1国的国际收支从77单位B元减少到零的幅度大12单位B元。但在这种情况下，B国已经有66单位B元的赤字，因而B国国际收支44单位B元的改善，使它的赤字减少到22单位B元。这代表了世界失衡的减少。只是额外的45单位B元的国际收支盈余转移到S_2国，增加了世界的失衡。结果世界失衡额因S_2国的通货升值而从104单位B元减少到72单位B元。

现在S_2的盈余还有72单位B元。它的通货在表24的调整4里升值。由于不与D_1和D_2国产品竞争和S_2国产品价格的提高，D_1和D_2国都发现本国赤字增加了6单位B元。但S_2国通货的升值足以使所增加的12单位B元赤字和S_2国原来72单位B元的盈余全部转移给S_1和B国，因为S_2国较为昂贵的产品正是与S_1和B国的产品相竞争的。在这个总数中，有42单位B元成为S_1国的新增盈余，另外的42单位B元使B国从原来22单位B元的赤字变为现在的20单位B元盈余。变化的净结果是使世界失衡从72单位B元减少到62单位B元。

考虑一下表24的4种调整的净结果，是很有意思的。

在每一个阶段中，两个赤字国D_1和D_2对两个盈余国S_1和S_2的收支余额变得不那么有利。注意表24内用粗线围成的那些大方格，可以看出这一点。在调整1和调整2中，由于每一种调整都是D_1—D_2国通货部分降值，来自S_1—S_2国的以D_1—D_2国通货表示的进口商品价格上升,因而 D_1—D_2 国从 S_1—S_2 国进口的数量减少,以 B 国通货表示的进口价值也减少,从 S_1—S_2 组合区域输往 D_1—D_2 组合区域的进口总值减少了 2 单位 B 元。在调整 1 和调整 2 中,由于 S_1—S_2 国进口数量的上升,小于因 D_1 或 D_2 国通货降值而造成的以 B 国通货表示的进口商品价格的下降,S_1—S_2 国从 D_1—D_2 国进口的总值减少了 12 单位 B 元。结果,在每一次调整中,D_1—D_2 国和 S_1—S_2 国之间的收支余额发生不利于赤字区域的变化 10 单位 B 元。

调整 3 和调整 4 也发生相同的情况。在这两次调整中,每一次调整都是 S_1—S_2 国通货部分升值。这造成以 S_1—S_2 国通货表示的 D_1—D_2 国产品的价值下降,从而引起 D_1—D_2 国输往 S_1—S_2 国的出口数量(以及以 B 国通货表示的价值)稍为增加。但出口的增加被更大幅度的 D_1—D_2 国从 S_1—S_2 国进口总值增加(在每一次调整中是 12 单位 B 元)所超过,而进口总值的增加是由 D_1—D_2 国的购买者按照以 B 国通货表示的更高的单位商品价格,来购买几乎没有变化的来自 S_1—S_2 国的产品数量这个事实造成的。

这样看来,把 4 种调整合在一起考虑,D_1—D_2 国和 S_1—S_2 国之间的收支余额发生 40 单位 B 元不利于 D_1—D_2 国的变化。如果世界只有 D_1、D_2、S_1 和 S_2 国,那么情况很简单,赤字区对盈余区产品的需求弹性和盈余区对赤字区产品的需求弹性的总和小于 1。利用赤字国通货的降值或盈余国通货的升值进行调整,都不能解决问题,反而会使这两个区域之间的失衡更为恶化。当然,两个赤字国家中的某个国家的当局,可以利用通货降值和压低价格与另一个赤字国产品竞争的方法,来改善本国的国际收支。但在这种情况下，第二个赤字国的赤字增加幅度超过了第一个赤字国转移来的全部赤字。

但当我们考虑另一个 D_1—D_2 国和 S_1—S_2 国都与之竞争的区域 B 国时，情况就有所不同。在调整 4 结束后，世界净失衡（即 62 单位 B 元）小于原来的世界失衡（即 80 单位 B 元）。这是因为 D_1 和 D_2 国在调整 1 和 2 中的通货降值，已把它们相当大部分的赤字转移给它们的产品与之竞争的 B 国。S_1 和 S_2 国在调整 3 和 4 中的通货升值，使正在与 S_1 和 S_2 国产品竞争的 B 国生产者能够以低价格与 S_1 和 S_2 国的生产者争夺市场，从而把 B 国的赤字转移给盈余国 S_1 和 S_2。这样，尽管在每一次调整中，D_1—D_2 国与 S_1—S_2 国之间的直接收支差额变得不利于 D_1—D_2 国，D_1 和 D_2 国的赤字间接地通过 B 国转移给 S_1 和 S_2 国。

D_1 和 D_2 国的产品通过 B 国间接替代 S_1 和 S_2 国产品有多大的可能性，取决于每一种情况的具体条件。如果世界实际上由 D_1，D_2，S_1 和 S_2 国组成，间接替代的重要性不可能很大，除非 D_1 和 D_2 国的产品与 B 国产品，以及 B 国的产品与 S_1 和 S_2 国的产品，都可以在很高程度上相互替代。但是，如果 D_1，D_2，S_1 和 S_2 国只是整个世界中一个不大不小的部分，而 B 国代表可能与这些国家产品竞争的一个很大的区域，间接替代的可能就变得十分重要。在表 21 的例子中，即使经过第一轮的 4 次汇率调整，世界的失衡仅仅从 80 单位 B 元减少到 62 单位 B 元。在 4 个阶段中的每个阶段，如果使每一个国家都能恢复均衡，所需要的降值和升值要很大，则汇率的调整显然要很大，单独用改变贸易条件来恢复外部平衡所需要的不利于 D_1 和 D_2 国而有利于 S_1 和 S_2 国的实际贸易条件的变动也要很大。

我们可以概括本章的结论。

如果所有国家的产品之间可以在较高程度上相互替代,所有赤字国通货的连续降值,以及所有盈余国通货连续升值,将能比较容易地使国际需求从盈余国的产品转向赤字国的产品。但是,每一个赤字国需要不同程度的降值,每一个盈余国也需要不同程度的升值。所需要的降值或升值的程度,不仅取决于每一个国家原来赤字或盈余的大小,而且还取决于每一个国家的产品替代其他国家产品的程度,特别是每一个赤字国产品替代盈余国产品,盈余国产品替代赤字国产品的程度。

因此,在一个多国世界里,即使在开始的时候只有两个国家失衡(一个赤字国,一个盈余国),汇率调整的过程也需要所有国家都实行一整套新的汇率。仅仅通过试验和误差的调整过程,就可以发现这样一套新的汇率。在调整过程中,只要某国仍有赤字,它的通货就要继续降值;只要某国有盈余,它的通货就要继续升值。因此,应该选取一种方法,使每一个国家的当局(不管是赤字国还是盈余国,不管是大国还是小国),都准备持续地为发现一套新的均衡汇率作出适当的贡献。只有一个国家的当局(所有其他国家的汇率都按照这个国家的通货来确定)可以在形式上不参与。

要使汇率调整的方法易于发挥作用,以盈余国为一方和以赤字国为另一方的产品之间,必须能够在较高程度上直接或间接相互替代。如果没有这种替代的可能性,汇率调整方法只会使世界失衡更为恶化。每一个国家对进口商品的需求弹性和外国对每一个国家的出口商品的需求弹性,都应该如此之高,以致每一个国家的当局在本国有赤字的情况下使汇率降低,在本国有盈余的情况下使本国汇率升高,才能比较容易地单独实现外部平衡。这与上面所说的情况并不是不相容的。但如果这些弹性较高的原因只是每一个赤字国的产品与其他赤字国的产品激烈竞争,同时每一个盈余国的产品也与其他盈余国的产品激烈竞争,汇率调整方法就不会消除世界失衡。汇率的调整就只会使赤字在赤字国之间和盈余国之间转来转去。

赤字国产品与盈余国产品之间的竞争在生产或消费上当然是直接的。这就是说,当赤字国的产品价格相对于盈余国的产品价格下降时,赤字国和盈余国的消费者可以很容易地从购买较昂贵的盈余国产品转向购买较便宜的赤字国产品,或者赤字国的生产者可以很容易地转向以前是从盈余国进口的较昂贵的产品的生产(从而减少了赤字国对进口商品的需求),或者盈余国的生产者可以很容易地放弃以前从赤字国进口的较便宜的产品的生产(从而增加了盈余国对进口商品的需求)。

但赤字国产品和盈余国产品之间的替代可能是间接的。每一个赤字国的产品并不必然会与盈余国的产品激烈竞争,或者每一个盈余国的产品也不是必然会与赤字国的产品激烈竞争。例如,D_1国的产品在生产或消费上也许不会与S_1或S_2国的产品竞争。但如果D_1国的产品与D_2国的产品竞争,D_2国的产品又与S_1或S_2国的产品竞争,价格调整方法将发生作用。D_1国的汇率将降低,D_1国的赤字将转移给D_2国,于是D_2国的通货将降值。但D_2国的赤字并不因此而仅仅转移给D_1国,它的大部分赤字却是转移给D_2国产品与之激烈竞争的S_1或S_2国。这样,世界失衡将被消除。赤字国与盈余国之间的竞争并不需要这么直接。竞争可以通过第三组平衡国展开。在这种情况下,赤字国实行通货降值,它们的赤字转移给平衡国。盈余国实行通货升值,它们的盈余也转移给同一组的平衡国。因为平衡国从赤字国转移来的赤字,被从盈余国转移来的盈余所抵消,平衡国仍然保持国际收支平衡。赤字国和盈余国都实现了外部平衡。

在各种情况中,只有特殊的条件才能决定事实上产品是否有足够大的替代能力,以使价格调整方法发挥作用。但是,只要对贸易没有严格控制,就可以假定价格调整方法由于在生产或消费上发生替代,以及替代可以间接或直接地通过第三国进行而发挥作用。

28 差别待遇的含义与目的

在第 26 章里，我们讨论了在一个多国世界里，当我们考虑某个特定国家国内支出的膨胀和紧缩的多重影响时所产生的问题。或者换言之，我们考察的是当我们考虑多国之间的支付网时，以什么方式延伸第三篇的分析。同样，在第 27 章中，我们讨论了在一个多国世界里，当考虑到通过某个特定国家汇率的降低或升高来进行价格调整的多重影响时所产生的问题。或者换言之，我们考察当考虑多国之间的支付网时，以什么方式延伸第四篇的分析。

剩下来的问题是怎样把第五篇的分析扩展到多国世界。在多国世界中，使用直接控制会引起差别待遇问题。某国当局决定对国际收支平衡表中的某个因素实行特别控制（如对进口的限制），它应该以无差别待遇为基础来这样做（对来自所有国家的进口实行"同等"严厉的控制）吗？或者为了达到更直接地解决国际收支问题的目的，它应该以差别待遇为基础来这样做（即对来自某些国家的进口商品比对来自另一些国家的进口商品实行"更加"严厉的控制）吗？

在我们能够回答这些问题以前，我们应该考虑什么是"无差别待遇"和"差别待遇"。在上面的一段话中，对从所有来源的进口商品实行"同等"严厉的控制意味着什么？我们怎样能够说明当 A 国当局对来自 B、C 国的进口实行直接控制时，是否对来自 C 国的进口商品比来自 B 国的进口商品控制更严厉，或者相反？

在 A 国对来自所有国家的进口商品实行控制的某一种情况下，我们可毫不犹豫地说是遵守了无差别待遇的原则。这种情况就是价格机制在 A 国发挥作用，对于来自所有国家的各种进口商品，都按照一样的从价进口关税税率征税，来加以限制。在这种情形下，所有其他国家的所有产品的供给商，都有同样的机会向 A 国提供商品。每一个供给商向 A 国购买者提供任何商品，都遇到同样的从价税率（譬如 10% 的进口税）。

如果 A 国实行进口限制的方式不是征收从价进口税，而是对来自特定供给来源的特定商品发放规定进口数量的进口许可证，而且在每一种情况下都按相同的原则决定发放许可证的数量，情况也一样。要做到这样，条件是：(1)进口许可证所限制的，始终是进口商品的价值，而不是进口商品的数量；(2)在每一种情况下，许可证发放当局，都是在完全自由的市场上，以拍卖的方式出售给出价最高的人（参看第 21 章）；(3)对每一种情况下所支出的拍卖费，都按有关的特定进口商品的价值，以从价费的方式计算；(4)发放许可证的数量，总是随着按上述方式计算的许可证从价费用比率是高于（或低于）所有进口商品的从价费用比率的平均值而增加（或减少）。按照这种方式允许进口的价值，在每一种情况下都不断进行调整，直到限制程度在所有情况下都相同。限制程度都相同的意思是说在每一种情况下，进口国的消费者打算购买受到限制的进口商品数量所支付的价格，与供给国的生产者打算提供这个数量的商品所索取的价格的从价差额都相同。每一个外国供给商又有绝对相同的机会来供给特定的产品。他和其他每一种商品的外国供给商一样，都遇到相同的从价进口费（在这种情况下是进口许可证费）。

但一旦放弃这个简单的原则，某种差别待遇就会进入这种进口控制制度。我们不可能找到其他明确的标准来判断事实上是否发生这样的差别待遇。

也许，我们可以通过如下关于背离上述原则的解释，表明差别待遇怎样在每一种情况中出现，来证明上述见解。

(1)让我们首先假定进口关税制度或进口数量限制制度并不是无区别地施用于有所商品的。A国当局限制汽车的进口，但不限制小麦的进口。从表面上看，A国对不同的出口国家并没有给予差别待遇，所有国家的生产者都可以根据同样的条件向A国出口汽车，也可以根据同样的条件向A国出口小麦。但B国的生产者可能只生产汽车而不生产小麦，C国的生产者可能只生产小麦而不生产汽车。A国当局并不打算给予B、C两国的生产者差别待遇，它选择限制汽车进口而不限制小麦进口，与这两种商品的外国供给来源毫无关系。但是，事实上仍然是对B国生产者实行了严厉的限制，而对C国生产者完全没有限制。

况且，不可能知道A国当局实行限制的动机是什么。它所以选择严厉限制这一种商品而不是另一种商品，也许只是因为这种商品来自某个供给来源而不是另一个供给来源。由于很难决定是什么构成一种特定的"商品"，这样做的可能大大增加。一个国家的当局可能如此严密和精细地给某种商品下定义以及重新下定义，以致使这种商品只来自一个供给来源。有关这方面的典型例子是"德国在1902年实行的关税条款，它显然适用于瑞士或奥地利，其内容是棕色或有斑纹的母牛必须在海拔 300 米以上的地区饲养，而且每年夏季至少有一个月的时间在海拔 800 米以上的地区度过"[①]。没有高山的国家的农民会觉得他们没有得到完全平等的待遇。

(2) 另一种潜在的差别待遇发生在征收从量进口税而不是从价进口税上。在这种情况下，要衡量对不同商品的限制程度显然是困难的，从而带来了在上面(1)项里讨论过的结果。但除此以外，即使就单个商品说来，差别待遇问题也会发生。例如，假定对进口棉布征收关税，不是按照每包棉布的进口价值征税 10%，而是按照每平方码棉布征税 1 美元。这样，质量较好的棉布如果每平方码价值 10 美元，它承担的关税相当于 10% 的从价税率（即对价值 10 美元的进口商品征收 1 美元的关税）。但较便宜的劣质棉布如果每平方码只值 2 美元，它所承担的关税相当于 50% 的从价税率（即对价值 2 美元的进口商品征收 1 美元的关税）。现在 B 国的生产者也许集中全力生产高质量的棉布，C 国则生产低质量的棉布。在这种情况下，C 国生产者承受的从量税负担重于 B 国生产者。

(3) 如果在发放进口许可证时，准许进口的不是某种商品规定的价值，而是这种商品规定的数量，那么也会发生同样的问题。这有利于较高级和较昂贵的商品。例如，某张许可证使某个进口商能够进口 100 平方码棉布。在每平方码棉布的价值为 10 美元的情况下，他可以进口价值 1 000 美元的棉布；但在每平方码棉布价值 2 美元的情况下，就只能进口价值 200 美元的棉布。如果这两种质量的棉布本来可以得到同样的利润率，进口商将用许可证进口高质量

---

① 引自哈伯勒所著的 *The Theory of International Trade*，1936 年版，第 339 页。

的而不是低质量的棉布，因为进口高质量的棉布可以使他得到更高的报酬。高质量棉布的生产者（他们也许恰好是 B 国的居民）得到好处，而低质量棉布的生产者（他们也许恰好是 C 国的居民）则蒙受损失。

（4）有的国家也可能按照"先到先得"的原则，利用全球的或公开的限额来限制进口。在这种情况下，规定某种特定商品或某类商品进口的最大限额数量或价值。所有贸易商都可以自由进口商品，但一旦允许进口的最大数量或价值的商品输入之后，边境马上关闭，在限额期限未满的时间里不再允许商品进口。这种方法在表面上没有差别待遇，因为没有对特定的进口商或出口商实行优惠，所有贸易商都按照同样的条件参加争夺。但是在事实上，这对地理上最接近进口国的供给商有利。如果 B 国生产者多少较为靠近 A 国边境，而 C 国生产者却必须绕过半个地球才能把产品送到 A 国，前者的产品显然要比后者的产品更容易进入 A 国。如果 A 国当局在规定数量的商品可以进入 A 国的限定期间到来之前预先宣布允许进口的限额，就可以消除对 C 国生产者的最不公平的待遇。在这种情况下，C 国生产者可以提前把他们的商品运往 A 国，使它们能够在限定期间开始时到达 A 国的边境。但即使在这种情况下，因为当 C 国生产者把商品运到 A 国边境时，如果不能作为 A 国限额的一部分被接受，C 国生产者的损失将更大。所以 C 国生产者与 B 国生产者相比，仍处于不利地位。假定 B 国和 C 国的生产者有同样的机会发现：当他们的产品到达边境时，进口限额已满，他们需要运回自己的产品。对 B 国来说，产品只经很短的路程，就可以运回。但对 C 国来说，产品则需要再绕过半个地球，才能回到原来的地方。

（5）为解决这种困难，可以把进口许可证分配给某些 A 国贸易商，让他们完全自由地选择从哪一个国家购买许可证允许进口的商品。在许多情况下，因为可以假定这些贸易商能够以相对于进口市场上的售价来说是最便宜的价格得到供给品，所以这种方法也许较接近无差别待遇原则。但在另外的情况下，则不一定这样。有些贸易商也许组织起来从某些来源进口某种质量或牌子的产品，另一些贸易商则从另处的来源进口另一种质量或牌子的产品。这样，在特定的进口商之间分配许可证，等于间接地在供给来源之间分配许可证。在这种情况下，无差别待遇的问题并没有解决。

（6）实施进口限制的当局也许自己来决定供给来源，允许每一个供给国的生产者以某一个有代表性的基期的供给数量为基础，来提供相同百分比的商品，以实现无差别待遇。但这种方法实际上不能确保无差别待遇，原因至多有三个：第一，存在着怎样决定有代表性的基期的问题。如果所选择的基期是从 B 国输往 A 国出口商品较多的时期，对 B 国的生产者有利；如果选择另一个时期作为基期，也许 C 国的生产者可以得到较大的限额。没有人可以说哪一个时期是合适的。第二，即使选择的基期确实能代表过去，但供求条件是随着时间的推移而变化的。以过去的时期为基础来确定限额，将会越来越歧视那些生产某种特定商品的成本下降得最多的，产品质量或牌子越来越流行，并受到进口国喜爱的生产者。如果对基期的限额定期进行调整，以适应供求条件的变化，我们就又回到出发的地方：这种调整应根据什么原则进行，才能保证恢复无差别待遇。第三，即使基期的供给量很有代表性，随后的供求条件也没有发生变化，也不能认为按相同的百分比减少每一个供给来源的进口数量，就是真正的无差别待遇。B国的生产者可能很容易地转向另一种不同商品的生产，或者转向另一个很容易打入的市场出售产品。而C国的生产者也许不能生产别的东西，或者不能到别的市场出售产品。在这种情况下，对来自B国和C国的进口商品征收一样的进口税，会导致从B国进口的商品数量大幅度下降（因为B国的生产者转向别的产品的生产或别的市场），而从C国进口的商品数量下降幅度很小（C国的生产者不能转向别的产品的生产或别的市场）。这才是真正的无差别待遇，因为它认可了这两种供给者转产和转销的难易程度。而按相同百分比减少进口，给不能转产或转销的C国生产者带来的困难，大于给能够转产或转销的B国生产者带来的困难。

到这里为止，我们仅仅就进口控制的情况考虑了如何规定无差别待遇的定义的问题。同样的考虑也适用于其他的直接控制，如出口控制[①]、对资本流动的控制和对其他转移的控制。在这些情况下，如果对有关的支出征收统一的从价关税或给予补贴，或者利用其他具有相同效果的手段（如拍卖许可证）来实行控制，纯粹的无差别待遇可以说是存在的。

上述讨论说明，对所有支出或所有收入征收统一的从价关税

[①] 出口控制的情况与进口控制相比，也许更难说明哪个国家受到歧视，哪个国家受到优待。正如我们所看到的，进口关税将使(1)出口国的国际收支没有以前那么有利；(2)实际贸易条件变得不利于出口国；(3)出口国的有关生产者受到损害。然而，出口关税则使(1)进口国的国际收支比以前有利也不有利，这取决于该国对纳税后的进口商品的需求弹性是小于1还是大于1；(2)实际贸易条件变得不利于进口国；(3)进口国某些竞争的生产者得到好处。因此，如果A国当局对输往B国的出口商品征收关税（或给予补贴），但不对输往C国的出口商品征收关税（或给予补贴），可以说A国当局实行差别待遇。但差别待遇是对B国有利还是对C国有利取决于如何判断有利的观点。

或给予统一的从价补贴,可以确保无差别待遇。但这当然并不意味着不实行这样的控制体系,就不能做到近似于无差别待遇地运用控制。控制也许或多或少是公开宣布本国与某个外国或某一组外国之间的交易实行歧视或优惠。如果无差别待遇是人们接受的目标,那么常识以及一个可以对上述各种论述进行研究和运用的国际组织,确实有助于保证实行控制而又不会有多少差别待遇的后果。

现在我们应该转而研究无差别待遇原则可否一成不变地应用?如果答案是否定的,那么在什么样的情况和什么样的条件下,允许无差别待遇原则可以有例外呢?

利用有差别地实行直接控制,可以达到多种目的。

实行差别待遇的动机之一,也许纯粹是或主要是政治动机。如果某国当局希望使另一个国家的军事潜力保持在尽可能低的水平上,它会禁止本国与这个国家进行某些商品的贸易。过去在政治上有密切关系的国家。也许彼此间给予优惠待遇,以保持和促进政治上的凝聚力。完全的关税同盟就是这种差别待遇的极端的例子。它大都因为成员国认为彼此之间有密切的政治联系而成立的。

实行差别待遇的动机之二,是把直接控制用作讨价还价的武器,以促使另一个国家的当局改变它的直接控制。这样,如果B国当局同意相应降低对来自A国的进口商品征收的关税,A国当局可以降低对B国产品征收的关税。但除非C国也相应降低对来自A国的进口商品征收的关税,否则A国当局拒绝降低对来自C国的同类进口商品征收的关税。这样,A国当局可能给予B国生产者优惠待遇而歧视C国生产者,除非或者直至C国当局也准备改变它的关税。

实行差别待遇的动机之三，是要使贸易条件发生有利于本国的变动。例如，某种产品也许是由 B 国和 C 国输往 A 国，B 国这种产品的生产者也许能够很容易转向其他产品的生产，或在另一个市场销售这种产品，但 C 国的生产者也许既不能转向别的产品生产，也不能转向另一个市场销售产品。在这种情况下，A 国当局对从 C 国输入的产品征收进口关税，但对从 B 国输入的产品不征收进口关税，可以使贸易条件变得对本国有利。如果对来自 B 国的进口商品征税，B 国生产者可能转产其他商品，或者在其他市场上出售原来的产品，A 国本来可能得到这种产品的供给量将减少，结果 A 国消费者愿意支付的价格上升。最终 A 国消费者为来自 B 国的进口商品支付大部分关税。B 国的生产者从每个单位产品得到的价格，几乎和 A 国征收进口关税以前一样高。但如果 A 国当局对来自 C 国的产品征收进口关税，结果将大为不同。C 国生产者不能轻易地转向别的商品的生产或别的市场。他们通过相互竞争会向 A 国提供实际上没减少的产品。结果，由于这种产品在 A 国并未变得更为稀缺，A 国的消费者不愿意对这种产品支付更高的价格，因而 C 国的生产者不得不接受因税收而降低的价格。A 国人事实上是以较低的实际成本得到 C 国的产品。或者换言之，实际贸易条件变得对 A 国有利。

显然，在这种情况下，将促使 A 国当局对来自 C 国的供给品征收关税，而对来自 B 国的供给品不征收关税。同样，如果 C 国的消费者不能轻易地从其他来源得到供给品，自己又不能轻易地生产替代品来满足自己的需要，就将激发 A 国当局对输往 C 国的出口商品征收出口税。因为在这种情况下，C 国的消费者会准备支付更高的价格(为弥补出口税)而不愿意停止进口这些供给品。与此同时,如果 B 国的消费者能够更容易地从其他来源得到供给品,或者能够用其他商品来满足他们的需要,那么就会刺激 A 国当局征收歧视 C 国的消费者的出口税。

后两个动机——即把有差别的贸易控制用作商业上讨价还价的手段,以及把有差别的贸易控制用于剥削最脆弱的某国进口商品的供给来源,或剥削最脆弱的出售它的出口商品的市场——都是我们在《贸易与福利》所要讨论的问题。这些问题和国际收支机制的分析没有直接的关系。即使在完全没有国际收支问题的条件下,在为国际收支的缘故而使用直接控制的问题还没有发生的条件下(如通过可变汇率使价格调整体系更顺利地运行),这两种动机中的一种或两种也会出现。

但在某些条件下,差别待遇的问题也会直接由于国际收支的原因而发生。A 国的货币当局也许由于这样或那样的原因发现,向 A 国进口商提供购买 B 国产品所需要的通货,比向他们提供购买 C 国产品所需要的通货更为容易。这里就存在一种实行有差别的、不利于 C 国出口的直接控制的动机。而这种动机只是与筹措对 B 国和 C 国的支出的技术机制有关,这显然是本书所讨论的主题的一个重要的部分。这种关于国际收支的论述在什么程度上以及在什么条件下可行,将在第 30 章中讨论。但在开始讨论以前,我们在下一章中将简略地列举以差别待遇的方式实行直接控制的各种方法。

29 差别待遇的方式

在本章里,我们将简要地考虑一下怎样运用第 20 和 21 章里所列举的各种形式的直接控制来实现差别待遇的目标。

29.1 外汇管制

让我们假定 A 国当局制定了外汇管制制度,该国希望进口外国产品,或向另一个国家的居民支出外汇的人,都必须得到本国外汇管制当局的准许,才能获得或使用必要的外币。在这种情况下,A 国的外汇当局在实施外汇管制的过程中可以实行差别待遇。例如,它允许 A 国进口商为进口商品 X 而相当自由地购买 B 国通货,但不允许或在极为有限的程度上允许为同样的目的而购买 C 国通货。

A 国外汇管制当局这种行为显然是技术上的差别待遇,但它不一定是有效的差别待遇。假定由于 B 国并没有实行外汇管制制度,B 国的通货在 B 国国内可以很容易地转移为 C 国通货。在这种情况下,购买商品 X 的 A 国人大可以从 C 国进口 X 商品,并用 B 国通货来付款。出售 X 商品的 C 国人可以自由地把他们所得到的 B 国通货转换为他们本国的货币,即 C 国的通货。这是无效的差别待遇,它不能限制 C 国的商品输入 A 国。同时,A 国货币当局也没有由于对 C 国实行了技术性的歧视规定而有效地改变了它的地位。因为当 A 国的外汇管制当局只提供 B 国通货而不提供 C 国通货来筹措 X 商品的进口时，A 国货币当局将会用光它的 B 国通货储备而没有用光它的 C 国通货储备。但由于 B 国通货根据假定可以自由转换为 C 国通货，与 A 国当局倘若允许 C 国通货而不是 B 国通货的储备下降相比，A 国的储备状况并没有因此而得到较大的改善。

如果 A 国当局不仅规定要进口 X 商品只能得到 B 国通货而不能得到 C 国通货，而且还规定以这种方式得到的 B 国通货必须用于在 B 国而不是在 C 国购买 X 商品，那么通过外汇管制来实行技术性的差别待遇将变得较为有效。但在 X 商品可以自由地从 C 国输入 B 国的情形下，不管它是用于 B 国的消费，还是用于再出口到 A 国，歧视 C 国的效果不大。在这种情况下，A 国的进口商实际上可以向 C 国购买供给品，只要他们准备支付 X 商品从 C 国经由 B 国运往 A 国，而不是直接从 C 国运往 A 国的额外运输成本就可以了。这在多大程度上阻碍来自 C 国的 X 商品的进口，部分取决于运输成本在 X 商品价格中的重要程度，部分取决于从 C 国绕道 B 国到 A 国增加了多少运输费用。

如果 A 国当局规定本国进口商可以得到外国通货以购买在 B 国生产而不是在 C 国生产的 X 商品[①]，所实行的差别待遇将更有效，

---

① 如果 B 国通货可以自由地转换为 C 国通货，A 国外汇管制当局关于只能获得 B 国通货用于购买商品 X 的规定没有什么意义。B 国通货转换为 C 国通货，它在对外支付用途上和 C 国通货一样；它需要通过 A 国外汇管制当局来节约使用在某种程度上也和 C 国通货需要节约使用一样。要有效地实行差别待遇，我们说所得到的外国通货，不管是 B 国通货还是 C 国通货，只能用于购买 B 国生产的商品 X。

按照这种方法，A国当局对购买B国产品给予的优惠显然多于对C国产品①。但即使是在这种情况下，如果商品X可以自由地从C国输入B国，所实行的差别待遇措施也并不完全有效。因为在这种情况下，如果由于A国实行差别待遇的外汇管制，B国生产者在A国出售更多的X商品，而C国的生产者在A国出售的X商品减少，那么C国的生产者也许把他们剩余的产品卖给B国产品以前的消费者（即B、C、D或E国）。B国产品因向A国出口增多，对这些国家消费者的供给量减少了。换句话来说，A国的购买者也许从B国而不是从C国购买；C国生产者则把产品卖给那些以前购买B国产品，但现在因B国产品销往A国而买不到的消费者。在这种情况下，唯一有效的变化是C国生产者把他们的产品输往B国，B国生产者则把他们相同的产品输往A国，而不是直接从C国输往A国所增加的运输费用。但在A国的购买者是X商品的最大消费者，而B国国内对X商品的消费量很小的情况下，这种绕道供给也许是不可能的。在这种情况下，或者在运输费用增加较大的情况下，对C国生产者的歧视也许是真正有效的。

但如果B国当局不允许进口商品自由流入本国，或者不允许B

---

① 本章讨论的这种安排，就像其他的差别待遇安排一样，涉及怎样把一个国家的产品和另一个国家的产品区分开来的问题。假定在极端的情况下，X商品在C国制造，然后运往B国，在B国加上包装并贴上商标，它因此而变为B国产品吗？常识告诉我们说不是，假定在另一种极端的情况下，X商品完全在B国制造和包装，生产它所用的原料也大部分在B国生产，只有小部分原料是从C国进口，这种商品由于小部分原料来自C国而变成C国的产品吗？常识也同样明确告诉我们说不是。但是，制成品价值中应该有百分之几在B国生产才能认为这种产品是B国的产品呢？为了解决这个问题，必须采取某种武断的标准，正如从本章的其余部分可以看到，这个问题对几乎所有贸易差别待遇机制来说，都是基本的问题。

国居民对其他国家的居民进行其他交易的支出,那么 A 国外汇管制规定的差别待遇效果可能最大。让我们考虑一种简单的情况:不论是 A 国当局还是 B 国当局都制定了普遍的外汇管制制度。A 国的购买者可以得到 B 国通货,但不能得到 C 国通货来购买 X 商品;而根据 B 国外汇管制规则,B 国通货不能自由转换为 C 国通货,因而必须花在 B 国生产的 X 商品上。因为 B 国进口受到 B 国外汇管制规则的限制,B 国 X 商品的供给不再能通过自由地从 C 国输入而得到补充,以用于 B 国的消费。现在 A 国当局实行有效的有利于 B 国生产者的差别待遇[①]。

因此,让我们考虑在包括两个赤字国 D_1 和 D_2 以及一个盈余国 S 的世界里,如果每一个赤字国都实行外汇管制制度,阻止它们的通货自由转换为其他通货,而盈余国并不实行外汇管制制度,那么差别待遇的问题将是怎样。因为 S 国的通货可以自由购买 D_1、D_2 或 S 国的产品(或者自由用于对 D_1、D_2 或 S 国的支出),而 D_1 国的通货只能自由用于 D_1 国国内的支出,D_2 国的通货也只能自由用于 D_2 国国内的支出,所以按照现行汇率,D_1 和 D_2 国的货币当局需要得到 S 国通货的数量,大于彼此需要得到对方通货的数量。由于 D_1 和 D_2 国是赤字国,S 国是盈余国,D_1 和 D_2 国的通货很容易得到,但 S 国的通货则难以得到。况且,当得到 D_1 或 D_2 国通货时,它们的使用仍受到 D_1 和 D_2 国的外汇管制的限制,但 S 国的通货,则没有受到这种限制。在这种情况下,D_1 和 D_2 国的通货可以称之

---

① 除非 B 国对 A 国增加 X 商品的供给量,意味着 B 国出口商对 C、D、E 等国供给量的减少,同时意味着不能向 A 国供给商品的 C 国生产者填补了 B 国出口商在 C、D、E 等国市场上所留下的空白。

为"软"通货，S 国的通货可以称为"硬"通货。

在这些条件下，每个软通货国家（D_1 或 D_2 国）的外汇管制当局处理与另一个软通货国家（D_2 或 D_1 国）的外汇关系，不同于它处理与硬通货国家（S 国）的外汇关系。例如，看看 D_1 国的外汇规定。D_1 国外汇当局不再能够把它的外国通货合在一起作为数额相同的外汇储备。它必须把本国储备区分为 D_1 国的软通货和 S 国的硬通货。例如，从 D_1 国的外汇管制当局的观点来看，不是 D_1 国居民的人，一定划分为 D_2 国（或软通货国）的非居民和 S 国（或硬通货国）的非居民。如果 S 国居民持有 D_1 国的非居民余额，D_1 国的货币当局不得不把 D_1 国通货的非居民余额看做完全可以转换为 S 国通货的余额，换句话来说，希望用 S 国通货去购买 D_1 国通货并打算以 D_1 国银行存款余额的形式持有这笔钱的 S 国居民，都必须得到允许在他愿意的时候把 D_1 国的存款余额再换回 S 国通货。否则，没有人准备放弃诸如 S 国通货这样的硬通货而持有诸如 D_1 国通货这样的软通货。D_1 国的货币当局，也不会因这种安排而受损失。与 S 国居民持有完全可转换的存款余额相对比，D_1 国的货币当局就持有用非居民存款余额交换来的完全可转换的 S 国通货作为储备。

但由另一个软通货国家如 D_1 国的居民，所得到的 D_1 国的非居民存款余额，应该以不同的方式来对待。它不能看做是完全可转换为包括 S 国通货在内的任何外国通货的存款余额[①]。否则 D_2 国的居民可以把 D_2 国的不能转换的通货付给 D_1 国的货币当局，取得 D_1

---

① 由于同样的理由，D_1 国的当局不允许 D_2 国的居民把 D_1 国通货的非居民存款余额自由地转给 S 国居民，因为在这种情况下，存款余额又会变成完全可以转换的存款余额。

国的非居民存款余额,然后用它从 D_1 国货币当局的储备换取 S 国可以转换的通货。D_2 国的居民可以间接地以本国的软通货来换取 S 国的硬通货。D_1 国的货币当局则遭受损失,它失去 S 国硬通货储备,换来 D_2 国的软通货储备。

当两个国家,如我们例子里的 D_1 和 D_2 国,都实行完全的外汇管制制度时,它们的当局可能达成某种协议,规定两国之间的支付方式。否则,它们独立的外汇管制规定很容易相互发生冲突。例如,在 D_1 国从 D_2 国进口某种特定商品的情况下,D_1 国的外汇管制当局也许允许 D_1 国的进口商购买进口所需要的 D_2 国通货。但这意味着 D_2 国必须有人得到 D_2 国外汇管制当局的许可,出售 D_2 国通货以取得 D_1 国的通货。如果完全没有灵活性,即如果得到 D_1 国外汇管制当局许可的 D_1 国对 D_2 国的支付,都必须和得到 D_2 国外汇管制当局许可的 D_2 国对 D_1 国所作的等额支付直接联系在一起,那么外汇管制的不便和笨拙也许变得难以令人忍受。

D_1 和 D_2 两国之间缔结的这种支付协定,确实是多种多样的。这里我们只讨论四种主要的类型。读者可以想像这些类型的变化形式。

(1) 含有等待原则的清偿协定。D_1 国当局或 D_2 国当局,或两国当局一起建立"清偿局"。D_1 国居民对 D_2 国居民的支出(已得到 D_1 国外汇管制当局准许的)将把 D_1 国通货付给"清偿局"。另一方面,D_2 国居民对 D_1 国居民的支出(已得到 D_2 国外汇管制当局准许的),则把 D_2 国通货付给"清偿局"。清偿局通过这种方式积累起来的 D_1 国通货余额将等于 D_1 国对 D_2 国的支出额,它所积累的 D_2 国通货余额等于 D_2 国对 D_1 国的支出额。清偿局把因 D_2 国居民对 D_1

国居民支出而获得的 D_2 国通货余额，拿出一部分付给 D_1 国居民希望付给的 D_2 国居民。同样，清偿局从它的 D_1 国通货余额中，拿出一部分付给 D_2 国居民希望付给的 D_1 国居民。

只要 D_1 国的外汇管制当局准许 D_1 国对 D_2 国支出，D_2 国的外汇管制当局也准许 D_2 国对 D_1 国支出，在两国通货现行汇率下彼此相等，这个制度可以顺利运行下去。

但当某个方向的支出不等于另一个方向的支出时，情况就复杂了。假定 D_1 国对 D_2 国的支出大于 D_2 国对 D_1 国的支出。清偿局就会因帮助完成 D_1 国居民对 D_2 国许多居民的支出，而用光 D_2 国通货余额，同时又积累起为帮助完成 D_2 国居民对少数几个 D_1 国居民的支出而不需要的 D_1 国通货余额。对付这种不平衡的一种方法，是对 D_2 国的众多债权人的支出采取"先到先得"的原则，或我们称做的"等待原则"①。换句话来说，D_2 国的债权人按先后次序排列，排列次序取决于 D_1 国债务人把 D_1 国通货支付给清偿局的日期。一旦 D_2 国债务人向清偿局支付 D_2 国通货，清偿局即从它所持有的大量 D_1 国通货余额中支付给每一个 D_1 国的债权人。当这种情况发生的时候，D_2 国债务人付给清偿局的 D_2 国通货将被用来支付给下一个等待得最久的 D_2 国债权人。

这个制度具有自行调节的机制。只要 D_1 国对 D_2 国的支出超过 D_2 国对 D_1 国的支出，那么 D_2 国债务人等待支出所花费的时间将越来越大。清偿局所持有的过剩的 D_1 国通货余额也将越来越多。

---

① 这个名词是奈波·安德森（P.Nyboe Anderson）在他的优秀著作 *Bilateral Exchange Clearing Policy*（Copenhagen, Munksgaard, 1946）中使用的。

输往 D_1 国的 D_2 国的出口商（以及 D_1 国债务人在 D_2 国的债权人）必须等待支出的时间将越来越长，直到等待支出所花费的额外成本和面临的不确定性，使他们不愿再向 D_1 国出口或再在 D_1 国增加其他债权为止。通过收缩从 D_2 国到 D_1 国的出口（以及类似的交易），两个方向的支出流量将接近于相等。

(2) 含有筹资原则的清偿协定。就一个方向或另一个方向负债的净积累来说，D_1 和 D_2 国之间的清偿协定可以根据不同的原则来执行。和前面一样，假定有一个清偿局，D_1 国对 D_2 国的支出超过相反方向的支出，因而清偿局积累了大量过剩的 D_1 国通货。同时，越来越多的 D_2 国债权人在排队等待。清偿局可以和 D_2 国的银行体系商量，作出如下安排：使 D_2 国的债权人不应该等待支出，而应该从 D_2 国的银行预支清偿局欠他们的款项。在这种情况下，D_2 国的债权人不必等待。他们的债权可以由 D_2 国的银行体系偿还。D_2 国银行体系变成清偿局的债权人①。

如果采用了这项"筹资原则"，就不再有任何自动调节机制了。因为 D_2 国出口商的债权将由 D_2 国的银行体系来偿还，他们向 D_1 国的出口不必等待越来越长的时间才能得到收入。这些银行当局将发现，它们为本国居民预先垫付越来越多的款项。作为回报，清偿局欠他们的款项也越来越多，即 D_1 国居民间接欠它们的款项越

---

① 安德森称此为"筹资原则"。在他的著作里，他很有见解地讨论到，因为债权国的居民的债权由他们银行的新借款来预付，所以"筹资原则"与"等待原则"不同。它在盈余国里产生膨胀性影响。然而，这种区别和我们在本篇中所讨论的问题无关。我们始终假定每一个国家的当局利用货币政策或财政政策来调整国内支出，以实现内部平衡。因此，如果在盈余国采用这项筹资原则，并产生了膨胀影响，我们假定盈余国当局会同时采取紧缩性的货币政策或财政政策，来抵消膨胀影响。

来越多。简言之，D_2 国的银行体系把越来越多的钱借给 D_1 国，以为 D_2 国对 D_1 国的过度出口筹集资金。只有在 D_2 国当局采取步骤来扩大从 D_1 国的进口（或其他对 D_1 国的支出），或收缩它向 D_1 国的出口（或其他从 D_1 国得到的收入）的条件下，或者在 D_1 国当局采取措施来限制来自 D_2 国的进口或扩大向 D_2 国的出口的条件下，清偿局的账目才能达到平衡。

这可以用各种方法来实现，我们在下面将更为详细地讨论这些方法。例如，D_2 国当局可以通过对进口制定新的汇率以鼓励来自 D_1 国的进口，从而鼓励 D_2 国居民购买 D_1 国产品而不购买其他国家的产品；或者给予 D_1 国产品进口补贴；或者对来自其他国家的产品征收进口税；或者实行有差别的外汇管制规定或进口限制，在本国居民购买 D_1 国产品时给予优惠，以阻止他们购买其他外国产品；或者建立国家进口机构，利用清偿局欠 D_2 国银行体系的 D_1 国通货来购买 D_1 国产品，然后在 D_2 国出售，即使亏本也在所不惜。D_2 国当局也可以用同样的方法来阻止向 D_1 国出口：对出口制定特别汇率，使汇率对 D_2 国生产者特别缺乏吸引力；如果 D_1 国对进口产品的需求弹性大于1，就对输往 D_1 国的出口商品征税；对输往 D_1 国的出口商品实行出口限制或设立其他障碍；利用本国的国家出口机构来购买本来在 D_1 国出售的 D_2 国产品，并转卖到其他市场，即使亏本也在所不惜。

尽管 D_1 国当局采取这种行动的积极性显然不如正在通过清偿局不断向 D_1 国预支款项的 D_2 国当局，但 D_1 国当局采取这些正好相反的方法，可以收缩来自 D_2 国的进口，或者鼓励输往 D_2 国的出口。然而无论在哪一种情况下，清偿局的机制都必须用其他方法补充，以实现平衡。无论在哪一种情况下，这种机制也许是收缩性的（倘若 D_2 国当局限制出口，或 D_1 国当局限制进口），也许是扩张性的（倘若 D_2 国当局扩大进口，或 D_1 国当局扩大出口）。而且，无论在哪一种情况下，其他的控制手段在很大程度上可能包含对清偿协定的伙伴和第三者实行差别待遇。

(3) **无限信贷条件下的支付协定。**利用不同类型的制度安排也可以得到几乎完全相同的结果。这种安排无需设立清偿局。D_1 和 D_2 国的外汇管制当局准许的外汇交易，通过实际买卖外国通货来实行。换句话来说，当 D_1 国的进口商需要对 D_2 国的出口商支出时，他不必向特别的清偿局支付 D_1 国的通货，而是直接从 D_1 国外汇管制当局或它的特许代理机构购买必要数量的 D_2 国通货。D_2 国对 D_1 国的支出也一样。

但是，实行外汇管制制度的 D_1 和 D_2 国当局缔结了下述类型的"支付协定"。一个国家的银行体系（例如，D_1 国）同意贷款给另一个国家的银行体系（例如，D_2 国），它所贷放的本国（即 D_1 国）通货，和对方（即 D_2 国的外汇管制当局）在现行汇率下为偿还本身（即 D_2 国外汇管制当局）所准许的支出（即 D_2 国对 D_1 国的支出）所需要的一样多。按照这个机制，D_2 国对 D_1 国的支出，将使 D_2 国的银行体系欠下 D_1 国的银行体系数额相同的债务；D_1 国对 D_2 国的支出使 D_1 国的银行体系欠下 D_2 国的银行体系数额相同的债务。在每一个时期结束时，一个国家的银行体系欠下另一个国家的银行体系的净负债，衡量了前一个国家对后一个国家的国际收支净赤字。

在这种制度下，就像含有等待原则的清偿协定那样，再也没有自动的机制来恢复两个国家之间的国际收支平衡。因为在这种情况下，盈余国的私人出口商不必等待支出。这种支出可以这样筹集：出口商所在国的银行体系借款给进口商所在国的银行体系，进口商再利用这笔钱付给出口商。如果一个国家的银行体系对另一个国家的银行体系的贷款净额没有限制，结果基本上将和含有筹资原则的清偿协定相同。当盈余国的银行体系不断增加它对赤字国的银行体系的信贷时，盈余国的当局对这种自动对外贷款感到厌倦，从而采取其他措施（我们在含有筹资原则的清偿协定中已提到那类措施）扩大从其他国家的进口，或限制向其他国家出口。结果是收缩还是扩张，取决于盈余国当局是采用限制出口还是扩大进口的方法。

(4) 有限信贷条件下的支付协定。更为普通的支付协定，是对一个成员国银行体系给予另一个成员国银行体系的信贷加以限制。当任何一个方向的信贷净额超过协定的限额时，债务国的银行体系必须用可以兑换的货币储备（例如，黄金或完全可以转换的第三国"硬"通货）向债权国的银行体系支付这个超额部分。这种安排改变了对两国当局恢复平衡的刺激。支付协定仍然提供了资金在这两个实行外汇管制的国家之间转移的机制。D_1国当局同意在D_2国感到必要时预付的信贷额和D_2国当局同意预付给D_1国的信贷额之和作为一种限额，而在这个限额内，两个国家之间的净余额可以改变而不需要黄金或硬通货的转移。但是，如果在某一方出现的信贷净额超过了协定的限额，那么将促使赤字国采取步骤来限制来自盈余国的进口或扩大对盈余国的出口[①]，以减少赤字，从而减少赤字国

[①] 我们还不能说结果是扩张性的还是紧缩性的。这取决于采用这两种方法中的哪一种方法。

的黄金和硬通货流失到盈余国。而在无限信贷条件下——正如我们刚才看到的——压力最终将落在盈余国当局身上。它必须采取步骤来扩大来自赤字国的进口,或限制对赤字国的出口[①]。

概括地说,这就是两个实行外汇管制国家的当局就彼此之间的支付机制所能作出的安排。然而,到目前为止的讨论都以下述假定为前提:第一,好像必须运用这些安排才能得到两个有关国家之间严格的双边平衡;第二,这样的协定好像总是适用于两个实行外汇管制的国家,而不适用于两个以上的国家。这两个假定没有一个是正确的。

首先,这类安排使其中一个成员国对另一个成员国的收支不断出现盈余或赤字。例如,假定 D_1 国和 D_2 国是两个实行外汇管制的国家,S 国没有实行外汇管制。D_2 国所以需要外汇管制,是因为就全部国际收支来说它是一个赤字国。但它对硬通货国家 S 的收支也许是盈余,而这部分盈余弥补不了 D_2 国对 D_1 国的收支赤字。在正常的平衡条件下,如果 D_1 国的购买者主要从 S 国采购,S 国的购买者主要从 D_2 国采购,而 D_2 国的购买者主要从 D_1 国采购,那么这种情况就很可能出现。在这种情况下,就会产生我们所指出的那些 D_1 和 D_2 国之间的"清偿"或"支付"协定。但 D_2 国当局从 S 国得到超额的硬通货收入。它在协定中也许以黄金或 S 国的可兑

---

① 在逻辑上没有理由认为这项安排是造成这种急剧变化的原因。例如,倘若 D_1 国对 D_2 国的信贷净额不断积累,D_1 国当局有义务用黄金或硬通货向 D_2 国当局支付一部分债务,其余部分作为 D_2 国给予 D_1 国的无限信贷,那么 D_1 国当局就受到某种压力以采取步骤来恢复平衡(避免用黄金支付部分收支赤字而造成流失),而 D_2 国当局则受到压力以采取步骤来恢复平衡(避免向 D_1 国提供强迫性的等于剩余盈余的贷款)。

换通货来筹措对 D_1 国的支出，仅仅是 D_1 和 D_2 国之间的交易的剩余部分才真正需要平衡，才需要按照我们前面所讨论过的原则来处理。换句话来说，如果预料对外界国家有净盈余的成员国同意用外界国家的通货来筹措它对另一个成员国的支出，那么一对国家之间的清偿或支付协定可以计划好，确定与外界国家的多边贸易达到什么程度是可以接受的。

另外，也不必一定仅仅在两个国家之间达成清偿或支付协定。我们来看看三个实行外汇管制的国家 D_1、D_2 和 D_3 国。这三个国家的当局建立了共同的清偿局。每一个国家的进口商可以用本国通货来支付他们从其他两国购买商品所必须支付的数额。清偿局则用它积累起来的各国通货余额付给每一个国家的出口商。假定 D_1 国的购买者只从 D_2 国采购，D_2 国的购买者只从 D_3 国采购，D_3 国的购买者只从 D_1 国采购。即使在这种极端的情况下，如果 3 个国家之中每一个国家与其他两个国家之间的收支是平衡的，清偿局可以清偿所有债务。这样，D_1 国的生产者向 D_3 国出口商品，将得到清偿局从它积累的 D_1 国通货中付给的款项；而清偿局资金中的 D_1 国通货又是来自 D_1 国的购买者进口 D_2 国商品所付给清偿局的款项；如此等等。只有在任何一个国家对其他两个国家的出口超过来自这两个国家的进口的情况下，超出的净额形成净信贷余额，才需要用等待原则或筹资原则来处理。

三方之间的支付协定也可以带来同样的结果。例如，3 个外汇管制国的当局同意用某种可以是也可以不是它们之中的一种通货的记账单位，来作为彼此之间的支付手段。如果 D_1 国的进口商要对 D_2 国的出口商支付，他可以从本国的外汇管制当局购买 D_2 国通货。D_1 国货币当局再从 D_2 国的外汇管制当局取得 D_2 国通货，从而欠下 D_2 国银行体系以大家接受的记账单位表示的债务。在某个时期结束时，如果 D_1 国的购买者只从 D_2 国采购，D_2 国的购买者只从 D_3 国采购，D_3 国的购买者也只从 D_1 国采购，那么 D_1 国的银行体系欠 D_2 国银行体系的债务，D_2 国的银行体系欠 D_3 国银行体系的债务，而 D_3 国的银行体系则欠 D_1 国银行体系的债务。每一个国家的银行体系的净债权或净债务的数字可以勾销。即使在这种极端的三方支付的情况下，如果每一个国家与其他两个国家之间的收入余额保持平衡，那么这些净债权和净债务的总和可以等于零。如果每一个国家与其他两个国家之间的收支关系有净赤字或净盈余，每一个国家都会有净债务或净债权。这些债务和债权在数量上可以是无限的（在这种情况下，每一个盈余国当局将受到压力，要采取步骤来扩大来自其他两个国家的进口或减少向其他两个国家的出口）。或者超过某个限度以后，或按照某个比例，用黄金或硬通货来偿还债务（在这种情况下，每一个赤字国的当局到达这个程度以后，将要采取步骤来减少来自其他两个国家的进口或扩大向其他两个国家的出口）。显然，这个原则可以应用于更多的国家。在多国的情况下，有关各国的通货彼此之间实际上是可以转换的，但仍然不能转换为外界国家的硬通货。

29.2　多重汇率

现在假定 D_1 国和 D_2 国是软通货的赤字国，S 国是硬通货的盈余国；D_1 国实行外汇管制制度，S 国通货是自由兑换的通货。我们把这些国家的通货分别称为 D_1 元、D_2 元和 S 元。假定 D_2 元和 S 元之间的汇率是 $1D_2$ 元 =1S 元。D_1 国的外汇管制当局通过对本国进口商索取的 S 元价格(譬如说 $1.50D_1$ 元 =1S 元)高于 D_2 元价格(譬如说 $1D_1$ 元 =$1D_2$ 元),歧视来自 S 国的进口商品,给予来自 D_2 国的进口商品优惠待遇。这从效果上说,相当于 D_1 国对所有来自 S 国的进口商品征收 50% 的从价进口税,而对来自 D_2 国的进口商品则没有相似的税收。除了 D_1 国进口商进口 S 国商品按照 $1.50D_1$ 元 =1S 元的汇率付款以外,各国在这三种通货之间的交易都按照 $1D_1$ 元 =$1D_2$ 元 =1S 元的汇率进行。因为 D_1 国当局从向 S 国出口的本国出口商那里以 $1D_1$ 元换取 1S 元,但它把 1S 元出售给从 S 国进口的 D_1 国进口商时却得到 $1.50D_1$ 元,所以它从外汇交易中得到收入。

就像许多其他的差别待遇手段那样(参看本章前面),这个安排牵涉到什么构成 D_2 国的产品以区别于 S 国产品这个定义方面的问题。如果 S 国的产品实际上可以很容易地经过 D_2 国的市场运往 D_1 国,那么 D_1 国当局允许 D_1 国进口商按照优惠的 $1D_1$ 元 =$1D_2$ 元的汇率,在 D_2 国市场上购买产品是不够的。在这种情况下,当 D_1 国的进口商要得到 $1D_2$ 元只需要支付 $1D_1$ 元,而用 $1D_2$ 元在 D_2 国的市场上可以购买到价值 1S 元的 S 国产品时,他们不会按照 $1.50D_1$ 元 =1S 元的汇率来购买 S 国的产品。$1.50D_1$ 元 =1S 元的不利汇率,必须适用于在所有市场上购买 S 国产品。

D_1 国当局可以采用完全相似的安排,对输往 S 国的出口商品支付出口补贴,而对输往 D_2 国的出口商品不支付类似的补贴。现在假定除了 D_1 国外汇管制当局对本国出口商向 S 国出售产品所得

29 差别待遇的方式

到的每 1S 元支付 1D_1 元以外,各个国家的全部交易都按照 1D_1 元 =1D_2 元 =1S 元的汇率进行安排。在这种情况下,由于 D_1 国当局对本国出口商所得到的每 1S 元支付 1.50D_1 元,但当把 1S 元转卖给本国进口商时却只得到 1D_1 元,它在 D_1 国对 S 国的出口中亏损了。这相当于对输往 S 国的出口商品给予出口补贴,但对输往 D_2 国的出口商品没有给予这种补贴。

这将引起把 D_2 国产品进口到 D_1 国,再把它拿到 S 国出售的问题。一定数量的 D_2 国产品在 S 国出售可得 1S 元。如果 D_2 国的生产者直接在 S 国出售产品,他们可以把在 S 国销售所得到的 1S 元换得 1D_2 元。但如果先把产品卖给 D_1 国的贸易商,然后再由他们出口到 S 国,那么 D_1 国的贸易商可以按照有利的汇率把从 S 国市场得到的 1S 元换取 1.50D_1 元。他们可以支付给 D_2 国的生产者譬如说 1.25D_1 元(自己保留 0.25D_1 元的汇兑利润)。D_2 国的生产者将按照 1D_1 元 =1D_2 元的汇率得到 1.25D_2 元。

这样一种安排对 D_2 国的生产者和 D_1 国的贸易商显然是有利可图的。如果 D_1 国这样制定汇率的目的是尽可能多地收集 S 国的硬通货而不是 D_2 国的软通货,那么这股从 D_2 国经由 D_1 国到 S 国的出口商品流量为 D_1 国当局所接受。但是对 D_2 国当局来说,这却是无法接受的。因为这意味着 D_2 国的产品本来可以在 S 国硬通货市场上出售并得到 1S 元,现在却被 D_2 国的生产者销往 D_1 国市场,从而只能得到 D_1 国的软通货。这样,D_1 国的货币当局得到 S 元的硬通货,而 D_2 国当局得不到。这种方法事实上造成 D_2 国的货币当局从本国产品的出口中所得到的只是不兑换的 D_1 元,而不是可以兑换的 S 元。D_2 国当局很可能采取步骤来阻止本国产品出口到 D_1

国,再销往 S 国,因而 D_1 国对输往 S 国的出口商品的补贴事实上只限于 D_1 国本国的产品。

到现在为止,我们已经考察了 D_1 国当局对于来自 S 国的进口(或其他对 S 国的支出)或输往 S 国的出口(或其他来自 S 国的收入),都确定了 $1.50D_1$ 元 $=1S$ 元的汇率的情况。当然,D_1 国当局可以就来自 S 国的进口和向 S 国的出口制定这个汇率。在这种情况下,在 D_2 国和 S 国之间所有的交易中,$1D_2$ 元 $=1S$ 元。在 D_1 国和 D_2 国之间所有的交易中,$1D_1$ 元 $=1D_2$ 元。但在 D_1 国和 S 国之间所有的交易中,$1.50D_1$ 元 $=1S$ 元。我们可以从两个方面来看待这种情况:我们可以说 D_1 国当局对于来自 S 国的进口商品征收 50% 的从价进口税,但对来自 D_2 国的进口商品没有这样征税,同时给予输往 S 国的出口商品给予 50% 的从价补贴,但没有给予输往 D_2 国的出口商品类似的补贴。或者,我们可以说尽管 D_2 国和 S 国通货之间的汇率保持不变,D_1 国当局使以 S 国通货表示的本国汇率降低 50%,但不使以 D_2 国通货表示的本国汇率降低[①]。

在上面的例子中,我们假定 D_1 国是一个外汇管制国,但 S 国还有 D_2 国都有可以自由兑换的通货。很清楚,要利用多重汇率制度使差别待遇有效,这些国家中至少有一个要实行外汇管制。否则,在上面例子中,购买 S 国产品的 D_1 国进口商绝不会以 $1.50D_1$ 元交换 $1S$ 元,而是以 $1D_1$ 元换取 $1D_2$ 元,然后再以 $1D_2$ 元来购买 $1S$ 元。但这个过程可以被 D_1 国的外汇管制所阻止。这种管制阻

---

① 在这种情况下所产生的问题,是所谓混乱的交叉汇率问题。D_1 和 D_2 国通货之间的直接汇率是 $1D_1$ 元 $=1D_2$ 元。但通过 S 国通货而形成的交叉汇率是 $1.50D_1$ 元 $=1D_2$ 元。这是因为要得到 $1S$ 元,必须付出 $1.50D_1$ 元,然后再用 $1S$ 元去换取 $1D_2$ 元。

止本国居民购买 D_2 元,只有支付经过批准的从 D_2 国进口的商品除外。这过程也可以被 D_2 国的外汇管制所阻止。这种管制阻止了 D_2 元转换为 S 元,只有经过批准的从 S 国进口并用于本国消费的商品除外。在上面的例子中($1D_2$ 元 $=1S$ 元,$1D_2$ 元 $=1D_1$ 元,但 $1.50D_1$ 元 $=1S$ 元),如果 D_1 和 S 国有自由兑换的通货,那么自由市场上的汇率是 $1.50D_1$ 元 $=1D_2=1S$ 元。D_1 元和 D_2 元之间的汇率实际上不是 $1.50D_1$ 元 $=1D_2$ 元,而是 $1D_1$ 元 $=1D_2$ 元。这是下述事实造成的:D_2 国的外汇管制当局制定了一个人为的汇率,它低估了以 D_1 国通货表示的 D_2 国通货的价值,即对 D_2 国输往 D_1 国的出口商品给予优惠待遇,对 D_1 国输入 D_2 国的进口商品则给予歧视。正如我们刚才所看到的,在这种情况下,D_2 国的外汇管制当局不得不采取步骤,防止本国的进口商按照 $1D_2$ 元 $=1S$ 元的汇率购买 S 元,支付他们进口的 D_1 国产品,然后按照 $1.50D_1$ 元 $=1S$ 元的汇率间接取得 D_1 元。

我们在第 20 章已经看到,任何一个国家的外汇管制当局可以利用两国之间的多重汇率体系,对进口或出口实行税收或补贴的组合,对为了不同的目的买卖另一个国家的通货,制定不同的汇率,原则并无不同。为筹措出口或从特定国家进口,而不是为特定的进口或出口而改变买卖外汇的汇率,可以制定所需要的差别待遇制度。

有一种特殊的差别待遇制度,在这里附带提提是很有意思的。假定 A 国与另外的 B,C,D,E 等国分别缔结了清偿或支付协定,就可以通过改变 A 国通货和其他国家通货之间的汇率,来实现 A 国和其他任何一个国家之间的收支平衡。假定在开始时 $1A$ 元 $=1B$ 元 $=1C$ 元 $=1D$ 元 $=1E$ 元,如此类推。但 A 国对 B 国及 C 国的收支有赤字,对 D 国及 E 国的收支有盈余。这样,A 国和这些国家的清偿或支付账目按譬如说下述的汇率可以达到平衡:1.50A 元 =1B 元,1.30A 元 =1C 元,0.70A 元 =1D 元和 0.80A 元 =1E 元。A 国通货对 B 国和 C 国通货降值,有助于消除 A 国对这两个国家的赤字;而 A 国通货对 D 国和 E 国通货升值,有助于消除 A 国对这两个国家的盈余。

与此同时,其他国家之间的交易仍然按 1B 元 =1C 元 =1D 元 =1E 元的汇率进行。

确实,这种制度可以完全普遍化。世界各国都可以实行外汇管制。每一个国家的当局都和其他每一个国家缔结清偿或支付协定。通过适当调整双边协定中所采取的汇率,每一对国家之间都能够达到平衡。在这种情况下,价格调整方法与直接控制方法有一种很有意思的组合。管制当局必须采用直接控制的方法(如外汇控制),才能制定充分的差别待遇的汇率,以迫使每一对国家之间的收支达到双边平衡。另外,在每一对国家之间实行可变汇率,使每一对国家中的盈余国的通货以赤字国的通货表示的价值上升,这样,就可以使用自由地发挥作用的价格调整方法来实现完全的双边平衡。

29.3 其他措施

我们不得不用相当大的篇幅来讨论外汇管制和多重汇率的差别待遇问题,因为这些差别待遇的方法带来了有关国际货币组织的一些重大的新问题。但我们有必要简略地讨论一下第 20 章和第 21 章所提到的有差别地使用其他直接控制方法的问题,因为这不牵涉新的组织的问题。然而读者应该谨防产生这样的印象：本章讨论其他方法的篇幅的差别，反映了它们在现实世界中的相对重要性。事实并非这样。我们打算列举的差别待遇方法的效果，也许在各个方面和我们刚才讨论的金融手段的效果同样重要。

在我们的目录中首先要讨论的是财政措施。A 国当局通过对 B 国进口商品征收进口税（或支付较少的进口补贴），对来自 B 国的进口商品实行歧视，以别于来自 C 国的进口商品。同理，它也可以按照出口商品是销往 B 国还是销往 C 国，确定以什么样的比率征收出口税或给予补贴。实行这样的方法带来怎样确定不同国家的产品以及不同国家的消费的定义的问题。例如，如果 B 国的产品可以经过 C 国销往 A 国，就可以逃避 A 国对来自 B 国的进口商品所征收的很重的关税。或者，如果允许 C 国的贸易商购买 A 国的产品不是用于本国消费而是向 B 国出口，就可以逃避 A 国对输往 C 国的出口商品所给予的补贴和对输往 B 国的出口商品所征收的关税。

其次，我们讨论一下对有差别地使用贸易数量限制，其中包括使用关税限额和类似的措施。如果 A 国当局对于允许进入（或允许离开）的 A 国进口商品（或出口商品）实行价值限制或数量限制，或者对允许免税或以特别低的税率进入（或离开）A 国的进口商品（或出口商品）实行价值限制或数量限制，那么 A 国当局可以制定这些产品的限额，允许对 B 国有较大的贸易量，对 C 国只能有较小的贸易量。限额的方法显然可以用来给予某一个国家优惠，而对另一个国家实行歧视。况且，就像有差别地使用财政手段所提出的问题一样，限额的使用也提出了同样的怎样确定一个国家的产品和一个国家的消费的问题。

最后，还存在着有差别地使用国家贸易组织的可能性。如果国家垄断了进出口贸易，它就可以使用垄断权力，对来自某个国家的进口商品（或输往某个国家的出口商品）实行比其他国家更严厉的限制。如果国家参与对外贸易，即使在没有对贸易实行垄断的条件下，尽管它在进口过多以致造成进口商品充斥国内市场，或出口过多以致造成出口商品充斥外国市场的情况下而准备面对亏损，它仍然可以利用贸易组织把进口商品或出口商品扩大到正常的水平以上。国家还可以利用这种权力，按照这样一种方式来补贴进口或出口，以扩大与某个外国的贸易量而不扩大与另一个外国的贸易量。这里，又产生了如何防止那些被该国歧视的国家，经过受到优惠待遇的第三国进行贸易，从而获得更有利条件的做法。

30 差别待遇和无差别待遇控制的运用

在第28章中,我们讨论了差别待遇和无差别待遇的意义。在上一章中,我们讨论了怎样利用各种控制方法来实现差别待遇的目的。现在,我们从经济政策的角度来讨论差别待遇的实质问题。如果有条件的话,那么一个国家的当局在什么条件下应该在它与其他国家的关系中实行差别待遇,以达到减轻国际收支调整负担的目的呢?

关于这种差别待遇的论述如下:任何一个国家的当局都应该采用差别待遇的措施,来减少来自一个通货非常"硬"的国家的进口(或减少对这个国家的其他支出),并增加向这个国家的出口(或增加来自这个国家的其他收入)。这就是说,如果前一个国家的当局发现很难得到后一个国家的通货,来筹措对外支出时,前一个国家的当局就应该采取差别待遇的措施。同样,任何一个国家的当局就应该采取差别待遇的措施。以增加来自一个通货非常"软"的国家的进口,减少向这个国家的出口。这也就是说,如果前一个国家能够很容易地得到后一个国家的通货,来筹措对外支出,前一个国家的当局就应该采取差别待遇的措施。

因此,如果所有外国通货彼此之间能够自由兑换,从国际收支的角度来看,似乎不存在差别待遇问题。如果B元可以自由兑换成

C元，C元也可以自由兑换成B元，那么A国的当局似乎没有理由对该国与B国市场和C国市场之间的进出口管制中实行差别待遇。例如，如果A国进口商购买较多的B国产品而购买较少的C国产品，A国货币当局的B元不足而C元过多。但这不要紧，因为C元可以自由兑换成B元。如果所有外国货币彼此之间都能自由兑换，那么出口商得到哪一种外国通货，进口商使用哪一种外国通货，对于任何一个国家的当局来说并不重要，它一定要看到的是，本国得到的外国通货总额等于所用去的外国通货总额。

但尽管如此，至少有两个理由可以认为，尽管B国和C国的通货彼此之间可以自由兑换，A国当局对B国和C国的贸易实行差别待遇政策，事实上会缓和A国的国际收支状况。

首先，假定B国当局采用成功的金融政策来实现内部平衡，但C国是一个中性经济，受着相当严重的失业之苦。假定现在A国当局采取有差别的控制，造成A国进口商把购买目标从B国市场转向C国市场，或者造成本国的出口商把出售方向从C国市场转向B国市场。这种转移在B国经济里会造成紧缩影响（因为A国对B国出口商品的需求下降，或者在B国市场上与B国产品竞争的A国产品的供给已增加）。相反，C国国内发生膨胀的变动（因为A国对C国产品的需求已上升，或者在C国市场上竞争的A国产品的供给已减少）。在B国，谋求内部平衡的金融政策将抵消紧缩的压力，因而B国的国民收入将不会下降，B国对进口商品的需求——和对A国出口商品的需求——也不会下降[1]。但C国并没有实行谋

---

① 确实，因为B国贸易差额的不利变动一定被B国国内支出的同样数量的增加

求内部平衡的金融政策。C国贸易差额改善的膨胀影响将促使C国的国民收入、国内支出和进口需求发生向上的膨胀运动。结果，C国对A国产品的需求将发生净增加。由于A国的需求从B国产品转移到C国产品，B国对A国产品的需求不会下降，但C国对A国产品的需求因C国收入和支出的膨胀而增加。A国的国际收支因此得到改善。

即使B国和C国都是中性经济，这个原则也同样有效。假定B国的国内漏出（参看第5章）大于C国，B国的边际进口倾向小于C国，又假定在边际进口倾向中，代表B国对A国产品的进口倾向小于C国对A国产品的进口倾向。这样，当A国购买者的需求从B国产品转向C国产品时，B国国内的紧缩所带来的B国对A国出口商品需求减少的影响，小于C国国内同样的膨胀所带来的C国对A国出口商品需求增加的影响。当B国的紧缩过程持续下去时，(1)由于B国的国内漏出很大，紧缩幅度将不会很大；(2)由于B国的边际进口倾向很小，B国对进口商品的需求不会受到很大影响；(3)由于B国的边际进口商品中只有小部分来自A国，B国对来自A国的进口商品的需求所受的影响更小。这些因素在C国将在相反方向发挥作用：由于C国的国内漏出较小，边际进口倾向较大，而且C国边际进口商品中大部分来自A国，C国的膨胀影响将造成C国对来自A国的进口商品的需求大幅度增加。因此，即使所有外国通货都是可兑换的，A国当局也可以通过把对进口商

所抵消，而一部分增加的国内支出是对包括A国产品在内的进口商品的支出，所以B国对进口商品的需求发生某种程度的增加。

的需求从B国产品转向C国产品,来改善它的国际收支地位。在B国,A国需求减少带来的紧缩影响,不会大幅度地减少该国对A国产品的需求。在C国,A国需求增加所带来的膨胀影响,将会大幅度地增加该国对A国产品的需求。

然而,这种现象在我们本篇所集中讨论的世界中不会发生,即在所有国家的当局都成功地实行谋求内部平衡的金融政策的世界中不会发生。在这种情况下,A国购买者把需求从B国产品转向C国产品将不允许造成B国的净紧缩和C国的净膨胀。B国购买者对A国产品的需求不会减少,C国购买者对A国产品的需求也不会增加,因而A国的国际收支也不会发生净变化[①]。

但是,尽管其他国家的通货彼此之间完全可以兑换,尽管其他国家的当局都成功地采用谋求内部平衡的金融政策,任何一个国家的当局还可以利用第二种重要方式实行差别待遇政策,以改善本国的国际收支地位。假定D_1和D_2两国都是赤字国。它们企图通过直接控制(如通过对进口的数量控制),来保持外部平衡。但S国是一个盈余国,它没有实行直接控制(即没有限制进口)。如果D_1国当局放宽它对来自D_2国的进口商品的限制,D_2国当局同时放宽它对来自D_1国的进口商品的限制,那么D_1国当局将发现,仅仅由于D_2国从D_1国进口的商品数量同时发生同样数量的增加,输入本国

---

① 严格来说并不是这样。B国购买者对A国产品的需求还会发生某种程度的净增加。这是因为B国的国内支出(因而B国的进口)要增加才能抵消B国贸易差额的净减少。相反,C国购买者对A国产品的需求会发生某种程度的减少。如果对A国产品的边际进口倾向大于对A国产品的边际进口倾向,这会引起所有外国购买者对A国产品的需求发生某种程度的净增加,从而导致A国的国际收支某种程度的改善。但这种考虑不大重要。

的 D_2 国产品数量的增加,不会导致 D_1 国国际收支地位的恶化。换句话来说,如果两个都用进口限制来保持外部平衡的赤字国,同意同时放宽彼此产品的进口限制,它们可以容纳更多的进口商品而又不会加剧本国国际收支的紧张局面。

但是,放松进口限制势必歧视 S 国产品。如果 D_1 和 D_2 国政府也放松对 S 国产品的进口限制,那么当它们放松对彼此之间的产品的进口限制时,它们当中的每一个国家将容纳更多的 S 国产品。但由于 S 国当局没有对 D_1 或 D_2 国的产品实行进口限制,它不可能同时参与放松进口限制的协定,因而 D_1 和 D_2 国输入 S 国的产品数量,就像 S 国输入 D_1 和 D_2 国的产品数量那样迅速地增加。

作为普遍的原则,我们可以说,如果两个或两个以上的国家的当局对彼此的产品实行进口限制,那么它们可以缔结同时放宽限制的协议,使这组国家中每一个成员国增加从其他成员国的进口,其增加幅度相当于它增加对其他成员国的出口的幅度。如果这组国家中每一个成员国的通货彼此之间可以兑换,那么每一个成员国当局会发现它允许进口的数量增加了,但国际收支地位并没有恶化。这是因为它向其他成员国出口的增加和从其他成员国进口的增加同样快。但是,放松进口限制不适用于那些没有参加总协定以允许进口更多商品的国家(它们没有参加总协定,是因为它们以前并没有实行进口限制,或不准备放松进口限制)。否则,由于这组国家的成员国从外界国家的进口增加,而向外界国家的出口却没有相应增加,它们的国际收支将出现紧张局面。

正如我们在本章开始时所看到的,为解决国际收支问题而实行差别待遇的一个明显的例子,是某种外国通货不能兑换。假定 D_1

国是赤字国，它的当局试图通过对来自其他国家的进口实行数量限制来保持外部平衡。又假定 D_2 国的通货不能自由兑换为其他国家的通货。假定 D_2 国的购买者发现大规模从 D_1 国采购是有利可图的，他们用不可兑换的 D_2 元来支付采购的商品。但又假定 D_1 国的购买者（按现行汇率，并考虑到 D_1 国当局对来自 D_2 国和其他来源的进口商品实行无差别的进口限制）事实上并没从 D_2 国买进多少商品。这样 D_1 国的某些人会积蓄起不可兑换的 D_2 元。它们只能用于购买更多的 D_2 国产品。如果 D_1 和 D_2 国的货币当局之间缔结无限信贷的支付协定（参看第 29 章），D_1 国的银行体系将把 D_1 元付给 D_1 国的出口商，并积蓄起在交换中不可兑换的 D_2 元。似乎有特别强有力的理由可以说明为什么 D_1 国当局在实行进口限制过程中，应该给予 D_2 国产品优惠待遇，以便能够使用这些只能用来购买 D_2 国的产品的 D_2 元。

但是，这种必要性完全是由 D_1 国当局对它和 D_2 国之间的交易作出的这种类型的支付安排带来的。假定 D_1 国当局完全拒绝用 D_1 元去交换本国出口商把本国产品销往 D_2 国而得到的不可兑换的 D_2 元。这样，D_1 国的出口商不得不等待，直到他们自己发现用这笔钱购买 D_2 国产品有利可图为止。他们很快就会坚持要 D_2 国的进口商或者以 D_1 元，或者以其他可以自由兑换的通货来支付 D_1 国的产品。在这种情况下，D_2 国当局将发现它为支付过度进口的 D_1 国产品而损失了硬通货储备[①]。

---

① 如果 D_1 国实行外汇管制，规定向 D_2 国出口商品的 D_1 国出口商必须坚持以 D_1 元或其他自由兑换的通货来收款，D_1 国的出口商必须把这些自由兑换的通货交售给 D_1 国的外汇管制当局，那么可以得到相同的最终结果。在这种情况下，D_2 国当局也会发现它因从 D_1 国过度进口而失去硬通货储备。

在这种情况下，如果 D_2 国当局希望（在不改变汇率的情况下）消除因过度进口 D_1 国产品而造成的外汇储备的紧张局面，它有责任对来自 D_1 国的进口实行足够严厉的限制。但是在这种情况下，我们应该回到刚才考察过的关于差别待遇的论述，即在 D_1 国当局限制来自 D_2 国的进口，而 D_2 国当局也限制来自 D_1 国的进口的情况下，如果两国当局都同意放松对彼此进口的限制，同时又不放松对来自第三国的进口限制，它们允许更多的进口，而又没有造成国际收支的紧张局面。在一个所有国家的当局都成功地采取谋求内部平衡的金融政策的世界中，这是关于为解决国际收支问题而实行的差别待遇的基本论点。

虽然这个原则很清楚，但详细说明它以什么方式发挥作用却不那么简单。如果我们从表21所解释的国际收支世界性失衡的状况来开始讨论，其中涉及的问题会变得清楚。从这种状况出发，赤字国实行进口管制可以实现外部平衡。我们第一个问题是看看如果这些进口限制以无差别待遇为基础来实施，将会发生什么情况。表25解释了这个问题。我们的第二个问题是看看如果这些限制以差别待遇为基础实施，又将发生什么情况；同时也想考察一下：为了使赤字国实现外部平衡，而又能够最大限度地减少对世界贸易的影响，应该采取什么样的不同的差别待遇原则。表26解释了这个问题[①]。

[①] 在这些表和对这些表的讨论中，我们将把注意力放在对进口实行差别控制和无差别控制问题上。但同样的原则也可以用于对其他国际收支的控制。例如，有差别地控制向赤字国或盈余国贷放资本，也可以像有差别地控制从赤字国或盈余国的进口那样去看待。况且，为达到我们目前的用数学来说明的目的，我们将假定如果A国当

表 25　无差别的进口限制

（百万美元）

			自发贸易支出				总出口	赤字(−)或盈余(+)		
			D_1	D_2	S_1	S_2	B		自发贸易差额	自发转移差额	自发支出差额
			(a)	(b)	(c)	(d)	(e)	(f)	(g)	(h)	(i)
阶段(1)：表 21 中的最初位置 XXI											
自发贸易收入	D_1	(1)		8	60	17	5	90	−57	+10	−47
	D_2	(2)	61		5	24	12	102	−53	+20	−33
	S_1	(3)	57	44		41	83	225	+80	−15	+65
	S_2	(4)	5	77	57		5	144	+30	−15	+15
	B	(5)	24	26	23	32		105	0	0	0
总进口		(6)	147	155	145	114	105	666	世界失衡 =80		
阶段(2)：D_1 和 D_2 国当局把来自所有国家的进口分别限制在原进口量的 100/147 和 122/155											
自发贸易收入	D_1	(7)		6	60	17	5	88	−12	+10	−2
	D_2	(8)	42		5	24	12	83	−39	+20	−19
	S_1	(9)	39	35		41	83	198	+53	−15	+38
	S_2	(10)	3	61	57		5	126	+12	−15	−3
	B	(11)	16	20	23	32		91	−14	0	−14
总进口		(12)	100	122	145	114	105	586	世界失衡 =38		

局以无差别待遇为基础来限制进口，它就要按相同的百分比减少来自 B、C、D、E 等国的进口总值。正如我们在第 18 章中已论述过的，事实上不必如此。假定 A 国购买者进口 B 国产品，A 国生产者不可能轻易地生产出这些产品的替代品，而它们又是 A 国购买者所必不可少的东西。但又假定 A 国购买者所进口的 C 国产品是 A 国生产者能够轻易生产出来的东西，A 国购买者在任何情况下都可以很容易做到不用这些产品。这样，如果对 B 国和 C 国输入 A 国的进口商品一律征收 10% 的从价关税，那么所造成的来自 C 国的进口商品的减少幅度大于来自 B 国的进口商品。这却是真正的无差别待遇。我们在下面的数学解释中所作的假定，即无差别的进口限制包括按同样百分比削减来自所有国家的进口，不过是为了说明的方便而已。如果我们给无差别待遇下一个更精确的定义，我们的论述所根据的原则不会改变。

30 差别待遇和无差别待遇控制的运用

续表

		自发贸易支出					总出口	赤字(-)或盈余(+)		
		D_1	D_2	S_1	S_2	B		自发贸易差额	自发转移差额	自发支出差额
		(a)	(b)	(c)	(d)	(e)	(f)	(g)	(h)	(i)

阶段(3)：D_1、D_2、S_2 和 B 国当局把来自所有国家的进口分别限制在原进口量的 98/147, 103/155, 111/114 和 91/105

		(a)	(b)	(c)	(d)	(e)	(f)	(g)	(h)	(i)
自发贸易收入	D_1 (13)		5	60	17	4	86	-12	+10	-2
	D_2 (14)	41		5	23	11	80	-23	+20	-3
	S_1 (15)	38	29		40	72	179	+34	-15	+19
	S_2 (16)	3	51	57		4	115	+4	-15	-11
	B (17)	16	18	23	31		88	-3	0	-3
总进口	(18)	98	103	145	111	91	548	世界失衡=19		

阶段(4)：D_1、D_2、S_2 和 B 国当局把来自所有国家的进口分别限制在原进口量的 96/147, 100/155, 100/114 和 88/105

		(a)	(b)	(c)	(d)	(e)	(f)	(g)	(h)	(i)
自发贸易收入	D_1 (19)		5	60	15	4	84	-12	+10	-2
	D_2 (20)	40		5	21	10	76	-24	+20	-4
	S_1 (21)	37	28		36	70	171	+26	-15	+11
	S_2 (22)	3	50	57		4	114	+14	-5	-1
	B (23)	16	17	23	28		84	-4	0	-4
总进口	(24)	96	100	145	100	88	529	世界失衡=11		

阶段(5)：D_1、D_2、S_2 和 B 国当局把来自所有国家的进口分别限制在原进口量的 93/147, 93/155, 95/114 和 80/105

		(a)	(b)	(c)	(d)	(e)	(f)	(g)	(h)	(i)
自发贸易收入	D_1 (25)		5	60	14	4	83	-10	+10	0
	D_2 (26)	39		5	20	9	73	-20	+20	0
	S_1 (27)	36	27		34	63	160	+15	-15	0
	S_2 (28)	3	46	57		4	110	+15	-15	0
	B (29)	15	15	23	27		80	0	0	0
总进口	(30)	93	93	145	95	80	506	世界失衡=0		

那么，让我们从表 25 所表示的实行无差别的进口限制开始。表中的阶段(1)只不过是表 21 的再现。它是指有待用进口限制来消除的原来的失衡状况。我们可以看到这时 D_1 国有 47 单位美元的赤字。D_1 国当局试图通过削减 47 单位美元的进口来消除这部分赤字，即从表中 a 栏第 6 行的 147 单位美元减少到 a 栏第 12 行的 100 单位美元。表中阶段 2 a 栏中的 D_1 国的进口是阶段 1 a 栏中的 D_1 国的进口的 100/147。与此同时，在阶段(1)中作为另一个赤字国的 D_2 国的当局也削减等于现有赤字 33 单位美元的进口，即从 155 单位美元减少到 122 单位美元。表中阶段 2 b 栏所表示的 D_2 国从每一个国家的进口数量，是阶段 1 b 栏中的相当数字 122/155。由于 S_1，S_2 和 B 国在阶段 1 没有国际收支赤字，在 c、d、e 栏表示的这些国家的进口数量从阶段 1 到阶段 2 没有发生变化。

D_1 和 D_2 国当局实行无差别的进口限制的总结果，体现在阶段 2 的各个数字中。第一点要注意的是，D_1 和 D_2 国当局都没能成功地消除它们国家的赤字。D_1 国的无差别进口限制导致该国减少来自 D_2 国的进口，共达 19 单位美元（因为 D_1 国是 D_2 国产品的重要进口国），因而 D_2 国的出口减少 19 单位美元。但 D_2 国当局实行的进口限制只够消除它现有的赤字，还无法解决因 D_1 国实行进口限制所造成的 D_2 国赤字的恶化。结果，D_2 国的阶段 2 中仍有 19 单位美元的赤字。同样，D_2 国实行无差别的进口限制使该国从 D_1 国进口减少了 2 单位美元，因而 D_1 国在阶段 2 中仍然有 2 单位美元的赤字。况且，S_2 国和 B 国在阶段 2 中仍分别有 3 单位美元和 14 单位美元的赤字，而 S_1 国有 38 单位美元的盈余。D_1 和 D_2 国在进口限制中所实行的无差别原则使 B 国输往 D_1 和 D_2 国的产品数量减少。B 国以前处于外部平衡，现在有了 14 单位的美元赤字。D_1 和 D_2 国无差别的进口限制使 S_2 国输往它们国家的产品数量下降，其幅度大于 S_2 国原有的盈余。S_2 国原有的盈余现在变成了 3 单位美元的净赤字。另一方面，D_1 和 D_2 国无差别的进口限制也使 S_1 国输入它们国家的产品数量减少，但减幅小于 S_1 国 65 单位美元的原有盈余，因而 S_1 国仍有 38 单位美元的盈余。D_1 和 D_2 国实行进口限制，减轻但没有消除世界失衡。原来的总赤字是 80 单位美元（即 D_1 国有 47 单位美元，D_2 国有 33 单位美元）。它当然等于总盈余（即 S_1 国有 65 单位美元，S_2 国有 15 单位美元）。在阶段（2）中，总赤字下降到 38 单位美元（即 D_1 国有 2 单位美元，D_2 国有 19 单位美元，S_2 国有 3 单位美元，B 国有 11 单位美元）；总盈余也是 38 单位美元（即 S_1 国的 38 单位美元）。对盈余国出口产生影响的那部分 D_1 和 D_2 国实行的无差别进口限制，消除了赤字和相应的盈余。但对彼此之间的出口产生影响，以及对已经实现外部平衡的国家出口产生影响的那部分 D_1 和 D_2 国的进口限制，只不过把赤字从限制进口的国家转移到另一个国家罢了。

在阶段 2 中，我们还有下述赤字，D_1 国有 2 单位美元，D_2 国有 19 单位美元，S_2 国有 3 单位美元，B 国有 14 单位美元。D_1 和 D_2 国当局现在加强进口限制，因而它们的进口以无差别原则为基础分别进一步减少了 2 单位美元和 19 单位美元。D_1 国的进口是 98 单位美元，而不是阶段 2 的 100 单位美元，或阶段 1 的 147 单位美元。D_2 国的进口是 103 单位美元，而不是阶段 2 的 122 单位美元，或阶段 1 的 155 单位美元。S_2 和 B 国现在第一次实行进口限制，分别减少了 3 单位美元和 11 单位美元的进口，即分别减到 111 单位美元和91单位美元。D_1、D_2、S_2和B国新的总进口规划分别表示在表25第18行a、b、d和e栏。这些国家仍然按与原进口相联系的无差别待遇为基础实行进口限制,因而在阶段3 a栏中,D_1国每一个进口数字都是阶段1中相应数字的98/147;D_2、S_2和B国的进口数字也一样。

正如表25阶段3 i栏的数字所表示的,这些调整进一步减少了世界失衡的规模,但没有完全消除世界失衡。原因很简单。在阶段2中,只剩下一个盈余国即S_1国。所有其他国家都是赤字国。就D_1、D_2、S_2和B国实行新的无差别进口限制减少了来自盈余国S_1的进口而言,赤字国的赤字减少了,但盈余国的盈余并没有相应地减少。世界失衡也就减少到这个程度了。但就D_1国实行新的无差别进口限制减少了来自其他赤字国D_2、S_2和B的进口而言,这只不过是以D_2、S_2和B国赤字的增加为代价减少了D_1国的赤字。同样,D_2、S_2和B国的进口也减少了。就这些国家进口减少对另一个赤字国的出口所产生的影响来说,这只不过是以减少每一个赤字国的出口贸易为代价,把赤字负担在赤字国之间推来推去,对盈余国的出口没有造成限制。

我们可以看到,在阶段3中,总赤字已削减到19单位美元[①](即D_1国有2单位美元,D_2国有3单位美元,S_2国有11单位美元,B国有3单位美元)。D_1、D_2、S_2和B国进一步实行无差别的进口削减,

---

① 世界总赤字从阶段2的38单位美元减少到阶段3的19单位美元,但S_2国的赤字却从2单位美元增加到11单位美元。考虑一下这种现象是很有意思的。S_2国的新进口限制是十分温和的。它在阶段2只有3单位美元赤字,在阶段3实行进口限制消除了这部分赤字。它的进口从阶段2到阶段3只下降了3单位美元。但为S_2国提供了广阔市场的D_2国,在阶段2中有19单位美元的赤字。D_2国实行的严厉的新进口限制,使S_2国输往D_2国的出口,下降了10单位美元(从61单位美元下降到51单位美元)。

使我们得到了阶段4所表示的情况。总赤字进一步减少（因为新近减少的进口有一部分是盈余国的出口），但赤字并没有完全消失（因为新近减少的进口有一部分是已出现赤字的国家的出口）。进口削减过程将继续下去，直至到达阶段5所表示的最后均衡状态。在这种状态下，世界贸易总额（即世界出口总额或世界进口总额）只有506单位美元（f栏第30行）。而最初的世界贸易总额是666单位美元（f栏第6行）。换句话来说，世界贸易总额的下降不少于160单位美元，才能消除只有80单位美元的最初的世界收支失衡（即世界总赤字或世界总盈余）。

如果赤字国当局只削减来自盈余国的进口，似乎只需要一轮削减就可以了。赤字国第一次削减80单位美元的进口，造成盈余国的出口直接下降80单位美元。赤字国的赤字和盈余国的盈余因此而同时消失。消除世界80单位美元的总失衡的代价，是世界总进口（即赤字国的进口）减少80单位美元，或者世界总出口（即盈余国的出口）减少80单位美元。

表26事例a解释了这种可能性。在这个表中，正如表25那样，阶段1只不过是表21的再现。它表示必须用进口限制来消除的最初的失衡状态。在表26事例a阶段1中，D_2国当局所削减的总进口量等于该国原有的33单位美元的赤字。但它利用有差别的进口限制来达到这个目的。这种进口限制没有削减来自D_1国（一个赤字国）或来自B国（一个已经处于外部平衡的国家）的进口，而是集中于两个盈余国S_1和S_2。D_2国当局在33单位美元的削减总额中，有15单位美元是来自削减S_2国的进口。因为S_2国的盈余总额只有15单位美元，所以D_2国当局不可能更大幅度地集中削减来自S_2

国的进口而不把 S_2 国变为赤字国。D_2 国的削减总额中所剩下的 18 单位美元，落在来自另一个盈余国 S_1 的进口商品上，S_1 国的盈余总额因而从 65 单位美元减少到 47 单位美元。这样，D_2 国实施的进口削减既直接减少了 D_2 国的赤字，又直接减少了出口国家的盈余。D_2 国 33 单位美元的赤字通过减少 S_2 国的出口从而减少了 15 单位美元的 S_2 国的盈余，以及通过减少 S_1 国的出口从而减少了 18 单位美元的 S_1 国的盈余而消失了。

表 26　有差别的进口限制

（百万美元）

		自发贸易支出					总进口	赤字（-）或盈余（+）		
		D_1	D_2	S_1	S_2	B		自发贸易差额	自发转移差额	自发支出差额
		(a)	(b)	(c)	(d)	(e)	(f)	(g)	(h)	(i)
事例(a)和(b)阶段(1)：表 21 的最初情况										
自发贸易收入	D_1 (1)		8	60	17	5	90	-57	+10	-47
	D_2 (2)	61		5	24	12	102	-53	+20	-33
	S_1 (3)	57	44		41	83	225	+80	-15	+65
	S_2 (4)	5	77	57		5	144	+30	-15	+15
	B (5)	24	26	23	32		105	0	0	0
总进口	(6)	147	155	145	114	105	666			
事例(a)阶段(2)：D_2 国当局削减来自 S_1 国的进口 18 单位，S_2 国的进口 15 单位										
自发贸易收入	D_1 (7)		8	60	17	5	90	-57	+10	-47
	D_2 (8)	61		5	24	12	102	-20	+20	0
	S_1 (9)	57	26		41	83	207	+62	-15	+47
	S_2 (10)	5	62	57		5	129	+15	-15	0
	B (11)	24	26	23	32		105	0	0	0
总进口	(12)	147	122	145	114	105	633			

30 差别待遇和无差别待遇控制的运用

续表

		自发贸易支出				总进口	赤字(-)或盈余(+)		
							自发贸易差额	自发转移差额	自发支出差额
		D_1	D_2	S_1	S_2	B			
		(a)	(b)	(c)	(d)	(e)	(f)	(g)	(h)	(i)
事例(a)阶段(3):D_1国当局削减来自S_1国的进口47单位										
自发贸易收入	D_1 (13)		8	60	17	5	90	-10	+10	0
	D_2 (14)	61		5	24	12	102	-20	+20	0
	S_1 (15)	10	26		41	83	160	+15	-15	0
	S_2 (16)	5	62	57		5	129	+15	-15	0
	B (17)	24	26	23	32		105	0	0	0
总进口	(18)	100	122	145	114	105	586			
事例(b)阶段(2):D_2国当局削减来自S_1国的进口33单位										
自发贸易收入	D_1 (19)		8	60	17	5	90	-57	+10	-47
	D_2 (20)	61		5	24	12	102	-20	+20	0
	S_1 (21)	57	11		41	83	192	+47	-15	+32
	S_2 (22)	5	77	57		5	144	+30	-15	+15
	B (23)	24	26	23	32		105	0	0	0
总进口	(24)	147	122	145	114	105	633			
事例(b)阶段(3):D_1国当局削减来自S_1国的进口32单位,S_2国的进口5单位										
自发贸易收入	D_1 (25)		8	60	17	5	90	-20	+10	-10
	D_2 (26)	61		5	24	12	102	-20	+20	0
	S_1 (27)	25	11		41	83	160	+15	-15	0
	S_2 (28)	0	77	57		5	139	+25	-15	+10
	B (29)	24	26	23	32		105	0	0	0
总进口	(30)	110	122	145	114	105	596			

我们在事例 a 阶段 2 中所面临的情况，是 D_1 国仍然有 47 单位美元的赤字，S_1 国仍然有 47 单位美元的盈余。如果事例 a 阶段 3 D_1 国的当局对来自 S_1 国的进口实行 47 单位美元的有差别的进口限制，把进口从原来的 57 单位美元削减到 10 单位美元，这样将直接消除 47 单位美元的 D_1 国赤字和 47 单位美元的 S_1 国盈余。正如从表 26 事例 a 阶段 3 的数字明显地看到的，所有国家都处于外部平衡，世界贸易总量仅仅下降了 80 单位美元（最初的世界收支失衡的数量，即从 666 单位美元下降到 58 单位美元。况且，主要的盈余国 S_1 显然没有因差别待遇政策而受到损失。在表 26 事例 a 阶段 3 结束时，S_1 国的出口是 160 单位美元，不少于表 25 阶段 5 中无差别进口限制结束时 S_1 国的出口总额。在表 26 事例 a 阶段 3 结束时，其余每一个国家的出口都大于表 25 阶段 5 结束时的出口额。

但正如事例 b 的数字所表示的，解决方法不可能总是那样简单，在这种情况（事例 b 阶段 2）中，我们假定 D_2 国的当局选择有差别的进口限制来消除它原有的 33 单位美元的赤字，所削减的 33 单位美元的进口总额全部是来自 S_1 国的进口。正如从事例 b 阶段 2 的数字所看到的，进口限制使 D_2 国的赤字减少了 33 单位美元，即从 33 单位美元减少到零；并使 S_1 国的盈余也减少了 33 单位美元，从 65 单位美元减少到 32 单位美元。最后留下下述失衡：D_1 国有 47 单位美元的赤字，S_1 国有 32 单位美元的盈余，S_2 国有 15 单位美元的盈余。

D_1 国当局现在可以利用有差别地削减来自 S_1 国的进口 32 单位美元的方法，使 47 单位美元的赤字总额减少了 32 单位美元，即如事例 b 阶段 3 所表示的，把来自 S_1 国的进口从 57 单位美元减少到 25 单位美元。因为 S_1 国经过事例 b 阶段 2 的调整以后，只有 32 单位美元的盈余，所以 D_1 国当局不可能进一步削减来自 S_1 国的进口而又不使 S_1 国出现赤字。D_1 国现在只有 15 单位美元的赤字（即削减来自 S_1 国的进口 32 单位美元以后，原来 47 单位美元的赤字所剩下的部分），S_2 国相应有 15 单位美元的盈余，但从 S_2 国输入 D_1 国的进口商品只有 5 单位美元。所以 D_1 国当局通过削减来自盈余国的进口来消除剩下的 15 单位美元赤字是不可能的。唯一剩下的盈余国是 S_2 国，它输入 D_1 国的进口商品只有 5 单位美元。正如事例 b 阶段 3 所表示的，即使 D_1 国当局把来自 S_2 国的进口减少到零，D_1 国还是有 10 单位美元的赤字。

在事例 b 阶段 3 中，我们看到的是这样一种情况：D_1 国有 10 单位美元的赤字，S_2 国有相应的 10 单位美元的盈余[*]。但 D_1 国从 S_2 国进口的商品数量已减少到零，因而不可能进一步减少。在这种情况下，D_1 国当局利用进口限制来消除本国赤字，所能限制的是来自 D_2、S_1 或 B 这些处于外部平衡的国家的进口。因此，在 D_1 国削减来自这些国家的进口的限制内，它们将变成赤字国。

如果 D_1 国当局选择削减来自 D_2 和 S_1 国的进口，以完成剩下来的 10 单位美元的进口削减额，那么 D_2 和 S_1 国将有 10 单位美元的赤字，而 D_1 国则没有赤字。但 D_2 或 S_1 国当局可以削减来自盈余国 S_2 的进口 10 单位美元。它们的赤字和 S_2 国的盈余将因此而消失。在这种情况下，世界贸易总量将下降到 576 单位美元。在事例 b 阶段 3 结束时，世界贸易总量是 596 单位美元。当 D_1 国限制

---

[*] 原文笔误为赤字。——译者

来自 D_2 或 S_1 国的进口时,世界贸易总量减少 10 单位美元,减少到 586 单位美元。而当 D_2 或 S_1 国当局削减来自 S_2 国的进口 10 单位美元时,世界贸易总量再减少 10 单位美元,减少到 576 单位美元。世界贸易总量的下降幅度与事例 a 中仅仅需要下降到 586 单位美元的情形相比多 10 单位美元。

但是,在事例 b 阶段 3 结束时,如果 D_1 国当局选择减少来自 B 国的进口 10 单位美元而不是减少来自 D_2 或 S_1 国的进口,世界贸易总量的下降幅度将更大。当 D_1 国减少来自 B 国的进口 10 单位美元时,D_1 国的赤字将消失。但取而代之的是 B 国出现 10 单位美元的赤字。它输往 D_1 国的出口减少了 10 单位美元。因此,B 国必须实行进口限制,减少 10 单位美元的进口。但 B 国从唯一剩下的盈余国 S_2 的进口只有 5 单位美元(表 26e 栏第 28 行)。因此,B 国当局只能减少来自 S_2 国的进口 5 单位美元。B 国的赤字在这个限度内减少了 5 单位美元;S 国的盈余也减少了 5 单位美元。为了消除剩下的 5 单位美元赤字,B 国当局必须限制来自 D_1、D_2 或 S_1 国的进口。这些国家都分别处于外部平衡。它们将因 B 国的进口限制而变为赤字国。如果 B 国当局选择限制来自 D_2 或 S_1 国的进口 5 单位美元,那么 D_2 或 S_1 国的当局可以限制来自 S_2 国的进口 5 单位美元。这样,这个循环是封闭的。在这种情况下,世界贸易总量将下降到 571 单位美元。在事例 b 阶段 3 结束时,世界贸易总量是 596 单位美元。当 D_1 国削减来自 B 国的进口 10 单位美元时,世界贸易总量下降到 586 单位美元。当 B 国削减来自 S_2 国的进口 5 单位美元,削减来自 D_2 或 S_1 国的进口 5 单位美元时,世界贸易总量进一步减少到 576 单位美元。当 D_2 或 S_1 国削减来自 S_2 国的进口 5 单

30 差别待遇和无差别待遇控制的运用

位美元时,世界贸易总量下降到 571 单位美元。但如果 B 国当局选择用削减来自 D_1 国而不是来自 D_2 或 S_1 国的进口,来消除它的 10 单位美元的赤字的任何一部分时,那么世界贸易的下降幅度还会更大。因为这将使 D_1 国成为赤字国,而它没有来自 S_2 国的进口可以削减。所以,D_1 国当局又不得不削减来自 D_2、S_1 或 B 国的进口。如果 D_1 国当局削减来自 D_2 或 S_1 国的进口,D_2 或 S_1 国的当局又只能削减来自盈余国 S_2 的进口,这个循环就成为封闭的。但如果 D_1 国当局削减来自 B 国的进口,因为 B 国从 S_2 国的进口已经是零,B 国当局无法削减来自盈余国 S_2 的进口,B 国当局只能削减来自 D_1、D_2 或 S_1 国的进口,如此循环下去。

上面的解释应该可以表明,为了使世界贸易的下降幅度达到最小,单凭赤字国必须削减来自盈余国的进口这个简单的规则是不够的。除此之外,赤字国当局可以自由选择如何配置它们的进口削减额。这个简单规则所以不够,至少有两个原因。第一,当一个赤字国从两个盈余国进口时,它决定集中削减哪一个盈余国的进口有着十分重要的不同的后果,正如表 26 事例 a 和 b 中 D_2 国当局采取行动的差别所表明的那样,如果已经有一个赤字国需要把削减进口集中于某个盈余国的出口,那么另一个赤字国的当局必须避免把削减进口集中于这个盈余国的出口[1]。第二,一个赤字国不要完全从某一

---

[1] 实际上这个规则比这里所说的更为复杂。可能有很多赤字国和盈余国,况且,某个特定的赤字国的当局为什么应该避免削减来自某个特定的盈余国的进口,是因为另一个没有从任何盈余国进口的赤字国只能削减来自某个平衡国的进口,而这个平衡国仅仅从上面所说的这个盈余国进口。各种各样的情况极为复杂。然而,有某些类型的有差别的进口限制能使世界贸易下降减到最小。如果数字都是已知的,这些进口限制是可以确定的。

个盈余国进口。在这种情况下,如果赤字国要实现外部平衡,它的当局必须要限制来自另一个已经有赤字或已经达到外部平衡的国家的进口,从而把赤字转嫁给这个国家。但是,正如上面关于如何对付表 26 事例 b 阶段 3 结束时所留下的失衡的讨论所表明的那样,赤字国选择哪一个现有的赤字国或平衡国作为牺牲品,来削减它们的出口,结果大为不同,它所选取的国家,应该是一个能够以最高速度最后集中削减来自盈余国的进口的国家。

从理论上来说,在任何世界收支方式中,不论有多么复杂,我们都有可能制定各种有差别的进口限制或支付限制的组合。它们恢复每一个国家的收支平衡,同时又使世界贸易的下降减为最小;并有可能把这些组合与其他的进口或支付限制组合区分开来,后一种组合以世界贸易量较大的下降为代价来恢复均衡。这种解决方法要有一个超国家的当局来使用。个别赤字国的当局不能自由地选择它应该限制来自哪一个国家的进口。它们必须限制那些世界总计划所规定的国家的进口。

然而,这样一种解决方法本身也会受到激烈的反对。

首先,关于世界贸易在统计上的最低下降幅度的简单标准是不可接受的。我们看看 D_1 国从 S_1 国进口的情况。在表 25 阶段 5 中,进口总值是 36 单位美元。这就是说,在无差别的进口限制制度下,D_1 国从 S_1 国的进口减少了 21 单位美元,即从 57 单位美元减少到 36 单位美元。在表 26 事例 a 阶段 3 中,它只有 10 单位美元。因此,按照使世界贸易的下降减为最小的世界计划,尽管 D_1 国从所有来源的进口在有计划的差别待遇条件下比无差别待遇条件下要少,D_1 国从 S_1 国的进口也要减少 47 单位美元之多,即从 57 单位美元减少到 10 单位美元[①]。这样，D_1 国的购买者也许从 S_1 国进口他们需要的最基本和必不可少的供给品，从其他来源输入到 D_1 国的进口产品则可以轻易地被国内产品所替代，或者可以轻易地节约使用而又不会带来多大的困难。在无差别待遇制度下，D_1 国的总进口额只有 93 单位美元，但其中来自 S_1 国的进口却有 36 单位美元。在有计划的差别待遇制度下，D_1 国的总进口高达 100 单位美元，但来自 S_1 国的进口只有 10 单位美元[②]。所以，D_1 国居民的处境在前一种制度下比后一种制度下要好。

换句话来说，没有一个差别待遇的世界计划可以根据一项使世界贸易的减少达到最小的简单基础自动地制定出来。负责制定这个计划的国际官员，必须考虑不同的国家从不同的来源所得到的进口商品的相对必要性。很简单的一件事也会很自然地成为激烈意见中冲突的诱因。没有一个国家的政府会把它的居民挨饿作为减少世界贸易在统计上的下降幅度的手段。

况且，重要的是要认识到，使世界贸易量的下降减到最小的原则，应包含什么样的无差别待遇。正如我们在表 26 事例 a 的讨论所看到的，这个原则在我们的例子中，需要 D_1 国当局大量削减来自 S_1 国的进口。但在表 25 阶段 1 和表 26 阶段 1 所表示的最初失衡状态中，D_1 国对 S_1 国的贸易仍有盈余，D_1 国的购买者从 S_1 国

---

① 我们可以制定出一个使世界贸易量的减少达到最小的世界计划。如果 D_1 国从 S_1 国的进口削减为零，与事例 a 阶段 2 的情形相比，D_2 国从 S_1 国的进口要少 5 单位美元，而从 S_2 国的进口要多 5 单位美元。计划允许 D_1 国的购买者继续从 S_1 国进口 15 单位美元的产品。但是，D_1 国从 S_2 国的进口为 15 单位美元仍然小于它在无差别待遇制度下从 S_2 国的进口量。

② 或者，最多为 15 单位美元（参看前面的附注）。

进口 57 单位美元的产品（a 栏第 3 行），但 D_1 国的生产者向 S_1 国出口不少于 60 单位美元的产品（c 栏第 1 行）。因此，S_1 国的通货对于 D_1 国当局来说不是"硬"通货。确实，D_1 国有剩余的 S_1 国通货，它利用这些通货来筹措来自其他来源的超额进口。这样，尽管来自 S_1 国的供给品对 D_1 国的购买者是最基本的，尽管 D_1 国对 S_1 国的收支余额有盈余，因而 S_1 国的通货对于 D_1 国当局来说也不是硬通货，使世界贸易量的下降减为最少的原则，要求 D_1 国当局集中削减来自 S_1 国的进口[①]。

---

① 这最后一点表明，使世界贸易量的下降减为最小的无差别待遇原则，和通过进口限制实现双边平衡的原则怎样完全不同。在后一种原则下，每一个国家的当局对另一个国家的收支出现赤字（即使就总的国际收支来说有盈余），它不得不限制来自这个国家的进口，直至恢复双边平衡。在表 25 和表 26 的阶段（1）所表示的最初失衡中，我们看到下述双边赤字：

D_1 国从 D_2 国进口 61 单位美元商品，向 D_2 国出口 8 单位美元商品，因而对 D_2 国有 53 单位美元的赤字。

D_1 国从 B 国进口 24 单位美元，向 B 国出口 5 单位美元，因而对 B 国有 19 单位美元的赤字。

D_2 国从 S_1 国进口 44 单位美元，向 S_1 国出口 5 单位美元，因而对 S_1 国有 39 单位美元的赤字。

D_2 国从 S_2 国进口 77 单位美元，向 S_2 国出口 24 单位美元，因而对 S_2 国有 53 单位美元的赤字。

D_2 国从 B 国进口 26 单位美元，向 B 国出口 12 单位美元，因而对 B 国有 14 单位美元的赤字。

S_1 国从 D_1 国进口 60 单位美元，向 D_1 国出口 57 单位美元，因而对 D_1 国有 3 单位美元的赤字。

S_2 国从 D_1 国进口 17 单位美元，向 D_1 国出口 5 单位美元，因而对 D_1 国有 12 单位美元的赤字。

S_2 国从 B 国进口 32 单位美元，向 B 国出口 5 单位美元，因而对 B 国有 27 单位美元的赤字。

B 国从 S_1 国进口 83 单位美元，向 S_1 国出口 23 单位美元，因而对 S_1 国有 60 单位美元的赤字。

把赤字国总进口的下降减为最小的差别待遇原则，所以不能接受为指导制定国际经济政策的经验规则，还有第二个重要原因。在表 25 和表 26 关于有差别的进口限制的数字例子中，我们假定盈余国的进口不因赤字国选择使用的进口限制类型而改变。但实际情况并不一定这样。按照无差别的进口限制制度，赤字国 D_1 和 D_2 的当局既会削减来自 S_1 国的进口，也会削减来自对方的进口。但 D_1 国的出口商在 D_2 国的市场上受到限制的事实，会使他们更加努力地寻求其他市场，包括 S_1 国的市场。被排斥在 D_1 国市场之外的 D_2 国的出口商也一样。事实上，由于赤字国对相互的产品实行无差别的进口限制，他们的出口商按照有利条件向盈余国市场提供产品，盈余国来自赤字国的进口也许增加。当然，在有差别的进口限制制度下，这种影响不会发生作用。在这种制度下，赤字国当局不会限制对相互之间的产品的需求。因此，表 25 阶段 5 和表 26 事例 a 阶段 3 之间的比较，夸大了维持世界贸易的差别待遇原则的重要性。表 25 的最终均衡应该表明，盈余国的进口出现某种程度的增加，因为赤字国的进口发生较小幅度的减少。而这正是恢复均衡所需要的：赤字国输往盈余国的出口的增加，与赤字国从盈余国进口的减少结合在一起。世界贸易总量发生较大幅度的下降，但赤字国和盈余国之间的贸易流量却较大。这样的世界也许是一个实际上更繁荣的世界，因为赤字国的购买者需要盈余国的产品，多于赤字国购买者需要其他赤字国的产品。

如果赤字国对它的盈余国伙伴的产品实行歧视性的进口限制，以消除上述双边赤字，我们可以得到，世界贸易量减少了这些双边赤字的总和 296 单位美元，即减少到 370 单位美元。

在本章中，我们把注意力限于赤字国限制它们的进口或其他支出的问题，并探讨这些控制应该以差别待遇为基础还是应该以无差别待遇为基础。从逻辑上讲，为了使分析更完整，我们应该把相同的方法应用于下述问题：如果把这些方法作为恢复国际收支平衡的手段，盈余国的进口补贴、赤字国的出口补贴[①]和盈余国的出口限制[②]应该以差别待遇为基础还是以无差别待遇为基础？

在多种直接控制方法中，最重要的方法是赤字国对进口和其他支出的限制。这个事实证明我们把注意力集中在赤字国如何限制进口或其他支出是合理的。如果读者愿意的话可以把本章的原则应用于其他类型的控制。然而，关于赤字国利用出口补贴来促进出口，在这里多说一句是有益的。这就是我们总是假定对每一个赤字国的出口商品的需求弹性大于 1，因而出口补贴事实上会增加赤字国的出口总值。

这样的出口补贴可以以无差别待遇为基础，也可以以差别待遇为基础。如果是无差别待遇，赤字国 D_1 和 D_2 的出口补贴将会扩大它们对所有国家的出口。这样，表 25 和表 26 阶段 1 第 1 行和第 2 行从 a 栏到 c 栏的数字都会增加。就 D_1 和 D_2 国当局因此而鼓励了向对方或向 B 国的出口而言，它们只不过是把赤字转移到对方国家，或转移到原来处于外部平衡的 B 国。但就 D_1 和 D_2 国鼓励了向 S_1 或 S_2 国的出口而言，则它们既消除了本身的赤字，同时也消除了一个盈余国的盈余。D_1、D_2 和 B 国不得不实行新的一轮无差别

[①] 或者税收，如果出口国的需求弹性小于 1。

[②] 或者补贴，如果进口国的需求弹性小于 1。

的出口补贴,以便又一次转移赤字,把一部分赤字转移给对方国家,把一部分转移给盈余国。转移给盈余国的部分,是第一轮无差别出口补贴中仅仅在赤字国和平衡国之间转移的 D_1 和 D_2 国的原有赤字。这个过程将会继续下去。

然而,如果出口补贴是有差别的,只与赤字国输往盈余国的出口商品相联系,赤字国 D_1 和 D_2 对盈余国 S_1 和 S_2 的出口在第一轮出口补贴中会增加,其增加幅度以直接消除 D_1 和 D_2 国的赤字以及 S_1 和 S_2 国的盈余为限。

但如果某个赤字国的当局歧视来自盈余国的进口,与此同时又对输往这个盈余国的出口给予优惠的出口补贴,情况将会怎样呢?如果有差别的进口限制程度(如对来自这个盈余国的进口征收10%的从价关税),等于有差别的出口补贴的程度(如对输往这个盈余国的出口给予10%的从价补贴),就这两个国家之间的贸易来说,这种制度相当于把赤字国的通货以这个盈余国的通货表示的外汇价值降低了10%。这种解释可以使我们注意这个重要的事实。诸如前面第27章所讨论的可变汇率制度,通过所有赤字国的通货降值和所有盈余国的通货升值,本身就可以达到为恢复国际收支平衡的,出口和进口双方都需要的那种程度的差别待遇。当以某个盈余国通货表示的赤字国通货的外汇价值下降时,就像第四篇所考察的两国世界那样,由于盈余国出口产品在不利的条件下与赤字国产品竞争,它倾向于减少赤字国从这个盈余国进口。而且由于赤字国的出口产品在有利的条件下与盈余国的产品竞争,它倾向于增加赤字国输往盈余国的出口。另外,它还有相似于有差别的进口限制和出口补贴的影响。因为盈余国的产品在不利的条件下与通货已经降值的其他赤字国的产品竞争,所以赤字国的购买者现在购买较少的来自盈余国的产品,购买更多的来自其他赤字国的产品。同样,赤字国的出口商把更多的出口产品销往盈余国。这不仅因为盈余国的市场比赤字国国内的市场更为有利可图,而且因为盈余国的市场比其他通货已经降值的赤字国的市场也更为有利可图。

31 差别待遇和经济福利：结论

在上一章的后几段中，我们提出了赞成下述看法的理由：如果把合理的差别控制制度作为恢复世界收支均衡的一种手段，它是很难实现这个目标的。这种差别控制必须采取各国都同意的控制计划的形式，或采取超国家的制定控制计划的形式。这种控制计划不能建立在经验规则之上，因为至少在下面两个重要问题上涉及人的判断：第一，一个国家对来自某个特定国家的进口商品，比另一个国家对来自另一个特定国家的进口商品，是更加还是并不那么不可缺少；第二，如果面向某个赤字国市场的某个国家的出口商，被阻止向这个赤字国的市场销售产品，那么他们输往某个盈余国的产品，会增加到什么程度。

然而，尽管有这些困难和不确定性，如果直接控制制度被选择来做恢复外部平衡的手段，那么仍然有强有力的理由赞成采用有差别的管制。如果两个赤字国 D_1 和 D_2 的当局打算用限制进口来恢复外部平衡，那么它们之中每一个国家对来自盈余国 S 的进口的限制，要比对来自对方国家的进口的限制更为严厉。这种论述仍然很有力量。这是因为限制来自盈余国的进口可以直接消除赤字国过度的进口和盈余国过度的出口，而限制来自另一个赤字国的进口只能直接把赤字从一个赤字国转移到另一个赤字国。

况且，乍一看来，为达到恢复外部平衡的目的，经过适当规划的有差别地使用的进口限制，比无差别地使用进口限制，可能更接近于"修改了的自由贸易位置"（参看第24章中的定义）。如果无差别地使用进口限制，D_1 和 D_2 国的当局对来自 S 国的进口征收譬如说 10% 的从价关税，对彼此之间的进口也征收 10% 的从价关税。如果有差别地使用进口限制，这两个赤字国的当局对来自 S 国的进口征收 10% 的从价关税，但对彼此之间的进口免征关税。这两种制度的差别，不过是按照无差别的关税制度，对 D_1 和 D_2 国之间的贸易征收 10% 的关税，而有差别的关税制度没有这种关税。因此，差别待遇制度比无差别待遇制度更接近于自由贸易位置；除了某种贸易障碍被消除，它事实上和无差别待遇制度是相同的。

确实，作为接近自由贸易位置的手段，差别待遇制度的好处也许比上面所说的还要大。例如，D_1 国当局对来自 D_2 国和 S 国的所有进口商品都征收 10% 的无差别待遇进口税，这对减少来自盈余国 S 的进口有一定的影响，因为对 D_1 国的购买者来说，D_1 国的产品现在享有 10% 的价格优势（因为它们免缴进口税）。但如果所谓对输入 D_1 国的进口商品征收关税，只是对来自 S 国的进口商品征收关税，而对来自 D_2 国的进口商品完全不征税，由于 D_1 国的购买者现在用 D_2 国产品还有用 D_1 国产品替代 S 国产品中得到价格上的好处，所以较低的关税率（譬如说 5% 的从价税）就足以使来自 S 国的进口发生同样幅度的下降。对 S 国的产品征收关税所以会减少来自 S 国的进口，一方面是因为 D_1 国的购买者现在转向购买本国生产的产品，另一方面是因为他们转向购买 D_2 国的产品。这样，如果 D_1 和 D_2 国的当局要减少一定数量的来自 S 国的进口总额，就上述效果来说,使用有差别的进口限制不仅完全消除 D_1 和 D_2 国之间的贸易障碍,而且对来自 S 国的进口所征收的关税税率也将较低。

但限制从 D_1 国输往 D_2 国的无差别的进口限制,几乎肯定使一部分 D_1 国的出口商品转向 S 国的市场。同样,它也使一部分 D_2 国的出口商品转向 S 国市场而不是 D_1 国市场。这是降低 D_1 和 D_2 国当局对进口商品必须征收的无差别关税税率的因素,因为按照无差别待遇制度,可以利用扩大 D_1 和 D_2 国产品对 S 国购买者的销售量,来消除外汇市场上 S 国通货的部分不足。这样,和有差别的进口限制相比较,使用无差别的进口限制将包括:(1)如果 D_1(或 D_2)国的进口商不怎么倾向于把需求从 S 国的产品转向 D_2(或 D_1)国的产品,就对来自 S 国的进口商品征收较高的关税税率;(2)如果 D_1(或 D_2)国的出口商倾向于把产品销往 S 国的市场而不是 D_2(或 D_1)国的市场,就对来自 S 国的产品征收较低的关税税率。我们不可能说哪一种因素更重要。这取决于交易的商品的性质,以及这些商品在各国的消费或生产中相互替代的难易程度。

然而,让我们假定:一个计划良好的有差别的进口限制制度,不仅包括完全消除了赤字国之间的贸易障碍,而且对盈余国输入赤字国的进口商品征收较低的进口税率。从这两方面来看,它比无差别的进口限制制度更接近于自由贸易位置:有差别的限制制度的贸易障碍低于无差别制度下的贸易障碍。但在极端的情况下,有差别的进口限制制度的经济福利并不是一定较大。另一本《贸易与福利》的目的之一,就是解释经济福利不仅因高度的贸易保护而减少,而且也因独立的因素即高度的差别待遇而减少。有差别的低进口税的制度与无差别的高进口税的制度相比,对经济福利不会有更大的损害。

我们在这里要详细讨论这个命题是不可能或者是不适当的。这是《贸易与福利》所要进行的讨论。在这里,我们简略指出这一命题和有差别或无差别的进口限制之间的关系已足够了。假定按照无差别待遇的制度,对所有输入 D_1 和 D_2 国的进口商品征收 10% 的从价关税,就足以恢复外部平衡。又假定按照精心计划的差别待遇制度,对 D_1 和 D_2 国之间的贸易不征收进口关税,但对输入 D_1 和 D_2 国的 S 国产品征收 7% 的从价进口税,就足以恢复外部平衡。在后一种情况下的世界贸易总量将大于前一种情况。但因为 D_1 和 D_2 国之间的贸易完全取消税收,将使 D_1(和 D_2)国的部分出口商品从 S 国市场转向 D_2(和 D_1)国的市场,这样以 S 国为一方,以 D_1、D_2 国为另一方的贸易量将较小。如果以 S 国为一方,以 D_1 和 D_2 国为另一方的贸易有特别重要的经济意义,那么世界贸易总量的上升(由于在差别待遇制度下,贸易障碍较小)对经济福利的重要性,不如 D_1、D_2 国与 S 国之间贸易量的减少(由于 D_1 和 D_2 国歧视与 S 国的贸易)。

在这里,比较一下下述的影响是有益的:(1)汇率调整;(2)有差别的进口限制制度;和(3)作为消除两个赤字国 D_1、D_2 和一个盈余国 S 之间的收支失衡的手段来使用的无差别的进口限制制度。

(1)就贸易来说,以 S 国通货表示的 D_1 和 D_2 国通货外汇价值降低 10%,正好相当于(a)D_1 和 D_2 国对来自 S 国的进口商品征收 10% 的差别进口税,但对相互间的进口商品不征税;同时,(b)D_1 和 D_2 国对输往 S 国的出口商品给予 10% 的差别出口补贴,但对输往对方国家的出口商品不给予补贴。

(2) D_1 和 D_2 国实行的有差别的进口限制，与 1 a 中实行有差别的进口税相当，但没有 1 b 中的有差别的出口补贴。

(3) D_1 和 D_2 国实行的无差别的进口限制，相似于 1 a 中的有差别的进口税，但没有 1 b 中的有差别的出口补贴，然而增加 D_1（或 D_2）国对来自 D_2（D_1）国的进口商品征收相等的进口税。

根据在第二卷中将要发挥的理由，我们可以认为汇率调整制度（即制度 1），从经济福利的观点来看，一般来说能够提供最好的原则。在这种情况下，我们应该回答下述问题：假设我们开始时采用制度(1)，然后取消有差别的出口补贴。如果我们现在征收的进口税是无差别的（即我们从制度 2 转向制度 3），我们更接近还是更远离制度(1)呢？

显然，就我们切断了 D_1 和 D_2 国之间某些绝不会直接或间接出口到 S 国的商品的贸易来说，我们离制度 1 更远了，但如果 D_1（或 D_2）国减少对来自 D_2（或 D_1）国的进口商品的需求，主要影响是促进了 D_2（或 D_1）国的产品向 S 国出口，那么我们更接近制度(1)。如果 S 国对 D_1 和 D_2 国彼此贸易的商品弹性很小，可能离开制度(1)更远。但如果 S 国对这些商品的需求弹性很大，那么无差别的进口限制也许比有差别的进口限制更为接近汇率调整方法。

因此，在任何情况下，最困难的事情是决定直接控制应该以无差别待遇为基础，还是以某种特殊的差别待遇计划为基础。但是，这种选择（即如果实行直接控制，我们应该做的事情）没有另一种选择（为了恢复外部平衡，是否应该采用直接控制，或者是否不应该依赖于这种或那种形式的价格调整）重要。如果不使用直接控制的方法，有差别地使用直接控制的问题就不会产生。

本书并不隐瞒自己的观点：如果可能，应该依赖于别的措施而不是直接控制。

首先，每一个重要的国家都必须成功地实行金融政策实现内部平衡，即避免大幅度的国内膨胀和紧缩。

其次，必须有一个国际制度按照下述原则改变各国的汇率（不管是哪一种类型的自由外汇市场，不管是哪一类的可调整的钉住汇率）：盈余国的通货应该升值，赤字国的通货应该降值。

第三，为保护民族工业而采取的任何措施——在《贸易与福利》中，我们将讨论采用这种措施达到控制国际收支目的的合法性——的形式（即从价进口税而不是严格的数量限制），要有效地使贸易流量适应于随后发生的价格关系的变动。

我们将会发现，这样的制度绝不会和我们在《贸易与福利》中所讨论的国际经济政策的其他方面发生冲突，但为了国际收支政策的利益而设计的直接控制制度，无法容纳在后面的讨论中将建议的政策措施。

但这样一种制度是可行的吗？

关于这个问题的答案，首先取决于技术上的问题。对进口商品的需求弹性（或者更严格地说，各国交易商品之间的替代弹性），是否大到足以使价格调整制度顺利和有效地发挥作用，这是一个以目前的统计数据还不足以下结论的事实问题。但对本书的作者来说，正如前面所说明的（第6章），在国际贸易中，如果具备三项附带条件，产品之间的替代程度可能是足够大的。这三项条件是：商品政策对国际贸易造成的障碍不太大，或者不太严厉；每一个国家的货币当局都有足够的黄金储备或国际上接受的其他支付手段，以在价格调整发挥它的长期影响时,弥补短期的赤字;世界市场灾难性的崩溃(由战争或严重经济萧条所引起)不会发生。

因此,从国际的角度来看,这个制度要求:(1)基本上没有过分的和严厉的贸易障碍。(2)汇率调整制度在某种程度上得到各国同意,因而当某些国家发生赤字时,这些国家事实上会降低它们的汇率,否则就不会降低它们的汇率。同样,当某些国家发生盈余时,它们事实上会提高它们的汇率,否则不会提高它们的汇率。(3)在最初的时候,足够的黄金储备和国际接受的其他支付手段在世界各国之间得到合理的分配。

从国内的角度看,要使这个制度成功地运行,至少需要满足两个基本条件。

第一,各主要国家的当局至少应该有效地实行国内金融政策来实现内部平衡。某个重要国家发生严重的和无法控制的经济衰退,会对其他国家的国际收支形成压力,从而促使这些国家采用进口限制或其他直接控制措施。主要利用有效的谋求内部平衡的金融政策,来实现合理的国内稳定,对于任何真正令人满意的实现部分国家之间外部平衡的手段来说,是绝对必要的条件。实现这种内部平衡所能使用的详细的方法,构成国内经济政策理论的一个最重要的课题。

第二,如果可变汇率方法能够有效地用作调整国际收支失衡的手段,那么一个国家产品的价格相对于另一个国家产品的价格来说一定经常变化。这意味着当某个国家的进口商品价格上升(如由于它的汇率的必要降低)时,一定不会同时提高本国的货币成本。换句话来说,该国的货币工资率不应该这样密切地与生活费用相联系，以致国内成本和价格自动地跟随着进口商品的价格变化。只有使用其他的方法（如通过财政政策实现收入和财产的再分配，扩大更为平等的教育和社会机会，使人们能够进入收入更高的职业，以及防止维持过高的收入的垄断行为），而不是使用工资政策来实现国内的收入和财富的说得过去的公平分配，这个制度将发挥作用。这也是构成国内经济政策理论最重要的课题之一。

因此，成功地利用货币与价格机制来实现外部平衡的条件，其意义是深远的。在某些情况下，是不容易做到的。但是，值得努力去达到这些条件。如果没有这些条件，必然会出现永久性的直接贸易控制结构。它存在的唯一理由是调整国际支付。《贸易与福利》的主要目的之一，是表明不必要的世界贸易障碍会造成怎样大的浪费。

英汉对照表

A

Acceleration Principle — 加速原理
Accommodating and Autonomous Transactions — 适应性的和融通性的交易
  size of — 适应性和融通性的交易的大小
  definition of — 适应性和融通性的交易的定义
  distinction between — 适应性和融通性交易的区别
  Time Lags — 时滞
Andersen, P. Nyboe — 安德森,奈波
Anglo-American Loan of 1946 — 1946 年英-美贷款
Average Propensity to Import, defined — 平均进口倾向,定义

B

Balance of Payments — 国际收支
  inter-regional and international adjustments in, compared — 地区之间和国家之间国际收支的调整,比较
  definition of — 定义
  multilateral price effects on — 对国际收支的多边价格效应

multilateral income effects on	对国际收支的多边收入效应
effect of spontaneous change in foreign transfers on	对外转移支付的自发变化对国际收支的影响
deficit in, defined	国际收支赤字,定义
multilateral solutions of	国际收支的多边解决方法
defined	定义
discussed	讨论
unrequited transfer items in	国际收支的无偿转移项目
invisible trade items in	国际收支的无形贸易项目
recording of items in	国际收支的项目记录
visible trade items in	国际收支的有形贸易项目
capital transfer items in	国际收支的资本转移项目
international consistency of definitions of	国际收支定义的国际一致性
and discrimination	国际收支和差别待遇
and gold standard	国际收支和金本位
and capital movements	国际收支和资本流动
surplus in	国际收支盈余
defined	定义
effect of policy change in domestic expenditure on	国内支出政策变化对国际收支的影响
effect of spontaneous change in domestic expenditure on	国内支出自发变化对国际收支的影响
effect of import and export control on	进出口控制对国际收支的影响
effect of mobility of labour on	劳动流动对国际收支的影响
effect of reparation payment on	赔偿支付对国际收支的影响
effect of spontaneous change in productivity on	生产力自发变化对国际收支的影响

speculation and restoration of equilibrium in   投机和国际收支均衡的恢复

effect of new investment opportunities   新投资机会对国际收支的影响

effect of spontaneous shift in demand on   需求自发转移对国际收支的影响

effect of price adiustment in many-country world on   在多国世界里价格调整政策对国际收支的影响

effect of price adjustment in two-country world on   在两国世界里价格调整政策对国际收支的影响

effect of mobility of capital on   资本流动性对国际收支的影响

effect of capital movement on   资本移动对国际收支的影响

Balance of Payments   国际收支

 inter-regional and international adjustments in, compared   地区之间和国家之间国际收支的调整，比较

 definition of   定义

 multilateral price effects on   对国际收支的多边价格效应

 multilateral income effects on   对国际收支的多边收入效应

 effect of spontaneous change in foreign transfers on   对外转移支付的自发变化对国际收支的影响

 deficit in   国际收支赤字

  defined   定义

 multilateral solutions of   国际收支的多边解决方法

  defined   定义

  discussed   讨论

 bilateral solutions of   国际收支的双边解决方法

  defined   定义

  discussed   讨论

unrequited transfer items in	国际收支的无偿转移项目
invisible trade items in	国际收支的无形贸易项目
recording of items in	国际收支的项目记录
visible trade items in	国际收支的有形贸易项目
capital transfer items in	国际收支的资本转移项目
international consistency of definitions of	国际收支定义的国际一致性
and discrimination	国际收支和差别待遇
and gold standard	国际收支和金本位
and capital movements	国际收支和资本流动
surplus in	国际收支盈余
defined	定义
effect of policy change in domestic expenditure on	国内支出政策变化对国际收支的影响
effect of spontaneous change in domestic expenditure on	国内支出自发变化对国际收支的影响
effect of import and export control on	进出口控制对国际收支的影响
effect of mobility of labour on	劳动流动对国际收支的影响
effect of reparation payment on	赔偿支付对国际收支的影响
effect of spontaneous change in productivity on	生产力自发变化对国际收支的影响
speculation and restoration of equilibrium in	投机和国际收支均衡的恢复
effect of new investment opportunities	新投资机会对国际收支的影响
effect of spontaneous shift in demand on	需求自发转移对国际收支的影响
effect of price adjustment in many-country world on	在多国世界里价格调整政策对国际收支的影响

effect of price adjustment in two-country world on	在两国世界里价格调整政策对国际收支的影响
effect of mobility of capital on	资本流动性对国际收支的影响
effect of capital movement on	资本移动对国际收支的影响
Balance of Trade	贸易收支
definition of	定义
effect of spontaneous change in foreign transfers on	对外转移支付的自发变化对贸易收支的影响
effect of tariffs on	关税对贸易收支的影响
effect of spontaneous change in domestic expenditure on	国内支出的自发变化对贸易收支的影响
effect of policy change in domestic expenditure	国内政策变化对贸易收支的影响
effect of capital movements on	资本移动对贸易收支的影响
and national income	贸易收支和国民收入
and elasticity of demand for imports	贸易收支和进口需求弹性
effect of import and export control on	进出口控制对贸易收支的影响
effect of reparation payment on	赔偿支付对贸易收支的影响
effect of spontaneous change in productivity on	生产力的自发变化对贸易收支的影响
effect of changes in relative prices on	相对价格的变化对贸易收支的影响
effect of spontaneous shift in demand on	需求的自发变化对贸易收支的影响
effect of price adjustment policy through exchange rate variation in many-country world on	在多国世界里通过汇率变化实施的价格调整政策对贸易收支的影响

    effect of price adjustment policy through wage flexibility in two-country world on   在两国世界里通过工资韧性实施的价格调整政策对贸易收支的影响

    effect of price adjustment policy through exchange rate varition in two-country world on   在两国间通过汇率变化实施的价格调整政策对贸易收支的影响

C

Capital Movements   资本流动
- control of   对资本流动的控制
- and fiscal controls   资本流动和财政控制
- determinants of the volume of   资本流动数量的决定因素

Clearing Agreements, *see* International Payments   清算协定，参看国际收支

Commercial Controls   商业控制
- tariff quota   关税限额
- state trading monopoly   国际贸易垄断
- quantitative restrictions   限额限制

Commercial Policy   商业政策
- for restoring equilibrium to the balance of payment, impossible in absence of trade barriers   恢复国际收支的均衡，不可能不存在贸易障碍
- and price adjustments   商业政策和价格调整
- constand under neutral economy   在中性经济里商业政策保持不变

D

Direct Controls   直接控制

definition of	定义
conclusions on	结论
and discrimination	直接控制和差别待遇
compared with price adjustments	直接控制与价格调节的比较
Discrimination and Non-Discrimination	差别待遇和非差别待遇
fiscal methods of	财政方法
meaning of	意义
quantitative restrictions on trade method of	对贸易实行数量限制的方法
multiple exchange rates method of	多重汇率方法
for adjustment of the balance of payments, discussed	国际收支的调整,讨论
exchange control method of	外汇管制方法
state trading organization method of	建立国家贸易组织的方法
and economic welfare	经济福利
and variable exchange rates	可变汇率方法
purpose of	目的
Domestic Expenditure	国内支出
definition of	定义
spontaneous changes in	国内支出的自发变化
income effects	收入效应
price effects of	价格效应
and marginal propensity to import	国内支出和边际进口倾向
and inferior goods	国内支出和低档品
and balace of payments	国内支出和国际收支
and increase in national income	国内支出和国民收入的增加
and interest rates	国内支出和利率

and balance of trade	国内支出和贸易收支
and national income in a many-country world	国内支出和在多国世界中的国民收入
and capital movements	国内支出和资本流动
policy changes in	国内支出政策的变化
induced domestic expenditure and acceleration principle	引致国内支出和加速原理
induced domestic expenditure and time lags	引致国内支出和时滞
and variable exchange rates	可变汇率方法
purpose of	目的
Domestic Expenditure	国内支出
definition of	定义
spontaneous changes in	国内支出的自发变化
income effects	收入效应
price effects of	价格效应
and marginal propensity to import	国内支出和边际进口倾向
and inferior goods	国内支出和低档品
and balance of payments	国内支出和国际收支
and increase in national income	国内支出和国民收入的增加
and interest rates	国内支出和利率
and balance of trade	国内支出和贸易收支
and national income in a many-country world	国内支出和在多国世界中的国民收入
and capital movements	国内支出和资本流动
policy changes in	国内支出政策的变化
induced domestic expenditure and acceleration principle	引致国内支出和加速原理

induced domestic expenditure and time lags　　　引致国内支出和时滞

E

Elasticities of Demand in Domestic and International Trade Compared　　　国内和国际贸易的需求弹性比较
Elasticity of Demand and Income Effect　　　需求弹性和收入效应
 and Tariffs　　　需求弹性和关税
Elasticity of Demand for Imports　　　进口需求弹性
 definition of　　　定义
 and size of country　　　进口需求弹性和国家的大小
 and price adjustments　　　进口需求弹性和价格的调整
 and balance of trade　　　进口需求弹性和贸易收支
 determinants of size of　　　进口需求弹性数值的决定因素
Elasticity of Supply of Exports　　　出口供给弹性
Elasticity of Supply, Real　　　供给弹性
 definition of　　　定义
 and general level of prices　　　供给弹性和价格总水平
 and mobility of labour　　　供给弹性和劳动的流动
 and balance of trade　　　供给弹性和贸易收支
Employment　　　就业
 effect of spontaneous change in domestic expenditure on　　　国内支出自发变化对就业的影响
 effect of price adjustment policy on　　　价格调整政策对就业的影响
 effect of spontaneous change in productivity on　　　生产力自发变化对就业的影响

Equity Capital and effective	投资于新企业的资本和有效的
European Recovery Programme	欧洲复兴计划
Exchange Control	外汇控制
over speculative capital movements and capital transfers	对投机资本流动的外汇控制外汇控制和资本转移
as a method of discrimination	作为差别待遇方式之一的外汇控制
as a type of financial control	作为金融控制类型之一的外汇控制
Exchange Equalization Fund	外汇平抑基金
merits of national and international, discussed	国家外汇平抑基金和国际外汇平抑基金的优点,讨论
as a method of neutralizing harmful speculation	作为使有害的投机中性化的一种方法
Exports, see Imports	出口,参看进口
External Balance	外部平衡
and price adjustment policy	外部平衡和价格调整政策
through variable exchange rates, See also Fiscal Policy, Monetary Policy, Price Adjustment Policy	通过可变汇率实现外部平衡参看财政政策、货币政策、价格调整政策
disturbance to, as a result of spontaneous increase in foreign lending	外国贷款自发增加导致的对外部平衡的干扰
policy change in domestic expenditure for the restoration of	恢复外部平衡的国内支出政策变化
monetary policy for, and gold standard	实现外部平衡的货币政策和金本位
financial policy for	实现外部平衡的金融政策
defined	定义
financial policy for, and spontaneous change in foreign transfers	实现外部平衡的金融政策和对外转移的自发变化

financial policy for, and wage flexibility	实现外部平衡的金融政策和工资韧性
financial policy for, and spontaneous change in domestic expenditure	实现外部平衡的金融政策和国内支出的自发变化
financial policy for, and conflict with policy of internal balance	实现外部平衡的金融政策和实现内部平衡的政策的冲突
financial policy for, and shift in demand	实现外部平衡的金融政策和需求的转移
Policy of	实现外部平衡的政策
defined	定义
discussed	讨论

F

Fiduciary Issue System	信用发行制度
Financial Controls	金融控制
form of fiscal controls	财政控制的方式
multiple exchange rates, and discrimination	多重汇率和差别待遇
exchange control	外汇管制
Financial Policy	金融政策
definition of	定义
See also External Balance, Internal Balance, Fiscal Policy, Monetary Policy	参看外部平衡、国际收支、财政政策、货币政策
combined with price adjustment policy	金融政策与价格调整政策的结合
Fiscal Controls, see Financial Controls	财政控制，参看金融控制

Fiscal Policy 财政政策
 defined 定义
 discussed 讨论
 objectives of 目标
 See also External Balance, Internal Balance, Financial Policy 参看外部平衡、国际收支、金融政策
 for internal balance 实现内部平衡的财政政策
 constant under neutral economy 在中性经济里财政政策保持不变

Foreign Leakage, see National Income 对外漏出，参看国民收入

Forward Exchange Market, as a method of neutralizing harmful speculation 远期外汇市场，作为使有害的投机中性化的方法

Free Trade 自由贸易
 modified free trade position 修正了的自由贸易状况
 and discrimination 自由贸易和差别待遇
 and control of imports and exports 自由贸易和进出口控制

G

Gold Bullion Standard 金块本位
Gold Exchange, Standard 金汇兑本位
Gold Specie Standard 金币本位
Gold Standard 金本位
 rules of, stated, discussed 规则，开始，讨论
 and variable exchange rates for preservation of internal and external balance, compared 金本位和保持内外平衡的可变汇率，比较

and wage flexibility　　　　　　　　金本位和工资韧性
and speculation　　　　　　　　　　金本位和投机
and capital movements　　　　　　　金本位和资本流动
for price adjustments and need for　价格调整和储存充分的国际支付手
adequate reserves of international　段的需要
means of payment
for price adjustments and fixed　　价格调整和固定的货币债务
money debts
and sharing of price adjustments be-　在赤字国和盈余国之间分担价格调
tween deficit and surplus countries　整的责任

H

Haberler, G.　　　　　　　　　　　哈伯勒
Home leakage, see National Income　国内漏出，参看国民收入
Hundred (100) Per Cent. Money Sys-　百分之百的货币制度
tem

I

Import and Export　　　　　　　　进出口
　definition of　　　　　　　　　　定义
　effects of tariffs on　　　　　　　关税对进出口的影响
　and multilateral price adjustments　进出口和多边价格调整
　recording of, in balance of pay-　　进出口记录，国际收支中的进出口
　ments
　control of, and removal of balance　进出口控制和消除国际收支的失衡
　of payments disequilibrium

restrictions of, *see also* discrimination	进出口限制，参看差别待遇
elasticity of demand for, *see* Elasticity of Demand for Imports	进出口需求弹性，参看进口需求弹性
Inferior Goods	低档品
definition of	定义
and spontaneous change in domestic expenditurre	低档品和国内支出的自发变化
Interest Rates	利率
and demand for money	利率和对货币的需求
and spontaneous change in foreign lending	利率和对外贷款的自发变化
and spontaneous change in domestic expenditure	利率和国内支出的自发变化
and spot and forward rates of exchange, *see also* Monetary Policy	利率和外汇的即期和远期汇率，参看货币政策
Internal Balance	内部平衡
disturbance to, as a result of a spontaneous increase in foreign lending	对内部平衡的干扰，对外贷款自发增加的结果
policy change in domestic expenditure for the restoration of	恢复内部平衡的国内支出政策的变化
objectives of	目标
policy of	内部平衡政策
defined	定义
discussed	讨论
financial policy for	实现内部平衡的金融政策
defined	定义

financial policy for, and spontaneous change in foreign transfers	实现内部平衡的金融政策和对外转移的自发变化
financial policy for, and wage flexibility	实现内部平衡的金融政策和工资韧性
financial policy for, and balance of payments	实现内部平衡的金融政策和国际收支
financial policy for, and spontaneous change in domestic expenditure	实现内部平衡的金融政策和国内支出的自发变化
financial policy for, and conflict with financial policy for external balance	实现内部平衡的金融政策和实现外部平衡的金融政策的冲突
financial policy for, and shift in demand	实现内部平衡的金融政策和需求的变化
financial policy for, and capital movements	实现内部平衡的金融政策和资本流动
and price adjustment policy through wage flexibility, *see also* Fiscal Policy Monetary Policy, Price Adjustment Policy	通过工资韧性实现内部平衡。参看财政政策、货币政策、价格调整政策
International Monetary Fund	国际货币基金组织
International Payments, Type of Under Exchange Control	在外汇管制下的国际支付类型
clearing agreement with the financing principle	关于金融原则的清算协定
clearing agreement with the waiting principle	关于等待原则的清算协定
payments agreement with unlimited credits	无限信贷的支付协定

payments agreement with limited credits	有限信贷的支付协定
International Trade Multipliers	国际贸易乘数
numerical examples	数量例子

L

Lend-lease	借-租

M

Margin between Damand and Supply	需求价格与供给价格之间的差额
and tariff quota	需求价格与供给价格之间的差额和关税限额
and state trading monopolies	需求价格与供给价格之间的差额和国家贸易垄断
and quantitative import restrictions	需求价格与供给价格之间的差额和进口数量限制
Marginal Physical Product of Labour	劳动的边际实物产品
definition of	定义
and mobility of Labour	劳动的边际实物产品和劳动的流动性
Marginal Propensity to Import	边际进口倾向
definition of	定义
and domestic expenditure	边际进口倾向和国内支出
and balance of trade	边际进口倾向和贸易收支
Marshall Aid	马歇尔援助
Mobility of Capital	资本的流动性
effects of, on the process of readjustment of the balance of payments	资本的流动性对国际收支重新调整过程的影响

and classical economists 资本的流动性和古典经济学家
Mobility of Labour 劳动的流动性
    effect of, on the process of readjustment of the balance of payments 劳动的流动性对国际收支重新调整过程的影响
    and classical economists 劳动的流动性和古典经济学家
Multiple Exchange Rates, *see* Financial Controls 多重汇率,参看金融控制

N

National Expenditure, *see* Naional Income 国民支出,参看国民收入
National Income 国民收入
    definition of 定义
    net national income, defined 国民净收入定义
    and home leakage 国民收入和对内漏出
    and foreign leakage 国民收入和对外漏出
    and spontaneous change in foreign transfers 国民收入和对外转移支付的自发变化
    and spontaneous increase in demand for capital equipment 国民收入和对资本设备需求的自发增加
    and domestic expenditure in a many-country world 国民收入和多个国家世界中的国内支出
    and national expenditure in a closed economy 国民收入和封闭经济里的国民支出
    and national expenditure in an open economy 国民收支和开放经济里的国民支出
    and tariffs 国民收入和关税

  and transfer items in the balance of payments 国民收入和国际收支的转移项目
  and policy change in domestic expenditure 国民收入和国内支出的政策变化
  and flow of gold 国民收入和黄金流动
  and demand for money 国民收入和货币需求
  and indirect taxes 国民收入和间接税
  and balance of trade 国民收入和贸易收支
  and spontaneous shift in demand 国民收入和需求的自发变化
  and transfer income 国民收入和转移收入
National Income 国民收入
  definition of 定义
  net national income, defined 国民净收入定义
  and home leakage 国民收入和对内漏出
  and foreign leakage 国民收入和对外漏出
  and spontaneous change in foreign transfers 国民收入和对外转移支付的自发变化
  and spontaneous increase in demand for capital equipment 国民收入和对资本设备需求的自发增加
  and domestic expenditure in a many-country world 国民收入和多个国家世界中的国内支出
  and national expenditure in a closed economy 国民收入和封闭经济里的国民支出
  and national expenditure in an open economy 国民收支和开放经济里的国民支出
  and tariffs 国民收入和关税
  and transfer items in the balance of payments 国民收入和国际收支的转移项目

and policy change in domestic expenditure	国民收入和国内支出的政策变化
and flow of gold	国民收入和黄金流动
and demand for money	国民收入和货币需求
and indirect taxes	国民收入和间接税
and balance of trade	国民收入和贸易收支
and spontaneous shift in demand	国民收入和需求的自发变化
and transfer income	国民收入和转移收入
Net Foreign Disinvestment, defined	净对外负投资定义
Neutral Economy, assumptions underlying	中性经济的基本假定

P

Payments Agreements, see International Payments	支付协定，参看国际支付
Percentage Reserve System	百分比储备原则
Price Adjustment	价格调整
Price Adjustment Policy	价格调整政策
in form of wage flexibility, see also External Balance Internal Balance, Exchange Rates, Wage Rates	在工资韧性形式下的价格调整政策，参看外部平衡 内部平衡、汇率、工资率
combined with financial policy	价格调整政策与金融政策的结合
compared with direct controls	价格调整政策与直接控制的比较
conditions for effective	有效性条件
discussed	讨论
in form of variable exchange rates in many-country world	在多国世界里可变汇率形式下的价格调整政策

in form of variable exchange rates in two-country world	在两国世界里可变汇率形式下的价格调整政策
Productivity, Spontaneous Changes in	生产率,自发变化
Products, Home Trade, Foreign Trade, Export, Import Competing	产品、国内贸易、对外贸易、出口、出口竞争
defined	定义
discussed	讨论
Products, Home Trade, Foreign Trade, Export, Import Competing	产品、国内贸易、对外贸易、出口、出口竞争
defined	定义
discussed	讨论
Propensity to Import, Average and Marginal, see Average Propensity to Import, Marginal Propensity to Import	平均和边际进口倾向,参看平均进口倾向、边际进口倾向

Q

Quantitative Restrictions on Trade	贸易的数量限制

R

Real World Income	现实世界的收入
maximization of	现实世界的收入的最大化
defined	定义
Reparation Payment	赔偿支付

S

Speculation	投机

perverse and grossly excessive	反常和过度的投机
methods of preventing the dangerous forms of	防范投机风险的方法
	投机的形式
effects of, on the balance of payments	投机对国际收支的影响
effects of, on stability of the rate of exchange	投机对汇率稳定的影响
and gold standard	投机和金本位
factors restraining the volume of	限制投机量的因素
Spontaneous Changes	自发变化
definition of	定义
in foreign transfers	对外转移支付的自发变化
in domestic expenditure	国内支出的自发变化
income effects of	收入效应
price effects	价格效应
in demand	需求的自发变化
and inferior goods	自发变化和低档品
in productivity	生产力的自发变化
contrasted with policy and induced changes	自发变化与政策和引致变化相区别
State Trading Monopoly	国家贸易垄断
Sterling Area	英镑区
Substitutability	替代性
between foreign-trade and home-trade products	对外贸易产品和对内贸易产品的替代性
and effect of changes in relative prices	替代性和相对价格变化的影响

between products of surplus and deficit countries, and exchange rate adjustments | 盈余国和赤字国产品的替代性和汇率的调整

T

Tariff Quoto	关税限额
Terms of Trade	贸易条件
definition of	定义
effect of discrimination on	差别待遇对贸易条件的影响
effect of spontaneous increase in foreign lending on	对外贷款的自发增加对贸易条件的影响
effect of spontaneous change in domestic expenditure on	国内支出的自发变化对贸易条件的影响
effect of policy change in domestic expenditure	国内支出政策变化对贸易条件的影响
effect of exchange rate variation on	汇率变化对贸易条件的影响
effect of change in money wage rates on	货币工资率的变化对贸易条件的影响
effect of spontaneous unrequited transfers on	没有回报的自发转移支付对贸易条件的影响
effect of reparation payment on	赔偿支付对贸易条件的影响
effect of spontaneous change in productivity on	生产力的自发变化对贸易条件的影响
effect of spontaneous shift in demand on	需求的自发变化对贸易条件的影响
effect of capital movements on	资本流动对贸易条件的影响
effect of import and export control on	进出口控制对贸易条件的影响

U

United States　　　　　　　　　　美国

W

wage Flexibility　　　　　　　　　工资韧性
 definition of　　　　　　　　　定义
 and gold standard　　　　　　　工资韧性和金本位
 and financial policy for internal balance　　　　　　　　　　　　　工资韧性和实现内部平衡的金融政策
 and financial policy for external balance　　　　　　　　　　　　　工资韧性和实现外部平衡的金融政策
 and neutral policy　　　　　　　工资韧性和中性政策
 flexibility of real wage rates　　　实际工资率的韧性
 internal balance through　　　　通过工资韧性实现内部平衡
 flexibility of general level of money wage rates contrasted with flexibility of particular wage rates　　　与特定工资率的韧性相区别的货币工资总水平的韧性
Wage Flexibility　　　　　　　　　工资韧性
 definition of　　　　　　　　　定义
 and gold standard　　　　　　　工资韧性和金本位
 and financial policy for internal balance　　　　　　　　　　　　　工资韧性和实现内部平衡的金融政策
 and financial policy for external balance　　　　　　　　　　　　　工资韧性和实现外部平衡的金融政策
 and neutral policy　　　　　　　工资韧性和中性政策

flexibility of real wage rates	实际工资率的韧性
internal balance through flexibility of general level of money wage rates contrasted with flexibility of particular wage rates	通过工资韧性实现内部平衡 与特定工资率的韧性相区别的货币工资总水平的韧性

图书在版编目(CIP)数据

国际经济政策理论.第1卷,国际收支/(英)詹姆斯·爱德华·米德著;李翀译.—北京:商务印书馆,2022
(经济学名著译丛)
ISBN 978-7-100-20918-2

Ⅰ.①国… Ⅱ.①詹…②李… Ⅲ.①国际贸易政策 Ⅳ.①F741

中国版本图书馆CIP数据核字(2022)第044030号

权利保留,侵权必究。

经济学名著译丛
国际经济政策理论(第一卷)
国际收支
〔英〕詹姆斯·爱德华·米德 著
李翀 译

商 务 印 书 馆 出 版
(北京王府井大街36号 邮政编码100710)
商 务 印 书 馆 发 行
北京艺辉伊航图文有限公司印刷
ISBN 978-7-100-20918-2

2022年5月第1版 开本850×1168 1/32
2022年5月北京第1次印刷 印张18⅝
定价:98.00元